KB071510

Identifying the
Transition of
Kitchen Culture
through Home
Appliance
Advertising

가전제품
광고로 보는
주방문화의
변천

김병희 저

학지사

이 저서는 2018년 대한민국 교육부와 한국연구재단의 지원을 받아 수행된 연구임
(과제번호 NRF—2018S1A6A4A01038584).

추천사

"같은 일도 보는 이에 따라 관점이 다르다는 10인 10색(十人十色)이란 일본 말이 있다. 광고도 마찬가지다. 역사학자 아널드 토인비는 광고를 공작새에 비유했다. 수컷 공작이 아름다운 꼬리를 잔뜩 펴는 이유는 자신의 찬란한 모습을 보여 암컷 공작을 유혹하기 위해서다. 공산주의자는 광고를 자본가들의 못된 착취 행위로 이해했다. 김병희 교수의 이번 책은 또 다른 견해를 보여 준다. 냉장고, 김치냉장고, 밥솥, 밥통, 오븐, 그릴, 인덕션, 토스터, 에어프라이어, 세탁기, 청소기 같은 가전제품을 누구나 쉽게 사서 쓸 수 있게 하는데 광고가 영향을 미쳤다는 관점이다. 여성들이 주로 하던 부엌일을 손쉽게 하도록 하는 데 영향을 미치고 주부들의 고생을 덜어 주었다는 입장에서 광고를 보았다. 누구나 알고 있는 일이지만 자칫 놓치기 쉬운 참신한 각도가 새삼스럽다. 광고를 사람 사는 일상생활과 관련지어 설명한 이 책의 내용은 광고와 홍보가 없는 사회란 민주주의가 아니라는 학문적 시각보다 더 깊이 와 닿는 이야기다."

－신인섭(전 중앙대학교 신문방송대학원 초빙교수, 광고사 연구의 권위자)

"광고는 시대를 반영하는 거울이자 시대를 리드해 가는 사회문화적 콘텐츠다. 특히 가전제품은 생활자의 라이프스타일과 가장 밀접해 있어, 가전제품 광고의 변천사를 살펴보면 주부의 일상생활과 주방문화의 변화를 엿볼 수 있다. 지난 60년 동안 우리 경제가 압축 성장하는 과정에서 가전제품을 생산하는 기업이나 사용자인 생활자 모두가 급격한 변화를 경험했다. 가족 제도, 소득 수준, 그리고 주부의 역할이 바뀌면 가전제품도 바뀌게 마련이다. 반대로 제품의 기술이 혁신적으로 진화하면서 생활자의 라이프스타일도 영향을 받게 된다. 기업과 생활자를 잇는 그 중심에 광고가 있었다. 나 역시 냉장고와 세탁기 전쟁이 치열했던 1970년대 초반에 광고를 시작했던 터라, 이 책에 소개된 광고 사례들이 낯설지 않고 옛 추억을 들추기에 충분했다. 광고에 나타난 소비문화의 변화를 체계적으로 분석함으로써 우리나라의 소비문화 연구에 새로운 인사이트를 제시할 것이 분명한 이 책의 일독을 권한다. 깊은 통찰을 얻을 것이다."

─ 김낙회(한국광고총연합회 회장, 전 제일기획 사장)

"한국방송광고진흥공사(KOBACO) 사장으로서 우리나라 방송광고의 미래에 대해 고민하던 와중에, 이 책의 초고를 만났다. 이 책에서 시대별 광고물을 마치 현미경으로 미생물을 관찰하듯 꼼꼼히 분석한 결과, 1960년대, 1970년대, 1980년대, 1990년대, 2000년대, 2010년대의 주방 풍경이 '지금', '여기'에서 살아나고 있다. 이 책에 소개된 1980년대 이후의 TV 광고는 필시 코바코를 통해 미디어에 노출됐을 테니, '국민과 함께 미디어와 함께 스마트 광고 허브'를 만들고 있는 코바코의 역사를 보는 듯하다. 광고물도 사회문화사 연구의 사료적 가치가 있음을 보여 준 의미 있는 저술이다. 광고를 보고 가전제품을 구매한 여성들이 가사 노동 시간을 점점 줄여 가는 과정은 특히 흥미롭다. 오래전 광고일지라도 모든 가전제품 광고가 당대에 최첨단의 스마트 광고였음을 확인한 것은 또 다른 소득이다. 책갈피마다 스며 있는 풍부한 사례와 해설을 따라가다 보면, 지난 60년 동안 한국인들이 살아온 생생한 현장을 만나게 될 것이다."

─ 이백만(한국방송광고진흥공사 사장, 전 청와대 홍보수석)

"수원에 있는 전자박물관 SIM(Samsung Innovation Museum)의 설립을 기획할 때 참여한 적이 있었다. 단순히 삼성전자의 제품만 전시하기보다 전자의 역사를 담아야 한다는 것이 핵심 방향성이었다. 가전제품의 발달은 주방문화를 바꾸고 식생활을 획기적으로 개선하며, 가사 노동이 줄어들면 여성 노동력의 활성화로 이어진다는 사실을 그때 알게 되었다. 이 책에서는 가전제품의 혁신에 따른 주방문화의 역사적 변천을 광고라는 소재를 통해 살펴보는 창의적인 시도를 하고 있다. 광고에는 그 시대의 제품에서 강조했던 특성은 물론 사회문화와 시대상을 그대로 담고 있기 때문이다. 이 책에서는 1960년대부터 지금까지의 냉장고, 김치냉장고, 밥솥, 밥통, 오븐, 그릴, 인덕션, 토스터, 에어프라이어, 세탁기, 청소기 광고를 분석함으로써 한국인의 생활문화사를 주방을 중심으로 복원했다. 나아가 소비 주체로서의 가족 제도가 어떻게 변해 왔는지 생생하게 기술하고 있다. 지난 시절을 깊이 알고 싶어 하는 모두에게 강추한다."

– 김주호(KPR 사장, 한국PR협회 회장)

"광고업의 전문성은 제품의 고유 판매 제안(USP, 광고주의 전문 영역)을 넘어, 그 시대를 살아가는 사람들의 결핍과 욕망에서 답을 찾는 소비자 감지(Consumer Sensing)에 있다. 이 책의 제목은 『가전제품으로 보는 주방문화의 변천』이 아니라, 『가전제품 '광고'로 보는 주방문화의 변천』이다. 제목부터 신선하고 흥미로운데, 역시 저자답다. 평소에 저자의 다작에 늘 감탄해 왔는데, 이 책에서 김 교수는 다작에서 나오는 뛰어난 혜안을 어김없이 보여 주었다. 그 시대 사람들의 가전제품 선택 기준이 어떻게 변해 왔는지, 그 시대 사람들의 마음을 훔친 광고 메시지를 통해 우리 삶의 특징적인 장면의 흐름을 세세히 보여 주었다. 지금까지 회자되는 '여자라서 너무 행복해요'라는 카피를 다시 쓴다면 난리가 날 것이다. 이처럼 광고의 변천은 제품의 관점을 넘어서 우리네 일상생활상의 변화를 명확하게 반영한다. 역사적으로는 체험해 왔지만 미처 깨닫지 못했던 광고와 시대의 코드를 분석한 저자의 통찰력에 존경을 표한다."

– 정성수(HS애드 사장, 한국광고산업협회 부회장)

머리말

가전제품을 주방에 들여놓고 행복해했을 주부들 모습

주방(부엌)이 없었다면 인류 문명이 이토록 발전할 수 있었을까? 의식주 문제를 해결하는 데 있어서 의(衣)와 주(住)는 조금 뒤처져도 별 문제가 없지만, 식(食)을 제때 해결하지 못하면 문제가 심각해진다. 금강산도 식후경이라는 속담처럼, 세상의 모든 생명체는 배가 고프면 그 무엇도 시도하기 어렵다. 따라서 조금 과장하자면 인류의 찬란한 문명도 주방에서 시작됐다고 할 수 있다. 주방에 가스불만 안 들어와도 조리를 못하고 정전이 되도 음식을 만들 수 없는데, 문명 발전에 대한 아이디어 발상은 꿈도 꿀 수 없다.

주방에서 음식 냄새가 풍겨 오면 입에 침이 고이며 마음이 설렌다. "막둥아, 밥 먹자!" 식사 준비를 마친 엄마가 부르는 소리, 벌써 수십 년 전인 어릴 때 들었던 말이지만 아직도 귓가에 쟁쟁하다. 밥 먹자는 말을 할 때마다 엄마는 늘 행복해하셨다. 그래서 주방은 그 자체로 행복 공간인 셈이다. 일본 작가 요시모토 바나나(よしもとばなな)의 소설 『키친(キッチン)』(1988)을 보면, 가족을 잃은 주인공 미카게는 세상에서 가장 좋아하는 장소가 부엌(주방)이라고 생각한다. 부엌은 생명의 에너지를 주는 사랑을 상징하는 공간이기 때문에 그렇다는 것. 소설의 첫 대목에서 부엌에 대한 남다른 애착을 미카게는 이렇게 고백하고 있다.

> "내가 이 세상에서 가장 좋아하는 장소는 부엌이라고 생각한다.
>
> 어디에 있든 어떤 것이든 그것이 부엌이기만 하다면, 식사를 만드는 장소라면 나는 힘들지 않다. 가능하면 기능적이고 많이 사용된 곳이면 좋겠다. 잘 말린 청결한 행주가 몇 장이나 있고 하얀 타일이 반짝반짝 빛난다.
>
> 굉장히 더러운 부엌이라도 못 견디게 좋다.
>
> 바닥에 야채 찌꺼기가 어지러이 흩어져 있고 슬리퍼 바닥 뒷면이 새카매질 만큼 더러운 그곳은 이상스럽게 넓다면 좋겠다. 겨울 한철을 가볍게 넘길 수 있을 것 같은 식재료가 들어찬 거대한 냉장고가 우뚝 서 있고 그 은색 문에 나는 몸을 기댄다. 기름이 잔뜩 튀어 있는 가스레인지나 녹슨 식칼에서 문득 눈을 들면 창밖에는 외롭게 별이 빛난다.
>
> 나와 부엌이 남는다. 나밖에 없다고 생각하는 것보다는 아주 조금 괜찮은 사상이라고 생각한다.
>
> 정말로 완전히 지쳤을 때 나는 곧잘 넋을 잃고 생각한다. 언젠가 죽을 때가 온다면 부엌에서 숨을 거두고 싶다. 혼자 추운 곳이라도, 누군가 있어 따뜻한 곳이라도, 나는 겁먹지 않고 똑바로 응시하고 싶다. 부엌이라면 좋겠다고 생각한다"
> (최정아, 2015: 420-421).

소설의 주인공은 언젠가 죽는다면 부엌에서 숨을 거두고 싶다고 할 정도로 부엌을 좋아한다. 미카게는 부엌에 있을 수 있다면 음식 준비가 다소 번거롭더라도 전혀 문제될 게 없다고 말할 정도로 부엌을 좋아한다. 부엌은 가족의 추억이 머물러 있는 곳이기도 했지만, 미카게는 그보다 먹을 것을 만드는 공간 자체를 사랑했다. 국내 작가 오수연의 연작소설 『부엌』(2001)에서도 요시모토 바나나의 소설과는 주제 의식이 다르지만 음식 취향 때문에 빚어지는 갈등을 기본 서사로 깔고 있다. 소설가들은 주방이 우리네 일상생활과 밀접히 관련된다는 점에 주목해, 주방(부엌)을 이야기의 무대로 설정했을 것이다.

주방 공간에 가전제품이 '채워지기' 시작하면서 우리나라 주방문화도 시대의 흐름에 따라 변화를 거듭했다. 다음과 같은 냉장고 광고 카피만 읽어 봐도 새 냉장고를 주방에 '들여놓고' 행복해했을 주부들의 모습이 선명하게 떠오른다.

"싱싱하고 깨끗한 음식물은……"(금성 전기냉장고, 1965)

"냉장고는 한번 사면 10년 이상 쓰실 큰 재산입니다."(삼성 하이콜드냉장고, 1976)

"아래 · 윗칸 모두 냉장실로도 쓸 수 있는 유일한 냉장고"(삼성 다목적냉장고, 1984)

"냉장고는 틈이 없어야 합니다."(삼성 문단속냉장고, 1996)

"여자라서 너무 행복해요."(LG 디오스냉장고, 2000)

"똑똑 노크하면 신선함이 보입니다."(LG 디오스냉장고, 2017)

앞에 제시한 광고 카피는 1960년대부터 2010년대 사이에 나온 것인데, 시기에 따라 강조하는 내용이나 스타일이 다르다. 모두 똑같이 냉장고의 특성과 혜택을 알리고 있는데도 시기별로 전혀 다른 메시지를 전달하고 있다. 신중히 구매하라면서도 자사 제품을 은근히 자랑하는 가전제품의 광고 카피는 구매욕을 자극하면서 주부들의 소비문화에 상당한 영향을 미쳤다. 당시에는 감각적인 카피였을지 몰라도 시간이 흐른 다음에 보면 격세지감을 느낄 정도로 어색한 경우도 있다. 지금 보기에는 감각이 뛰어난 광고 카피일지라도 세월이 흐른 다음에는 촌스럽게 느껴질 수 있을 것 같다. 광고 카피란 당대의 '지금', '여기'에 있는 소비자 욕구를 반영하는 상업적 글쓰기이기 때문에 나타나는 자연스런 현상이리라.

이 책에서는 1960년대부터 2010년대까지의 가전제품 광고물을 분석하고 우리나라의 주방문화가 어떻게 달라져 왔는지 살펴보았다. 1960년대, 1970년대, 1980년대, 1990년대, 2000년대, 2010년대라는 시간의 흐름에 따라, 가전제품 광고에 나타난 주방문화의 변천 과정을 분석함으로써 가전제품의 소비문화사를 재구성하였다. 보다 구체적으로, 이 책에서는 가전제품의 소비문화가 광고에 어떻게 표현되어 왔고 가전제품이 여성과 주부들의 일상생활에 어떤 영향을 미쳤는지 고찰함으로써, 우리나라 주방문화의 변천 과정을 규명하였다. 모두 6장으로 구성된 이 책의 내용을 간략히 소개하면 다음과 같다.

제1장 '주방문화와 가전제품'에서는 문제를 제기하는 차원에서 책 집필의 필요성을 설명하고, 주방문화의 변천, 소비사회와 소비문화의 특성, 광고와 소비문화의 관련 양상에 대해 두루 살펴보았다. 제2장 '연구방법'에서는 광고에 대한 미시사적 접근방법의 가치를 검토하고 연구 범위와 분석 내용을 소개했다. 그리고 제품범주에 따른 공시적(synchronic) 분석 차원에서, 저장용 가전제품, 조리용 가전제품, 세척청소용 가전제품의 현황을 살펴보았다. 시대 흐름에 따른 통시적(diachronic) 분석 차원에서는 한국 소비문화의 태동기인 1960년대부터 소비문화의 스마트화기인 2010년대에 이르기까지 가전제품의 변화 추이를 10년 주기로 소개했다.

제3장 '저장용 가전제품 광고의 변천'에서는 1960년대부터 2010년대까지의 냉장고 광고의 흐름과 김치냉장고 광고의 흐름을 톺아보았다. 제4장 '조리용 가전제품 광고의 변천'에서는 1960년대부터 2010년대까지의 밥솥과 밥통 광고의 흐름, 오븐과 그릴 및 인덕션 광고의 흐름, 토스터 광고의 흐름, 에어프라이어 광고의 흐름을 세세히 분석했다. 제5장 '세척청소용 가전제품 광고의 변천'에서는 1960년대부터 2010년대까지의 세탁기 광고의 흐름과 청소기 광고의 흐름을 두루 살펴보았다. 마지막의 제6장 '결론 및 논의'에서는 저술 내용을 포괄적으로 검토하고, 가전제품 광고가 주방문화의 변천에 미친 영향을 이론적 실무적 맥락에서 논의했다.

한국연구재단에서 연구비를 지원해 준 덕분에 이 책을 기획하고 출판할 수 있었다. 연구비를 지원해 준 한국연구재단에 감사드린다. 이 책의 원고가 완성되기까지 자료수집에 도움을 준 학생들에게 감사하다는 인사말을 전하고 싶다. 출판 여건이 어려운 상황에서도 기꺼이 이 책을 출판해 주신 학지사의 김진환 사장님과 최임배 부사장님, 그리고 원고를 검토해 더 좋은 책으로 만들어 준 편집부의 김순호 이사님과 이세희 선생님께도 고맙다는 인사를 전한다. 이 책이 우리나라의 소비문화사 연구에 있어서 미시사적 방법이라는 연구 관점을 확장하기를 바라며, 광고사 연구와 일상생활사 연구의 빈 공백을 채워 주기를 기대한다.

2022년 4월
김병희

차례

가전제품 광고로 보는
주방문화의 변천

제 1 장
주방문화와
가전제품

1. 문제의 제기

"수박은 하룻밤을 넘기기 어렵다?"

1977년에 신문에 게재된 금성사 눈표냉장고의 광고 헤드라인이다. 이어지는 보디카피에서는 "눈표냉장고가 나왔으니 수박이 쉬 상한다는 것은 옛날 이야기. 눈표냉장고는 어떻게 일반 냉장고의 문제점을 해결했는가?"라며 눈표냉장고의 기술력을 강조했다. 반으로 두 동강 난 수박 그림과 카피 메시지를 통해 소비자의 흥미를 유발하는 광고다. 1970년대 중반은 냉장고가 급속히 보급되던 시기였고, 1977년이면 금성사(옛 LG전자)에서 냉장고를 생산한지 17년째 되는 해였지만, 이 광고에서는 그때까지도 냉장고에 수박을 하루 넘게 보관하기가 어려웠다는 사실을 알려 주고 있다. 식품을 몇 달씩 저장해도 끄떡없는 요즘의 냉장 환경과 비교했을 때 사뭇 다른 풍경이다.

1960년대 초반까지만 해도 아궁이에 불을 때 난방과 취사를 겸하는 부뚜막이 우리나라 부엌의 전형적인 형태였다. 재래식 부뚜막의 변형인 아궁이 부엌이 등장한 이후 과도기를 거쳐 1970년대가 돼서야 한국형 입식 부엌이 본격적으로 등장했다. 규격화된 일체형 부엌은 우리나라 현대식 부엌의 모델로 자리 잡았다. 편리한 설비 시스템, 위생적인 환경, 개방형 공간, 동선을 고려한 일체형 부엌은 거실과 더불어 주거 공간의 중앙에 자리 잡았다(조혜영, 조현신, 2012).

우리나라에서 부엌은 안방과 나란히 배치되거나 방보다 낮아 주변 공간으로 간주됐다. 그러던 부엌이 주거 공간의 중심을 차지하며 가족의 행복 공간이자 소통 장소로 바뀌게 된다. 여성의 사회적 지위와 역할 변화가 반영된 결과였는데 가정에서 여성의 역할도 서서히 달라졌다. 가정에서 여성의 노동 가치가 인정받고 부엌이 주방 공간으로 바뀌자 주부의 노동 환경도 점점 현대적으로 변했다. 한국의 주방 공간은 주부들의 욕구와 필요 그리고 가사 노동의 형태와 밀접한 관련성을 맺으며 변모해 왔다. 부엌 개량에 따라 현대적인 입식 부엌이 대중화되기까지는 상당히 오랜 시간이 걸렸다.

주방은 1980~1990년대에 주부들의 공간 욕망에 대한 소비의 대상이 됐다. 한국의 현대식 부엌은 시대 상황을 반영하면서 사회적인 문제의식에 눈 뜬 여성들의 사회적 지위를 반영하는 디자인으로 변화하는 과정을 거쳤다. 부엌은 가사 노동의 형태와 주방 공간의 다양한 기능을 반영하며 계속 발전했다. 주방 공간의 형태 변화는 한국 주거 환경의 역사 속에서 가장 극적인 변모 과정을 보여 주었다.

여성의 요리 공간인 부엌은 주부들이 가전제품[1]을 구매해 적극적으로 활용하기 시작하면서부터 개선되기 시작했다. 1980년대 중반부터 파출부를 고용했더라도 주부들이 가사를 전담하고 부엌일을 하게 되자 가전제품이 급속도로 보급됐다. 1960년대에도 서울을 비롯한 대도시에 거주하는 일부 상류층은 전화, 재봉틀, 전기다리미는 쓰고 있었지만, 선풍기, 풍로, 토스터, 믹서, 냉장고, 세탁기, 전기솥은 쓰지 못했고(조선일보, 1964. 4. 9.), 세탁기와 냉장고는 국내에서 아직 생산되지 않고 있었다.

1970년대에 접어들어 가전제품이 본격적으로 다양화되기 시작했다. 1975년에 발행된 중학교 '가정' 교과서에는 커피포트, 전기밥솥, 오븐, 냉장고, 토스터, 믹서, 주서, 전기프라이팬이 소개됐다. 세탁기, 선풍기, 전기청소기는 1984년에 발행된 교과서에 등장했다. 이런 가전제품이 1970년대에 중산층 가정에서 실제로 얼마나 널리 사용됐는지는 확인할 수 없지만, 커피포트, 전기밥솥, 오븐, 냉장고, 토스터, 믹서, 주서, 전기프라이팬이 그 시절에 널리

---

1) 가전제품(家電製品)이란 가정용 전기전자제품이란 뜻으로, 문자 그대로 가정에서 사용하는 일체의 전기전자제품이다. 기술이 발전함에 따라 가전제품의 기능도 변화가 많았고, 오늘날의 가전제품이 가족용보다 개인용에 가깝기 때문에 엄밀한 의미에서 가전제품이라 칭하기 어려운 측면도 있다. 따라서 정확히 일상생활용 테크놀로지 제품(everyday life technology products)이란 용어가 더 적합하겠지만, 이 책에서는 일상에서 널리 쓰이고 있는 가전제품이란 용어를 사용한다. 구체적으로 이 책에서의 가전제품은 다음과 같은 하위 품목을 포괄하는 용어다. ① 저장용 가전제품(냉장고, 김치냉장고), ② 조리용 가전제품(밥솥, 밥통, 오븐, 그릴, 인덕션, 토스터, 에어프라이어), ③ 세척청소용 가전제품(세탁기, 청소기) 등이다.

쓰이지 않은 것은 분명하다(윤택림, 2004).

조리나 식사 공간이던 주방은 1980년대 이후부터 다기능 공간으로 변화했다. 주방은 기본적으로 식사 준비를 하는 공간이지만, 음식물을 저장하는 공간으로 쓰이거나 가사 작업을 하는 장소이기도 하다. 그렇지만 시간이 흘러 여성의 사회 참여와 재택근무가 증가함에 따라 가족 공동의 여가 공간이나 수납공간으로 변모했다. 초고층 아파트가 등장한 2000년대 이후에는 주방이 더 고급스러워지고 첨단화돼 주방에서 가족의 여가를 즐기는 여가 공간으로써의 기능이 더 부각됐다.

가전제품이 촉발한 소비생활의 변화는 생각보다 강력했고, 그에 대한 기억은 사람마다 다른데(이상록, 2013; 임승희, 2014; Westrum, 1991), 그 시절의 시시콜콜한 일상의 소비생활에 대해서 우리가 아는 사실은 별로 없다. 이러한 문제의식에 따라 1960년대부터 주방에 들어오기 시작한 가전제품이 광고를 통해 우리의 일상생활을 어떻게 변화시켰으며, 광고에 반영된 테크놀로지의 소비가치가 어떻게 변모했는지, 질문을 던질 수밖에 없다. 과연 1960년대 무렵부터 우리 일상에 들어오기 시작한 가전제품은 사람들의 소비생활을 어떻게 바꾸어 놓았는가? 사람들은 가전제품 테크놀로지를 어떤 방식으로 소비했는가? 테크놀로지를 소비하면서 경험하는 소비가치의 의미는 무엇인가?

그런데 바로 이러한 질문에 대답해 줄 연구가 뜻밖에도 많지 않았다. 그동안 광고와 소비에 대해서 문화사적으로 접근한 연구가 있었다(이를테면, 김병희, 2014, 2017a, 2017b, 2017c; 김태수, 2006; 마정미, 2004; 서범석, 원용진, 강태완, 마정미, 2004; 허영란, 1998). 그리고 광고를 통해서 테크놀로지의 소비 문제를 본격적으로 다룬 저술도 있다(김병희, 2016). 하지만 연구 성과가 많지 않다는 점은 광고사 연구가 처한 엄연한 현실이다. 이 책은 바로 이러한 연구의 공백을 메우려는 시도다.

테크놀로지와 소비는 현대사회의 대표적인 키워드이자 문화연구의 핵심 주제다. 이 책에서는 핵심적인 두 주제를 동시에 고찰하려는 목적에서 1960년대부터 대중화되기 시작한 가전제품에 주목해 가전제품 광고에 반영된 소비문화를 분석했다. 테크놀로지의 소비가치가 광고에 어떻게 재현돼 있고 가전제품이 소비자의 삶에 어떤 영향을 미쳤는지 분석함으로써, 한국에서 가전제품의 소비문화가 어떻게 변천해 왔는지를 규명했다.

연구목적을 달성하기 위해 이 책에서는 가전제품 관련 광고물을 분석하고 사료를 검토했다. 우선 광고 박물관의 광고물 아카이브를 통해 1960년대부터 현재까지의 가전제품 광고물에 대한 텍스트 분석을 수행했다. 텍스트 분석을 완료한 후에 가전제품 소비와 관련된 신문, 잡지, 방송 프로그램 등 주로 대중매체에 기록된 사료를 수집해 검토하면서 광고물 텍스트의 분석 결과와 비교분석했다.

이렇게 취합된 데이터를 바탕으로 공시적 분석과 통시적 분석을 시도했다. 공시적 분석은 모두 3개의 하위 품목별 범주(저장용 가전제품, 조리용 가전제품, 세척청소용 가전제품)에 따라 가전제품 광고 내용을 분석하는 것이다. 이러한 공시적 분석을 토대로 통시적 분석은 테크놀로지의 소비문화가 1960년대부터 현재까지 역사적으로 어떻게 변모했는가를 통합적으로 살펴보는 것이다. 이러한 연구방법을 통해 규명하고자 하는 연구문제는 다음과 같다.

연구문제 ① 1960년대부터 현재까지 가전제품 광고 텍스트에 나타난 소비문화는 무엇인가? 가전제품의 하위 제품 범주별로 나타나는 소비문화와 소비가치는 어떻게 달라져 왔는가? 역사적 맥락에서 1960년대, 1970년대, 1980년대, 1990년대, 2000년대, 2010년대라는 10년 주기에 따라 소비문화는 어떻게 변해 왔는가?

연구문제 ② 신문과 잡지 같은 대중매체에 가전제품 소비문화의 양상은 어떻게 기록돼 있는가? 1960년대부터 현재까지 가전제품 소비에 대한 지배적 담론은 역사적으로 어떻게 변해 왔는가? 또한, 가전제품의 하위 제품 범주나 매체에 따라 가전제품을 소비하라는 메시지는 어떻게 달라져 왔는가?

가전제품 광고를 분석해 그 시대를 살아온 소비자의 라이프스타일을 추적하려는 이 책의 내용은 결국 1960년 이후 우리나라의 소비문화사를 구축하는 데 기여할 것이다. 광고는 단순히 상품을 소개하는 차원을 넘어 새로운 라이프스타일을 제안함으로써 광고 상품을 소유하고 싶은 욕망을 환기한다. 사람들이 시간을 소비하는 방법이나 일상의 활동 양상을 보여 주는 라이프스타일은 소비자들이 자신을 어떻게 인지하고 타인이 자신에 대해 어떻게 생각하는지 의식하는 자기 개념(self concept)을 반영한다고 인식돼 왔다. 따라서 라이프스타일은 사회 구성원의 행동 양식을 설명하기에 유용한 개념인데, 이때 상품 구매자는 소비자를 넘어서는 생활자로 간주한다.

라이프스타일을 추적하는 연구의 특성은 다음과 같다. 첫째, 라이프스타일은 겉으로 나타나는 집단생활 자체이므로 쉽게 관찰할 수 있으며, 둘째, 동기이론, 학습이론, 개성이론, 사회계층이론 같은 심리학 이론들이 종합적으로 망라되며, 셋째, 라이프스타일은 소비자 집단을 더욱 생동감 있게 사실적으로 묘사하기 때문에 활용 가치가 높고, 넷째, 라이프스타일 연구에서는 인간을 재화와 서비스를 쓰는 소비자로 이해하지 않고 각자의 가치관에 따라 행동하고 실천하는 생활자의 모습으로 이해한다는 특성이 있다.

이 책에서는 라이프스타일 연구 전통을 적용함으로써 당대를 살아온 주부들의 일상생활을 생생하게 재현할 것이다. 보다 구체적으로, 가전제품 광고가 사람들에게 어떻게 소비의식을 고취하고 한국의 소비문화의 형성에 기여했는지를 규명함으로써, 가전제품을 통한 지난 60년 동안의 우리나라 가전제품의 소비문화사를 조망하게 될 것이다.

2. 주방문화

한국사회에서 본격적으로 산업화와 경제개발이 시작된 1960년대는 사람들이 시골에서 도시로 몰리는 이촌향도(離村向都) 현상이 가속화되자 서울을 비롯한 대도시의 주택난은 해를 거듭할수록 심화됐다. 정부는 주택난을 해결하기 위해 불량주택 정비, 저소득층 대상의 공영주택 건설, 토지 이용의 효율성을 높이기 위한 아파트 건설 정책을 추진했다. 정부 정책에 따라 1961년에 착공된 마포아파트는 공공시설을 지향한 최초의 아파트 단지였다.

1966년에 정릉아파트와 문화촌아파트가 건설됐고, 1968년에는 서울의 동부이촌동에 공무원아파트가 신축됐다. 우리나라 아파트 역사상 최초로 근린주거방식을 추구한 이 아파트 단지에는 초등학교, 남녀중학교, 쇼핑센터, 우체국, 은행, 동사무소 등을 배치했다. 1970년에 이르기까지 서울에서는 도시영세민의 주택난을 해결하기 위해 고지대의 산허리에 아파트를 건설했다(윤택림, 2004).

주거 환경의 발달은 부엌의 형태를 바꾸고 주부들의 일상생활을 크게 변화시켰다. 유교의 영향 때문에 남성은 부엌에 출입하면 안 된다는 고정관념이 있었고, 안채에 있었다 하더라도 부엌의 환경은 비위생적이었다. 전통 부엌은 안채와 부엌이 분리된 구조라 부엌에서 만든 음식을 안방으로 옮겨 식사를 해야 했다. 부엌의 아궁이는 불을 지펴 음식을 조리하고 난방을 해결하는 용도였다. 한 여름에 음식을 조리하면 방을 덥히는 문제가 생겨 아궁이 문화는 부엌 개조를 앞당기게 하는 요인이 됐다(오미현, 김종서, 2018).

이 시기에 부엌 개량과 입식화도 적극적으로 이루어졌다. 한옥이든 양옥이든 아파트든 모든 주거 공간이 한 평면 안으로 들어왔다. 아파트에는 처음부터 방, 부엌, 화장실이 모두 한 평면에 구성됐지만, 개량한옥과 양옥에는 부엌, 화장실, 세면실, 목욕실이 동시에 한 평면에 들어오지 않았다. 부엌은 화장실, 세면실, 목욕실보다 더 빨리 실내에 들어왔지만, 방과 높이가 같은 입식 부엌을 만들기는 쉽지 않았다. 부엌이 실내에 있어도 입식화하기까지는 상당 기간이 필요했다(윤택림, 2004).

거실과 부엌 공간을 여성주의 관점에서 해석할 수도 있다. 부엌 공간에는 여성의 욕구와 필요가 반영되기 시작했다. 1980년대에는 가사를 담당하는 '전업주부'란 말이 등장했다. 이 시기부터 여성은 적극적으로 사회적 발언을 늘려 나갔고, 현대적인 입식 주방도 점점 증가했다. 결국 우리나라 주방의 형태는 여성의 사회적 발언과 참여에 따라 변화했다고 할 수 있다. 공간의 위치, 높낮이의 변화, 가사 노동의 맥락, 공간의 주체에 따라, 시기별로 주방의 형태가 달라져 온 것이다. 〈표 1-1〉에서 시기별 부엌의 현대화 과정을 엿볼 수 있다(조혜영, 조현신, 2012).

표 1-1	시기별 부엌의 현대화 과정		
	도입기 (1930~1950)	과도기 (1950~1970)	한국형 입식 (1970~)
부엌 디자인의 세계적 추이	1926년, 유럽 프랑크 푸르트 키친 등장	독일 포켄폴사의 유닛 키친 대량 생산	미국식 가전제품과 시 스템키친 보급
한국 부엌의 형태	부뚜막 부엌	아궁이 부엌	싱크대 부엌
부엌 공간의 주체와 담론	신여성, 여성 평등과 사회적 권리 향상	도시 노동자, 식모, 여 성 지식인, 전통과 현 대 혼재	전업주부가 공간의 주 체로서 적극적인 변화 요구
공간의 위치	안방 옆 외부에 위치	욕실과 함께 내부로 이동	식사와 요리 기능의 주방 등장(다이닝 키친 DK)

1960년대 중반에는 가정용 난방과 취사용 연료로 연탄이 널리 활용됐다. 1970년대 초반에 정부에서는 부엌과 아궁이 개량을 권장했는데, 부엌 바닥의 높이를 방바닥과 나란히 해서 난방과 취사용 아궁이를 분리하라고 권고했다. 난방용 아궁이와 별도로 취사를 위한 화덕과 아궁이를 두고, 난방은 연탄으로 취사는 연탄과 석유풍로를 함께 쓰게 했다. 1970년대 중반부터는 프로판가스를 쓰는 가스레인지의 사용량이 조금씩 증가했고 1980년대 중반부터는 가스레인지를 널리 사용했다. 부엌에 수도를 설치하는 것은 부엌 개량에서 중요 사안이었다. 부엌에서 난방과 취사가 분리되자 부엌에 수도가 설치됐고, 나중에는 싱크대가 들어서기 시작했다(윤택림, 2004).

당시의 부엌 개량 도면을 보면 기존의 한옥을 개량해 외부에 있던 부엌을 쪽마루로 연결해 부엌에 마루를 깔아 바닥을 높였고, 난방용 아궁이와 취사용 아궁이를 분리시켰다. 부엌 옆의 광과 찬마루를 개조해 욕실(목욕실 + 세면실 + 변기)을 만들고 장독대를 제외한 모든 공간을 한 평면에 배치했다. 주택 개량의 핵심은 부엌의 입식화 공사였다. 1985년의 인구 및 주택 센서스 결과를 보면, 부엌 개량 사업에 따라 서울의 가정에서 입식 부엌이 68.5%로, 재래식 부엌이 31.5%로 나타났다(김대년 외, 1999; 윤택림, 2004; 조선일보, 1974. 4. 14.).

1970년에 부엌가구 브랜드 한샘이 설립됐고 에넥스나 동우산업(현재 폐업) 같은 주방가구 전문업체가 등장하면서 부엌 공간의 분위기가 급변했다. 입식 부엌은 1970년대 초·중반까지 오리표, 사슴표, 백조표, 거북이표 같은 브랜드들이 부엌 가구의 주도권을 놓고 다투는 공간이었다. 이 업체들은 일본의 스테인리스 업체와 기술제휴를 맺고, 싱크대, 조리대, 가스대를 결합한 일본식 '블록키친'을 적극적으로 도입했고, 기존의 시멘트나 목재 개수대를 '싱크'로 불리는 스테인리스 제품으로 바꿔 놓았다. 처음에는 오리표싱크가 시장을 주도했지만, 한샘에서 시스템키친을 출시하며 도시 생활의 대변자로 나섰다. 한샘 광고에서는 주부들을 가사 노동 종사자가 아닌 자기실현의 주인공으로 묘사했고 아파트를 배경으로 신중산층 주부의 꿈을 환상적으로 제시했다(황인춘, 2011).

1970년대 중반부터는 방과 높이가 같은 완전한 입식 부엌이 등장했고, 식탁에서 식사하기 시작했다. 그러나 식탁이 부엌과 함께 있어도 부엌과 식탁은 각각 폐쇄적인 독립적인 공간이었다. 마루는 1973년에서 1977년 사이에 거실로 불리기 시작하다 점점 마루의 거실화가 이루어졌다. 한옥의 대청마루는 서구 주택의 영향을 받아 서구식 평면 거실로 정착했다(고경필, 1992: 206). 또한, 이 시기에 부엌이 실내 입식화하면서 싱크대가 설치됐고, 프로판가스가 연료로 쓰이면서 가스레인지가 도입됐다. 부엌 설비가 변함에 따라 여성은 더 이상 물을 긷지 않아도 됐고, 장작, 연탄, 석유 같은 연료를 쓰던 기존의 불편함에서 벗어났다(윤택림, 2004).

1980년대 중반부터 대단위 아파트라는 획일화된 주거 환경에 비해 더 다양한 형태의 공동 주거 형태가 등장했다. 초기의 연립주택과 다른 저층 공동

주택이라고 할 수 있는 빌라나 타운하우스가 일부 고소득층에게 공급됐다. 1980년대에는 서울특별시에 개포지구, 고덕지구, 가락지구, 신정·목동지구, 상계지구 같은 대단위 아파트 단지가 들어섰고 20층 이상의 초고층 아파트가 건설됐다. 1980년대 중반부터는 기름보일러가 일반화돼 주택에서도 온수가 나왔고, 주부들은 난방을 위해 연탄을 갈아야 하는 번거로움에서 벗어났다. 장독대 대신 부엌과 연결된 다용도실이 등장해 여성의 가사 동선을 단축하기도 했다(윤택림, 2004).

아파트가 보편화됨에 따라 주방은 가족생활의 중심 공간으로 변모했다. 언론에서는 '핵가족 시대의 부엌문화 시리즈'라는 제목으로 입식 생활과 핵가족 생활, 그리고 가정부의 감소에 따라 부엌이 변화했다고 진단하며, 주방이 가족생활의 '공동의 장'이 됐다고 강조했다. 언론에서는 주방은 주택의 모든 공간과 연결이 잘 되는 곳에 배치해야 하며, 실내 장식도 안방에서 거실을 넘어 주방으로 중심이 이동했다고 진단했다(조선일보, 1986. 2. 26.).

부엌이 가족생활의 중심 공간인 제2의 거실로 자리 잡은 데는 부엌이 공통의 가사 공간이라는 의미를 가졌다는 뜻이다. 부엌의 실용화와 현대화가 활성화되자 입식 주방화를 넘어 부엌 개조가 인기를 끌었다. 1970년대에 건설한 아파트들은 10여 년이 지나자 부엌 개조가 필요했다. 언론에서는 30~40대 주부들이 하루 평균 9시간을 부엌에서 일한다고 진단하며, 부엌 개조를 위한 주부 상담원도 등장했다고 보도했다(윤택림, 2004; 조선일보, 1984. 9. 2.).

1980년대에 접어들어 전자제품의 사용이 활발해지자 빌트인(built-in) 구조의 일체형 부엌가구가 등장했다. 1980년대 초까지는 주부들이 편리한 부엌과 위생을 중시했다면, 1980년대 중반부터는 주방가구, 주방용품, 조명기기, 실내장식에 관심을 가졌다. 1980년대부터는 주방이 부엌이란 용어를 대체하기 시작했다(김대년 외, 1999). 1980년 이후에 발표된 소설에서부터 '주방'이란 용어가 등장했다. 부엌이 취사 공간이라는 전통적인 이미지가 강했다면, 주방은 주부가 일하는 자신만의 개성 공간이라는 이미지가 강했다. 1995년에 개최된 2000년형 주택 전시에서는 주방과 식당의 변화에 초점이 맞춰졌고 빌트인 시스템이 등장했다(윤택림, 2004).

산뜻하고 깔끔한 시스템키친이 어느 정도 확산되자 이제 주방은 제2의 거실 기능을 하며 가족의 새로운 휴식처로 자리 잡았다(조선일보, 1996. 4. 16.). 1999년에 용인 수지의 LG빌리지에 빌트인 키친이 처음 설치됐고(조선일보, 1999. 9. 20.), 2000년대에 초고층 주상복합 아파트가 건설되자 주방문화는 획기적으로 변했다. 주방 설비와 주방용품의 변화는 주방에서 일하는 여성의 존재감을 향상시키는 데 상당한 영향을 미쳤다. 예컨대, [그림 1-1]에 제시한 LG 디오스의 빌트인 주방 광고(2010. 10.)에서는 "내 주방엔 어떤 디오스를 빌트인할까?"라는 헤드라인을 써서, "당신의 생활에 맞춰 선택하고 공간에 맞게 설계하세요. 디오스 빌트인 풀 라인업."을 하라고 권고했다. 이 광고에서는 주방을 자신이 설계해 원하는 대로 배치할 수 있다는 활용성을 강조했다. 자리를 많이 차지하는 가전제품이 아닌, 공간을 잘 활용할 수 있는 빌트인의 가치를 환기한 것이다.

[그림 1-1] LG 디오스 빌트인 광고(2010. 10. 1.)

한편, 여성의 가사에 영향을 미친 또 다른 요인은 가전제품의 사용이었다. 1980년대 중반부터는 파출부를 쓰더라도 전업주부들 사이에 가전제품이 급속히 보급됐다. 주부가 가사 노동을 전담하는 상황에서 가사를 보조하는 가전제품의 사용은 필연적이었다. 그러나 가전제품이 주부의 가사를 실제로 줄여 주었는지는 확실하지 않다. 세탁기가 빨래하는 수고를 덜어 주었지만, 손빨래나 빨래 삶기까지는 하지 못했다. 청소기로 청소를 한다고 해도 먼지 제거나 걸레질은 여전히 주부의 몫이었다. 가전제품은 가사 노동을 수월하게 해 주었지만, 또 다른 가사 노동을 만들어 내는 양면성도 있었다(윤택림, 2004).

1990년대 이후 여성의 활발한 사회적 진출은 주방 공간의 개념을 변화시켰다. 전통적으로 조리기능 위주였던 부엌은 요리는 물론, 가족소통, 업무, 취미활동, 휴식 공간으로 변모했다. 한국의 부엌은 불과 40여 년 만에 서구식의 입식 주방을 한국의 주거문화에 접목하는 놀라운 변화를 가져왔다(오미현, 김종서, 2018). 1993년에는 기존의 오리표싱크가 에넥스로 브랜드 이름을 바꿨다. 2000년대 이후의 아파트 주방에 적용된 아일랜드형 디자인은 손님을 초대해 여성이 주방 공간을 개방하고 여성의 과시욕을 충족시키려는 의도가 강했다. 2009년부터 등장한 주방의 새로운 설계는 서양식 주방에 한국의 전통마루를 접목함으로써, 주방을 가족의 공동 공간으로 자리매김하는 데 기여했다.

3. 소비사회와 소비문화

우리는 지금 소비사회에서 살아가고 있다.[2] 소비사회란 의식주의 기본적인 필요를 넘어서 '잉여와 사치'를 추구하는 소비자본주의 사회를 의미한다.

[2] 이 절에 소개하는 '소비사회와 소비문화' 부분은 김병희(2016: 14-17)의 글을 거의 그대로 인용하며 수정·보완했다.

현대 소비사회에서 가장 중요한 주제는 대중적 욕망과 소비를 바탕으로 하는 상업적 소비문화다. 현대사회는 경제성장과 기술의 발달로 인해 소비자의 욕구를 충족시킬 수 있는 다양한 제품이 개발되고 있다. 소품종 대량생산 체제에서 다품종 소량생산 체제로 변화된 제품의 홍수 속에서, 소비자는 자신의 욕구나 기호에 맞는 제품을 폭넓게 선택할 수 있다. 제품 스타일도 단순하고 획일적 형태에서 소비자의 기호에 맞춘 다양한 형태로 변화했다. 현대사회에서의 소비란 도대체 무엇일까?

소비란 집단적 정체성을 형성하는 동시에 타자와 구별하기 위해 사회적으로 조직되는 실천들의 집합이다. 소비양식은 다양한 범주의 사회적 정체성을 표현할 뿐만 아니라 역으로 그것을 표현하고자 하는 욕구의 결과다. 여기에서 욕구란 특정 사물에 대한 욕구가 아닌 차별화의 욕구다. 상품은 사용가치나 교환가치가 아닌 기호가치(sign value)를 지니며, 기호로서의 상품은 차별화 욕구를 충족시킨다. 소비되는 것은 상품의 사용가치가 아니라 사회적으로 구성되는 차이 표시의 기호다. 소비는 집단 정체성을 표시하고 확인하는 행위이기 때문에, 사람들은 어떤 사물을 사용가치로 소비하지 않고 자신을 타인과 구별 짓는 기호로써 사물을 조작하고 소비한다(Haug, 1991).

소비문화란 현대 소비사회의 특성이 일상생활의 영역에서 구현되는 문화 양식인데 구성 요소의 대부분이 상품화돼 있다. 현대의 소비문화는 탈중심성, 다양성, 다원성이란 특성을 지닌 포스트모던 문화의 전형적 특성을 지닌다. 현대의 소비문화에서는 포스트모던 문화에서 나타나는 대중문화와 고급문화의 경계 소멸, 고유한 인격과 개성, 주체의 해체 같은 징후가 확실하게 드러난다. 이때 문화 활동에 참여할 수 있는 통로는 상품을 소비하며 열리는데, 개인의 소비 행동은 단순한 욕구 충족을 위한 목적을 넘어서 개인의 정체성을 형성하는 동시에 행동 양식을 결정한다.

현대의 소비문화 현상을 규명한 연구로는 지멜(Simmel)의 유행의 사회학, 베블런(Veblen)의 과시 소비, 하우크(Haug)의 상품미학, 부르디외(Bourdieu)의 차별적 소비, 보드리야르(Baudrillard)의 소비사회 연구가 대표적이다. 소비의 문화적 성격에 주목한 연구에서는 소비 행위를 필요에 대한 충족이라는 맥락에서 설명했다. 소비문화론은 소비에 대한 사회학적 인식에 따라 발달했다. 이념과 정체성 그리고 사회적 실천과 문화적 가치라는 현대사회의 핵심 쟁점은 일, 시민권, 종교적 세계관 같은 사회적 차원이 아니라, 소비와 관련지어 소비문화를 규정해야 한다는 전제가 깔려 있다. 특정한 소비양식은 사회적 행위와 문화적 가치 및 정체성의 형성에 영향을 미치기 때문에, 현대사회는 사회 조직의 구성 원리에 따라 작동하는 소비사회일 수밖에 없다는 뜻이다(함인희, 이동원, 박선웅, 2001).

1960년대 후반은 한국 여성의 삶과 소비문화사에서 여성의 소비문화가 본격적으로 부상한 중요한 전환점이었다. 대량 생산과 대량 소비가 시작되자 여성들은 다양한 상품의 소비 경험을 통해 자신의 정체성을 형성해 나갔다. 당시에 유행했던 미니스커트는 이전까지 주목받지 못했던 청년층의 소비문화이자 세대 문화의 새로운 등장을 의미했다. 상업주의가 확대되자 여성의 신체는 소비의 대상으로 떠올랐다. 실용성과 기능성을 추구하는 활동적 패션은 여성의 본격적인 사회참여와 일상생활의 적극성을 표상했다(김영찬, 김종희, 2012).

여성 소비자의 소비 유형은 흥미롭다. 미디어 이용 행동과 라이프스타일에 따라 여성 소비자들은 '합리적 보수형', '적극 활달형', '보수안정형', '무관심형'이라는 네 가지 유형으로 구분할 수 있다(임승희, 2014). 여성 소비자의 유형에 따라 미디어 이용 행동도 달라졌다. 남성의 팬덤 문화는 '창조적 소비', '계급과 권력', '정보 교류', '의식과 상징', '자발적 소비문화' 같은 다섯 가지 요인으로 구분할 수 있는데(이준영, 노영준, 2014), 남성의 팬덤 현상도 우리나라의 소비문화 형성에 영향을 미쳤다.

상품 소비를 통해 많은 문제를 해결할 수 있듯이 소비문화 현상은 사람들에게 환상을 제공한다(Slater, 2000). 소비자가 상품을 소비하기 전에는 상품의 사용가치를 알 수 없기 때문에, 하우크(Haug)는 교환가치를 추구하는 생산자(자본가)는 적어도 사용가치를 약속해야 한다고 주장했다. 생산자는 상품의 품질이 아닌 상품의 미적 가상이나 상품미를 부여하는 데서 사용가치를 약속한다. 왜냐하면 모든 상품은 그럴듯해 보이지 않는 것은 팔리지 않지만 그럴듯해 보이는 것은 잘 팔리기 때문이다(Haug, 1991).

보드리야르는 소비문화에 대해 모든 가치를 초월하는 가치이자 예술이 실재에 도전하는 포스트모던 문화인 동시에 깊이 없는 문화라고 인식했다. 그는 대량생산 때문에 상품은 기호 체계를 갖게 되었다고 설명했다. 따라서 소비는 결국 사용가치를 위한 소비이며, 물질적 유용성에 대한 소비가 아니며, 기호의 소비로 이해해야 한다는 것이다(Baudrillard, 1986). 다시 말해서, 상품은 더 이상 단순한 사물이 아니며 가상의 사물인 '광고 이미지'가 된다는 것이다. 그는 자본주의 사회의 내부적 모순을 발견하고 모순과 상품 소비와의 관계를 설명했지만, 분석 과정에서 경제 이론을 회피하는 대신에 정신분석학과 기호학적 이론을 끌어들여 논의를 전개했다.

현대의 소비자들은 자신의 지위를 반영하는 소비 성향이 증가할수록 합리적으로 소비하며, 소비활동에서 지위와 합리성을 동시에 추구하는 경향이 있다. 특히, 중산층의 소비 성향은 문화 자본의 추구, 문화예술의 추구, 지위 표시물(status marker)의 추구라는 특성을 지닌다(남은영, 2010). 소비자들은 제품의 품질이나 가격보다 브랜드 가치를 중시하기 때문에, 제품력을 구매하기보다 브랜드 이미지를 구매한다. 소비자들은 자신에게 알맞은 브랜드를 선택해 일상생활을 영위하기 때문에, 기업의 성패도 자사 브랜드의 이미지를 소비자에게 어떻게 알리느냐에 따라 결정될 수밖에 없다.

소비자 행동이 변하면 제품 형태나 가격은 물론 제품의 특성도 바뀌게 된다. 예컨대, 불황기에는 소비자들이 보다 합리적인 소비생활을 하려고 스스로의 욕구를 조절한다. 이렇게 되면 제품의 속성과 가격도 소비자의 욕구와 시대 상황에 알맞게 변하게 된다. 테크놀로지는 문화적 가치, 권력의 구조, 젠더 관계를 통해 구성되는 문화적 산물이기 때문에, 테크놀로지를 소비한다는 것은 '테크놀로지의 사회적 사용의 형태'라는 개념으로 설명할 수 있다. 즉, 생산 메커니즘에 의해 규정되는 테크놀로지의 형태가 사회적 사용 방식을 규정하며, 사회적 사용의 형태가 아직 정착되지 않은 테크놀로지는 어떤 힘에 의해 일방적으로 결정되지 않고 사용자들이 개입하는 자율적 공간의 여지에 따라 결정된다는 것이다(강명구, 1995).

현대인이 생각하는 소비가치의 핵심은 물질주의다. 물질주의 성향이 강한 소비자들은 자신을 집단으로부터 차별화하기 위해 제품을 사용하기 때문에, 물질주의가 자신의 실체를 긍정적으로 유지하는 데 기여한다고 생각하기 쉽다. 개인의 소비 행동을 문화적 시각에서 바라보는 시도는 소비 행위 당사자 간의 거래 관계만이 아니라는 것을 뜻한다. 현대사회의 소비는 거래 관계 이외의 사회적 관계나 의미 규정 같은 사회문화적 행위일 수 있다(김민정, 김성숙, 2005). 나아가 불특정한 대중과의 연대를 통해 순환하는 상품은 다시 개인적인 의미를 부여받아 소비자의 자기 창조에 기여하게 된다.

사회 전체의 디지털화가 빠르게 진행됨에 따라 소비문화도 급변하고 있다. 소셜 미디어를 비롯한 디지털 미디어는 다른 사람과의 관계를 맺는 강력한 도구가 됐다. 디지털 미디어를 활용한 관계 맺기는 실제 만남보다 더 실제처럼 느껴진다. 사이버 공간에서 서로가 함께 있음을 구체적으로 느끼는 사회적 현존감(social presence)도 보편화됐다. 나아가 디지털 소비문화도 사이버 공간의 일상화, 사이버 행동주의(cyberactivism)의 활성화, 연계된 개인주의(networked individualism)의 가속화 같은 사회문화적 특성을 반영하는 방향으로 그 추세가 바뀌었다. 미디어 환경에서도 이동성, 디지털화, 사회화 같은 스마트 미디어의 세 가지 특성이 보편화됨에 따라 주부들의 소비문화 환경도 크게 달라졌다(김병희, 2015).

앞으로도 소비자들은 소비 환경과 일상 환경이 통합된 맥락에서 디지털 기술을 활용해 다양한 소비활동을 할 것이다. 소비를 삶 자체로 인식하거나 행복의 원천으로 생각하고 소비를 통해 나눔을 실천하는 소비문화도 증가할 것이다. 소비자들은 감정적 혹은 충동적인 소비 행동을 할 가능성이 높기 때문에 소비자 욕구의 개인화와 맞춤화의 경향도 가속화할 수밖에 없다(성영신, 박은아, 정수정, 2014). 결국 테크놀로지와 소비문화는 서로가 서로를 유인하고 융합시켜 디지털 시대의 소비문화를 창출할 것이다.

4. 광고와 소비문화

우리나라 미디어에 광고가 등장한 지도 오랜 세월이 흘러갔다. 광고학계에서는 『한성주보(漢城周報)』(1886년 2월 22일)에 게재된 세창양행(世昌洋行) 신문 광고를 한국 최초의 광고로 인정한다(신인섭, 1986). 한국의 광고산업이 성장을 거듭하며 발전하고 있는데, 광고에 대한 관점은 크게 두 가지로 구분할 수 있다. 광고의 본질을 '생산'의 관점에서 파악하는 것이 전통적인 견해라면, 후기 자본주의 사회에서는 광고를 '소비'의 관점에서 이해했다. 광고의 일반적 기능에 대해서는 보통 다음 사항들이 논의되고 있다.

먼저, 광고의 순기능에 대한 일반적 인식을 살펴보자.

첫째, 광고의 경제적 기능이다. 광고는 상품 구매욕을 자극하고, 소비를 촉진하며, 생산을 증대시키고, 신상품에 필요한 시장을 확대하고, 기업 간에 건전한 경쟁을 유도하며, 제조회사 간의 경쟁을 자극해 상품의 품질을 향상시킨다는 것이다. 둘째, 광고의 사회문화적 기능이다. 광고는 다양한 정보를 제공해 상품 선택의 폭을 넓히고, 상품 사용법을 알려 주며, 소비 습관과 가치관을 형성하며, 더 새로운 생활양식을 제공하고, 어린이에게 소비 교육을 시키고, 제작기술과 영상예술을 통해 심미안을 길러 준다는 것이다. 셋째, 광고의 대중매체 육성 기능이다. 광고는 대중매체에 경제적 기반을 제공하며, 대중매체의 정보 수용 가격을 낮추는 데 영향을 미친다는 것이다. 넷째, 광고의 정보 제공 기능이다. 광고는 상품에 대한 정보를 제공하고, 브랜드에 대한 기억을 증진시키며, 신제품의 출시를 알리고, 소비자가 현명한 상품 선택을 하도록 도와준다는 것이다. 다섯째, 광고의 소비문화적 기능이다. 광고는 소비자에게 상품의 구입 여부를 결정하게 하며, 상품과 서비스를 즐길 수 있도록 도와주며, 과거를 회상하게 하거나(예: 향수 광고), 광고 메시지 자체를 즐기

도록 한다(예: 즐거움 제공)는 것이다. 여섯째, 광고의 마케팅 기능이다. 광고
는 제품 판매를 촉진하고, 제품을 차별화하며, 마케팅 활동의 시너지를 창출
하며, 광고주에 대한 호감을 형성하고, 상품의 품질과 신뢰성 형성에 영향을
미친다는 것이다.

다음으로, 광고의 역기능에 대한 일반적 인식은 다음과 같다.

첫째, 광고의 물질주의 조장 기능이다. 광고는 소비심리를 자극해 낭비를
유발하며, 물질 만능주의를 조장하고, 잘못된 소비 관념을 갖게 한다는 것이
다. 둘째, 광고의 문화수준 획일화 기능이다. 광고는 청소년의 모방심리와 쾌
락 지향적 생활양식을 자극하고, 그릇된 가치관을 갖게 한다는 것이다. 셋째,
광고의 문화적 악영향 기능이다. 사회 도의와 규범에 벗어나는 광고 메시지
는 기사나 프로그램에 악영향을 미치며, 광고의 선정적 메시지는 건전한 사
회의 가치관에 부정적인 영향을 미치며, 외래어의 남용은 문화적 정체성을
혼란스럽게 하며 사대사상을 조장한다는 것이다. 넷째, 광고의 경제적 역기
능이다. 광고는 경쟁 기업의 제품을 비방하거나, 제품 가격을 상승시키며, 광
고 경쟁이 지나치면 경제 자원을 낭비하는 결과를 초래하며, 광고주의 독점
과 시장 지배를 강화하며, 상품의 품질 경쟁이 아닌 브랜드 이미지 경쟁을 유
발함으로써 품질 향상을 저해한다는 것이다. 다섯째, 광고의 상품 구매 조장
기능이다. 광고는 불필요한 상품을 구매하게 하는 충동구매를 유인하고, 소
비자의 갈등을 조장하며, 비현실적인 세계를 제시해 현실의 불만을 유발한다
는 것이다. 여섯째, 광고의 불쾌감 유발 기능이다. 광고 물량이 너무 많아 소
비자를 혼란스럽게 하며, 허위 광고, 과대광고, 기만 광고, 과장 광고, 뒷 광고
같은 부정적 광고는 제품에 대한 불신감을 조장하고 소비자를 불쾌하게 만든
다는 것이다.

그럼에도 불구하고 광고가 국가와 사회 그리고 국민들에게 미치는 긍정적
인 기능이 많다. 그러나 광고에 대한 선입견이나 편견 때문에 광고의 긍정적
인 기능이 경시되는 경우도 많은 것이 현실이다. 광고가 지닌 긍정적인 기능
이 많은데도 일반적으로 오해되고 있는 광고의 다양한 기능을 조망해 보면

다음과 같다.

첫째, 광고의 문화 콘텐츠 기능이다. 사회의 흐름을 민감하게 반영하는 광고는 문화 콘텐츠이자 미디어 발전의 재원이라는 공통의 성격을 지닌다. 둘째, 광고의 고부가가치 창출 기능이다. 광고 메시지를 생산하고 분배하는 광고산업은 다른 산업과 달리 매우 복잡한 구조적 특성을 지니고 있다. 광고산업에 대한 일반적인 인식은 광고주의 제품이나 브랜드의 활성화를 도와준다는 '보조 산업'에서 자체적으로 부가가치를 창출하는 '고부가가치 산업'으로 바뀌고 있다. 셋째, 광고의 타산업과 연관성 유발 기능이다. 광고산업은 타산업과의 연관성이 매우 높은 산업이다. 광고산업은 기업의 판매 활동과 소비자의 소비 행위를 잇는 연결고리이며, 동시에 언론산업에 필요한 운영 재원을 지원한다. 산업연관분석 결과에 의하면 광고산업은 일반기업, 언론매체, 조사, 제작 등 타 산업과의 연관성이 매우 높게 나타났다.

넷째, 광고의 창조산업 기능이다. 광고는 창조산업이라는 특성이 있다. 창조산업(Creativity Industry)은 기존의 경제 패러다임과는 다른 새로운 경제적 가치 창출을 목표로 하며, 영국에서는 창의적 산업을 개인의 창의성, 기술, 재능을 이용해 저작재산권을 설정하고 활용함으로써 부와 고용을 창출할 수 있는 잠재적 산업으로 정의했다. 다섯째, 광고의 공익적 기능이다. 광고의 긍정적 측면을 강조하는 옹호론적 입장과, 과장 광고, 허위 광고, 광고 회의주의 같은 비판론적 입장으로 대별할 수 있다. 그렇지만 광고는 상업적 커뮤니케이션 기능만 담당하지 않고 다양한 측면에서 공익적 기능을 수행하기도 한다. 광고의 공익적 기능은 크게 경제·산업적 측면, 문화·사회적 측면, 그리고 공적 소통 측면으로 구분할 수 있다(서영택, 2021). 여섯째, 광고의 대중매체 재원 제공 기능이다. 광고는 대중매체의 중요한 수입원 역할을 담당하기도 한다. 대중매체는 일반 기업들과 달리 수입구조가 이원화돼 있다. 하나는 대중매체에서 생산하는 내용을 수용자들에게 판매해서 수익을 창출한다. 텔레비전의 시청료나 신문 구독료가 대표적이다. 다른 하나는 확보된 수용자 정보를 바탕으로 광고를 유치한다.

　앞에서 언급한 광고의 문화 콘텐츠 기능은 광고가 사회 제도의 하나로써 사람들의 일상생활과 문화 활동에 영향을 미친다는 시사점을 제공한다. 광고의 본질은 소비가치를 생산하는 데 있다. 레이먼드 윌리엄스는 광고의 본질을 불확실성 시대의 경제적 변동과 관련지어 생산의 관점에서 설명했다. 그는 자본주의적 산업 생산을 유지하기 위해 시작된 광고가 오늘날에는 대중매체의 재원이 되고 비영리 단체에도 영향을 미치는 특별한 사회 제도가 됐다고 진단했다. 따라서 현대의 소비사회에서 광고가 '사회의 공식 예술(official art)'의 지위를 얻었다고 평가했다(Williams, 1974). 다시 말해서, 현대 광고는 상품 판매의 수단이라는 기본적인 기능을 넘어서 환상의 사회화 기능을 담당한다는 것이다.

　소비자의 욕구를 충족시키기 위해 시장에서 치열하게 경쟁하는 현대 소비사회에서 광고는 소비의 판단 기준을 제시하고 소비자의 욕구를 자극한다. 현대 광고는 소비대중사회를 이해하는 핵심 담론이자 '대중문화 왕국에서 수상의 자리'를 차지했다(Rosenberg & White, 1957). 광고는 기호와 이미지로 유행을 창조하고, 광고가 소비사회에서 중요한 제도적 기능을 한다는 측면에서, 광고를 '소비문화의 아이콘'(Fowles, 1996), '상업적 리얼리즘'(Goffman, 1979: 15), 혹은 '자본주의 리얼리즘'(Schudson, 1986: 210)으로 설명한 학자들도 있었다(이수범, 2004 재인용). 소비 이데올로기를 촉진하는 현대 광고는 상품 판매를 위한 목적보다 소비생활을 촉진하기 위해 존재한다고 할 수 있다(Parenti, 1986: 63). 결국 현대 광고는 사회의 가치 체계 속에서 문화적 의미를 확산하고 소비문화를 전파하는 중요한 문화 콘텐츠라고 할 수 있다. 현대 광고는 우리의 일상생활을 반영하지만, 동시에 우리의 일상생활이 광고를 반영하기도 한다. 광고의 편재성(ubiquity)으로 인해 모든 광고들이 집요하게 우리의 삶에 파고들기 때문이다. 일찍이 보드리야르는 현대 광고가 "소비에 대해 논할 뿐 아니라, 다시 소비의 사물이 되는" 이중적 의미를 지닌다고 강조했다(Baudrillard, 1999: 250).

　가전제품 광고에서는 광고 모델이 제품을 구분하거나 스타가 전달하는 기준에 따라 제품의 차이가 구별되는 사례들이 많다. 이는 광고가 신화를 생산하거나 지배적 이데올로기(브랜드 가치)를 실어 나르는 토템(totem)으로 작용할 수 있음을 의미한다. 토템이란 원시사회에서 부족이나 씨족과 특별한 혈연관계가 있다고 믿어 신성하게 여기는 어떤 동식물이나 자연물로써 각 부족과 씨족사회의 집단적 상징물이 되기도 했다. 스타로 인한 토테미즘에 대해 원용진은 역(逆) 토테미즘이라고 명명했다. 원시사회의 토테미즘에서는 사물이나 동식물이 사람을 구분했다면, 광고에 의한 역 토테미즘에서는 광고 모델이 상품을 분류한다는 뜻으로 토템이란 용어를 사용했다(원용진, 2010: 313).

나아가 광고는 자본주의의 전도사 역할에 머물지 않고 새로운 소비 대중문화를 창출하는 '창조적 매개물'로 격상됐다. 전문가들은 광고가 문화를 창출하는 현상에 대해 광고가 '트렌드 세터'의 역할을 했다고 진단했다(김병희, 2015). 예컨대, 1970년대부터 1990년대 사이의 잡지광고에서 주방 공간의 색채 특성을 분석한 결과, 1970년대의 광고에서는 화려하고 경쾌한 이미지를 강조하기 위해 따뜻하고 부드러운 색채가 주로 사용됐다. 1980년대에는 화려하고 우아한 이미지와 첨단 기술을 부각시키기 위해 무채색이 포함된 중성색이 주로 나타났다. 1990년대에는 모던한 예술적 감각을 강조하기 위해 모던한 느낌의 원색과 중성색을 자주 강조했다(김은정, 추선형, 2010).

그렇다면 광고는 소비자에게 물욕을 자극하는 기능만 하는 것일까? 광고는 과다한 소비를 조장하는 데만 그치고 있는 것일까? 전통적인 광고의 기능은 상품의 판매를 촉진하는 데 있지만 거기에서만 끝나는 것일까? 그렇다면 광고물 자체를 좋아해 여기저기 퍼 나르거나 패러디하는 사람들도 있는데 이들의 맹목적인 광고 사랑을 어떻게 설명할 수 있을까? 현대 광고는 특정 브랜드나 상품의 소비에 차별적이고 상징적인 가치를 부여함으로써 다른 브랜드를 쓰는 사람과 차별화하는 수단이라는 점에서(de Mooij, 2004), 이런 질문에 대해 다각도로 생각해 볼 필요가 있다.

현대 광고는 생산과 소비라는 자본제 생산 양식을 유지하는 데 필요한 마케팅 커뮤니케이션 수단이자 상품과 서비스에 대한 소비가치를 환기하는 소비 촉진제로 그 기능이 확장됐다. 소비자 주권과 시장 경쟁 원리가 중시되면서 이제 광고는 소비 행위의 강력한 매개체가 됐다. 대량 소비가 불가능하면 자본주의적 생산 양식이 유지되기 어렵다. 이때 소비를 자극하는 것이 광고인데, 현대사회에서는 소비가 생활의 질을 결정한다. 미리 제시된 욕망 충족의 통로에 따라 생활 세계가 달라지는 세상에서, 소득의 평등 여부가 이제는 불평등의 준거가 될 수 없다(Baudrillard, 1986). 누구나 소비의 즐거움을 누릴 수 있고, 소비 앞에서는 모두가 평등한 시대가 되었기 때문이다. 소비대중사회에서 첨단 테크놀로지를 소개하는 가전제품 광고는 주부들의 소비문화 형성에 특별하고도 강력한 영향을 미쳤다고 할 수 있다.

제**2**장
연구방법

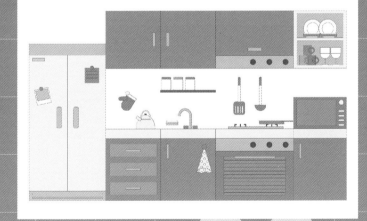

1. 광고에 대한 미시사적 접근

기존의 역사연구는 주로 정치와 경제 위주로 거시사(macro history)의 맥락에서 이루어졌다. 실증주의에 입각한 거시적 역사연구가 연구방법의 주류였다. 그동안의 한국광고사 연구도 광고산업 환경에 대한 실증적 자료를 바탕으로 광고산업 활동이 시대별로 어떻게 이루어졌는지 거시사적 차원에서 규명하는 방향에서 이루어졌다. 광고사적 맥락에서 시기별 광고산업의 특성과 변모 과정을 규명한 여러 선행연구에서는(신인섭, 1986; 신인섭, 서범석, 1998), 정치경제적 영향에 따른 광고산업의 변모 과정과 시기별 특성을 규명하는 데 많은 노력을 바쳐 왔다. 이런 접근방법은 실증주의에 바탕을 둔 거시적 역사연구방법으로, 그동안 한국광고사 연구의 주요 경향이었다.

또한, 특정 시기의 광고 현상을 집중적으로 탐구하는 연구 경향이 있다. 예컨대, 자본주의의 식욕과 배탈로서의 근대광고 50년(목수현, 1993), 개항기 신문광고에 나타난 특성 및 시대상(한은경, 1997), 구한말 세창양행 광고의 경제·문화사적 의미 고찰(김봉철, 2002), 개화기 광고문의 표현 기법 분석(채완, 2003), 그리고『독립신문』에 나타난 광고언어 분석(박영준, 2005) 같은 연구로 특정 시기의 광고물을 집중적으로 조명함으로써 당대의 시대상을 규명하고자 했다.

마지막으로, 역사연구에 인문학적 관점과 문화연구 성과를 도입해 근대성의 의미를 규명하려는 문화적 역사연구 경향으로, 김진송(1999)의『서울에 딴스홀을 허하라』가 출간된 이후 촉발됐다. 이러한 미시사적 접근방법은 광고사 연구에도 도입됐는데, 신문광고에 비친 근대(허영란, 1998), 광고로 한국의 사회문화사 읽기(마정미, 2004), 인쇄광고에 나타난 근대적 주체의 형성(서범석, 원용진, 강태완, 마정미, 2004), 신문광고로 본 근대의 풍경(김태수, 2006), 영화광고에 나타난 영화 마케팅 메시지 분석(김병희, 2008), 광고로 보는 근대문화사(김병희, 2014; 김병희, 신인섭, 2007), 광고로 보는 미디어 테크놀로지의 소비문화사(김병희, 2016), 광고로 보는 해방 이후 한국의 풍경(김병희, 2017a, 2017b, 2017c) 같은 저술이 여기에 해당된다.

실증주의적 연대기적 역사연구는 거시적 관점에서 역사적 사실을 증명하는 장점이 있지만, 당대의 현실을 세세하게 기술하지 못한다는 한계가 있다. 일찍이 이탈리아 역사가 크로체(Benedetto Croce)가 지적했듯이, 역사란 언제나 새로 쓰이며 쓰는 자의 몫이기 때문에 쓰는 사람의 관점에 따라 역사적 실체가 달라질 수 있다(Croce, 1987). 커뮤니케이션사의 연구방법론을 고찰한 연구에서는 랑케 식의 역사라는 실증주의적 패러다임에 도전하는 이른바 '새로운 역사학'이 커뮤니케이션사 연구에 풍부한 자양분을 제공한다고 주장했다(이상길, 2005). 새로운 역사학이란 아날학파가 등장한 이후 발전된 다양한 연구 경향을 가리키는 것으로, 미시사, 심성사, 신문화사, 일상사, 사회경제사 등을 포괄하는데, 아직까지는 커뮤니케이션이 새로운 역사연구의 대상으로 활발하게 탐색되지는 않았다.

광고사 연구에서도 광고 현상을 거시사적 관점에서 고찰하는 것과는 별도로 광고 내용을 보다 심층적으로 파악하고 해석함으로써 광고물이 등장한 시대적 현실을 재구성할 필요가 있다. 광고에 대해 역사적으로 접근할 때는 시대별로 등장한 광고물 자료를 단순히 나열하는 수준에서 벗어나, 그 광고들이 나올 수밖에 없었던 내재적 요인들에 대해 실증적 사료 검증을 바탕으로 연구자의 관점에서 조망하는 해석의 문제가 뒷받침돼야 한다(김병희, 신인섭, 2007). 광고물을 통해 역사적 실체를 재구성하는 데는 한계가 있다. 따라서 역사적 실체에 비교적 가깝게 도달하려면 기존의 거시사적 역사연구방법이 아닌 새로운 접근방법이 필요하다.

역사에 관한 연구는 적어도 증거(evidence), 해석(interpretation), 서사(narrative)라는 세 가지 요소가 포함돼야 한다. 일반적으로 '기록'이라고 부르는 증거는 현실의 기록(record of reality)이라고 묘사할 수 있다. 해석의 문제는 과거 재구성(reconstruction of the past)의 역사이며 해석 행위를 통해 과거를 재구성하는 것을 의미한다. 역사가가 진실을 찾는 데 아무리 빈틈없고 정직하다 해도 사실과 해석이 병행됐을 때 의미가 있다. 역사란 여러 각도의 사실과 의견이 병행되는 연구이며, 설명에 증거를 조합하듯이 증거물을 선별한다. 서사 또는 내러티브의 문제는 역사 기록에 관계된 설화적 요소를 의미한다. 그 이야기는 짧을 수도 길 수도 있지만 반드시 스토리 요소를 갖춰야 역사에 해당된다(Startt & Sloan, 2005: 13-26).

한편, 1960년대 이후의 광고물이 지나간 과거의 기록이라는 점에서 역사적 사료이기는 하지만, 보통의 역사연구에서처럼 권력의 이동과 사건 위주의 거시사적 접근을 하다 보면 당대의 사회문화적 흔적을 구체적으로 복원하는 데 한계가 있다. 따라서 최근 새로운 역사학 연구방법으로 주목받고 있는 미시사(micro history, microstoria)의 방법을 생각해 볼 필요가 있다. 곽차섭(1999)은 미시사의 이론과 방법에 대해 다음과 같이 설명했다.

미시사는 역사적 사실성을 작은 규모나 미세한 척도를 통해 규명한다. 이를 영화적 기법에 비유할 때 거시사가 롱샷으로 본 것이라면 미시사는 줌으로 사물을 당겨 보는 것이다. 연구의 초점이 개인에게 있든 공동체 전체에 있든 미시사 연구자는 언제나 실제 이름들을 추적하며, 대체로 사회를 문화적 텍스트로 취급하는 경향이 있다. 미시사의 연구 결과는 대개 이야기 식으로 서술하며 이는 역사 서술에서의 문학성 확보를 의미한다. 미시사에서는 거의 예외 없이 '가능성의 역사'를 지향하는데, 가능성이란 실증적 의미에서의 '증거'와 대비되는 말로써 증거의 단편성이 문제될 때 증거와 증거를 잇는 최선의 가능성을 받아들인다는 뜻이다(곽차섭, 1999; Schlumbohm, 2001). 미시사적 분석은 다른 종류의 역사 서술에서 포착하기 어려운 '실제의 삶'을 재구성하며, 생생한 경험을 담고 있는 비가시적 구조를 탐색하는 데 유용하다는 두 가지 장점이 있다(Ginzburg & Poni, 2000: 41-56).

이 책에서는 가전제품 광고에 나타난 주방문화의 변천을 규명하기 위해 질적 연구방법의 하나인 역사학적 접근법(Historical Research Approaches)을 적용해 연구를 수행했다. 역사학적 접근법의 목적은 예측하는 데 있지 않고 과거를 이해함으로써 현재나 미래의 관계를 설명하는 데 있다. 역사학적 연구

(historiography)는 과거의 사료(이 책에서는 광고물과 언론 보도)를 연구함으로
써 지식을 생성한다. 역사학자들은 ① 역사의 비교, ② 가치관에 근거를 둔
역사의 선택, ③ 규칙성과 변화 형태의 발견을 통해 역사를 연구한다. 최근에
해석적 역사학(interpretive history)이 대두되고 있는데 그 목적은 개념 개발과
이론 개발을 통해 인과관계를 설명하고, 역사의 일반화를 모색하는 데 있다
(Morse & Field, 1995).

역사학적 접근은 서류, 유물, 문헌을 비판적으로 고찰해 과거를 재구성하
며 역사적 사건의 증인이나 참여자로서 그 사건을 설명하는 과학이자 예술이
라고 할 수 있다(Lewis-Beck, Bryman, & Liao, 2004). 역사학적 접근법에서는
사건에 대한 해석이 필요하며 현재의 문제들과 연계해 그 관련성을 고찰한
다. 연구의 품질은 이전 기록을 얼마나 이용할 수 있는지에 달려 있고, 자료
원을 활용할 때는 자료의 정확성과 신뢰도가 일반화를 위해 중요하다. 역사
학적 접근방법은 자료를 지지해 주는 일반화 원리를 찾기 위한 후향적 접근
법이다. 역사학적 접근방법에서는 ① 생각(idea)의 형성, ② 연구 문제의 개
발, ③ 연구 자료원의 개발, ④ 연구 자료의 타당도와 신뢰도의 명확화, ⑤ 연
구 계획, ⑥ 연구 자료의 수집, ⑦ 분석과 해석의 과정을 거쳐야 한다.

과거의 2차 사료인 광고물에 나타난 메시지를 분석하면 광고 텍스트에서
전하는 당대 소비자의 소비문화와 생활문화를 엿볼 수 있다. 역사학적 접근
법은 특히 가전제품의 소비와 관련하여 그 시대에 어떤 담론이 광고를 중심
으로 전개됐는지 분석하는 데 유용한 접근방법이다(Geertz, 1973). 이처럼 사
회과학과 역사학적 연구를 결합하는 시도는 가전제품 광고에 의한 소비문화
의 흐름을 구조화하고 새로운 통찰을 제공할 것이다. 역사학적 접근법은 전
기적 · 사회적 · 지적 접근이라는 세 가지 이론적 접근이 가능하다.

첫째, 전기적 역사(Biographical history)는 개인의 전체 생애 기간 동안에 대
해 넓은 원경(vista)으로 살펴보는 개인에 대한 연구다. 전기(biography)는 그
가 살았던 전체 기간 동안의 문화와 시대의 가치, 기대, 긴장, 갈등을 이해하
기 위해 개인의 이야기를 기록한 것이다. 둘째, 사회적 역사(Social history)

는 특정 기간에 일어난 매일의 사건을 탐구함으로써 그 시대에 만연한 가치와 신념에 대한 이해를 시도한다. 특정한 양적 자료를 활용해 어느 시기의 남성과 여성의 삶에 대한 경험을 분석하고 이해할 수 있다. 셋째, 지적 역사 (Intellectual history)는 여러 방법으로 접근할 수 있는데, 어떤 시대의 사상가로 인정받는 개인의 생각을 탐구할 수도 있고 그와 대비되는 보통 사람들의 생각을 탐구할 수도 있다.

이 책에서는 실증주의적 거시적 광고사 연구 성과를 보완하는 차원에서, 최근 역사학계의 새로운 연구방법으로 떠오르고 있는 해석주의적 미시사적 방법으로 1960년대부터 현재까지의 가전제품 광고에 나타난 소비문화의 변천 과정을 규명했다. 한국사회에서 오랫동안 사회적 약자의 위치에 있던 여성의 생활문화에 주목하되(한국여성개발원, 1985; 함인희, 이동원, 박선웅, 2001), 특히 주방문화의 변천에 대하여 미시사적 맥락에서 규명했다.

생활사나 일상사의 맥락에서도 광고물은 그 광고가 나오게 된 시대상을 증거한다. 1924년 곤와지로(今和次郞)는 고현학(考現學, modernology)적 방법을 제창했다. 고고학(考古學, archeology)이 옛 유물이나 유적을 바탕으로 고대 인류의 생활문화를 연구하는 학문이라면, 고현학은 현대인의 생활양식이나 문화현상을 고찰함으로써 현대의 진상을 밝혀내는데(곤와지로, 2000), 해석주의적 미시사적 방법은 고현학 연구방법과도 일정 부분 중첩되는 맥락이 있다.

이 책에서는 우리나라의 가전제품 광고를 분석해 소비의식의 형성과 변모 과정을 미시사적 관점으로 재구성했다. 보다 구체적으로, 1960년대부터 현재까지의 가전제품 광고물에 나타난 당대의 사회와 문화 현상을 보다 '두껍게 기술(thick description)'함으로써(Geertz, 1973), 광고에 나타난 주부들의 일상생활과 소비문화를 재구성하고 그 의미를 분석했다. 더욱이 이 책에서는 기존의 실증주의적 연대기적 광고사 연구에서 설명할 수 없었던 광고사의 세세한 부분을 보완하는 동시에 개별 광고물의 의미를 증거, 해석, 서사의 맥락에서 설명했다.

2. 연구 범위와 분석 내용

이 책에서는 가전제품 광고가 어떻게 소비의식을 고취하고 한국의 소비문화 형성에 기여했는지 규명함으로써, 지난 60년 동안 우리나라 가전제품의 소비문화사를 조망했다. 광고를 상품 판매를 위한 수단으로만 간주한다면 광고의 기능적인 측면만 조명하는 것이다. 광고의 내용을 하나하나 음미하다 보면 광고 한 편에서 당대 문화의 표정을 알 수 있고, 당대의 문화를 촘촘하고 두껍게 기술하면 역사의 파노라마를 읽을 수 있다(김병희, 2014; Geertz, 1973).

이 책에서는 가전제품 광고에 나타난 소비문화의 흐름을 규명하기 위해 광고 비주얼과 카피 메시지를 질적 내용분석 방법으로 분석했다. 분석 결과를 뒷받침하기 위해 전통적인 역사연구에서 활용하는 문헌 사료를 인용해 우리나라 가전제품의 흐름을 다각도로 점검했다. 전통적 접근법인 문헌 사료를 통한 역사 서술 이외에 광고 비주얼과 카피 메시지를 분석하면 그 시대에 어떤 소비 담론이 광고에 반영됐는지 파악할 수 있다.

예컨대, LG전자의 '가전, 작품이 되다' 시리즈 광고(2016)에서는 LG의 가전제품을 두루 소개했는데, 이 광고에서 2010년대의 소비문화를 엿볼 수 있다. 마치 종합선물세트처럼 여러 가전제품을 단순히 나열하며 진부하게 표현하지 않고 한편의 예술작품처럼 연출했다. 카피는 "가전, 작품이 되다"에 이어, "TV, 작품이 되다", "냉장고, 작품이 되다", "세탁기, 작품이 되다", "공기청정기, 작품이 되다"가 계속 이어진다. 광고 헤드라인이 따로 없지만 모든 카피가 헤드라인이자 보디카피의 기능을 수행했다. 광고를 본 소비자들은 가전제품을 하나의 작품이라 생각했을 텐데, 만약 이 광고를 1960~1970년대에 했다면 그 시대와 전혀 어울리지 않는 광고가 되었을 것이다.

이 책에서는 1960년대 초부터 2010년대까지 가전제품 광고와 소비생활에 대해 다룬 기록들을 시대별로 광범위하게 수집하고 분석했다. 1960년대 이후 우리나라 가전제품의 소비문화사를 총체적으로 규명하려는 이 책에서는 다양한 각도에서 소비문화와 일상생활의 층위를 다각도로 규명했다. 즉, 각 시대별로 가전제품 광고를 광범위하게 수집한 다음, 각 시대별 소비문화가 광고 텍스트에 어떻게 재현됐는지 알아보았다. 이 책에서 적용한 연구방법의 개요는 [그림 2-1]에 제시했다.

가전제품 광고 텍스트의 비주얼과 카피 분석	← 교차 분석 →	가전제품 광고 및 소비 관련 대중매체 사료 검토

[그림 2-1] 연구방법의 개요

연구를 수행하는 과정에서의 자료 처리(data treatment) 절차는 다음과 같다.

첫째, 자료원(Sources)의 포괄적 수집이다. 이 책에서는 1960년대부터 현재까지 가전제품 광고에 나타난 소비문화의 흐름을 사실적으로 파악하기 위해 1960년대, 1970년대, 1980년대, 1990년대, 2000년대, 2010년대의 미디어에 등장하는 광고물에서 자료를 수집했다. 먼저, 1960년대부터 2010년대까지의 인쇄광고와 방송광고를 포괄적으로 수집했다. 다음으로, 1960년대 이후부터 2010년대까지의 가전제품과 관련된 소비생활 자료를 폭넓게 수집해서 검토했다. 분석 대상으로 설정한 가전제품은 다음과 같은 세 가지 하위 제품군으로 구분했다.

- 저장용 가전제품: 냉장고에서 김치냉장고까지
- 조리용 가전제품: 밥솥에서 밥통, 오븐, 그릴, 인덕션, 토스터, 에어프라이어까지
- 세척청소용 가전제품: 세탁기에서 청소기까지

가전제품은 시대의 변화에 따라 등장했다 사라질 수도 있는데, 그에 따라 제품이 사라지면 미디어에 가전제품 광고도 등장하지 않는다. 그 경우에는

부득이하게 광고물을 분석할 수 없었다. 제품군에 따라 수집한 광고물의 자세한 내용은 〈표 2-1〉에 제시했다. 여기에서 우리나라 가전제품의 시기별 추이나 흐름을 한눈에 파악할 수 있을 것이다.

표 2-1 주방 및 거실용 가전제품 광고의 시기별 추이

	1960년대	1970년대	1980년대	1990년대	2000년대	2010년대
• 저장용 가전제품						
냉장고	○	○	○	○	○	○
김치냉장고	×	×	○	○	○	○
• 조리용 가전제품						
밥솥, 밥통	×	○	○	○	○	○
오븐, 그릴, 인덕션	×	×	○	○	○	○
토스터	×	○	○	○	○	○
에어프라이어	×	×	×	×	×	○
• 세척청소용 가전제품						
세탁기	○	○	○	○	○	○
청소기	○	○	○	○	○	○

○: 광고물 존재해 자료수집 완료하고 분석함.
×: 광고물 존재하지 않아 자료수집 불가.

둘째, 진실성(Genuineness)과 신빙성(Authenticity)의 확보다. 두 가지는 1차 자료를 수집할 때 반드시 고려해야 할 사항인데, 진실성은 자료가 위조되지 않았음을 의미하고, 신빙성은 자료에 대한 보고가 믿을 만하다는 것을 뜻한다. 이 책에서 제시한 자료는 미디어에 노출된 광고물이라 자료의 진실성이 어느 정도 확보됐다고 할 수 있다. 신빙성을 확보하기 위해 연구자는 텔레비전, 라디오, 신문, 잡지에 등장한 광고물의 카피와 비주얼을 세심하게 검토해 자료 해석의 신빙성을 확보하려고 노력했다.

셋째, 자료 분석(Data analysis)이다. 수집한 가전제품 광고 자료를 분석하는 일은 숙고(reflection)와 종합(synthesis)의 과정이므로 편견을 배제한 상태에서

자료 분석에 들어갔다. 1960년대 이후부터 2010년대까지의 광고 텍스트는 비주얼이 의미하는 상징성과 카피 메시지의 전달 의도 위주로 분석했다.

넷째, 발견 사항의 해석(Interpreting the findings)이다. 마지막에는 확인된 사실을 종합적으로 분석함으로써, 가전제품 광고의 변천에 따라 소비문화가 어떻게 달라지는지 실무적인 통찰력을 제시하려고 노력했다. 모든 자료들은 문서화(documentation), 조직화(organization), 해석(interpretation)의 과정에 따라 기술했다. 이런 과정을 거쳐 분석 결과를 도출한 이 책의 연구 결과는 역사학적 접근법의 장점인 '과거 지식의 미래로의 확장'을 가능하게 할 것이다.

3. 제품범주별 공시적 분석

1) 저장용 가전제품: 식품을 더 신선하게 보관하려는 끝없는 열망

한국사회는 1960년대 이후 모든 분야에서 변화가 많았는데, 급격한 사회 변화는 가족 제도에도 영향을 미쳤다. 특히, 해방 이후 지금까지 산업화와 도시화 과정이 급속히 진행되면서 가족도 가구 형태와 구성원의 관계 등 여러 측면에서 급격한 변화가 있었다. 가족의 구성 형태는 확대가족이나 직계가족에서 부부 중심의 핵가족 형태로 바뀌었고, 가족의 다양한 기능은 축소되고 대부분의 기능은 전문적인 사회 제도로 이관됐다.

가족의 외형적 변화와 더불어 가족 가치관도 변했다. 혈연 위주의 수직적 가족 가치관에서 자유와 평등을 주장하는 수평적 가족 가치관으로 변한 것이다. 가치관의 변화는 친족관계, 부부관계, 부자관계는 물론 사회의 여러 분야에서 나타났다. 한국은 압축적 근대화로 일컬어지는 근대화 과정 속에서 단기간에 급격한 변동 과정을 겪어 왔다. 1960년대에 시작된 경제성장 과정에서 나타난 권위주의적 억압과 1980년대의 민주주의에 대한 열망의 표출, 1997년 이후 경제 위기에 따른 사회경제적 변동에 이르기까지 변화의 연속

이었다. 전근대, 근대, 탈근대가 공존하는 '비동시성의 동시성'이 관통한다는 점에서 한국사회는 사회 변동의 잠재적 요소가 많다(박성훈, 장안식, 이재경, 2009). 일련의 사회적 격변기를 거치며 형성된 사회의식은 사회적 불신을 심화시켰다. 정보화의 거센 물결이 재촉한 탈권위화와 연공서열의 파괴는 이익사회에 맞서는 가정의 결속력을 크게 약화시켰고 가족 가치관의 변화를 초래했다(손경애 외, 2016).

1970년대 후반에는 가전제품 광고 전쟁이 치열하게 전개됐다. 1969년에 삼성전자가 창립된 이후 광고에서 가전제품의 기능성 논쟁이 시작됐다. 냉장고에 성에가 끼는 문제에 대한 1970년의 논쟁과 절전 문제에 대한 1980년의 논쟁 같은 기술력을 다투는 논쟁이 다각도로 전개됐다. 예컨대, 1970년대의 금성사 눈표냉장고의 신문광고에서는 당시로서는 파격적인 전10단 크기의 지면에 기술력 위주의 이성소구 메시지를 전달했다. 광고의 상단에 "15년을 냉장고하고만 살아왔읍니다"라는 헤드라인을 크게 배치하고 제품의 기능을 설명하는 카피를 빽빽하게 배치했지만, 전문가가 보증하는 형식을 활용해서 소비자의 이성적 선택을 기대했다. 1993년에는 김치냉장고가 주방에 새바람을 불러일으켰다(조선일보, 1993. 3. 6.).

최근의 한국 가족의 현실은 가족 구성원들에게 더 이상 안식처나 지지대의 역할을 할 수 없는 것처럼 보인다. 가출, 이혼, 별거, 가정 폭력 같은 가족 내의 불안한 정서를 나타내는 현상이 급증했기 때문이다. 특히, 한국 가족의 불안정 추세는 1997년에 우리나라가 국제통화기금의 관리 체제에 들어가 외환위기가 심화되자 더 급속히 심화됐다. 가전제품이 가져다준 넉넉한 여가 시간은 가족 가치관의 변화에 어느 정도 영향을 미쳤을 것이다.

사회문화적 커뮤니케이션의 한 형태로 문화적 가치를 반영하고 전수하는 중요한 기능을 담당하는 광고는 당대의 가족 가치관을 반영한다. LG그룹 광고에서는 명화 사이에 자사의 제품들을 자연스럽게 배치해 명화 패러디 캠페인을 전개한 바 있었다. "우리 생활 속에 LG가 많아진다는 것은 생활이 예술이 된다는 것"이라는 광고 카피는 예술적 삶을 지향하는 생활의 변화를 보여 주었다. 이 책에서는 1960년대부터 현재까지 냉장고에서 김치냉장고에 이르기까지 저장용 가전제품 광고에 식품을 더 신선하게 보관하려는 끝없는 열망이 어떻게 반영되고 변화됐는지 시대별 흐름을 알아보았다.

1980년대 후반부터 한국인의 노동관과 여가관도 달라지기 시작했다. 젊은 세대들은 힘든 일을 기피하고 서비스 업종을 선호했는데, 사람들이 열심히 일하기보다 '즐기는 삶'을 중시하기 시작했다는 가치관의 변화를 보여 주는 근거다. 1980년대에는 향락과 퇴폐 업소도 급증했다. 이 시기에 소비성과 사치성이 높은 여가 양식이 대도시의 중산층과 일부 소수의 부유층을 중심으로 확산됐지만, 생존의 문제로 시달린 서민이나 노동자 계층의 여가 양식은 여전히 매우 제한적이었다(박명희 외, 2006). 1980년대가 지식사회와 매스컴의 화려한 조명을 받은 것은 그 시기가 그만큼 격렬했고 이전 시기의 유산을 극복했기 때문이었다.

2) 조리용 가전제품: 음식을 더 편리하게 만들어 주는 맛있는 기술

1970년대 이후 도시 중산층 가정의 주부들은 냉장고, 가스레인지, 토스터, 커피머신을 부엌에 들여놓기 시작했다. 부엌을 장식하는 기구뿐만 아니라 식품의 소비 성향에서도 현대적인 특성이 드러나기 시작했다. 육류, 분식류, 가공식품류, 마가린 같은 서구적 식품의 소비도 급증해 '우리나라에서도 양풍화(洋風化)의 생활이 왔었다'고 진단하는 경우도 있었다. 식탁에 아이들이 좋아하는 별미인 소시지, 햄, 카레라이스, 돈가스가 자주 올라왔다. 주부들은 시장에서 가공식품으로 파는 소시지나 햄을 구입해 자녀들이 좋아하는 음식을 만들었다(함한희, 송도영, 윤택림, 윤형숙, 2001).

1970년대까지 여성의 구매 결정권은 장보기 수준에 그쳤지만, 가정의 경제권이 점차 여성에게 넘어가면서 여성은 소비문화의 주역으로 떠올랐다. 제일기획 부설 리스피알연구소의 조사에 따르면, 구매에 대한 아내의 결정권은 가구 34.7%, 가전제품 51.5%, 생필품 70.2%로 영향을 미쳤다. 이처럼 여성의 지위는 1970년대부터 경제력 상승과 함께 급격히 상승했다. 광고물을 보고 제품을 구매했던 주부들의 일상생활은 이전에 비해 급격히 달라졌다(경향신문, 1970. 8. 20.).

1970년대에는 아파트가 서구적인 주거 양식으로 떠올랐다. 아파트는 부엌 구조를 입식 부엌으로 바꾸며 부엌의 개념을 변화시켰다. 당시에는 사람들이 가마솥에서 지은 밥이 맛있다고 생각해 입식 부엌에서도 밥솥이 외면을 받았다. 그래서 기존에 없던 새로운 형태의 밥솥인 전기밥솥이 등장했고 대부분의 광고에서는 밥맛이 좋다고 설명했다(박진희, 2021). 금성사는 주방세트 전체를 알리는 광고(1976)를 했다. [그림 2-2]에서 알 수 있듯이 헤드라인을 길게 늘어뜨려 표현했다. "고소하게 구어서 맛있게/ 갈아서/ 먹음직하게 튀겨서/ 따끈따끈 영양만점……" 헤드라인에 이어 금성 자동토스터, 금성 슈퍼믹서, 금성 가스쿠커, 금성 전기밥솥, 금성 주방 세트를 자세히 소개했다.

[그림 2-2] 금성사 주방 세트 광고(1976)

그런가 하면 1980년대에는 남편의 가사 노동 분담이 현대생활에 필요하다는 담론이 주목을 받았다. 가사 노동을 부부가 분담해야 한다는 논리는 광고의 영향 때문만은 아니었다. 경제가 발전할수록 주부의 가사 노동 문제가 본격적으로 거론되기 시작했다. 한국방송공사에서 실시한 '국민생활시간조사' 결과를 보면, 도시 가정주부의 가사 노동 시간은 1990년대까지도 크게 달라지지 않았지만, 시간의 활용이라는 측면에서는 많은 차이가 있었다. 기존의 의생활 관련 노동 시간이 점차 줄었고 가족 관리 시간은 증가했다. 주부들은 식생활 관리에 가장 많은 시간을 썼다. 1988년 서울시에 거주하는 477명의 가정주부를 대상으로 전업주부가 담당하는 가사 노동의 가치를 측정한 결과를 보면, 요구 임금에 의한 가치는 729,201원, 전문가 대체 비용법에 의한 가치는 538,438원, 기회 용법에 의한 가치는 529,941원, 주관적 평가방법에 의한 가치는 502,391원, 총합적 대체 비용법에 의한 가치는 420,469원으로 나타났다(김정옥, 1991).

가사 노동과 관련하여 한아름 부엌가구 인테리어 광고를 살펴보자. "아내는 절 위해 차를 바꾸자고 했고, 저는 아내를 위해 부엌을 바꿨습니다. 소중한 아내의 행복을 위해……" 아내가 가사 노동에 시달려 안타까워하는 남편의 마음이 현대 가정의 아름다운 미덕이라는 취지의 광고 메시지였다. 광고에서는 아내를 위해 설거지하고 빨래하는 남편들의 모습을 자주 알렸다. 현대적인 남편은 서구의 남편들처럼 부엌일에도 적극적으로 참여해야 한다는 담론을 만들어 낸 것이다(함한희, 2002). 언론에서도 [그림 2-3]과 같이, "마이 컴 조작 안방서 요리"라는 제목으로 버튼 하나만으로도 밥을 짓는 부엌 자동화기기를 소개하는 기사를 자주 내보냈다(매일경제, 1987. 2. 5.).

한국의 주방에서는 활용도가 다소 떨어지는 오븐을 겸한 가스레인지가 초현대식 주방에 갖춰야 하는 품목으로 떠올랐다. 한국인의 식생활에서 오븐을 자주 사용할 일은 별로 없기 때문에 오븐이 달려 있는 가스레인지는 장식용으로 비치된 경우도 많았다. 주방 조리기기를 종합적으로 소개하는 신문 기사도 자주 등장했다(매일경제, 1992. 4. 23.). 실용성은 다소 떨어져도 현대

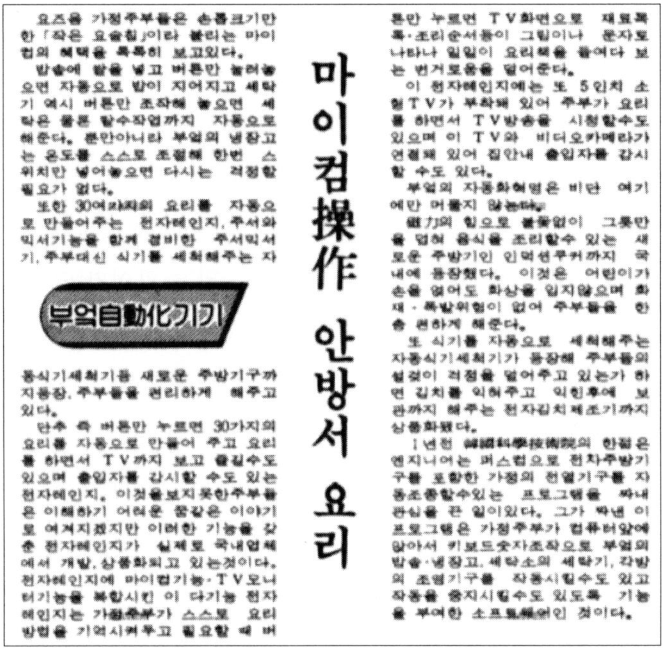

마이컴操作 안방서 요리

부엌自動化기기

요즈음 가정주부들은 손톱크기만한 「작은 요술칩」이라 불리는 마이컴의 혜택을 톡톡히 보고있다.

밥솥에 쌀을 넣고 버튼만 눌러놓으면 자동으로 밥이 지어지고 세탁기 역시 버튼만 조작해 놓으면 세탁은 물론 탈수작업까지 자동으로 해준다. 뿐만아니라 부엌의 냉장고는 온도를 스스로 조절해 한번 스위치만 넣어놓으면 다시는 걱정할 필요가 없다.

또한 30여가지의 요리를 자동으로 만들어주는 전자레인지, 주서와 믹서기능을 함께 겸비한 주서믹서기, 주부대신 식기를 세척해주는 자동식기세척기등 새로운 주방기구까지 등장, 주부들을 편리하게 해주고 있다.

단추 즉 버튼만 누르면 30가지의 요리를 자동으로 만들어 주고 요리를 하면서 TV까지 보고 즐길수도 있으며 출입자를 감시할 수도 있는 전자레인지. 이것을보지못한주부들은 이해하기 어려운 꿈같은 이야기로 여겨지겠지만 이러한 기능을 갖춘 전자레인지가 실제로 국내업체에서 개발, 상품화되고 있는것이다.

전자레인지에 마이컴기능·TV모니터기능을 복합시킨 이 다기능 전자레인지는 가정주부가 스스로 요리방법을 기억시켜두고 필요할 때 버튼만 누르면 TV화면으로 재료목록·조리순서등이 그림이나 문자로 나타나 일일이 요리책을 들여다 보는 번거로움을 덜어준다.

이 전자레인지에는 또 5인치 소형TV가 부착돼 있어 주부가 요리를 하면서 TV방송을 시청할수도 있으며 이 TV와 비디오카메라가 연결돼 있어 집안내 출입자를 감시할 수도 있다.

부엌의 자동화혁명은 비단 여기에만 머물지 않는다.

磁力의 힘으로 불꽃없이 그릇만을 덥혀 음식을 조리할수 있는 새로운 주방기인 인덕션쿠커까지 국내에 등장했다. 이것은 어린이가 손을 얹어도 화상을 입지않으며 화재·폭발위험이 없어 주부들을 한층 편하게 해준다.

또 식기를 자동으로 세척해주는 자동식기세척기가 등장해 주부들의 설겆이 걱정을 덜어주고 있는가 하면 김치를 익혀주고 익힌후에 보관까지 해주는 전자김치제조기까지 상품화됐다.

1년전 韓國科學技術院의 한젊은 엔지니어는 퍼스컴으로 전자주방기구를 포함한 가정의 전열기구를 자동조종할수있는 프로그램을 짜내 관심을 끈 일이있다. 그가 짜낸 이 프로그램은 가정주부가 컴퓨터앞에 앉아서 키보드숫자조작으로 부엌의 밥솥·냉장고, 세탁소의 세탁기, 각방의 조명기구를 작동시킬수도 있고 작동을 중지시킬수도 있도록 기능을 부여한 소프트웨어인 것이다.

[그림 2-3] 부엌 자동화기기를 소개한 언론보도(매일경제, 1987. 2. 5.)

적인 느낌의 주방 기구가 장식된 주방을 '시스템키친'이라 부르기 시작한 때도 1990년대 무렵이었다. 주방이란 단어가 지닌 느낌보다 한층 세련되게 들리는 시스템키친은 신축 아파트나 주택의 주방을 상품처럼 느껴지게 하는 데 기여했다(함한희, 2002). 이 책에서는 조리용 가전제품 광고에서 음식을 더 편리하게 만들자는 주부들의 기대감이 어떻게 변해 왔는지 살펴보았다.

3) 세척청소용 가전제품: 빨래와 청소를 편히 하려는 놀라운 시도

세탁의 역사는 인간이 옷을 입기 시작한 선사시대 때부터 시작됐다. 로마에서는 전문 업자가 맡아서 빨래를 했고, 귀족은 세탁노예를 고용해 집안에서 발로 밟아 빠는 설비를 갖춰 놓았다. 중국의 『사기(事記)』나 『소학(小學)』에는 남에게 불쾌감을 주지 않기 위한 윤리적 관념과 위생을 위해 빨래를 시작했다고 기록돼 있다.

한국에서는 강가, 호수, 냇가에서 손으로 흔들어 빨거나 주물러 빨기 시작해 나중에는 나무 조각을 이용해 두들겨 빨았다. 그 후 여럿이 냇가에 모여 앉아 이야기를 나누며 방망이질을 해서 빨았고, 우물이 있으면 우물가에서 빨았다. 짚, 뽕나무, 초목을 태운 재에서 얻은 잿물을 세제로 썼고, 명주 같은 귀중한 직물을 빨 때는 콩, 팥, 녹두를 갈아 빨래에 비벼 빨았는데, 이것을 '비루'라고 했다. 더러움을 없앤다는 뜻인데, 지금의 비누란 말은 여기에서 유래했다.

이 밖에도 쌀뜨물과 두부순물(두부를 만들고 남은 물)을 세제로 썼고, 면직물은 재와 잿물을 함께 삶아 빨았고, 마직물은 삶지 않고 물에 여러 번 헹궈 빨거나 쌀뜨물에 2~3일 담가 뒀다 냇가에서 두들겨 빨았다. 유럽에서는 14세기 이후 견직물과 마직물 그리고 무명이 보급되자 세탁 물량이 늘었고 세탁 기술도 한층 발달했다. 풀과 다림질도 그 무렵에 등장했다. 유럽 각지에는 17세기에 공동세탁장이 설치됐는데, 가정의 세탁장에는 세탁통과 휘젓는 막대가 도구로 쓰였다. 18세기에는 삶아 빨기를 자주 했고 기존에 쓰던 백토(白土) 대신 비누를 쓰기 시작했다. 19세기 중반에는 종래의 세탁통이 손으로 돌리는 세탁통으로 바뀌었고, 20세기에 접어들어 전기세탁기 시대가 열렸다. 한국에서도 1960년대 말부터 전기세탁기를 생산하고 판매했다.

세탁기는 더럽혀진 의류에서 때를 제거하는 전기 기구로, 기계적 운동으로 섬유에서 때를 제거한다. 빨래와 비눗물을 넣은 방식에 따라 세탁기는 세 종류로 나뉜다. 와권식은 세탁통 바닥에 있는 회전 날개를 분당 300~400회 회전시켜 만든 수류에 의한 세탁 방식인데, 현재 우리나라 세탁기에서 가장 많이 적용하는 방식이다. 교반식은 세탁통의 하부 중앙에 있는 3~4장의 날개를 120도에서 180도 정도로 반복 회전시켜 세탁하는 방식이다. 유럽에서 시작된 회전 드럼식은 옆으로 누워 있는 내부의 통에 여러 개의 요철이 있는데 회전하면 빨래가 드럼에서 차례로 낙하해 세탁한다. 이 방식은 소량의 물로 세탁할 수 있지만 세탁에 장시간이 소요된다.

통의 숫자와 사용자의 편리성에 따라 세탁기를 다음과 같이 구분한다. 2조식 세탁기는 세탁과 탈수를 구분하는 2개의 통이 있는 세탁기다. 세탁통에서 세탁과 헹굼이 이루어진다. 철판에 법랑 재료를 쓴 탈수통에 구멍이 뚫려 있어 고속 회전하는 원심력에 따라 탈수된다. 전자동 세탁기는 세탁과 탈수할 때 세탁물을 옮기기가 불편한 2조식 세탁기의 기능을 더한 것이다. 이 세탁기는 세탁물을 넣고 프로그램 스위치만 켜면 세탁, 헹굼, 탈수를 자동으로 하는 방식인데, 외부에서는 세탁통이 하나로 보이지만 탈수통(외부)과 세탁통(내부)이라는 2중 구조로 돼 있었다.

전기세탁기는 19세기 후반에 미국에서 개발됐고 우리나라는 1969년에 금성사에서 1.8㎏급의 2조수동식 세탁기를 처음으로 개발했다. 1970년대 후반에는 2조식 자동세탁기와 자동세탁기를 개발해 주부들의 인기를 끌었고 외국에 수출하기도 했다. 세탁기의 수출액은 1970년대에는 150만 달러였지만 1980년대에는 5,000만 달러로 급성장했고, 1990년대 말에는 3억 6,000만 달러를 수출해 꾸준히 성장했다. 1970년대 후반에는 혼수품으로 인기를 끌어 꾸준히 성장했고, 2000년에 비로소 세탁용량 10㎏의 세탁기가 생산됐다. 전기세탁기의 보급률은 100%에 가까워 일반 가정에 거의 보급됐고 사무실과 공장 등에서도 사용했다.

4. 시대흐름별 통시적 분석

1) 한국 소비문화의 태동기: 1960년대

1960년의 4·19혁명으로 이승만의 자유당 정권이 붕괴됐고, 1962년에는 단기(檀紀)를 서기(西紀)로 바꿔 쓰기 시작했다. 1960년의 국민 1인당 총생산(GNP)은 겨우 82달러였지만, 1964년에 마침내 수출 1억 달러를 달성한 이후 1970년에는 국민 1인당 총생산이 523달러까지 증가했다. 이 무렵 박정희 정권은 "수출만이 살 길"이라는 국정 지표에 따라 수출 일변도의 경제정책을 실시했고, 경제개발 5개년 계획에 따라 외국에서 차관을 도입하고 수입 대체산업을 육성했다.

정부는 1960년대에 차관을 도입해 제1차 경제개발 5개년 계획(1962~1966)과 제2차 경제개발 5개년 계획(1967~1971)을 실시했다. 외형적인 경제 성장에도 불구하고 무역수지가 계속 악화돼 1961년에 2억 7,000만 달러였던 무역적자가 1967년에는 5억 7,000만 달러로 늘어났다. 특히, 선진국의 경기 침체에 따라 원자재 수입에 의한 단순 가공 수출에 구조적인 문제가 발생하면서 수출의 한계가 나타났지만, 소비재 중심의 우리나라 공업 구조를 쉽게 개선하기는 어려웠다.

이 시기에 외자를 도입해 수출에 치중한 기업들은 정부의 전폭적인 특혜를 바탕으로 단기간에 독점 재벌로 성공했다. 1960년대의 경제개발 계획은 제조업에 집중적으로 투자해 2차 산업의 발전을 유도함으로써 농촌의 잠재적 실업자를 공업 노동자로 흡수했다. 공업화에 따라 도시가 발달하자 도시의 인구는 급속히 증가했지만 농촌의 인구는 점차 감소됐다. 도시로 몰려든 사람의 대부분이 도시 빈민층으로 흡수됐고, 이로 인해 주택 문제와 교통 문제 및 교육 문제 같은 도시 문제들이 발생했다. 생활수준에서 빈곤층 이하의 계층이 총 인구에서 차지하는 비중은 1965년에 40%에 이를 정도로 심각한 형편이었다(김민환, 김광수, 2001).

그럼에도 불구하고 부유층의 생활수준은 빈곤층의 생활과 차이가 많았다. 자가용 승용차가 대중화되지 않았던 1960년대에, 사람들은 택시를 대절해 북악스카이웨이와 남산순환도로를 드라이브하는 것을 낭만적인 여가 활동으로 생각했다. 또한, 남자들은 조기 축구를 즐겼고 여자들은 배드민턴을 선호했으며, 서민들은 유랑극단이나 서커스단의 공연에 '구경 가기'를 기대했다(김병희, 2011).

1960년의 4·19 혁명 이후 정기간행물에 대한 허가제가 폐지됨에 따라 언론매체의 발행이 폭증했다. 1961년 신필름에서 제작한 총천연색 영화가 상영되면서 영화관은 중요한 광고 매체 공간으로 부상했다. 1961년 5·16 군사정변 직후 1,567종이었던 간행물이 344종으로 축소됐다. 특히, 1960년대에는 상업 라디오 방송이 잇따라 개국함으로써 우리나라에 (라디오) 방송광고 시대의 서막을 알렸다. 1961년 7월 1일에 서울국제방송국(HLCA)이 개국했고, 8월 1일에 광주기독교방송국(HLCL)이, 11월 1일에 이리기독교방송국(HLCM)이 개국했다. 12월 2일, 민간 상업방송인 부산문화방송(MBC)은 서울에서 라디오방송을 시작했다. 이어 MBC는 대구, 광주, 대전, 전주를 필두로 이후 10년에 걸쳐 18개의 지역 방송국을 개국했다. 1962년 10월에는 경영난에 시달리던 기독교방송국이 상업방송 허가를 받았다(김민환, 김광수, 2001).

1961년 12월 31일, 국영 서울텔레비전방송국(KBS-TV의 전신)이 개국했는데 이때에도 텔레비전 수상기가 국내에서 생산되지 않았으므로 정부는 수입 텔레비전 수상기를 두 차례 면세 도입해 월부로 보급시켰다(김영희, 2009: 282). 동아일보사는 1963년 4월 25일 동아방송(DBS) 라디오를 개국함으로써 우리나라 최초로 방송국을 겸영하는 신문사가 됐다. 1964년에는 민영방송인 TBC-TV가 개국했다. 1963년에 우리나라 텔레비전 수상기의 등록대수가 34,774대로 집계됐다. 이해 1월 1일부터 KBS-TV에서 유료의 상업광고 방송을 시작함으로써, 신문, 잡지, 라디오, 텔레비전이라는 이른바 광고의 4대 매체 체제를 갖췄다. 1966년에는 금성사에서 흑백텔레비전을 처음으로 생산했다. 1967년에는 현대적 의미에서의 본격적인 광고회사인 합동통신사 광고기획실이 창립된 이후, 1960년대 말에는 광고대행업이 신종 산업으로 각광을 받았다.

1960년대는 한국사회에서 현대적 의미의 소비의식이 잉태된 시기이자 우주시대의 서막을 알리는 시기였다. 박정희 정부는 산업화에 매진함으로써 경제적 성과를 최고의 가치로 여기는 경제 제일주의나 근대화 지상주의가 부상했다. 이 시기에 전기전자제품이 욕망의 대상으로 떠올랐는데, 당시의 전자제품은 오늘날의 전자제품과는 질적으로 다른 초보 수준이었지만 실로 엄청난 인기를 누렸다.

본격적인 경제개발과 함께 제약광고를 비롯한 상업광고들이 등장했다. 사람들이 급하게 찾는 제약광고가 많았지만, 그밖에도 옷이나 치약 같은 일상생활에 관련된 각종 상품광고가 등장했다. 1960년대는 먹고살기에 바빴던 때라 가전제품 광고는 많지 않았고, 일상생활에 당장 필요한 의식주 광고나 생필품 광고가 대부분이었다. 베이비붐 세대가 청소년층으로 성장해 전체 인구에서 높은 비율을 차지했고, 청년 문화가 활성화되자 다수의 청소년층이 소비의 주체이자 패션의 리더로 부상했다.

한국 광고사에서 1968년은 역사적인 의미를 갖는다. 1968년, 다국적 기업인 코카콜라가 한국 시장에 진출했고 1969년 1월에 설립된 광고회사 만보사(萬報社)에서 코카콜라 광고를 대행함으로써 우리나라 광고 표현의 수준과 광고산업 전반을 비약적으로 발전시켰다. 1969년에는 코카콜라, 펩시콜라, 칼텍스, 호남정유 같은 미국계 기업들이 최신 마케팅 개념을 국내에 적용함으로써 우리나라 광고회사가 독자적 기업으로 정착하는 직접적인 계기를 마련했다(마정미, 2021).

1969년에 경인고속도로가 개통되자 우리나라에 새로운 물류시대가 열렸고 동시에 1969년에 MBC-TV가 개국함으로써 민영방송의 경쟁시대가 열렸다. MBC-TV의 개국으로 인해 KBS-TV의 유료 광고는 중지됐다. 1969년 7월 16일, 미국은 인류 역사상 최초로 아폴로 11호를 발사해 인간의 달 착륙에 성공했는데, 이는 1960년대 후반의 초대형 텔레비전 이벤트였다. 미국 공보원은 남산 야외 음악당에 대형 텔레비전 스크린을 설치해, 17일에는 생중계, 22일에는 녹화중계로 인간의 달 착륙이라는 대형 이벤트를 두 번에 걸쳐 보여 주었다. 가랑비가 내렸던 남산에는 각각 5만 명과 10만 명의 인파가 몰려들었다(강준만, 2007: 468-470). 그리고 멕시코 올림픽(1968), 멕시코 월드컵(1970), 남북적십자회담과 7·4 남북공동성명(1972), 뮌헨 올림픽(1972) 같이 세간의 이목을 집중시킨 대형 이벤트는 텔레비전에 의한 집단 기억을 축적했다.

우리 가전 산업의 역사는 LG전자의 전신인 금성사가 1958년에 창업되면

서 시작됐다. 금성사는 1960년에 최초의 선풍기를 만들어 냈고 1961년 7월
에는 국내 최초의 자동전화기를, 1966년에는 흑백 TV를 생산했다. 1968년에
는 한국 최초의 에어컨을, 1969년에는 세탁기를 생산하기 시작했다. 1960년
대에도 서울을 비롯한 대도시에 거주하는 일부 상류층은 전화, 재봉틀, 전기
다리미는 쓰고 있었지만, 선풍기, 토스터, 믹서, 냉장고, 세탁기, 전기솥은 등
장하지 않았다(조선일보, 1964. 4. 9.). 그리고 이 무렵부터 우리나라에서 '가전
산업'이나 '전자산업' 같은 용어가 사용되기 시작했다. 종합하면 1960년대는
한국 소비문화의 태동기라고 할 수 있다.

2) 한국 소비문화의 형성기: 1970년대

1969년에 경인고속도로가 개통된 이후, 1970년에 경부고속도로가, 그리고
1974년에는 서울 지하철 1호선이 개통됨으로써 우리나라의 물류 환경의 새
시대를 열었다. 그렇지만 1971년에 무역 적자가 10억 달러를 넘었고, 1972년
에는 제1차 유류파동이 시작돼 1973년에는 의약품 관련 CM송이 금지됐다.
1973년 1월 17일에는 광고회사 제일기획이 창립됐고, 텔레비전 수상기가
100만 대를 넘어 130만 대를 돌파할 정도로 널리 보급됐다(신인섭, 서범석,
1998: 291-294). 1974년에는 텔레비전 프로그램의 중간 광고가 금지됐으나
지하철 광고가 새로 시작됐다.

이 와중에 박정희 정권은 유신헌법을 제정하고 새마을운동을 시작했다.
1974년의 언론 통제로 인해 신문의 발행 면수가 8면으로 묶여 있었고, 자유
언론실천운동에 대한 박정희 정권의 보복으로 『동아일보』의 '백지광고' 사
태가 일어나(1974. 12. 26~1975. 7.), 광고와 언론자유 문제가 사회적 쟁점이
됐다(김병희, 2011). 광고사 측면에서 주목할 만한 대목은 1970년대에 광고의
주도권이 제약업계에서 식품과 가전제품 쪽으로 서서히 넘어갔다는 사실이
다. 백색가전의 생산으로 인한 가전회사들의 대형 광고전과 미원(味元)과 미
풍(味豊)으로 대표되는 조미료 회사의 광고전이 우리나라 광고 표현의 수준

을 향상시켰다. 가전업계의 신제품 광고와 기술력 경쟁은 첨단산업 발전의 모태가 됐으며 우리나라 광고 표현의 수준을 높였다(마정미, 2021).

그렇지만 [그림 2-4]에서 알 수 있듯이, 1970년대에도 가전제품은 값비싼 이기(利器)로 인식됐다. 가정주부가 제일 많이 찾는 것은 토스터와 전기풍로 정도였다. 값이 비싸 전열기구로 생활할 수 있는 가정은 중류와 상급 정도였다. 가전제품의 생산량은 연 23% 정도 증가했지만 판매 실적은 미미했다. 세탁기의 경우 금성사에서 1969년에 시험적으로 생산했지만, 제한된 소비량과 높은 가격이라는 불리한 조건 때문에 생산을 중단하기도 했다(동아일보, 1970. 3. 10.).

[그림 2-4] 가전제품을 값비싼 이기로 소개한 언론보도(동아일보, 1970. 3. 10.)

1970년대에 접어들어 언론에서는 여성의 인식 개선 캠페인을 전개하는 경우가 많았다. [그림 2-5]에 제시한 '한국의 가정'이란 주제의 좌담회를 소개하는 기사를 보면(매일경제, 1971. 3. 24.), 주한 외교관 부인들이 말하는 당시 여성의 일상생활을 엿볼 수 있다. 주한 외교관 부인들은 "온돌은 태만의 온상", "빗나간 서구화 의복만 앞서", "자녀를 해방시켜야", "남성은 고독하고 여성은 대담" 같은 표현을 통해 여성의 인식 개선이나 생활문화의 변화를 촉구했다. 바꿔 말하면, 좌담회 참석자들의 주장과 반대되는 내용이 당시 우리나라의 가정 문화이자 사회상이었다고 추론할 수 있다.

[그림 2-5] '한국의 가정' 좌담회 신문기사(매일경제, 1971. 3. 24.)

1975년에는 국내 최초의 국산차인 포니자동차의 판매가 시작됐다. 1971년부터 1980년까지는 '한강의 기적'을 이룬 10년간으로, 1977년에는 수출 100억 달러와 국민 1인당 총생산(GNP) 1,000달러를 달성했다. 국민총생산은 경상가격 기준으로 1969년 1조 5,750억 원에서 1979년에는 31조 2,487억 원으로 늘어나 20배 가깝게 성장했다. 이 기간 동안 국민 1인당 소득은 6만 6,000원에서 83만 원으로 증가했으며, 산업별 국민총생산에서 농림 어업의 구성비는 1969년의 28.8퍼센트에서 1979년에는 18.5퍼센트로 하락했다. 같은 기간 동안에 제조업은 20.3퍼센트에서 27.5퍼센트로 늘어나 구성비가 역전됐고, 수출은 6억 달러에서 150억 달러로 급성장했다. 1979년에는 제2차 유류파동과 박정희 대통령 시해 사건에 따라 경제활동이 침체됐으며, 1980년에는 전두환 신군부의 집권에 저항하는 광주민주화운동이 전개됐다.

1970년대 초부터 시작된 아파트 건설 붐은 여성의 일상생활에 상당한 영향을 미쳤다. 이른바 '아파트 부인들'은 남편이 벌어다 주는 돈으로 주머닛돈을 만들어 아파트에 투자해 남편의 경제권에서 해방되기를 원했다(조선일보, 1978. 3. 9.). 아파트에 대한 여성의 선호가 늘어, 한 주부는 남편의 뜻과 달리 편리한 아파트로 이사했다고 했고, 또 다른 주부는 집을 비우고 외출할 수 있어 관리하기 편하며, 아이나 남편의 가사 돕기가 쉬워 주부에게 여유가 생긴다는 점을 아파트의 장점으로 꼽았다(윤택림, 2004; 조선일보, 1983. 2. 4.). 아파트 생활이 보편화되자 식생활에도 변화가 일어나 공장에서 만든 식품의 소비가 증가했다. 1960년대 이후 공장 식품이 늘었는데 강남 아파트 지역에 김장을 대신해 주는 20여 곳의 김치공장이 등장했을 정도였다. 그에 따라 집집마다의 별미가 사라지고 입맛도 평준화됐다(윤택림, 2004; 조선일보, 1978. 9. 15.).

1970년대의 아파트는 평수가 좁아 입식 부엌에도 식탁 놓을 공간이 없었고 안방이나 거실에서 상을 펴서 식사를 했다. 단독주택에도 실내에 부엌이 있었지만 바닥이 낮아 식사는 안방이나 마루에서 했다. 단독주택과 아파트에는 안방과 부엌이 붙어 있었지만, 난방과 취사가 분리됐다. 부엌은 여전히 조리와 취사 공간이었다. 양옥 주택인데도 부엌의 입식화가 바로 이루어지지 않은 이유는 1970년대 말까지도 '식모'가 부엌일을 주로 맡았기 때문이었다. 당시 언론에서는 서울시 성북구에서 셋집 사는 가구의 75%가 식모를 고용했다고 소개하며, 주부의 제 역할을 제대로 하지 않는다며 비판했다. 그리고 그 대안으로 '수고엄마'나 '수고언니' 같은 파출부를 이용하라고 제안했다(조선일보, 1977. 1. 5.).

1970년대의 아파트 평면에서 주목할 점은 부엌을 별도로 격리했다는 사실이다. 1970년대의 부엌은 거실을 포함한 다른 공간과 벽으로 구분해 주부의 노동을 가족들의 일상생활과 철저히 구분했다. 주부가 식사를 준비하는 동안 가족들은 거실에서 시간을 보냈다(최윤경, 2003). 다시 말해서, 거실 같은 가족의 공유 공간과 부엌이 벽으로 구분됐고 입식 부엌이 등장함으로써 주부의 가사 노동이 능률화됐지만, 주부의 작업 공간이라는 부엌의 본질적 기능과 의미는 달라지지 않았다.

1970년대는 경제성장에 힘입어 생산과 소비가 촉진되는 시기였다. 광고에서도 자연스럽게 이런 분위기를 반영해 의류나 미용 제품은 물론 가전제품 광고가 늘어났다. 가전제품 광고에서는 시대의 트렌드의 변화를 신속히 반영했지만 광고에서 먼저 소비자들이 선호할 만한 트렌드를 제시하기도 했다. 1970년대에는 일간신문을 비롯해 다양한 특성의 잡지가 우후죽순처럼 발간되자 인쇄매체에 가전제품 광고도 폭발적으로 증가했다. 결국 1970년대는 한국 소비문화의 형성기라고 할 수 있다.

3) 한국 소비문화의 성장기: 1980년대

우리나라는 1981년에 텔레비전에서 컬러 방송을 시작함으로써 컬러 광고도 가능해졌다. 1981년 3월 1일, 모든 텔레비전 방송에 컬러화가 이루어지고 낮방송이 재개됨으로써 컬러 광고가 보편화됐고, KBS-1 TV와 KBS-2 TV에 광고가 재개됐다. 그러나 KBS-1 텔레비전은 1994년에 광고 방송을 다시 폐지했다. 1982년에는 야간 통행금지가 해제되고 두발 및 교복 자율화가 이루어졌다. 달라진 생활 패턴에 따라 새로운 소비문화 추세가 등장했다. 1983년 에는 KBS-TV의 '이산가족 찾기' 캠페인이 전개됐고, 미얀마 아웅산 폭발 사 건으로 인해 고위 관료 17명이 사망하는 사고가 발생했다. 1985년에는 인구 4,000만 명을 돌파했다.

1980년대 초반의 통금 해제와 교복 자율화 이후, 젊은이들은 새로운 패션 과 스포츠 용품을 선호했다. 이 시기에 「소비자보호법」이 강화됐고 저작권 법이 발효됐다. 사람들은 레저 문화를 즐겼으며 편의점이나 패스트푸드점 도 등장했다. 고급 스포츠로 인식되던 테니스가 대중 스포츠로 보편화됐다. 1986년의 아시안게임과 1988년의 서울올림픽을 개최한 우리나라는 세계적 인 주목을 받았다. 서울올림픽 이후 승용차 보급률이 폭발적으로 증가하자 드라이브족도 늘어났다. 1988년의 총광고비는 2조 원으로 GNP의 1퍼센트를 넘어섰다. 1987년의 6·29선언과 함께 표현의 자유가 확대돼 인쇄 매체가 폭 발적으로 증가했고 텔레비전 보급률도 가구당 70%에 이르렀다. 1988년에는 해외여행이 자유화됐고, 담배와 세탁기를 비롯한 56개 품목의 시장 개방이 이루어졌다.

1980년대에 접어들어 주부들은 부엌 대신 '주방'이란 말을 더 많이 쓰기 시 작했고 1980년대 후반에는 결국 주방이 부엌을 대체하는 일상어로 정착됐 다(함한희, 2002). 주방은 초현대식 테크놀로지가 구현되는 장소이자 아름답 게 꾸며야 할 공간으로 변했고 주방의 시설이나 기능은 물론 상징적인 의미 도 달라졌기 때문이었다. 집에서 가장 넓은 공간인 안방은 1980년대 초반까 지도 부부 침실이라기보다 주생활에서 식사, 손님 접대, 가족 대화 공간 같은 다기능의 특성을 지녔지만(고경필, 1992: 203), 1980년대 후반에는 안방이 부 부 침실로 자리 잡았다.

1980년대 중반부터는 아파트가 서울을 비롯한 대도시의 대표적인 주거 공 간이 됐다. 1980년대에는 아파트 평면에서 주방과 거실을 나누는 격리 현상 이 사라졌고, 거실과 식당 및 부엌이 일체화되는 이른바 LDK(Living-Dining-Kitchen) 형식이 등장했다. 이에 따라 주방은 주부만의 공간에서 가족 모두에게 열린 공간이라는 성격을 갖게 됐다(강순주, 2005). LDK 형식이 등장하자 주방과 거실의 경계가 모호해져 주부의 동선이 편리해졌고, 가사에서도 주부의 역할과 다른 가족의 역할을 구분하기가 모호해졌다. 석유와 가스도 1980년대부터 부엌 연료로 도입되었는데, 당시에 가스 사고가 빈번히 발생해 가스레인지의 안전성을 강조하는 언론보도가 많았다.

1960년대부터 1980년대 초까지 부엌 개량에 대한 사회적 담론의 주요 개념은 위생, 편리, 능률이었다. 1970년대 중·고등학교의 '가정' 교과서에서 다룬 강조점은 능률적인 주생활이었고, 주택의 위생과 관련해서는 채광과 환기를 강조했다. 부엌 개량에서도 위생을 중시했으며, '가정' 교과서에서는 위생과 과학화를 위해 각종 계량기의 사용 방법을 소개했다. 나아가 재래식 부엌은 비위생적이고 각 방과의 연결이 불편하며 부엌에서 손님이나 아이를 돌볼 수 없다고 비판하며 능률적인 부엌을 강조했다. 따라서 주택을 개량할 때 부엌을 가장 좋은 위치에 배치해야 하고, 통풍과 환기가 잘 되게 해야 하며, 취사용 난방과 온돌용 난방을 분리하고, 작업대를 능률적으로 배열해야(오른쪽으로부터 준비대, 개수대, 조리대, 가열대, 배선대) 한다고 강조했다. 결국 정부에서는 주생활에서의 위생과 편리와 능률을 위해 부엌 개량의 필요성을 강조했던 것이다(윤택림, 2004).

1980년대 중반 이후 금성사와 삼성전자는 자사 기술의 우수성을 강조하는 기업 이미지 광고를 시작했다. 금성사는 1985년부터 "테크노피아―인간과 기술의 만남"이라는 카피를 써서 컴퓨터 그래픽을 활용한 광고를 신문과 텔레비전에 내보냈고, 삼성전자는 그보다 1년 늦게 "휴먼테크―인간과 호흡하는 기술"이라는 카피를 내세워 금성과 유사한 광고 캠페인에 뛰어들었다. 이 광고 캠페인들은 컴퓨터와 반도체로 표상되는 디지털 기술의 구체적인 미래를 제시하며 기업의 비전을 보여 주었다. 광고에서는 당시의 대중에게 낯선 컴퓨터 그래픽의 시각 효과를 극대화해 기술적 이미지의 화려함과 새로움에 주목하도록 했다. 이 광고들은 우리나라 가전제품 시장에서 기술 발전의 유토피아적 전망을 제시하며 인본주의적 가치를 강조했다. 김한상(Kim, 2015)

의 지적대로, 1980년대 중반 이후에 국내 가전업체들은 기술 위주의 슬로건 싸움에서 벗어나 인간과 기술의 조화를 강조하는 이미지 경쟁을 펼쳤다.

언론에서는 한국 소비문화의 성장에 대한 다양한 전망을 제시했다. "제3의 물결 가정까지 파급"(매일경제, 1988. 10. 21.), "주방에도 자동화 바람"(매일경제, 1988. 11. 29.), "자동 주방기기 수요 급증, 식기세척기 1년 매출 신장 10배"(경향신문, 1988. 12. 8.), "외제 가전품 비싸도 잘 팔려: 부유층 주부 대형 많이 찾아"(동아일보, 1989. 3. 24.), "세계의 사치품 서울서 대경연"(동아일보, 1989. 11. 3.) 같은 언론보도가 대표적이다. 앨빈 토플러(Alvin Toffler)가 가정의 전자화 시대를 예고한 지 불과 몇 년 만에 우리나라에서도 홈오토메이션(HA) 시대가 열렸다. 그에 따라 고기능 가전제품과 주방의 자동화 용품이 급속히 보급됐다. 바야흐로 1980년대는 한국 소비문화의 성장기를 달려가고 있었다.

4) 한국 소비문화의 성숙기: 1990년대

남북한은 1991년에 국제연합(UN)에 동시 가입했고, 1992년에는 한국과 중국 사이에 국교가 수립됐다. 1994년에는 우리나라가 세계무역기구(WTO)에 가입했고, 1995년에는 수출 1,000억 달러를 돌파하고 1인당 국민소득 1만 달러를 넘어섰다. 1996년에는 우리나라가 개발도상국에서 벗어나 경제협력개발기구(OECD) 가입국이 됐다. 1997년 12월 5일, 국제통화기금(IMF) 이사회가 한국에 긴급자금 지원을 결정함으로써 한국은 국제통화기금의 관리 체제로 들어섰다. 우리나라에 금융 위기가 발생하고 국가 부도 사태에 직면하자 국민 1인당 GNP는 6,000달러로 추락했다. 1998년에는 김대중 정부의 햇볕 정책에 따라 금강산 관광이 시작됐고, 금융 위기에 따라 기업의 구조조정을 실시했고 '금 모으기' 캠페인이 전국적으로 전개됐다.

미디어 환경의 변화를 보면 1991년에 민영방송 SBS-TV와 라디오가 개국했고, 「종합유선방송법」이 통과돼 1995년에 케이블 TV가 개국했으며, 광고대행업의 시장 자유화가 이루어졌다. 1992년에는 표준산업분류에서 광고업이 독자적인 업종으로 분류됐다. 1995년에는 무궁화위성을 발사했고 케이블 TV 방송 서비스를 시작했다. 1996년에는 디지털 위성방송 시대가 개막됐고 2002년 월드컵을 유치함으로써 스포츠 마케팅 시장이 급성장했다. 1990년대 중반에는 인터넷 시대가 개막돼 미디어 환경이 급변하기 시작했다. 1998년에는 SK, KT, KTF 같은 통신회사들이 10대 광고주로 부상했다. 외환위기에 따라 총광고비가 전년 대비 35.2퍼센트로 감소했는데, 이는 1968년에 한국광고비를 조사한 이후 처음 있는 일이었다. 그리고 1999년에는 「통합방송법」이 국회에서 통과되어 민간에서 방송광고를 대행하는 미디어렙 설립의 법적 근거가 마련됐다. 신문에 대한 독자들의 신뢰도는 하락한 반면 텔레비전 방송에 대한 신뢰도는 올라갔는데, 1996년부터 1998년 사이에 신문의 영향력이 텔레비전에 추월당했다.

1990년대에 접어들어 주방문화에서 하이테크 혁명이 일어났다. '원하는 음식 버튼 하나로 조리'가 가능해졌고, 주방은 '휴식과 대화의 공간'으로 변모했다. "사람의 체온을 감지하는 센서에 의해 조절되는 아늑한 조명 아래 음악이 흘러나오고 레인지에서는 입력된 프로그램에 의해 원하는 음식이 자동으로 조리된다."(매일경제, 1990. 10. 14.)는 기사에서 알 수 있듯이, 주방문화의 혁명은 당시 주부들의 마음을 사로잡기에 충분했다.

1990년대 초반은 본격적인 소비의 시대였다. 광고에서도 모델의 성 역할에서 변화가 일어났다. [그림 2-6]에 제시한 크린랲 광고를 보면 성 역할의 변화를 엿볼 수 있는데, 광고의 포인트는 남자 배우 최수종 씨가 앞치마를 두르고 주방용품을 광고하고 있다는 점이다. 1990년대 초반에 주부라는 단어에는 지금은 사라진 함의가 있었다. '여경'이나 '개그우먼' 같은 단어에서처럼 '주부'라는 단어에는 이미 여성이란 뜻이 내포돼 있었다. 따라서 당시에는 주부가 사용하는 모든 제품의 광고에서는 여성을 모델이 출연하는 것이 일반적이었다. 냉장고, 청소기, 세탁기 광고에서 성 역할이 고착돼 있던 상황이었는데, 크린랲 광고에서 남자 모델을 출연시킨 것은 가히 파격적인 시도였다. 그리고 이런 현상은 주방에서도 성 역할이 변하고 있다는 현실을 반영한 것이

[그림 2-6] 성 역할의 변화를 보여 준 크린랩 광고(1991)

기도 했다.

한국사회는 1990년대에 접어들어 소비문화의 성숙기로 접어들었다. 냉장고는 1990년대에 84.7%로 보급률이 증가했다. 1990년대의 중산층 주부들은 넓은 평형의 아파트에 알맞게 대형 가전제품을 구매했다. 소비상품의 고급화와 대형화 추세가 가속화되자 중산층은 소비의 품격을 중시했다. 1990년대의 소비문화를 주도한 집단은 중산층 가정이었다. 1990년대에 경제 여건이 좋아지자 개인의 소득도 증가했고, 소득이 늘어남에 따라 중산층 가정도 증가했다. 중산층 가정에서는 서양식 식문화와 실내 공간의 활용을 중시했다. 1990년대의 광고에서는 과시적 상품을 제시하며 소비자들을 유혹했다(양유진, 2017).

서울시에 거주하는 21세 이상의 주부를 대상으로 주부의 과시적 소비 성향에 미치는 영향을 분석한 연구에서는 주부의 과시적 소비 성향이 개인의 심리적 성향과 사회ㆍ경제ㆍ문화적 환경의 복합적인 영향을 받는다고 보고했다(계선자, 김태은, 1998). 한편, 1990년대에 접어들어 주방과 거실의 일체화가 거의 정착됐다. 남녀의 역할 구분이 점점 약해지고 맞벌이 부부가 증가하자, 거실-식당-주방이 하나의 동선으로 이어지는 LDK 형태가 보편화됐다. 주방과 거실의 일체화가 정착되자 주방의 위상도 높아졌지만, 변화 과정에서의 반작용도 발생해 주방은 격리된 공간이라는 전통적인 인식을 고수하려는 주부들도 일부 있었다(강순주, 2005).

[그림 2-7] 패스트푸드점 생일잔치를 소개한 언론보도(동아일보, 1992. 12. 1.)

"여성 패션 서구화 바람"(동아일보, 1992. 5. 28.) 같은 언론보도에서 알 수 있듯이 패션의 서구화가 진행됐고, 식생활의 서구화도 보편화됐다. [그림 2-7]에서 알 수 있듯이, 어린이나 청소년들은 패스트푸드점에서 생일잔치를 했다(동아일보, 1992. 12. 1.). 아침식사로 밥을 선호하던 1990년과는 달리 1992년에는 아침식사로 빵을 선호했다는 조사 결과도 있다. 이 시기의 대표적인 특징은 소비자들의 생활이 서구화됐다는 사실이다. 식생활의 서구화로 인해 빵의 수요가 저절로 늘어났고 빵의 수요가 늘어남에 따라 토스터를 구매하는 소비자들도 증가했다. 맞벌이 부부도 이전에 비해 대폭 늘어났다. 일상이 바쁜 사람들은 간편 제품을 선호했는데, 생활양식이 서구화되면서 간편 상품도 인기를 끌었다. 언론에서는 돈보다 시간이 더 소중하다며 바쁜 직장인들을 위한 간편 제품들이 인기라는 내용을 보도했다. 가스레인지나 세탁기처럼 버튼을 여러 번 눌러야 하는 가전제품들도 이런 추세에 따라 간편하게 한두 번 조작하는 '간편 제품'으로 대체됐다.

5) 소비문화의 21세기 전환기: 2000년대

한국사회는 2000년대에 접어들어 외환위기의 어려움을 이겨 내고 다시 경제적 도약을 모색했다. 2000년에는 김대중 전 대통령이 평양을 방문했고 노벨평화상을 수상했다. 그리고 의약분업 문제로 분규가 일어났고 방송위원회가 출범했다. 2001년에는 인천국제공항이 개항했으며, 2002년 월드컵에서는 한국이 4위를 달성했다. 2002년에 KBS-2TV에서 방송했던 〈겨울연가〉가 2003년에 일본 NHK-TV에서 히트해 일본에서부터 '한류' 열풍이 시작됐다.

2003년에는 노무현 정권이 출범했고, 2005년에는 한국이 세계무역기구(WTO)에 가입했다. 2006년에는 반기문 외교통상부 장관이 UN사무총장에 선출됐고, 황우석 교수가 논문 조작 사건과 관련하여 대국민 사과를 했으며, 아파트 분양가가 폭등했다. 2007년에는 저작권 보호 기간이 50년에서 70년으로 늘어났다. 이 무렵에 〈태극기 휘날리며〉나 〈실미도〉 같은 영화가 1,000만 관객을 동원했고, 〈대장금〉 같은 드라마가 동아시아 지역에 수출돼 한류 열풍을 몰고 왔다.

2008년에는 이명박 정권이 출범했고, 미국산 쇠고기 수입에 반대하는 격렬한 촛불시위가 전개됐다. 2009년에는 「미디어법」이 국회를 통과했고 국가브랜드위원회가 설치됐다. 2010년에는 한미 자유무역협정(FTA)이 타결됐고, G20 정상회의가 서울에서 개최됐다. 2009년 11월 28일, 애플의 아이폰이 한국에서 시판됐고 삼성전자의 갤럭시 시리즈가 출시되자, 소셜 미디어(SNS)가

한국인의 커뮤니케이션 스타일을 변화시켰다. 이에 따라 1977년부터 1997년 사이에 태어난 디지털 원주민(digital native) 세대와 그 이전에 태어난 디지털 이주민(digital immigrant) 사이에 커뮤니케이션 격차가 점점 크게 벌어지기 시작했다.

한국 경제가 다시 회생하면서 정보통신(IT) 기술이 발달했다. 한국의 반도체와 스마트폰이 2000년대의 세계 시장에서 주목받으며 지금까지 이어지는 IT 기술, 통신, 4차 산업의 기반이 됐다. 2002년의 가전제품 보급률을 보면 컬러텔레비전 144%, 냉장고 105%, 세탁기 96%, 에어컨 38%, 전자레인지 74%, 진공청소기 80%, 선풍기 161%로 나타났다(행정안전부 국가기록원, 2022). 주방용 가전제품인 냉장고, 세탁기, 전자레인지, 진공청소기가 2000년대에 상당히 많이 보급되었음을 알 수 있다. 색다른 가전제품도 등장했는데, 리큅은 2003년에 국내 최초의 식품건조기를 출시해 국내 시장점유율 80%를 기록하며 돌풍을 일으켰다. 식품건조기는 처음에 국내 소비자에게 생소한 제품이었지만, 2000년대 후반의 '웰빙' 열풍에 따라 소비자들은 식품건조기에 관심을 갖기 시작했다.

2000년대부터는 초고층 주상복합아파트가 등장하면서 제3세대형 아파트가 서울을 비롯한 대도시에 건설됐다. 이 시기에 주부들은 아파트의 평면을 자신의 선호에 따라 분리해서 선택했다. 거실-식당-주방(Living-Dining-Kitchen: LDK)이라는 기존의 일체형 공간분할 유형이 달라지기 시작했다. 주부들은 일체형(LDK), 각각 독립형(L+D+K), 거실분리형(L+DK), 주방분리형(LD+K) 중에서 하나를 선택했다. 2005년에 소비자 219명을 대상으로 조사한 결과를 보면, L+DK(51.6%), LDK(37.9%), L+D+K(5.5%), LD+K(5.0%)의 순으로 공간분할이 필요하다고 했다. 주부들이 선호하는 유형은 거실분리형(L+DK, 53.4%)이 가장 높았고, L+D+K(26.9%), LDK(10.0%), LD+K(8.7%)의 순으로 나타났다. 즉, 그 시절의 주부들은 거실과 주방 공간이 어느 정도 분리되기를 원했지만, 과거의 전통주택에서처럼 주방만 별도로 분리된 형태는 더 이상 원하지 않았음을 알 수 있다. 주방의 배치 유형에 있어서도 2005년에는 ㄱ자형이 가장 많았지만 희망 유형은 아일랜드형과 ㄷ자형 순으로 나타났다. 이는 주방을 가족 모두의 참여 공간으로 생각한다는 인식의 변화를 의미한다(강순주, 2005). 이제, 주방은 취사나 수납은 물론 가족끼리의 단란한 대화 공간이자 손님맞이 공간이라 할 정도로 용도가 다양해졌다.

아파트의 주방 공간은 2000년대에 접어들어 여성만의 폐쇄적 공간이 아닌 주거 공간의 핵심 위치로 부상했다. 가족의 일상생활에서 주방은 모름지기 가족 모두가 함께 사용하고 모두에게 열려 있는 공동 공간으로 자리매김한 것이다. 2000년대에 주목할 만한 소비의 특성은 감성화와 패션화를 지향하는 오감 소비가 이루어졌다는 사실이다. 당시의 소비자들은 '기술과 감성의 조화'를 중시하며 감각적인 소비생활을 즐겼다. 소비의 효율을 추구하는 스마트 소비 성향에 따라 실제로 참여하는 체험형 여가 생활이 인기를 끌었다. 더욱이 비용 대비 혜택을 꼼꼼히 따지는 엘리트 소비자들도 급증했다. 바쁜 현대인들은 시간과 비용을 최대한 아끼면서 효율을 추구하는 구매 성향을 보였다. 이들은 합리적 소비를 위해 제휴카드 여러 장을 동시에 쓰면서 각종 혜택을 누리려고 했으며, 쿠폰이나 최저가 보상을 두루 활용할 수 있는 대형 할인마트나 백화점을 선호했다.

6) 소비문화의 스마트화기: 2010년대

미디어 기술의 발달은 우리나라의 소비문화에도 결정적인 영향을 미쳤다. 미디어 기술이 발달하자 마케팅 커뮤니케이션의 패러다임도 진화를 거듭했다. 마케팅 커뮤니케이션의 패러다임에서 네트워크 특성은 공유, 개방, 참여에서 초연결로, 커뮤니케이션의 특성은 양방향 소통에서 개인 맞춤형 소통으로 변화했다. 인터넷이 2000년대까지의 핵심 기술이었다면 2010년대 이후에는 모바일과 인공지능이 핵심 기술로 떠올랐다. 마케팅 커뮤니케이션의 패러다임 역시 기존의 교환 패러다임에서 연결 패러다임으로 바뀌었다. 2010년대 후반부터는 빅데이터, 인공지능, 사물인터넷이라는 제4차 산업혁명의 핵심 기술을 바탕으로 사실과 데이터에 근거하는 '데이터 주도(data-driven)' 혹은 데이터 기반의 마케팅 커뮤니케이션 활동을 전개했다. 데이터가 주도하는 마케팅 커뮤니케이션 활동은 두 가지 방향에서 진화를 거듭하고 있다(김유나, 2020).

첫째, 구매와 소비의 이분화 추세다. 빅데이터 분석 방법만 알면 소비자 행동에서 구매의 맥락과 소비의 맥락을 손쉽게 파악할 수 있다. 구매의 맥락이란 검색, 쇼핑, 로그, 구매 데이터를 바탕으로 소비자의 여정(consumer journey)을 파악하는 일이다. 소비의 맥락이란 소셜, 리뷰, 앱, 유튜브 데이터를 바탕으로 소비자의 라이프스타일을 파악하는 일이다. 여기에 공공 데이터의 분석 내용을 추가해 환경의 맥락까지 고려하면 소비자의 생활 동선과 상황 정보까지 전방위에서 관리할 수 있다.

둘째, 개인화 마케팅과 브랜드 마케팅의 추세다. 먼저, 개인화 마케팅은 온라인이나 모바일 쇼핑몰의 고객 행동 패턴(로그)을 분석해 구매 가능성이 소비자 개개인의 특성을 분석해, 최적화된 메시지를 전달하는 맞춤형의 마케팅 기법이다. 기업에서는 웹, 앱, 소셜 미디어를 비롯한 온라인과 오프라인 채널을 모두 활용해 퍼포먼스 마케팅을 시도함으로써 이용자를 확보한다. 퍼포먼스 마케팅은 전통 마케팅에서 부족한 부분을 보완함으로써 기대하는 소비자 행동을 보다 정교하게 설계한다.

또한, 브랜드 마케팅의 추세도 보편화됐다. '구매'에서 '소비'로, '소유'에서 '공유'로 가치가 이동하는 시대에 소비자의 라이프스타일을 파악하는 일이 한층 중요해졌다. 소비자들이 어떠한 경험을 쌓아 왔고, 어떠한 욕구에 더 민감하게 반응하는지, 어떠한 환경에서 누구와 함께 지내며 어떤 일을 선호하는지, 어떠한 가치관을 추구하며 살아가는지, 소비자의 일상생활을 파악해 광고 메시지를 도출한다. 이때 브랜드의 혜택을 중시할 것인지, 브랜드의 서비스 경험을 중시할 것인지, 브랜드 생산 기업의 철학을 중시할 것인지에 따라 브랜드 정체성도 달라진다(김유나, 2020).

마케팅 커뮤니케이션 환경도 이전과 전혀 다른 양상으로 변모했다. 모바일 미디어가 보편화되자 누구나 안방에서 세계 곳곳의 매장에 접속해 상품을 구매하는 시대가 됐다. 쇼핑 채널이 다양해지고 새로운 구매 형태가 등장함에 따라, 언제 어디서나 접속이 가능한 O2O 서비스 플랫폼이 새로운 상거래 모델로 등장했다. 오투오(O2O)는 온라인에서 오프라인으로(Online-to-Offline) 혹은 오프라인에서 온라인으로(Offline-to-Online)의 축약어로, 온라인과 오프라인의 서비스를 서로 연결시켜 소비자의 구매 활동을 도와주는 새로운 서비스 플랫폼이다. 스마트폰이 보편화돼 언제 어디에서나 구매할 수 있는 스마트 쇼핑이 가능해져, O2O 서비스 플랫폼이 발전하는 결정적 계기로 작용했다.

한편, 온라인 쇼핑의 풍부한 정보를 물리적 매장의 장점과 연결해 소비자에게 통합적 경험을 제공하는 옴니채널(Omnichannel)이 등장해 유통의 개념을 바꿨다. 옴니채널은 PC, 모바일, 오프라인 매장, TV, 직접 우편(DM), 카탈로그 등 모든 쇼핑 채널을 통해 고객의 경험이 끊어지지 않고 집중되게 한다. 인터넷, 모바일, 카탈로그, 오프라인 매장 등 여러 채널을 유기적으로 결합해 소비자의 경험을 극대화하는 것이 옴니채널 전략의 핵심이다. 옴니채널은 싱글채널, 멀티채널, 크로스채널이라는 기존의 유통채널을 거쳐 진화했다. 온·오프라인의 경계를 허물고 소비자에게 놀라운 쇼핑 경험을 제공한다. 멀티채널이 여러 채널별로 개별 매출을 높이는 데 집중했다면, 옴니채널은 독립 채널들을 연결해 상호 보완 관계를 지향한다. 따라서 소비자들은 옴니채널에서 시간과 장소에 구애받지 않고 채널을 비교하며 쇼핑의 즐거움을 누릴 수 있게 됐다.

2010년대에는 1인 가구가 늘어났고 가사 노동에 참여하는 남성의 비율이 증가했다. 통계청에 의하면 2010년의 한국 인구는 2005년에 비해 2% 정도인 9만 명이 증가했지만, 1인 가구 비율은 23.3%로 급증해 400만 가구를 돌파했다. 1인 가구의 주체가 다양해지자 맞춤형 주방도 확장됐다. 아파트 생활이 보편화됨에 따라 조리와 식탁 공간이 합쳐진 주방의 개념이 완전히 정착됐고 가사 노동에 참여하는 남성의 비중도 늘어났다(조혜영, 조현신, 2012).

한국사회의 변화에 대한 인식을 살펴본 2016년의 조사 결과도 흥미롭다. 사회의식의 차이에서 빈부 격차가 심했고(79.8%), 세대 갈등도 심각했으며 (68.9%), 남녀 간 기회 균등의 불평등(57.5%)도 심각했다. 사회 불평등에 대한 부정적 견해(38.6%)가 긍정적 견해(26.7%)보다 많았고, 소득 불만족률 (42.1%)이 만족률(16.4%)보다 높아, 경제적 양극화가 초래한 한국사회의 어두운 그늘이 여전히 존재했다. 가족 가치관 측면에서는 가족 간의 대화를 활성화해야 하고(44.5%), 이혼은 바람직하지 않으며(48.4%), 자녀의 부모 부양에 대한 찬성률은 30.9%로 나타나, 전통적 유교사상에 기초한 가치관은 많이 희석됐다고 할 수 있다(손경애 외, 2016).

2010년대의 소비자들은 메시지 형태에 관계없이 자신이 흥미를 느끼는 메시지에 능동적으로 접촉하며 자신만의 욕구를 충족하려는 경향이 있었다. 소셜 미디어와 1인 미디어 환경에서 개인들은 생비자(Prosumer, 생산자 + 소비자)로서 광고나 PR 캠페인에 참여하기 시작했다(김현정, 2020). 모든 것이 디지털 위주로 전개되는 상황에서도 드라마 〈응답하라 1997〉을 비롯해 영화 〈미나 문방구〉 같은 콘텐츠에서는 추억팔기에 나서기도 했다. 추억의 게임인 〈다마고치〉도 스마트폰에서 재탄생했으며, 파리바게트의 '옛날 콩떡빙수'를 비롯해 다양한 레트로 식품이 등장하기도 했다.

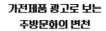

가전제품 광고로 보는
주방문화의 변천

제**3**장

저장용 가전제품
광고의 변천

1. 냉장고 광고의 흐름

1834년에 영국의 발명가 제이컵 퍼킨스(Jacob Perkins)가 인공 얼음을 만드는 압축기를 발명한 이후, 우리나라에서는 1965년 4월에 국내 기술로 냉장고를 처음 생산했다. LG전자의 전신인 금성사에서 개발한 GR-120 모델로, 하얀색 외장에 선반 3개와 얼음그릇 2개, 야채그릇과 맥주병 바구니가 각각 하나씩 딸린 120리터 용량의 냉장고였다(LG 홈페이지, 2021). 1960년대 후반에 냉장고는 부의 상징이었다. 새로 이사와 옆집에 떡을 돌리던 풍습처럼 냉장고를 구입하면 이웃에 얼음을 돌리기도 했다. 냉장고가 없는 집에서는 두레박줄에 음식을 매달아 우물 속에 넣어 보관했고, 형편이 조금 나은 집에서는 아이스박스에 음식을 얼음과 함께 넣어 보관했다(이성희, 2015).

박정희 정부에서 시작한 경제개발의 성과가 1970년대부터 나타나기 시작했다. 텔레비전과 냉장고를 비롯한 가전제품의 사용이 증가했지만, 그중에서도 가장 구하기 어렵고 비싼 것이 냉장고였다. 냉장고 한 대를 사려면 그 무렵 대졸 신입사원이 2년 정도 일하며 돈을 모아야 살 수 있는 가격이었다. 미군부대의 매점(PX)에서 밀반출된 냉장고가 18만 원에 거래됐다고 하니, 당시 신입사원의 첫 월급 11,000원과 비교했을 때 냉장고 값이 얼마나 고가였는지 추정할 수 있다(이성희, 2015).

1970년에 금성사에서 직냉식 2도어 냉장고와 냉수기가 부착된 냉장고를 출시해 인기를 끌자, 삼성전자와 대한전선(대우전자의 전신)도 시장에 뛰어들었다. 당시 세 기업 간의 경쟁은 '냉장고 삼국지'라고 할 정도로 경쟁이 치열했다. 1970년대 후반에 접어들어 금성과 삼성은 가전제품 점유율을 놓고 엎치락뒤치락 경쟁하며 가전제품 시장에서 자웅을 겨뤘다. 1965년에 1%에도 미치지 못하던 냉장고 보급률은 1986년에 95%를 기록할 정도로 성장했으니, 광고의 영향력이 실로 대단했다. 1970년대에는 대한전선의 원투제로(1·2·0) 냉장고 광고를 비롯한 여러 냉장고 광고에서 주부들이 소비의식에 눈뜨게 함으로써 소비가치를 확대 재생산했다.

1990년대의 주부들은 300리터 이상의 대형 냉장고를 선호했고 실용성 못지않게 색상과 디자인도 중시했다. 삼성전자의 생활소프트팀이 서울에 거주하는 주부 6백 명을 대상으로 1992년에 조사한 결과를 보면, 응답자의 91%가 300리터 이상의 대형 냉장고를, 응답자의 25%가 450리터 이상의 초대형 제품을 구입하겠다고 응답했다. 특히, 신혼부부의 54%가 300리터를, 38%가 400리터를 구입하겠다고 밝혀, 살림의 규모와 상관없이 대용량 냉장고를 선호했다(경향신문, 1992. 9. 22). 야채, 김치, 건조식품, 조미료 등을 더 많이 보관하고 싶다는 마음이 대용량 냉장고를 구입하는 가장 중요한 이유였다. 냉장실에 별도 용기나 전용 공간이 필요한 음식으로는 생선과 김치가 가장 높은 점수를 받았다. 주부들이 냉장고 제조회사에 바라는 개선 사항은 신선도 유지 기능이 58%로 가장 높았고, 불만 사항은 냄새와 소음으로 나타났다. 조사 결과를 바탕으로 가전 3사에서는 새로운 냉장고를 선보였다.

1) 1960년대의 냉장고 광고

1965년 4월, 금성사(LG전자의 옛 이름)는 국내 최초의 국산 냉장고인 눈표 냉장고(모델명 GR-120)를 생산했다. 금성사 금성 전기냉장고 GR-120의 광고 '한국 최초' 편(1965)에서는 "한국 최초의 금성 전기냉장고"라는 헤드라인을 써서 중앙에 배치했다. 헤드라인에 이어 "어머니날에 나는 카네숀(카네이션), 아빠는 금성 전기냉장고"라는 보디카피를 덧붙였다. 주부가 헤드라인 쪽을 가리키며 활짝 웃고 있는 양쪽으로 냉장고 문이 닫힌 상태와 열린 상태를 배치했다. 오른쪽에 문이 활짝 열린 냉장고를 보니, 삽화로 묘사한 수박, 복숭아, 맥주 같은 식음료가 담겨 있는 냉장고의 실내 모양이 훤히 보인다. 금성사는 냉장고를 출시한 직후부터 몇 년 동안 한국 최초라는 점을 강조하며 일간 신문에 광고 활동을 대대적으로 전개했다.

[그림 3-1] 금성 전기냉장고 GR-120 광고 '한국 최초' 편(1965)

금성사 금성 전기냉장고 GR-120의 광고 '가공식품 저장고' 편(1965)에서는 "싱싱하고 깨끗한 음식물은…… 금성 전기냉장"라는 헤드라인에 이어 다음과 같은 리드카피를 써서 냉장고의 용도를 차근차근 설명했다. "현대의 가정살림은 합리적(合理的)으로 식생활(食生活)은 이상적(理想的)으로."해야 한다고 주장했다. 이어지는 보디카피는 이렇다. "지금의 냉장고는 식품을 냉각시키는 기계가 아니라 보다 폭넓게 가공식품의 저장고로써 사용되고 있습니다. 음식의 선도와 냉장까지……" 냉장고의 장점을 세세하게 설명하는 보디카피였다. 문이 활짝 열린 냉장고를 지면의 중앙에 배치하고 그 양쪽에 카피를 얹힌 레이아웃 솜씨가 돋보인다.

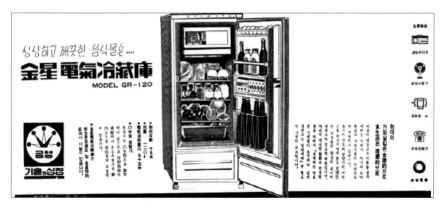

[그림 3-2] 금성 전기냉장고 GR-120 광고 '가공식품 저장고' 편(1965)

이어지는 금성사 금성 전기냉장고 GR-125의 광고 '펭귄' 편(1968)에서는 놀랍게도 펭귄이라는 동물 모델을 활용했다. 북극에 사는 펭귄을 등장시키면 전기냉장고와 연상 작용을 일으킬 것이라 판단해, 그런 아이디어를 낸 당시 광고인들의 상상력이 놀라울 뿐이다. "68년도 최신형 등장-금성 전기냉장고"라는 헤드라인 위에 "여름철 자녀들의 건강은 금성냉장고 속의 시원한 음료수, 싱싱한 음식물에 있습니다."라는 오버라인을 써서 헤드라인을 읽도록 유도했다. 주부들을 대상으로 시원한 음료수와 싱싱한 음식물을 보관할 수 있다고 하며 냉장고의 본질적인 기능을 차분히 설명한 점도 흥미롭다.

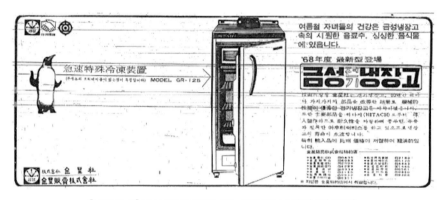

[그림 3-3] 금성 전기냉장고 GR-125 광고 '펭귄' 편(1968)

2) 1970년대의 냉장고 광고

1970년대에 접어들어 냉장고에 대한 수요가 급증하자 금성사, 동신전기, 대한전선, 동양정밀, 삼양전기에서 갖가지 신제품을 발표했다. 120리터 용량이 108,000원, 160리터가 169,000원, 220리터가 197,000원으로 가격도 크게 올랐다(이성희, 2015). 1970년대에도 냉장고는 여전히 부의 상징이었다. 이런 상황에서 금성사, 대한전선, 삼성전자 같은 가전 3사의 냉장고 브랜드가 시장에서 제품력 경쟁도 했지만 광고 경쟁도 치열하게 전개했다. 경쟁사 냉장고의 약점을 노골적으로 공격하는 광고도 많았다.

국내 최초로 냉장고를 개발한 금성사는 냉각 기능만으로도 충분했을 1970년
대 초반에 200리터 용량에 세 칸의 냉각실을 선보였다. 냉장고의 아래 칸은
채소 보관용, 중간 칸은 과일과 음식 보관용, 위 칸은 냉동실이라는 3실 독
립냉각 구조는 주부들의 많은 관심을 끌었다. 1970년의 금성사 광고에서는
"3실 독립냉각 구조!"라는 헤드라인을 써서 냉장고의 혜택을 강조했다. "신선
한 음식, 즐거운 식탁으로 온 가족의 건강한 한 끼를 지키는 주부님의 알뜰한
계획은 세우셨습니까? 현명한 주부만이 선택하는 국제 표준규격의 금성 냉
장고 GR-222는 3실 독립냉각 구조. 아이스크림과 얼음을 만드는 독립 냉각
실, 살아 있는 생선의 제 맛을 보존하는 독립 냉동실, 신선한 야채 과일을 저
장하는 독립 저온실을 갖추고 있읍니다." 이처럼 친절한 보디카피는 3실 독
립냉각 구조의 혜택을 알리며 주부들의 호평을 받았다.

　시중에 판매되는 냉장고가 늘어나자 금성사는 눈표냉장고라는 새로운 브
랜드를 출시하고 고성능을 차별화 전략으로 내세웠다. 금성사 광고에서는
이전에 없던 가동 시간을 부각시켰다. "냉장고의 성능과 수명은 가동 시간이
결정합니다."라는 카피가 대표적이다. 금성 눈표냉장고의 텔레비전 광고 '자

[그림 3-4] 금성 눈표냉장고 광고 '자연주의' 편(1970)

연주의' 편(1970)을 보자. 광고에서는 5단 독립 설계와 저온 용기의 특성을 부각시켰다. "생선을 아무 곳에나 보관하시면 신선도가 떨어집니다. 저온 용기가 따로 있는 금성 눈표냉장고로 싱싱한 자연의 맛을 즐기세요. 저온 용기가 밀폐 식으로 설계된 금성 눈표냉장고." 설명형 카피를 써서 '자연주의를 위한 5단 독립설계'를 구현했다는 사실을 널리 알린 광고였다.

삼성전자는 금성사와 대우전자에 비해 조금 늦게 냉장고 시장에 뛰어들어 1974년 2월에 냉장고를 처음 생산했다. 삼성전자는 1970년대 초반에 기술력이 가장 뛰어났던 일본의 산요전기(三洋電機, Sanyo)로부터 냉기 제품 기술을 도입해 한일전기와 함께 2도어 냉장고를 공동으로 생산했다(삼성 뉴스룸, 2010). 삼성은 금성의 강력한 경쟁자로 떠올랐고 이때부터 삼성과 금성의 냉장고 전쟁이 본격적으로 시작됐다. 지금은 LG전자와 삼성전자가 비슷한 수준에서 경쟁하지만 1970년대에는 두 회사의 기술력에 격차가 있었다.

삼성전자의 삼성 2도아냉장고 광고 '달라진 10가지' 편(1974)에서는 "이렇게 달라졌습니다!"라는 헤드라인 아래 10가지의 달라진 특성을 소개했다. 냉장냉동 기술이 뛰어난 일본의 산요 기술진과 함께 '2도아'(투 도어)를 개발해 냉장고의 모든 것을 해결했다고 선언했다. 강력한 급속냉각 기능에서부터 급속제빙 기능에 이르기까지 투 도어 냉장고의 달라진 10가지 특성을 소개했다. 달라진 특성을 전후로 제시하며 "이렇게 달라졌습니다"라고 비교하

[그림 3-5] 삼성 2도아냉장고 광고 '달라진 10가지' 편(1974)

는 헤드라인 스타일은 최근의 광고에서도 널리 쓰이고 있는데, 1974년의 광고에서 이성적으로 설득하는 메시지의 원형을 일찍이 제시했다고 평가할 수 있다.

금성사와 삼성전자에 이어 대한전선도 냉장고 시장에 뛰어들었다. 냉장고의 품질이 비슷비슷한 요즘과 달리, 냉장고의 도입기였던 1970년대에는 제품력에 있어 차이가 많았다. 대한전선 냉장고는 성에(서리)가 끼는 결함 때문에 출시된 직후에는 주부들에게 외면을 받았다. 대한전선은 성에 끼는 문제점을 개선한 후 원투제로(1 · 2 · 0) 냉장고를 출시했다. 대한전선은 원투제로 냉장고의 광고 '냉장실과 냉동실' 편(1974)을 통해 성에 논쟁을 종식하고자 했다(썩은자반, 2007). 광고 카피는 이렇다. "이제 냉장고는 더욱 효과적으로 사용해야겠읍니다. 냉장식품은 이렇게 냉장실에, 그러나 냉동식품은 어떻게 저장하시겠습니까? 앞으로 용도가 더욱 많아질 냉동식품까지 자신 있게 저

[그림 3-6] 대한전선 1 · 2 · 0냉장고 광고 '냉장실과 냉동실' 편(1974)

장할 수 있는 원 투 제로 방식의 대한 냉동 냉장고." 광고에서는 냉장실과 냉
동실의 세부 내용을 구체적으로 보여 주며 냉장실과 냉동실을 확실히 구분했
다는 점을 부각시켰다.

대한전선 원투제로(1·2·0)냉장고의 신문광고 '비교 불가' 편(1974)에서
는 "비교가 안됩니다"라는 헤드라인을 써서 냉장고 기술력의 우월성을 강조
했다. 보디카피에서는 얼음 어는 시간, 한 달 전기료, 신선도 같은 수치를 구
체적으로 제시하며 다른 냉장고와 비교할 수 없는 이유를 논리적으로 설명했
다. 광고에서는 원투제로 냉장고의 특성을 경쟁사 제품과 비교하며 주부들
이 직접 판단해 보라고 권유했다. 얼음 어는 시간은 25분 : 90분, 1달간 전기
료는 2,240원 : 4,470원, 신선도(고내습도)는 65% : 45%로 원투제로 냉장고가
다른 회사에서 만든 냉장고에 비해 성능이 뛰어나다고 했다. 이 광고에서는
이성적 판단을 권유하는 카피 메시지의 전형적인 구조를 엿볼 수 있다.

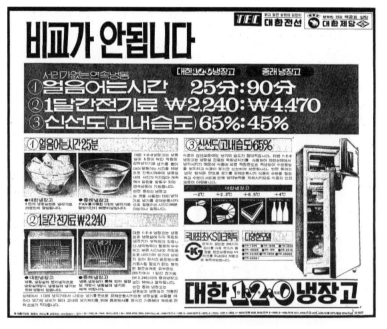

[그림 3-7] 대한 1·2·0냉장고 광고 '비교 불가' 편(1974)

삼성전자는 성에(서리)가 끼지 않는 간접 냉각식 냉장고를 개발해 냉장고 기술을 선진국 수준으로 끌어올렸다. 냉장고의 성에 문제는 1970년대 중반까지도 계속 쟁점이 됐다. 대한전선의 냉장고에 성에가 많이 낀다는 소문이 잦아들지 않았기 때문이다. 주부들의 관심이 '서리' 쪽으로 쏠리자 삼성전자는 틈새시장을 겨냥했다. 1976년 2월에 삼성전자는 핫라인 방식을 적용해 절전효과가 뛰어난 '하이콜드' 냉장고를 출시했다. 삼성 하이콜드냉장고는 기존 냉장고보다 절전효과가 20% 높고 수명도 길다는 획기적인 성능을 인정받으며, 1978년에 국내 냉장고 시장에서 정상에 올랐다.

삼성전자의 하이콜드냉장고 신문광고 '큰 재산' 편(1976)에서는 "냉장고는 한번 사면 10년 이상 쓰실 큰 재산입니다."라는 헤드라인을 썼다. 20%의 절전효과가 있고 수명이 길어 획기적으로 성능을 개선한 냉장고라는 점을 부각시켰다. "서리가 없어요", "얼음이 맑고 투명해요", "전기료도 절약되죠" 같은 소비자 혜택은 주부들의 기대감을 자극하기에 충분했다. 냉장고를 쳐다보는 장면, 주부들끼리 대화하는 장면, 새처럼 냉동실에서 날아오르는 장면을 세세하게 표현한 디자이너의 솜씨가 돋보이는 광고다. 카피 요소와 디자인 요소를 흥미롭게 구성해 한번 사면 10년 이상 쓸 큰 재산이 냉장고라는 사실을 환기하는 데 기여했다.

[그림 3-8] 삼성 하이콜드냉장고 광고 '큰 재산' 편(1976)

　　삼성전자의 하이콜드냉장고 신문광고 '증언' 편(1977)에서는 냉장고에 서리가 끼면 왜 불편한지 주부들의 증언을 바탕으로 설명했다. 냉장고에 서리가 끼면 바닥에 고기가 달라붙고 지저분해지고, 얼음이 엉겨 붙어 떨어지지 않는다는 증언을 바탕으로 만든 광고다. 텔레비전 광고에서도 서리 없는 하이콜드냉장고를 강조했지만 인쇄광고에서는 더 구체적인 카피로 그 이유를 설명했다. 초점집단면접(FGI)을 실시한 다음 냉장고에 대한 주부들의 경험을 듣고 주부들이 바라는 냉장고의 혜택을 "냉장고를 사용하신 주부들의 한결같은 이야기"라는 헤드라인으로 표현했다. 보디카피는 다음과 같다. "서리, 서리, 서리… 서리의 불편함은 써 보신 분만이 압니다. 모두가 서리 없는 냉장고로 바꾸었읍니다. 국내 최초의 서리 없는 냉장고 금성 하이콜드, 냉장고를 사실 때는 써보신 분들께 물어보십시오."

[그림 3-9] 삼성 하이콜드냉장고 광고 '증언' 편(1977)

　　대한전선의 1·2·0냉장고 텔레비전 광고 '25분' 편(1977)에서는 25분 만에 급속 냉각을 할 수 있다는 냉장고의 기능적 특성을 부각시켰다. 25분이라는 아이디어를 저수지에서 갓 잡은 잉어에 비유해서 표현했다. 살아 있는 잉어가 냉장고에 넣은 지 25분 만에 꽁꽁 어는 영상을 통해 25분 만에 급속 냉각되는 과정을 사실적으로 보여 주었다. 냉장고에서 얼음이 녹아내리자 잉어가 다시 살아나는 영상은 신선도를 나타내기에 충분했다. 다소 과장된 표현이지만 살아 있는 생물의 해동 과정을 통해 냉장고의 특성을 재미있게 설명했다. 카피는 간단명료하다. "급속냉각. 원투제로. 냉장고는 대한 원투제로 냉장고. 원투제로 원투제로. 냉장고는 원, 투, 제로."

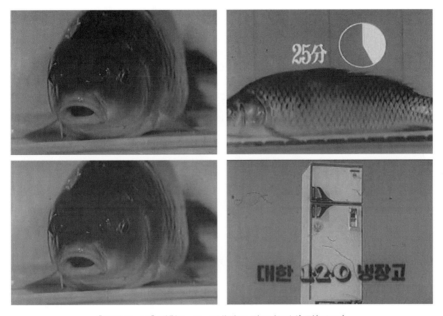

[그림 3-10] 대한1·2·0냉장고 광고 '25분' 편(1977)

삼성전자는 1970년대 후반부터 질 좋은 서비스 정신을 기업 철학으로 내세웠다. 제품광고에만 치중하지 않고 사후 서비스까지 소비자에게 강조했다. 소비자들이 제품의 기능적 차이뿐만 아니라 사후 서비스도 중시한다는 사실에 주목했는데, 이는 고스란히 소비자 혜택으로 돌아왔다. 지금까지 여러 냉장고 광고를 살펴보았지만, 삼성의 하이콜드냉장고 광고 '증언' 편이 단연 돋보인다. 삼성 하이콜드냉장고는 절전효과와 성능을 인정받고 1978년에 국내 냉장고 시장에서 정상에 올랐다. 하이콜드의 이런 성과에는 제품력뿐만 아니라 광고 활동도 영향을 미쳤다. 금성사는 하이콜드의 제품력에 미치지 못하면서도 절전 냉장고라는 메시지를 강조했지만 제품 판매에는 영향을 미치지 못했다.

3) 1980년대의 냉장고 광고

가전제품 기술이 발달하자 한국인의 일상생활은 점점 더 편리해졌다. 시장 점유율을 높이기 위해 1970년대에 가전 3사가 벌인 치열한 경쟁은 1980년대에 접어들어 놀라운 성과로 나타났다. 냉장고의 가구당 보급률은 1965년에 1% 미만에 불과했지만 1986년에는 95%에 도달했다. 삼성전자의 냉장고 생산 실적도 1982년의 39만 대에서 1987년의 111만 대로 3배가량 증가했다. 냉장고 시장에서 가전 3사가 벌인 치열한 경쟁은 냉장고를 국민의 주방가구로 정착시키는 결과로 나타났다. 냉장고의 형태도 2도어 냉장고에서 3도어

[그림 3-11] 금성 눈표냉장고 광고 '돌고래' 편(1980)

냉장고로 진화했고, 냉동과 냉장실 외에 야채실을 따로 분리해 식품을 꺼낼 때 필요한 곳만 여는 냉장고도 나왔다. 1980년대의 광고에서 냉장고의 변모 양상을 살펴보자.

　금성사의 금성 눈표냉장고 텔레비전 광고 '돌고래' 편(1980)에서는 냉장고의 10가지 절전 설계를 반복해서 강조했다. 사람이 아닌 돌고래를 모델로 활용한 결과 더 많은 주목을 끌었다. 돌고래의 입 모양이 움직이는 데 맞춰 성우의 목소리를 입히자 마치 사람이 말하는 것 같다. 10가지 절전 설계를 돌고래의 입을 통해 알렸다. "10가지 절전 설계 금성 눈표냉장고"라는 카피는 신선함을 강조하던 1970년대의 광고와는 다른 스타일이었다.

　냉장고의 다양한 용량과 진화된 성능은 주부들의 많은 관심을 끌었다. 1982년부터 다양한 용량의 냉장고가 출시됐다. 용량이 한정됐던 이전과 달리, 대한전선은 1982년에 180리터, 200리터, 230리터, 270리터 같은 대한로얄 1·2·0냉장고 4종을 만들어 소비자의 주목을 끌었다(동아일보, 1982. 2. 3.). 주부들은 다양한 제품을 비교하고 선택할 수 있었다. 대우전자의 대우 IC냉장고 광고(동아일보, 1983. 5. 31.)에서는 쾌속냉동 기술로 "냉장고 성능 신기록 수립!"을 했다고 주장했다. 국내 최초로 IC 전자회로를 채택해 냉장고의 IC 시대를 열었다는 것이다. 금성사의 금성 전천후냉장고 광고(동아일보, 1983. 6. 17.)에서는 인기를 강조했다. 여름은 여름대로 겨울은 겨울대로, 계절을 초월해서 전천후 기능이 뛰어나니 성에가 자동으로 제거된다는 사실을 부각시켰다. 이에 따라 주부들도 냉장고를 고르는 안목이 더 까다로워질 수밖에 없었다.

　삼성전자의 다목적 냉장고 광고 '모두 냉장실' 편(동아일보, 1984. 6. 9.)에서는 "아래·윗칸 모두 냉장실로도 쓸 수 있는 유일한 냉장고—삼성 다목적 냉장고."라는 헤드라인을 썼다. 냉장고의 위 칸과 아래 칸 모두를 냉장실로 쓸 수 있는 냉장고라는 제품의 혁신적 특성을 강조했다. 냉장고의 종류가 다양해지자 주부들 입장에서는 냉장고의 성능과 가격을 비교할 수 있는 범위가 그만큼 넓어졌고 선택지도 많아질 수밖에 없었다.

[그림 3-12] 삼성 다목적 냉장고 광고 '모두 냉장실' 편(동아일보, 1984. 6. 9.)

삼성전자의 삼성 특선냉장고 광고 '특선' 편(동아일보, 1987. 6. 23.)에서는 고가 특선실, 야채 특선실 같은 '특선'이라는 단어를 강조함으로써 주부들의 관심을 끌었다. 1980년대 후반에 접어들어 삼성전자는 '고가'와 '특선'에 메시지의 초점을 맞췄다. 더 좋은 냉장고를 기대하는 주부들의 욕구를 반영한 광고 메시지였다. 대우전자의 대우 IC냉장고 투투 광고 '인기 만족' 편(동아일보, 1987. 6. 13.)에서는 세련된 디자인을 강조했다. 주부들도 이 시기에 접어들어 제품을 구매할 때 성능은 기본이라 생각하고 디자인을 더 중시하기 시작했다. "「투투」 인기! 「투투」 만족!"이라는 헤드라인처럼 투투냉장고는 1987년에 주부들로부터 호평을 받았다.

1980년대 후반부터는 소형보다 대형 냉장고를 선호하는 경향이 두드러졌다. 주방에서 찬장이 사라지자 먹다 남은 음식을 보관하는 용도로까지 냉장고의 기능이 확대됐다. 국민 소득이 증가하면서 한국인의 식생활도 변했기 때문이었다. 주요 섭취 영양소가 탄수화물에서 단백질(고기나 생선류)과 비타민(과일)으로 다양화됐고, 식재료의 소비도 증가했다. 삼성전자는 이런 변화에 발맞춰 1987년에 삼성 특선냉장고 밀폐형을 선보였다. 냉장 보관 식품이

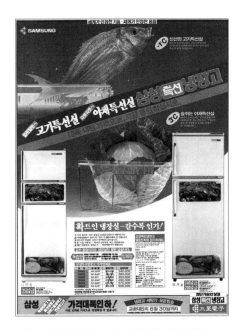

[그림 3-13] 삼성 특선냉장고 광고 '특선' 편(동아일보, 1987. 6. 23.)

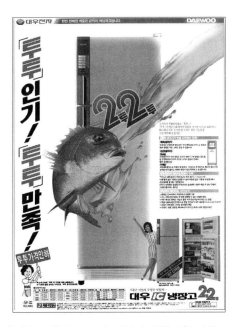

[그림 3-14] 대우 IC냉장고 22 광고 '인기 만족' 편(동아일보, 1987. 6. 13.)

많은 한국인의 식생활을 고려해 야채와 고기를 최적의 상태로 보관할 수 있는 '특선실'을 만들었다. 고기 특선실은 낮은 온도로 고기 특유의 맛과 영양을 지켜주고, 야채 특선실은 야채를 보관하는 최적 온도(3℃)를 유지해 오랫동안 신선하게 보관할 수 있었다.

삼성전자는 이후에도 주부들의 필요에 맞춰 다양한 기능을 갖춘 냉장고를 선보였다. 많은 식료품을 저장할 수 있는 '삼성 특선냉장고 점보'와 냉장고의 냄새탈취 기능을 갖춘 '삼성 특선냉장고 크린'이 대표적이었다. 삼성전자의 삼성 특선냉장고 밀폐형 광고(1987)의 카피는 이렇다. "갓 잡은 듯 신선하게, 87년형 삼성 특선냉장고 밀폐형. 특선실이 밀폐형이라 얼듯 말듯 특선 온도가 정확히 유지되고. 빼낼 수도 있어 냉장실을 이만큼 더 크게 쓸 수도 있어요. 87년형 삼성 특선냉장고. 고기 따로, 야채 따로. 특선실이 두 칸인 250리터급 독립형도 있어요. 삼성전자."

금성사의 금성 88싱싱냉장고의 텔레비전 광고 '김치 맛의 비결' 편(1988)에는 탤런트 서정희 씨가 광고 모델로 출연해, 냉장고에 내장된 싱싱고에 김치를 넣어 싱싱하게 보관할 수 있고, 냉장실이 더 넓어졌다고 강조했다. 싱싱고 전용 김치통도 제공한다고 하며, 김치 보관에 적합한 냉장고라는 점을 부각시킨 광고 카피는 다음과 같다. "김치는 싱싱하게, 냉장실은 더욱 넓게. 금성 88싱싱냉장고, 오이김치, 배추김치, 깍두기도, 김치는 싱싱고에. (김치 맛이 끝내주네요) 냉장실은 더욱 넓게. (넓으니까 훨씬 편해요) 금성 88싱싱냉장고. 싱싱 김치통을 드립니다." 또한, 대우전자의 대우 IC냉장고 22 텔레비전 광고(1989)에서는 개그맨 김병조 씨가 모델로 출연해 제품의 성능을 강조했다. 첨단 프리쿨 센서를 탑재했기 때문에 제품의 신선도를 지켜 준다며 "말하는 냉장고"와 "주부님처럼 이 냉장고는 빈틈이 없다"라는 카피를 부각시켜 주부들의 호기심을 유발했다.

1980년대에 접어들어 냉장고는 모든 가정의 필수품으로 인식되기 시작했다. 시간이 점차 흐르면서 1970년대에 비교할 수 없을 정도로 성능이 좋아졌고 제품 디자인의 수준도 한층 더 향상됐다. 소비자의 욕구가 다양해졌기 때

[그림 3-15] 금성 88싱싱냉장고 광고 '김치 맛의 비결' 편(1988)

문에 이런 변화가 이루어졌다. 주부들의 욕구를 다양한 맥락에서 충족시키기 위해 냉장고의 성능과 디자인도 해를 거듭할수록 다변화됐다. 1980년대의 10년이란 기간 동안 냉장고가 주부들의 일상생활에 미친 영향은 1970년대에 비교할 수 없을 정도로 강력했다. 냉장고의 성능이 진화함으로써 한국인의 일상생활이 변했지만, 주부들은 주방에서 보내던 가사를 대폭 줄일 수 있게 됐고, 냉장고는 주방을 아름답고 편리하게 꾸며 주는 주방기기라는 인식을 얻으며 계속 진화했다.

4) 1990년대의 냉장고 광고

1990년대 이후부터 주부들은 대형 냉장고를 선호했다. 냉장고 내수시장을 둘러싸고 금성사, 대우전자, 삼성전자라는 가전 3사는 새로운 기능과 다양한 색상, 독특한 무늬, 미려한 디자인을 적용한 신제품을 내놓고 치열한 판촉전을 전개했다. 1990년 여름에 불볕더위가 계속되자 가전업체들은 에어컨, 선풍기, 냉장고 같은 여름용 가전제품만으로 1조 원에 육박하는 매출을 올려 사상 최대의 호황을 누렸다(매일경제, 1990. 8. 3.). 냉장고 용량도 230리터 위주의 중소형 냉장고에서 300리터 이상을 거쳐 1990년대 후반에는 600~700리터 크기의 양문형 냉장고가 등장했다.

당시의 주부들은 신선도 유지가 냉장고에서 가장 중요한 성능으로 생각했지만 김치 냄새가 나는 냉장고에는 불만이 많았다. 주부들은 신선도 유지를 냉장고의 선택 기준으로 추가했다. 금성사의 금성 싱싱냉장고 광고 '원적외선 램프' 편(동아일보, 1991. 6. 10.)에서는 헤드라인에서 '원적외선 램프'를 부각시키고 "찬 냉장고에선 원적외선 램프라야 제 효과, 제 맛!"이라는 말을 덧붙였다. 주부들에게 원적외선 램프를 꼭 확인하라고 강조하며, 금성 싱싱냉

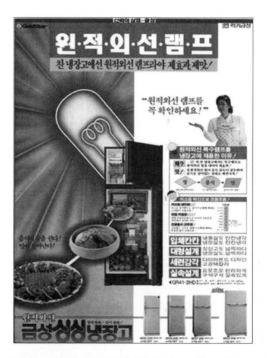

[그림 3-16] 금성 싱싱냉장고 광고 '원적외선 램프' 편(동아일보, 1991. 6. 10.)

장고가 다른 냉장고보다 식품의 신선도를 잘 유지한다는 소비자 혜택을 강조
했다. 1990년대 초반에 주부들은 외적인 디자인보다 냉장고의 실용성과 기
능성을 중시했다고 할 수 있다.

　대우전자의 대우 냉장고 셀프 광고(한겨레, 1991. 4. 19.)에서는 차세대 인공
지능 셀프냉장고를 국내 최초로 개발했다고 강조했다. 맛과 신선도를 알아
서 조절해 주는 인공지능 셀프냉장고는 주부들의 마음을 들뜨게 했다. 금성
사의 금성 싱싱냉장고 광고(동아일보, 1991. 5. 14.)에서는 "미각 증언"이라는
증언형 헤드라인으로 맛의 차이가 확실하다고 주장했다. 이 광고에는 무려
15명의 소비자가 등장해서 금성 싱싱냉장고에 대한 각자의 경험을 증언했
다. 모든 제품은 소비자의 취향과 유행에 알맞게 개발된다는 점에서, 1990년
대의 주부들은 기술력이 뛰어난 대형 냉장고를 선호했다고 할 수 있다.

　금성사의 금성 싱싱냉장고 김장독 광고 '비밀' 편(한겨레, 1993. 3. 31.)에서
는 "김장독 냉장고 그 비밀을 밝힌다!"라는 헤드라인을 썼다. 김장독이란 이
름을 붙였지만 김치 전용 냉장고는 아니기 때문에 김치냉장고로 분류할 수는
없다. 땅속에 김칫독을 묻은 사진을 보여 주고 인공지능, 김치센서, 김치댐
퍼, 신 김장독이라는 4가지 키워드를 강조하며, 각각의 기능을 상세히 설명
했다. 마치 김장독 냉장고의 비밀을 한 꺼풀씩 밝혀내는 과정을 보는 듯하다.
전형적인 정보 제공형 광고를 통해 주부들의 마음을 얻고자 했다.

　삼성전자의 삼성 바이오냉장고 칸칸 광고 '칸칸마다 신선' 편(경향신문,
1993. 2. 27.)에서는 김치를 더 맛있게 한다며 김치 그림을 크게 부각시켰다.
"뉴 칸칸 시스템. 칸칸마다 신선하게! 김치는 더 맛있게!"라는 헤드라인을 써
서, 주부들이 냉장고에 기대하는 심리 타점을 겨냥하려고 시도했다. 이 광고
에서는 칸칸 전문 온도 시스템과 독립 김칫독 시스템을 갖췄으니 칸칸마다 온
도를 다르게 설정할 수 있다고 설명했다. 김치 칸은 김치의 온도에 알맞게 조
절할 수 있으니 항상 신선한 김치를 먹을 수 있다고 강조한 점도 인상적이다.

　금성사는 냉장실의 온도가 칸마다 차이가 나지 않고 음식을 신선하게 오랫
동안 보존하는 전자 탈취기를 갖춘 대형 신제품 개발에 치중했다. 국물 있는

[그림 3-17] 금성 싱싱냉장고 김장독 광고 '비밀' 편(한겨레, 1993. 3. 31.)

[그림 3-18] 삼성 바이오냉장고 광고 '칸칸마다 신선' 편(경향신문, 1993. 2. 27.)

음식을 엎질러도 아래쪽 선반에 흐르지 않도록 쟁반형의 투명 강화 선반을 적용해 유효 용적을 넓혔다. 대우전자도 영하 40도의 극초저온에서 냉동할 수 있고 온도를 일정하게 유지하는 프리 쿨 센서를 적용한 신제품을 개발했다. 고광택 색상의 둥그런 도어 디자인도 냉장고의 외양을 더 고급스럽게 느껴지도록 했다.

대우전자는 1994년 1월의 대우 탱크(TANK)냉장고의 출시를 앞두고 1993년 12월 말부터 대대적인 광고 활동을 전개했다. 대우 탱크냉장고 광고 '탱크주의 탄생' 편(동아일보, 1993. 12. 25.)에서는 신제품 출시를 앞두고 이렇게 광고했다. "1994년 1월생. 지금까지 이런 냉장고는 없었습니다. 새로운 냉각 방식의 대우 입체냉장고 탱크! 탱크주의 방식으로 태어났습니다." 터보 방식을 강화한 새로운 개념의 입체 냉장고였다. 꼭 필요한 기능만을 담았다는 대우 탱크냉장고는 나오자마자 주부들 사이에서 엄청난 인기를 끌었다.

[그림 3-19] 대우 탱크냉장고 광고 '탱크주의 탄생' 편(동아일보, 1993. 12. 25.)

대우전자의 대우 탱크냉장고 신문광고(1996)에서는 "탱크로, 무엇이 더 좋아졌나?"라는 질문형 헤드라인을 쓰고 그 아래에 "좋은 것이 더 좋아졌다!"며 터보 방식을 강조했다. 단순한 기능을 추구하는 대우 탱크주의의 가치를 설명하고, 입체 냉각으로 배출 능력을 높인 터보 방식이라 더 강력하게 냉각시킬 수 있다는 소비자 혜택을 전달했다(동아일보, 1996. 1. 27.). 냉장고의 대형화 추세를 반영한 입체 냉장고는 주부들의 많은 관심을 끌어 히트 상품의 대열에 합류했다.

삼성전자의 삼성 바이오냉장고 5계절 텔레비전 광고 '5계절로 간다' 편(1994)에서는 냉장고의 높은 습도를 강조했다. 광고에서는 고양이 모델을 출연시켜 말이 아닌 노래로 메시지를 전달했다. 광고 카피는 다음과 같다. "우리는 5계절로 간다. 높은 습도로 생생하게~ 촉촉하게 감싸주고~ 신선함이 가득가득하니까. 높은 습도로 신선합니다. 삼성 바이오 냉장고 5계절. 삼성전자." 이 광고에서는 싱싱하고 촉촉하게 제품을 보관하며 야채실까지 겸비

[그림 3-20] 삼성 바이오냉장고 5계절 광고 '5계절로 간다' 편(1994)

한 대형 냉장고라는 사실을 주부들에게 호소해 호평을 받았다.

삼성전자는 1995년에 냉장실과 냉동실을 별도로 냉각하는 냉각 기술을 문단속냉장고에 적용한 410리터급(SR 4135G)과 440리터급(SR 4435G)이란 두 가지 모델을 출시했다. '독립만세 냉장고'는 프레온 가스를 냉매로 바꾼 친환경 제품으로도 주목받았다. 자주 쓰는 냉장실을 냉동실 위에 배치해 인체공학적으로 설계하고 냉동실과 냉장실을 연결하는 틈도 없앴다. 중간 막에 사용하던 스티로폼 단열재를 일체 발포 형식으로 대체했으며, 나사로 조립하던 도어 부분도 발포제로 막아 냉기의 유출을 억제했다. 게다가 서랍형 냉동실과 더불어 생수병을 바로 꽂을 수 있는 물 디스펜서도 갖췄다.

삼성전자 문단속냉장고의 마케팅은 1995년에 본격적으로 시작됐다. 삼성바이오 문단속냉장고의 신문광고(1995)에서는 "냉장고 문을 자주 열면 음식이 갑니다."라는 헤드라인을 써서 냉기 단속을 강조했다. 광고에 묘사된 냉장고 이미지를 보면 문단속을 강조하기 위해 공기가 새는 부위에 얼음과 고드름을 부각시켰다(매일경제, 1995. 1. 8.). 텔레비전 광고에서도 같은 맥락을 유지했다. 삼성전자 문단속냉장고의 텔레비전 광고(1995)의 카피는 다음과 같다. "독립하니까 빠르다. 독립하니까 살아 있다. 냉동실이 아래로, 위로. 삼성 문단속냉장고 독립만세. 삼성전자." 여기에서 문단속이란 도어형 냉장고라는 뜻이다. 기존의 냉장고에서 자꾸 문이 열려 냉기가 새 나갔다면, 문단속냉장고는 그 문제점을 해결했다고 했다. 음식 보존이라는 냉장고 본연의 기능에 집중해, 회전냉각 기법으로 냉기가 내부 구석구석까지 닿는다는 특성을 강조한 것이다.

냉장고의 냉각 기술은 직접냉각과 간접냉각 방식을 거쳐 1990년대 중반에 칸마다 냉기가 나오는 '칸칸 방식'이 등장해, 냉장고의 발달에 중요한 획을 그었다. 삼성 문단속냉장고의 입체 회전 방식은 칸칸 방식을 응용했다. 삼성 문단속냉장고의 신문광고에서는 "독립만세"라는 헤드라인을 써서 냉장과 냉동 기술의 업그레이드를 선포했다. "독립을 해야 완전한 나라이듯, 냉장고도 냉동·냉장이 독립해야 완전한 냉장고입니다. 냉장실 따로, 냉동실 따로 독립냉각 H · M 사이를 식품의 맛이 더욱 싱싱하게 삽니다"(동아일보, 1996. 1. 27.). 보디카피에서는 냄새 제거에 특히 초점을 맞췄다. 삼성 문단속냉장고 월드베스트의 텔레비전 광고 '틈' 편(1996)의 카피는 다음과 같다. "틈 하나, 작은 틈 하나, 냉기가 빠져 나갑니다. 전기료가 빠져 나갑니다. 신선함이 빠져 나갑니다. 냉장고는 틈이 없어야 합니다. 틈을 없앤 일체형 내부벽. 틈 없는 냉장고, 월드베스트. 삼성 문단속냉장고 월드베스트 삼성전자."

[그림 3-21] 삼성 문단속냉장고 월드베스트 광고 '틈' 편(1996)

삼성전자에서 냉각냉동 기술에 초점을 맞추자 LG전자도 본격적으로 냉동냉각 기술에 집중한 도어형 냉장고를 생산했다. LG 냉장고 싱싱나라 신문광고(1996)에서는 "샤워하면 싱싱해져요."라는 헤드라인을 써서 냉장고의 부가적 기능을 강조했다. "샤워하면……"이라는 카피를 반복적으로 써서 샤워 냉각의 특성을 부각시킨 것이다(동아일보, 1996. 1. 27.). LG전자의 LG 냉장고 싱싱나라 광고 '수박' 편(한겨레, 1996. 6. 9.)에서는 "싱싱나라로 오세요"라는 권유형 헤드라인을 썼다. 수박에 문이 열린 냉장고 모양을 조각해서 싱싱함을 강조한 흥미로운 표현이 주목을 끌었다.

첨단냉각 방식을 채택한 이 제품은 기존의 냉장고처럼 냉기가 뒷면과 측면에서 나오지 않고 선반에 뚫린 30~48개의 구멍에서 아래로 뿜어졌다. 이렇게 분사된 냉기는 식품 용기를 타고 흘러 냉장실 전체에 회오리를 일으키는 샤워 냉각 방식이었다. 식품을 냉장실에 잔뜩 쌓아 두는 한국인의 냉장고 사용 습관에 초점을 맞춘 기술이었다. 이 냉장고는 문이 열려 냉장실의 온도가 순간적으로 올라가는 즉시 두 개의 추적 센서가 작동해 식품의 온도와 위치를 감지해 최적의 온도로 되돌린다는 추적 냉각 시스템도 장착했다. 기술력을 인정받은 싱싱나라 냉장고는 일본에서 열린 '냉장고의 날' 행사에서 1990년대를 대표하는 냉장고로 선정됐다.

[그림 3-22] LG 냉장고 싱싱나라 광고 '수박' 편(한겨레, 1996. 6. 9.)

가전업체들은 고가의 가전시장에서 차별화 마케팅을 활발하게 전개했다. LG전자는 차별화 마케팅에 인터넷을 적극 활용했다. LG전자의 인터넷 쇼핑몰인 LG나라에서 물품을 구입하는 고객은 자신의 나이, 직업, 소득 등의 고객 자료를 남기게 했다. LG전자는 고객 자료를 바탕으로 카탈로그를 보내거나 전화를 걸어 구매를 유도하며, LG전자는 300만 원 이상의 양문 여닫이형 냉장고에 집중해 차별화 마케팅을 전개했다. 값이 워낙 비싸 일반 소비자를 대상으로 공략해 봐야 구매로 이어질 수 없기 때문에 구매력이 높은 중산층 이상에 집중해 마케팅 활동을 전개했다. 냉장고의 고급화와 다양화가 이루어졌다는 본보기 사례라 할 수 있다.

LG전자의 LG 디오스냉장고의 인쇄광고 '자장 자장 자장' 편(1998)에서는 소음 제거를 강조했다. "자장 자장 자장"이라는 헤드라인 아래 다음과 같은 보디카피가 이어진다. "외제 냉장고가 더 좋다는 소리. 조용히 잠재우겠습니다. 시끄러운 냉장고 소리. 조용히 잠재우겠습니다." 이 광고는 외제 냉장고보다 뛰어난 제품이라는 점을 강조하고 냉장고 자체의 소음을 줄이겠다는 메시지를 담았다. 우리나라의 기술로 본격적으로 외국 냉장고와 전투를 벌이겠다는 의지를 엿볼 수 있는 광고였다.

삼성전자는 1997년에 독립냉각 방식의 신제품 '따로따로' 냉장고와 최고급 프리미엄 냉장고 '지펠'을 선보이며 외국산이 주도하던 시장을 탈환하고 국내 시장을 선도해 나갔다. 세계 최정상을 뜻하는 지펠(Zipel)은 회사 이름보다 브랜드 이름을 앞세우는 프리미엄 브랜드 전략에 따라 탄생했다. 독립냉각 방식으로 전력 소모량을 효율적으로 제어함으로써 기존 냉장고에 비해 소비전력을 최고 12%까지 절감했다. 내부 구조를 개선해 사용의 편리성을 높였고, 선반을 조절해 냉장고를 더 넓게 쓸 수 있게 했고, 식품 색의 변화를 확인할 수 있도록 3파장 램프를 채택했다(경향신문, 1998. 12. 24.). 삼성전자는 최저가 300만 원을 넘는 양문 여닫이형 냉장고 '지펠'에 대해 차별화 마케팅을 전개함으로써, 출시 1년 만에 외국산보다 4배나 많은 월 2,500대의 판매량을 기록하며 국내 초대형 냉장고 시장에서 1위로 부상했다.

삼성전자의 삼성 지펠냉장고 광고 '지펠답다' 편(동아일보, 1999. 10. 7.)에서
는 "지펠답다"라는 혜택형 카피로 소비자의 주목을 끌었다. 삼성전자는 제품
출시 정보, 구입 요령, 제품 특성이 담긴 우편물을 중산층 고객 5만여 명에게
연간 5회 발송했다. 고객이 구매의사를 밝히면 설치부터 애프터서비스에 이
르기까지 특별 관리를 실시했다. 배달하는 사람이 자신의 이름을 밝히고 배
달한 제품의 이상 유무에 대해 책임지는 '설치 실명제'부터 지펠 제품을 전담
하는 애프터 서비스맨이 구입 후에 제품에 이상이 없는지 확인 전화를 거는
'해피콜 서비스'에 이르기까지 핵심 고객을 특별 관리했다.

[그림 3-23] LG 디오스냉장고 광고 '자장 자장 자장' 편(1998)

1990년부터 1999까지의 냉장고 광고의 경향은 처음에는 금성, 삼성, 대우
라는 가전 3사가 주도하는 구조였다. 어느 회사가 소비자의 선호도와 만족도
에 부응했는지에 따라 시장의 구도가 달라졌다. 주부들은 냉장고의 신선도
유지와 수납과 냄새에 민감했다. 주부들은 수납 문제 때문에 대용량 냉장고

[그림 3-24] 삼성 지펠냉장고 광고 '지펠답다' 편(동아일보, 1999. 10. 7.)

를 선호했고, 냄새와 신선도 유지 때문에 김치냉장고를 별도로 구매한 주부
들도 늘었다. 삼성전자의 '신선 돌풍' 광고(1999)에서는 유명 모델이 아닌 일
반인 모델을 써서 "또 하나의 가족"이라는 카피로 주부들에게 감성적으로 접
근했다(매일경제, 1999. 3. 10.). 삼성전자의 "IMF가 터져도 결혼은 할 거야!",
대우전자의 "그물 냉각 방식", 그리고 LG전자의 "뒤쪽 냉기, 앞쪽 냉기" 같은
카피는 냉장고의 기능에 치중한 메시지의 포탄이었다(한겨레, 1998. 2. 4.). 대
우전자의 냉장고 광고 '전기 도둑' 편(1999)에서는 "전기 도둑을 잡았다"라는
헤드라인을 써서 냉장고의 기능은 물론 제품의 성능과 전기 도둑이라는 콘셉
트를 설명하는 데 치중했다. 우리나라가 국제통화기금(IMF)의 관리 체제에
들어간 시기에도 가전 3사의 냉장고 광고 전쟁은 계속됐다.

5) 2000년대의 냉장고 광고

냉장고는 보통 30~40대 주부들을 대상으로 광고를 하는 데 비해 LG 디오스는 20대 후반에서 30대 중반의 여성을 대상으로 광고 캠페인을 전개했다. 첫 번째 광고인 '설레임' 편(2000)을 보자. 경쟁사에 비해 차별화되는 디오스만의 이미지를 정립하기 위해 심은하 씨를 모델로 써서 '꿈이 아닌 현실 속의 냉장고'라는 이미지를 정립하는 데 주력했다. 광고는 '설레임' 편, '목욕' 편, '초대' 편이라는 세 편의 시리즈로 제작됐다. 조수미 씨의 노래 "I dreamt I dwelt in Marble Halls"가 아름다운 배경음악으로 쓰였다. 잠자리에 들었다가 디오스 때문에 잠을 이루지 못해 다시 잠옷을 걸치고 주방으로 나와 냉장고를 살펴보는 심은하 씨의 표정이 고혹적이다. 디오스를 향한 그녀의 잔잔한 미소와 부드러운 시선이 전체 광고를 이끌어 간다. 그녀는 디오스 때문에 행복하다며 이렇게 말한다. "여자라서 너무 행복해요." 카피는 오직 이 한 마디였지만 냉장고 판매에 엄청난 영향을 미쳤다.

[그림 3-25] LG 디오스냉장고 광고 '설레임' 편(2000)

삼성전자의 삼성 지펠냉장고 광고 '사랑' 편(2001)에서는 영화배우 이영애 씨를 모델로 써서 주부들의 관심을 유도했다. "지펠은 사랑입니다"라는 카피로 주부들의 마음속에 지펠을 갖고 싶다는 욕구가 더 깊숙이 자리 잡도록 했다. "You are so beautiful"이라는 음악이 나오는 가운데 이런 카피가 흘러나온다. "그이는 세상에 태어나 가장 잘한 일이 날 만난 거란다. 지펠은 사랑입니다. 지펠."

[그림 3-26] 삼성 지펠냉장고 광고 '사랑' 편(2001)

대우전자의 대우 콤비냉장고 광고 '진품' 편(2002. 9.)에서는 김장철과 진품 같은 단어를 써서 브랜드 이미지를 제고했다. "진품이 부러운 여자", "김장철엔 4칸 모두", "집들이 땐 4칸 따로", "휴가철엔 1칸만 10도", "4칸 모두 맞춤 온도" 같은 카피는 모델 김원희 씨의 호소력 있는 연기로 주부들에게 다가갔다. "오우~ 대우 진품 살 걸!"이라는 마무리 카피는 주부들의 호평을 얻었다. 당시에 진품과 가품 논란이 많았었는데, 대우는 자사 냉장고가 진품이라는 사실을 알리기 위해 이렇게 광고했다.

LG전자의 LG 디오스냉장고 신문광고에서는 심은하 씨가 은퇴한 후 김희선 씨에 이어 2003년에는 송혜교 씨를 모델로 활용했다. "올 봄, 여자의 행복이 더 깊어진다." 이 헤드라인에 이어 다음과 같은 보디카피가 이어진다. "그들이 마주한 다양한 진리, 그리고 추가된 나노항균 기술까지, 2003년 디오스가 여자 주부를 행복하게 합니다." 다양한 측면에서 기술력의 향상을 알렸다. 보디카피 아래에 "국내 최초! 세계 인증 나노 향균!"이라는 서브 헤드라인과 "국내 최초로 미국, 일본 전 세계적으로 뻗어 나가는 나노 향균을 적용한 것 디오스! 냉장고 내부에 착용된 나노의 항균, 살균, 처분, 구분 효과로 음식물을 신선하게 유지합니다."라는 기능적 카피를 써서 나노 항균 기술을 강조했다.

LG전자의 LG 디오스냉장고 텔레비전 광고에서는 모델로 출연한 송혜교 씨는 심은하 씨의 얌전해 보이는 얼굴에 김희선 씨의 젊은 이미지를 겸비했다는 평가를 받았다. 그러나 송혜교 씨는 귀엽고 깜찍한 느낌이지만 지적이고 고급

[그림 3-27] LG 디오스냉장고 광고 '별' 편(2003)

스러운 이미지는 보여 주지 못해 고급 프리미엄 브랜드를 이끌어 가기에는 부족했다는 일부의 평가도 있었다. 텔레비전 광고 '별' 편(2003)의 카피는 이렇다. "남Na) 그녀가 하늘의 별을 따달라고 했을 때, 난 깊고 푸른 하늘을 선물했습니다. 바로 그녀가 별이니까요. 송혜교) 여자라서 행복해요. 여Na) 디오스."

삼성전자는 냉장 능력과 탈취 기능을 강화한 2005년형 지펠을 출시했다. 이 냉장고는 소비전력이 기존보다 8% 개선됐고 다른 제품에 비해 체감 소음이 두 배 이상 낮았다. 디지털 인버터 기술을 적용해 주위 온도, 설정 온도, 도어개폐 빈도수, 보관식품의 양에 따라 압축기의 회전수를 제어함으로써 동급 제품에 비해 절전과 저소음 기능이 뛰어났다. 냉장실의 평균 습도도 50%대를 유지함으로써 촉촉함을 더 오래 유지하고 청정광 탈취기를 적용함으로써 빛이 냄새 분자를 분해하도록 탈취력을 강화했다.

이 냉장고는 풀옵션형, 트윈홈바형, 홈바형, 기본형 같은 네 가지 모델에 카르멘 와인, 사파이어 블루, 오가닉 골드 같은 일곱 가지 색상을 적용했다.

[그림 3-28] 삼성 지펠냉장고 광고 '두 개의 홈바' 편(2005)

인테리어형 37모델과 일반형 6모델을 비롯해 모두 43가지 모델을 출시했다. 가격은 166만 원에서 355만 원까지로 비교적 고가였다. 삼성전자의 삼성 지펠냉장고 광고 '두 개의 홈바' 편(2005)에서는 배우 김남주 씨가 출연해 집에 홈바가 두 개라는 점을 강조하며 소비자의 흥미를 유발했다(광고고전, 2016). 광고 카피는 다음과 같다. "우리 집엔 두 개의 홈바가 있어요. 냉장만을 위한 홈바, 냉동만을 위한 홈바. 사는 맛도 두 배로 높여 보세요. 지펠."

2006년에 나온 삼성 지펠 콰트로(quatro) 냉장고는 지펠의 독립냉각 기술을 확장해 기존의 양문형 냉장고를 4개의 룸으로 진화시키고 각 룸별로 최적의 보관 기술을 적용해 식품을 이상적으로 보관할 수 있게 설계됐다. 지펠 콰트로 광고(2006. 6.)에서는 "지펠 콰트로, 그 앞에선 모든 것이 과거가 됩니다."라는 헤드라인을 써서 냉장고의 진화를 알렸다. 2006년 초반에 미국시장에 먼저 진출했고 6월에야 국내에 선보인 이 제품은 세계 최고 권위의 CES 2006 최고혁신상(Best of Innovations Honorees)과 국제 디자인상인 레드닷 디자인상(Reddot Design Award)을 국내 가전제품으로는 최초로 받았다. 그리고 미국 JD파워 소비자 만족도 1위에 선정됐고 『타임』지는 '꼭 구입해야 할 기기'의 하나로 소개했다.

삼성전자의 삼성 지펠냉장고 인터넷 광고 '아내들의 기술' 편(2007)은 지펠의 텔레비전 광고에서 유명 모델을 앞세우던 패턴과는 달리, 모델을 쓰지 않고 기능과 실속 위주로 냉장고의 특성을 전달했다. 매체의 특성에 맞춰 카피를 다르게 썼다. 광고를 클릭하면 냉장고의 기능과 디자인과 실속을 차근차근 한 컷씩 볼 수 있게 구성했다. 처음의 스타일(style) 부분에서는 "주방의 품격을 높여 주는 지펠의 새로운 디자인", 프레시(fresh) 부분에서는 "처음의 신선함을 오랫동안 변함없이 지켜 주는 지펠의 기술", 마지막의 이지(easy) 부분에서는 "쉽고 편리하게 사용할 수 있는 디자인"을 느끼도록 배치했다. 세 단어로 지펠의 장점을 강조하고 나서 마무리 카피를 덧붙였다. "지펠의 새로운 디자인과 기술이 주방문화를 새롭게 디자인합니다." 구구절절 설명하지 않고 영어 한 단어에 한 줄의 짧은 카피를 써서 제품의 특성을 설명했으니 주

[그림 3-29] 삼성 지펠냉장고 인터넷 광고 '아내들의 기술' 편(2007)

부들이 쉽게 이해할 수 있었다.

　LG전자의 LG 디오스냉장고 광고 '자부심' 편(2009)에서는 냉장고 안에 있는 압축기가 다른 냉장고에 비해 뛰어나다는 점을 강조했다. "냉장고 기술의 앞선 자부심. 디오스만의 리니어 컴프레서입니다."라는 헤드라인으로 기술력을 부각시켰다. 한라하이센스의 하이센스 냉장고 인쇄광고(2009. 6.)에서는 "작지만 강하다!"고 했다. "작다고 걱정하지 마세요. 실속 있는 내부 구성과 효율적인 공간분할로 다(多) 들어가는 미니(mini) 냉장고. 강력한 냉각 방식으로 식품의 신선함을 지켜주는 프레시 가드(fresh guard!)." 이어지는 시리즈 광고에서는 "남극만큼 차갑다!"고 하면서 강력한 냉방을 강조했다. "콤팩트한 디자인의 HFS-099CW를 열면 나만의 작은 남극이 펼쳐집니다. 강력한 냉각 방식으로 식품의 신선함을 지켜주는 프레시 가드! 작지만 강한, 하이센스 HFS-099CW." 냉장고 안이 남극만큼 차갑다는 메시지를 귀여운 펭귄 비주얼로 간명하게 표현했다.

6) 2010년대의 냉장고 광고

　2010년대에 접어들어 냉장고는 편리함을 극대화한 제품 디자인으로 발전했다. 주부들의 불만 사항을 개선해 스탠드형으로 디자인을 바꿨다. 하지만 디자인이 아무리 예뻐도 사용의 편의성을 고려하지 않으면 시장에서 외면당하기 일쑤였다. LG전자는 2010년에 매직스페이스 DIOS 냉장고를 출시했다. 매직스페이스는 LG전자가 세계 최초로 도입한 '냉장고 속 미니 냉장고'로 불리는 신개념의 수납공간을 갖췄다. 기존 냉장고의 문에 같은 넓이의 문을 추가해 별도의 수납공간을 제공했다. '도어 인 도어(DID, Door in Door)' 방식인 이 제품은 냉장고 문 전체를 여닫을 필요가 없어 냉기 손실을 절반으로 줄였다. 용량은 43~83리터로 원 도어 소형 냉장고와 비슷한 수준이었다.

LG전자의 LG 디오스냉장고 잡지광고(2010. 3.)에서는 리니어 기술을 적용한 냉장고의 성능을 전달했다. 카피는 다음과 같다. "4세대 리니어 기술, 냉장고의 상식을 바꾸다. 용량의 상식을 바꾸다. 800리터급으로 용량은 최대로 커지고 사이즈는 그대로. 매직도어로 상식을 바꾸다. 홈바의 크기는 키우고 공간 활용이 다양한 세계 최초의 매직도어. 소비전력의 상식을 바꾸다. 800리더급으로 용량은 커져도 소비전력은 최저 수준. 이것이 4세대 리니어 기술의 냉장고 상식이다. MY BETTER LIFE- DIOS."

LG전자의 LG 디오스냉장고 잡지광고(2011. 5.)에서는 "수납만 잘되면 스마트 냉장고? 진짜 스마트란 이런 것"이라는 헤드라인을 써서 스마트 기술을 강조했다. "냉장고를 뒤져야 했던 번거로움, 그만!", "상해서 버리는 음식물 낭비, 그만!", "필요 없는 것까지 샀던 장보기, 그만!", "맞춤 절전으로 전기세 걱정, 그만!"이라는 네 가지 소비자 혜택을 강조했다. 이 광고에서는 '그만'이란 키워드로 스마트 냉장고의 혜택을 제시했는데, 주부라면 한 번쯤을 겪어봤고 고민했을 내용이라 더 공감을 얻었다.

삼성전자의 삼성 지펠T9000냉장고의 잡지광고(2012. 12.)에서는 "전혀 다른 냉장고는 전혀 다른 디자인으로부터"라는 강력한 카피로 탁월한 디자인을 강조했다. 보디카피는 이렇다. "오직 지펠T9000에서 만날 수 있는 혁신적 디자인. 당신이 가지게 될 T9000에는 시간을 어기는 아름다움이 있습니다. 리얼 메탈. 우아한 곡선이 주방에 품격을 더할 것입니다. 컨투어 도어. 세심한 감성까지 배려했습니다. 여덟 가지 메탈 인그레팅 패턴. 당신만이 누리게 될 전혀 다른 라이프를 위해. 여자의 혁신은 언제나 지펠로부터—삼성 지펠 T9000."

　LG전자의 LG 디오스냉장고 광고 '김희애 추천' 편(2013)에서는 전형적인 증언형 기법으로 설득했다. "LG디오스 왕고참 주부가 결혼 적령기 여성에게 추천합니다. 여자가 여자에게 추천합니다. LG DIOS." 김희애 씨가 자신의 경험을 이야기하며 광고의 흐름을 주도했다. "아~ 요즘 냉장실이 위에 있는 게 유행이잖아요? 일단은 허리 굽힐 일이 없어서 좋더라고요. 냉장실도 넓고 이번에 써 보니까 진짜 갖고 싶던데요? 여보 듣고 있어?" 이렇게 말하자 LG디오스에서 질문하는 자막이 나온다. "추천하고 싶은 분 있으세요?" 하자 다음과 같이 답한다. "음…… 시집갈 때 다 된 우리 태희?" 광고에서는 "여자가 여자에게 추천합니다."라는 멘트는 지속하되, 냉장실이 위에 있다는 것 등 주부들과 여성들에게 필요한 정보를 제공했다.

[그림 3-30] LG 디오스냉장고 광고 '김희애 추천' 편(2013)

　　LG전자의 LG 디오스대용량냉장고 '김태희 추천' 편(2013)에서는 "여자가 여자에게 추천합니다"라는 카피로 냉장고의 용량을 강조했다. 카피는 다음과 같다. "국내 최대 용량 910리터", "냉장고 자리에 꼭 맞는 외관 사이즈", "세계 최초 매직스페이스", "상냉장 하냉동 스타일. 국내 최대 910리터 대용량 LG DIOS." 계속해서 내레이션이 이어졌다. "냉장고 살 땐 가장 큰 것을 사세요. 십 년을 쓰는 것이니까. 주방과의 조화도 중요합니다. 날씨나…… 디자인 같은? 살 때 세 번을 열어 보세요! 매직스페이스. 베이스는 있는지, 수납은 편한지, 여자가 여자에게 추천합니다." 이 광고는 냉장고의 기능만 강조하지 않고 감성적인 카피를 써서 마치 예술작품 같은 느낌이 들었다.

[그림 3-31] LG 디오스대용량 냉장고 광고 '김태희 추천' 편(2012)

　　LG전자의 LG 디오스정수기냉장고 광고 '처음 뵙겠습니다' 편(2013)에서는 김태희 씨가 출연해 냉장고에도 정수기가 있다는 혁신성을 강조했다. 광고가 시작되면 "생명이 마실 물이기에, 스테인리스 저수조로 깨끗하게, 3단계 필터로 맑게, 두 달마다 전기 분해 살균까지. 놀라운 것은 정수기가 아닌 냉장고 이야기라는 것."이라는 카피가 나온다. 냉장고 속에 정수기가 들어가는 장면에서 내레이션이 다시 이어진다. "편리함은 높이고, 공간은 줄이고. LG DIOS 정수기 냉장고." 이런 카피 때문에 처음에는 정수기 광고가 아닌가 싶지만 나중에는 정수기 냉장고임을 알 수 있다. "얼음 나오는 정수기 시스템 그대로 냉장고 속으로−처음 뵙겠습니다. 두 달마다 관리받는 얼음 나오는 정수기 냉장고." 냉장고에서 얼음이 나오는 정수기라며 혁신 기술을 알렸다.

삼성전자는 2013년에 두 개의 냉장실을 탑재한 푸드쇼케이스 지펠 냉장고 FS9000을 세계 최초로 선보였다. 냉장실 칸을 나눠 신선하게 보관할 재료를 안쪽 인케이스에 넣도록 하고, 자주 꺼내는 음식은 바깥쪽 쇼케이스에 배열해 편의성을 높였다. 모두 6개로 칸을 나눠 주부를 위한 쿠킹존, 가족 전체가 사용하는 패밀리존, 아이들이 즐겨 찾는 음식 위주로 보관하는 키즈존을 분리해 수납할 수 있게 했고, 칸은 나뉘었지만 투명 케이스를 통해 한눈에 음식물을 확인할 수 있었다. 냉동실과 냉장실에 별도의 냉각기를 달아 음식에 맞는 최적의 온도와 습도를 유지하게 했다. 냉기를 머금는 '메탈 쿨링' 기술을 적용해 쇼케이스를 자주 여닫아도 안쪽은 차갑게 유지하고, 온도를 5단계로 조절하는 '참맛실'이 적절한 온도에 음식을 보관할 수 있게 했다. 냉장실과 냉동실의 전체 색과 패턴을 통일하던 기존의 디자인 스타일에서도 탈피했다.

삼성전자의 삼성 지펠FS9000 냉장고 광고 '푸드 쇼케이스' 편(2013)을 보자. 광고가 시작되면 "이것은 전에 없던 냉장고"라는 자막과 함께 냉장고 문이 열리고 닫히며 "인케이스(incase)", "쇼케이스(showcase)"라는 말이 두 번 반복된다. 닭과 수박 같은 식재료를 넣으면서 "재료는 신선하게 인케이스", 수박을 잘라 보관함에 담아 넣으면서 "푸드는 찾기 쉽게 쇼케이스"라는 내레이션을 반복한다. 자막으로 쇼케이스에 있는 쿠킹 존, 패밀리 존, 키드 존을 설명하고, "먹고 살고 사랑하고"라는 자막이 나오는 순간 광고 모델 전지현 씨가 "지펠이 또 처음인 거죠?"라고 하며 반문하듯 한 마디를 거들며 광고가 끝난다.

이 광고에서는 재료와 음식을 구분해 넣는 냉장고라는 소비자 혜택을 간명하게 이해시켰다. 잔잔한 음악이 흐르는 가운데 인케이스와 쇼케이스를 분리한 이유를 주부들이 납득할 만한 구체적인 상황으로 풀어냈다. 이 광고 는 사회문화적 차원에서의 '혁신' 코드를 내재했다. 일찍이 에버렛 로저스는 '혁신의 확산(Diffusion of Innovations)' 이론을 제시하며, 어떻게 혁신이 발생 하고 시간의 흐름에 따라 사회 체계 속으로 확산되는지를 설명했다(Rogers, 2003). 이 광고에서는 신라시대의 석빙고(石氷庫) 이후 냉장고가 어디까지 진 화할 것인지 삼성 지펠FS9000 냉장고라는 혁신 제품으로 각인시켰다.

[그림 3-32] 삼성 지펠FS9000 냉장고 광고 '푸드 쇼케이스' 편(2013)

만도기계의 딤채프라우드냉장고 광고(2013)에서는 대니얼 헤니 씨가 출연 해 맞춤 과학을 강조했다. 여자의 자신감은 냉장고에서 나온다고 주장하는 카피는 다음과 같다. "냉장고 딤채의 기술로 새롭게 태어나라. 프라우드. 더 넓게 더 편리하게 내 마음대로. 딤채 기술로 만든 프리미엄 냉장고. 102가지 맞춤과학 프라우드. It's my 프라우드." 사람이 냉장고에 맞추지 않고 '나에 게 맞춰진 냉장고'라는 카피는 주부들 각자의 개성에 맞춘 냉장고라고 느끼 도록 했다.

LG전자는 2014년에 얼음정수기와 냉장고를 결합한 냉장고를 선보였다. 이 제품은 소비자의 선호도가 높은 상 냉장과 하 냉동 형태의 824리터 제품이었다. 내부에는 고광택 선반을 적용하고, 외부는 검은색 스테인리스 재질을 적용해 내구성과 고급스러움을 갖췄다. 제빙기 두께를 기존 제품보다 31% 줄여, 냉장고의 내부 공간을 넓혔고, 문 전체를 열지 않고도 내용물을 넣고 빼는 기능이 있었다. 이 밖에도 3단계 안심정수 필터, 스테인리스 저수조, 얼음 정수 같은 기술을 담았다. 디오스 더블 매직스페이스 냉장고 텔레비전 광고(2014)의 카피는 다음과 같다. "당신은 여자가 큰 냉장고만 원하는 줄 아셨죠? 사실 여자는 수납이 잘 되기를 원합니다. 어지럽히는 건 당신이지만 정리는 여자가 더 많이 하잖아요. 매직스페이스가 두 개. 더 쉬워졌죠? 여자 마음 그대로. LG DIOS 더블 매직스페이스." 광고에서는 단순히 큰 냉장고가 아닌 수납하기 쉬운 편리한 냉장고라는 제품의 특성을 강조했다.

삼성전자의 '삼성 셰프컬렉션—새로운 맛을 만나다' 편(2014)에서는 혁신적인 냉장 기술과 수납공간으로 재료의 맛과 향과 질감을 살려 차원이 다른 신선도를 유지한다는 메시지를 전달했다. 배우 전지현 씨의 목소리로 그린란드 어린이를 위해 몽골의 고기를 신선하게 보관해 전달하는 여정을 다큐멘터

[그림 3-33] 삼성 냉장고 광고 '셰프컬렉션' 편(2014)

리 스타일로 풀어냈다. 시네플렉스(Cineplex)로 몽골의 아름다운 대륙과 그린란드의 빙하의 모습을 항공 촬영한 장관이 카피와 절묘하게 어우러지며 감동을 전달했다. "Na) 바다를 본 적 없는 몽골의 아이를 위해, 대륙을 본 적 없는 그린란드의 아이를 위해, 그곳의 신선함을 담아 셰프컬렉션이 출발합니다. 몽골엔 그린란드의 연어가, 그린란드엔 몽골의 고기가 도착합니다. 재료의 맛과 향 질감까지 지키는 셰프의 비법으로 빅 테이블이 차려집니다. 처음 맛본 신선함으로 새로운 세상을 만날 수 있도록−삼성 셰프컬렉션. The Ultimate freshness 새로운 맛을 만나다."

LG전자의 LG 디오스 광고 '만들 수 있어야 합니다' 편(2015)에서는 얼음 정수기 냉장고만의 특별함을 부각시켰다. 광고에서는 안심정수 필터, 조각얼음 생성, 헬스케어 매니저 관리 같은 세 가지 특성을 물, 얼음, 신선함으로 정리해서 감각적인 영상으로 표현했다. "많이 채우고 신선하면 충분하다는 생각"이라는 말과 함께 냉장고 문을 닫자, "당신의 냉장고는 만들 수 있습니까?"라는 카피가 나온다. 갑자기 냉장고를 만들 수 있느냐는 질문에 주부들은 호기심을 느꼈을 것이다. "깨끗함, 3단계 안심 정수 필터.", "시원함, 조각얼음까지 바로바로.", "신선함, 두 달에 한 번 방문관리.", "냉장고, 이제 만들 수 있어야 합니다.", "냉장고보다 더 필요한 냉장고−얼음 정수기 냉장고 LG DIOS." 같은 카피가 계속 이어진다. 광고에서는 기능과 부피가 더 좋아졌고 디자인까지 향상됐다는 사실을 흥미롭게 표현했다.

LG전자는 2017년에 노크온 매직스페이스 디오스냉장고를 출시했다. 이 냉장고는 노크하면 안을 볼 수 있게 설계했고, 크기는 같아도 수납공간은 두 배나 넓어졌다. 높이를 간편하게 조절하는 무빙 바스켓과 한 손가락으로 여는 버튼도 있어 편리했다. 냉장실은 위에 냉동실은 아래로 내려 종류별로 더 넓게 보관하고 냉기 손실을 47% 줄였다. LG전자의 노크온 디오스냉장고 광고 '곰돌이' 편(2017)에서는 냉장고 문을 열었다 닫았다 하지 않아도 된다는 제품의 특성을 강조했다. 광고 카피는 이렇다. "선생님) 북극곰은 더우면 어떻게 되죠? 아이들) 몰라요〜. 선생님) 몰라요, 북극곰은 더우면 아야 해요.

여자 아이) 어떡하지? (하교 후 집으로 다급히 들어간다) 곰돌아 아야 해? (얼음 물을 받고 있는 아이) 엄마) 예린이 얼음물로 뭐하려고? 예린) 곰돌이 시원하게 해 주려고. 엄마) 그래? (노크만으로 냉장고 내부를 보는 엄마와 그걸 지켜보던 예린이는 곰돌이를 냉장고 안에 넣는다) 엄마) 예린아 냉장고 열었다 닫았다 하면 과일들이 아야 해요. 예린) 안 열고 똑똑만 할게. (자기 전 냉장고를 똑똑 노크 한다) 예린) 곰돌아, 잘 자. 엄마) 곰돌이가 예린이한테 시원하게 지켜줘서 고 맙대. Na) 열지 말고 노크하세요. 노크온 매직스페이스. 똑똑 노크하면 신선 함이 보입니다. LG DIOS."

[그림 3-34] LG 노크온 디오스냉장고 광고 '곰돌이' 편(2017)

이전 광고에서는 냉장고의 기술을 강조했다면 2010년대에 들어서는 제 품 디자인을 더 강조했다. 주부들도 기술력은 기본이라 생각하며 디자인이 우수한 냉장고를 선호했다. 냉장고를 구매할 때 예전에는 기술력만 봤다면 2010년대에는 냉장고를 인테리어로 인식해 디자인 측면을 고려해 냉장고를 구매하려는 성향이 강했다. 냉장고 광고에서는 모두 '혁신의 확산(Diffusion of Innovations)' 코드를 공통적으로 내재했다.

2010년대에 접어들어 냉장고는 편리함을 극대화한 제품 디자인으로 발전했는데, 스탠드형 디자인이 대표적이다. LG전자가 2010년에 출시한 매직스페이스 디오스냉장고는 '냉장고 속의 미니 냉장고'라는 신개념의 수납공간이 주목할 만했다. 기존 냉장고의 문에 같은 넓이의 문을 추가해 별도의 수납공간을 제공하며 혁신적인 기술을 알렸다. LG전자는 2013년에 양문형 정수기 냉장고를 선보였고, 삼성전자는 두 개의 냉장실을 탑재한 푸드쇼케이스 지펠냉장고 FS9000을 세계 최초로 선보였으며, 여세를 몰아 정수된 물을 탄산수로 바꿔 주는 삼성 지펠스파클링냉장고를 출시했다. LG전자는 2014년 6월에 냉장고와 김치냉장고를 결합한 '디오스 김치톡톡 프리 스타일'을 출시했다. 삼성전자에서 2014년 8월에 선보인 '셰프컬렉션' 냉장고는 오른쪽 아래의 '참맛 냉동실'을 김치냉장고로 사용할 수 있었다. 그 후 와인색이나 하늘색을 적극적으로 적용한 컬러 냉장고가 등장함으로써, '백색가전'이라는 말이 무색할 정도가 됐다.

2. 김치냉장고 광고의 흐름

1980년대 이후 냉장고 시장에서 주목할 만한 사건은 김치냉장고의 등장이었다. 냉장고에 김치를 보관하던 관습이 사라지고 김치를 김치냉장고에 따로 보관하는 시대가 찾아왔다. 김치는 김치냉장고에 보관해야 제 맛이라는 광고 카피는 냉장고의 소비 패턴에도 영향을 미쳤다. 냉장고와 김치냉장고를 따로따로 구매하는 구매 행태도 조금씩 늘어나기 시작했다. 기업에서는 과학적인 기술력과 디자인까지 고려한 김치냉장고를 개발하려고 다각도로 노력했다.

우리나라에서 김치냉장고의 역사는 금성사에서 1984년에 금성 김치냉장고를 출시하면서부터 시작됐다. 식생활과 주거 환경이 달라짐에 따라 주부들은 김치를 별도로 저장하는 냉장고가 있었으면 좋겠다고 생각하고 있었다. 주부들의 욕구에 주목한 금성사는 1983년부터 제품 개발에 착수했다. 금성사는 다섯 차례의 실패를 딛고 1984년에 상자형 김치냉장고 GR-063 모델을 출시했다(권건호, 2018). 금성사 내부에서는 이 제품이 김치를 숙성하고 보관하는 데 알맞게 온도를 유지함으로써 풍미와 청량감을 살렸다고 평가한 제품이었다.

1) 1980년대의 김치냉장고 광고

금성사의 금성 김치냉장고 GR-063 모델의 신문광고 '탄생' 편(1984)에서는 "기술 금성이 주부님께 드리는 또 하나의 만족! 국내 최초 금성 김치냉장고 탄생"이라는 헤드라인으로 국내 최초로 김치냉장고가 탄생했음을 알렸다. 보디카피에서도 김치냉장고의 장점과 제품의 기능에 대해 상세히 설명했다. "첨단 기술을 바탕으로 편리하고 풍요로운 생활을 창조해 온 금성사가 국내 최초로 김치냉장고를 개발, 주부님께 또 하나의 만족을 드립니다. 우리 한국인의 식생활에서 빼놓을 수 없는 김치를 금성 김치냉장고에 보관하시면, 냉장고에서 풍기던 퀴퀴한 냄새도 없애고 냉장실도 더욱 넓고 청결하게 사용하

[그림 3-35] 금성 김치냉장고 GR-063 광고 '탄생' 편(1984)

실 수 있읍니다. 금성 김치냉장고로 신선한 김치를 맛있게 즐기십시오."

1984년에 출시된 금성 김치냉장고는 시장에서 성공을 거두지 못했다. 김치를 항아리에 담가 먹는 전통이 있어서인지, 주부들이 이 김치냉장고에 특별히 주목하지 않았다. 금성사에서 이름을 바꾼 LG전자가 수납형 김치냉장고 GR-050 모델을 1986년에 출시했지만 주부들은 여전히 특별한 반응을 나타내지 않았다.

2) 1990년대의 김치냉장고 광고

아파트라는 신거주문화가 정착되기 시작한 1990년대에 접어들어 서울 강남의 주부들을 중심으로 대형 냉장고와 1가정 2냉장고를 선호하기 시작했다. 만도기계(현 위니아만도)는 체험을 통한 입소문 마케팅이 시작되던 1995년에 김치냉장고 시장에 파고들었다. 원래 자동차와 건물의 냉방 시스템 분야에서 기술력을 다져 온 만도기계는 냉장고 시장에 진출하면서 이전에 없던 틈새시장을 발굴했다. 냉장고 보급률이 포화상태에 이른 상황에서 만도는 기존의 시장에 후발 주자로 뛰어들기보다 새로운 시장을 개척하는 전략을 선택했다.

금성사와 삼성전자는 1993년에도 김치냉장고를 다시 출시했고, 같은 해에 발텍이란 회사에서도 열전반도체 냉각 기술을 이용한 김치전용 냉장고를 출시했지만 시장의 반응은 여전히 냉담했다. 그러다가 김치냉장고는 1995년 말에 화려하게 부활하며, 본격적인 김치냉장고 시대를 열었다. 당시 사업다각화를 꾀하던 만도기계는 김치의 옛말인 '딤채'란 이름의 브랜드를 1995년 11월에 출시했다. 딤채는 출시하면서부터 폭발적인 인기를 얻고 시장의 판도를 뒤흔든 공전의 히트 상품이 됐는데, 크기는 50~70리터로 작았고 제품 콘셉트도 12년 전의 금성사 김치냉장고와 비슷했다. 업계에서는 만도공조의 제품을 실질적인 효시로 인정했고, 김치냉장고도 가정마다 필요한 가전제품의 하나로 떠올랐다(이혜림, 2012).

만도기계의 연구원들은 프랑스에는 와인냉장고가 있고 일본에는 생선냉장고가 있는데, 우리나라에는 우리 고유의 음식인 김치를 보관하는 냉장고가 없다는 사실에 의문을 가졌다고 한다. 만도기계는 1993년에 김치연구소를 설립해 3년 동안 100만 포기의 김치를 담가 테스트하며 전국의 김치 특성을 분석했다. 김치 연구를 충분히 진행하고 김치에 대한 자료를 축적한 다음 마침내 딤채를 출시했다. 김치냉장고는 딤채가 출시된 1995년부터 2004년까지 연평균 성장률 91.7%를 기록했다. 1984년에 금성사의 김치냉장고가 출시된 지 10년 만에 350배나 급성장했고, 2007년에는 김치냉장고의 가구당 보급률이 60%로 2가구당 1대 꼴을 넘어섰다. 딤채의 초창기 타깃이던 중산층 수준의 중년 주부를 넘어서 신혼부부나 독신자들도 김치냉장고를 필수품으로 인식했기에 급성장이 가능했다(위키백과, 2022). LG전자에서는 1999년에 서랍식 김치냉장고를 선보였다. 김치를 숙성하는 단계에 따라 맛을 조절할 수 있는 김치냉장고는 물론 정수기, 탄산수 제조기, 커피 머신의 기능을 겸비한 냉

[그림 3-36] 딤채 광고
(동아일보, 1995. 11. 17.)

[그림 3-37] 딤채 광고
(동아일보, 1996. 11. 15.)

장고도 등장했다.

만도기계는 위니아딤채라는 김치냉장고 브랜드를 출시한 이후 적극적인 광고 활동을 지속적으로 전개했다. "김치여, 독립하라!" (동아일보, 1995. 11. 17.), "김장김치가 임자 만났다!"(동아일보, 1996. 11. 15.), "4개월 내내 싱싱하다고 소문났어요~"(동아일보, 1997. 5. 27.), "올겨울 김장 준비 1순위－역시 딤채입니다."(동아일보, 1999. 11. 12.) 같은 과감한 광고 헤드라인을 써서 김치냉장고 시장을 주도해 나갔다. 주부들이 이미 인식하고 있던 기존의 일체형 냉장고로부터 김치냉장고를 별도로 분리하는 데에 광고 메시지를 집중했다.

가전 3사에서도 김치냉장고를 생산하는 데 박차를 가했다. 가전 3사는 그동안 많은 냉장고를 만들었지만 김치만 단독으로 보관하는 냉장고는 생산하지 않았다. 딤채가 출시된 1995년 무렵은 주부들이 김치냉장고를 수용할 준비가 어느 정도는 돼 있었다. 1980년대 말부터 1990년대 초반에 걸쳐 분당, 일산, 평촌 같은 신도시를 건설하는 과정에서 강남의 중산층 주부들 사이에

[그림 3-38] 딤채 광고
(동아일보, 1997. 5. 27.)

[그림 3-39] 딤채 광고
(동아일보, 1999. 11. 12.)

서 딤채가 좋다는 입소문이 났다. 강남의 아파트 거주자나 신도시 거주자들이 충분한 실내공간을 확보한 것도 김치냉장고를 들여놓기에 적합한 조건이었다. 나아가 1993년에 이마트 1호점을 개점한 이후부터 대형 할인마트가 늘어났는데 이 또한 김치냉장고가 확산되는 데 유리한 여건으로 작용했다.

LG전자의 LG 김장독 김치냉장고 텔레비전 광고 '칸칸 서랍' 편(1999)에서는 배우 최유라 씨를 등장시켜 주방에 빌트 인으로 설치된 김치냉장고의 고급감을 강조하며 서랍처럼 문을 여는 주부의 모습을 보여 주었다. 주부들은 김치냉장고 앞에 모여 신기하다는 표정을 지으며 부러워한다. 한참 동안 이야기를 나누던 주부들은 마지막에 가서 저게 무엇이냐고 물어본다. 주요 고객인 주부들에게 아직 보편화되지는 않은 김치냉장고를 부러움의 대상으로 인식시키려는 의도가 엿보이는 광고다. 카피는 다음과 같다. "저게 뭐야? 헉! 김치를 서랍에서 꺼내네? 너무 편하겠다! 당연하지. 서랍이 두 개야, 두 개지. 헉

[그림 3-40] LG 김장독 김치냉장고 광고 '칸칸 서랍' 편(1999)

정말이네. 아래 칸, 위 칸. 따로따로야. 좋겠다. 맛있는 김치, 칸칸 서랍으로 편리하게. LG 김장독. 유라야, 근데 저게 뭐야? 아직도 몰랐어? LG 김장독."

3) 2000년대의 김치냉장고 광고

대우전자의 대우 삼한사온 디지털김장고 광고(2000. 11.)에서는 "어떤 김치냉장고를 사시겠습니까?"라는 헤드라인을 써서 열고 빼는 콤비식 김치냉장고를 국내 최초로 개발했다는 사실을 알렸다. "속 깊어서 불편한 덮개식 김치냉장고"와 "공간 활용도가 낮은 서랍식 김치냉장고" 중에서 어떤 것을 사겠느냐는 질문을 던졌다. "열고 빼고! 국내 최초의 콤비식 김치냉장고. 김치냉장고에 서랍을 달았다. 야채 과일은 아래 칸에, 오래 익혀 먹는 김치는 위 칸에!" 하며, 칸칸마다 보관할 수 있다는 사실을 강조했다.

위니아딤채 광고(2000. 3.)의 카피는 다음과 같다. "김장 후 100일째. 어느새 신 김치! 딤채가 아닌 경우, 김장김치 제 맛은 잠깐. 처음 그 맛을 도저히 지킬 수 없습니다. 힘들게 김장해서 맛있게 먹을 만하면 어느새 시어버리는 김치. 딤채가 없으니 사람도 고생, 김치도 고생. 우리도 올 봄엔 딤채 하나 장만해야지." LG 김장독 인쇄매체 광고(2000. 3.)에서는 "김장독에 서랍을 달았네? 맛있는 김치. 칸칸 서랍으로 편리하게." 김장독에서 맛봤던 김치를 똑같이 맛볼 수 있다는 내용을 강조하며 김치냉장고의 기능을 소개했다.

LG전자의 LG 김장독김치냉장고 광고 '서랍' 편(2000. 3.)에서는 "김장독에 서랍을 달았네?"라는 헤드라인을 써서 김치냉장고의 특성을 알렸다. 항아리에 서랍을 단 비주얼을 제시했으니 주부들의 호기심을 자아내기에 충분했다. 서랍이 김장독에 붙어 있다며 비유법으로 표현했으니 다용도 서랍의 기능을 보다 사실적으로 느낄 수 있다. LG김장독이 김치 맛을 싱싱하게 살려준다는 메시지를 재치 있는 디자인 솜씨로 표현했다.

삼성전자의 삼성 김치독 다못 광고 '축제' 편(2000. 11.)에서는 "주부생활과 삼성전자가 함께 하는 사랑의 김치축제"라는 헤드라인을 쓰고 광고에 응

모권을 포함시켜 주부들의 관심을 끌었다. 보디카피는 다음과 같다. "어느새 찬바람이 옷깃을 여미게 하는 겨울이 다가왔습니다. 가슴속에 간직한 사랑과 온기로, 추운 겨울이 더욱 힘겹고 어려운 이웃들을 돌아보아야 할 때가 아닌가 싶습니다. 주부생활과 삼성 김치 다팟은 이웃과 함께 좀 더 따뜻한 겨울을 맞이하기 위해 사랑의 김치축제를 마련합니다."

[그림 3-41] LG 김장독 김치냉장고 광고 '서랍' 편(2000. 3.)

[그림 3-42] 삼성 김치독 다팟 광고 '축제' 편(2000. 11.)

위니아만도의 위니아딤채 텔레비전 광고 '온도편차' 편(2000)에서는 김치
의 온도는 1℃가 적절하며 1℃를 유지할 수 있는 김치냉장고는 딤채뿐이라

[그림 3-43] 위니아딤채 광고 '온도편차' 편(2000)

는 사실을 영화배우 이미연 씨가 출연해서 강조했다. 카피는 다음과 같다. "이미연) 김치 온도가 하루에도 몇 번씩 올라갔다 내려갔다, 이건 딤채가 아니죠. 딤채여야 1℃에서 쭈욱. Na) 온도편차 1℃. 1℃ 안에서 지켜진다, 위니아딤채. 이미연) 1℃ 안에서 지켜진다! 과일, 야채, 고기, 다 넣어?" 광고에서는 김치의 온도는 1℃가 적절하기 때문에 1℃를 유지할 수 있느냐 그렇지 못하느냐에 따라 김치냉장고의 품질이 달라진다는 사실을 확정적으로 표현했다.

삼성전자의 하우젠 김치냉장고 텔레비전 광고 '온도과학' 편(2000)에서는 김치냉장고가 디지털 온도과학에 의해 가동된다는 사실을 부각시켰다. 삼성은 장진영 씨를 모델로 내세워 "김치는 온도가 조금만 바뀌어도 맛이 달라지죠. 디지털 온도과학."이라는 카피로 온도를 3단계로 지켜 준다는 메시지를 전달했다. 다른 회사의 제품과 달리 3단계로 온도를 조절하며, 이를 통해 더 섬세하고 정확하게 온도를 조절하기 때문에 가장 맛있고 적절한 온도를 유지

[그림 3-44] 하우젠 김치냉장고 광고 '온도과학' 편(2000)

할 수 있다는 점을 강조했다. 디지털 온도과학이라는 말을 덧붙여 온도를 조절하는 기술이 곧 과학이라며 주부들의 마음속에 신뢰감을 심어 주었다. 광고 카피는 이렇다. "김치는 온도가 조금만 변해도 맛이 달라집니다. 디지털 온도과학-하우젠 김치냉장고. 한번 드서 보실래요?"

LG전자의 LG 김치냉장고 김장독 광고 '냉장과학' 편(2003)에서는 "아시나요/저염도 냉장과학"이란 헤드라인을 썼다. 김치를 저염도로 보관하는 신기술의 냉장과학을 강조하기 위해 도치법을 활용했다. 보디카피는 이렇다. "건강을 위해 조금씩, 조금씩 튀지 않게 달라진 김치 맛. 김치 맛이 달라졌으니까 김치냉장고도 이젠 달라져야 합니다." 이 보디카피는 이전의 짜고 자극적이던 김치 맛을 부정하며, 건강을 위해 조금씩 염도를 낮췄기 때문에 김치 맛이 옛날과 많이 달라졌다는 사실을 환기했다. 저염도 냉장과학을 적용하니 김치냉장고가 달라졌고 김치 맛도 달라졌다는 논리를 구사했다. 저염도 냉장과학으로 탄생한 "맛지킴 기술"이란 카피와 함께 LG만의 '콜드 샥(Cold Shock)' 기술과 '상부 냉각 방식' 기술에 대해서도 상세히 설명했다.

[그림 3-45] LG 김치냉장고 김장독 광고 '냉장과학' 편(2003)

위니아만도의 위니아딤채 광고 '생선회' 편(2005)에서는 생선회를 표현의 소재로 활용했는데, "파닥파닥!"이라는 의태어가 인상적이다. 즉, "파닥파닥! 젓가락에서 뛰고 있어요. 딤채에서 꺼낸 생선회."라는 헤드라인은 의태법을 활용하여 딤채 냉장고가 그만큼 신선하게 보존한다는 내용을 명쾌히 전달했다. "파닥파닥"이란 한 마디는 냉장고의 기능에 대하여 아무리 자세히 설명한 상품 설명서보다 명확한 판매 메시지다. 이 광고는 비유의 수사법에서 의태법을 활용한 동시에 강조의 수사법 면에서 과장법을 활용했다. 광고에 있어서 언어적 요소는 시각적 요소가 뒷받침됐을 때 그 주목 효과가 배가되듯이(Tom & Eves, 1999), 이 광고에서 의태어는 신선한 생선 초밥 그림과 함께 제시되었기 때문에 더 눈길을 끌었다.

[그림 3-46] 위니아딤채 광고 '생선회' 편(2005)

위니아만도의 딤채 김치냉장고 광고 '아내의 허리' 편(2006)에서는 로맨틱한 분위기 속에서 광고와 상품 포지셔닝의 문제를 엿볼 수 있다. 광고 카피를

보면, 김치를 잘 숙성시킨다는 김치냉장고의 본래적 기능보다 주부들이 김치
를 꺼내기에 편리하도록 디자인했다는 새로운 포인트의 소비자 혜택을 강조
했다. 헤드라인은 이렇다. "아내의 허리를 생각해서 꺼내기 쉽게 바꾼 뉴 디
자인 딤채, 딤채는 참 로맨틱하다." 제품 위에 배치한 리드카피는 이렇다. "당
신을 더 새롭게 사랑하고 싶어서 발효과학은 진보합니다." 이런 카피는 "발
효과학-딤채"라는 초기의 상품 포지셔닝(positioning)을 바탕으로 발효과학
이 진보하고 있음을 알리기에 충분했다.

[그림 3-47] 딤채 김치냉장고 광고 '아내의 허리' 편(2006)

딤채가 김치냉장고를 출시한 이후 시장을 장악할 기회를 놓쳐 버린 삼성
전자는 1997년에 김치냉장고 사업에 진출했고, 2008년 말에 가서야 시장 점
유율 1위를 기록했다(Happist, 2009). 삼성전자의 삼성하우젠 아삭 김치냉장
고 광고 '두 가지 기능' 편(2007)에서는 "진짜 김치냉장고는 위아래로 아삭!

하우젠 아삭!"이란 헤드라인을 써서 스탠드형 김치냉장고를 강조하고, 위아래로 두 가지 기능이 있다는 사실을 알렸다. "자주 꺼내 먹는 김치는 아삭홈 바로 아삭!"과 "오래 두고 먹는 김치는 직접냉각으로 아삭!"이라는 보디카피를 써서 위아래에 각각 다른 기능이 있음을 알렸다. 가정에서는 보통 김장철에 1년 치 김치를 담가 저장해서 두고두고 먹는 경우가 대부분인데, 광고에서는 그 부분에 주목해서 오래 두는 김치와 금방 먹을 김치를 다르게 보관하라고 권고했다. 이와 같은 설득력 있는 메시지에 힘입어 삼성하우젠 아삭은 2007년 내내 김치냉장고 시장에서 큰 인기를 끌었다.

[그림 3-48] 삼성 하우젠 아삭 광고 '두 가지 기능' 편(2007)

LG전자는 우리에게 익숙한 김치냉장고인 디오스 라인을 출시했다. LG전자의 LG 디오스 김치냉장고 텔레비전 광고 '맛멋' 편(2008)에서는 LG 디오스 김치냉장고의 기능과 특성을 세세히 설명했다. 광고에서는 멋이라는 글자가 모음 하나가 뒤집히며 맛이라는 글자로 바뀌는 장면을 보여 주며 "LG 디오스를 열면 맛이 보인다"라고 강조했다. 이 대목에서 LG 디오스는 문이 닫혀 있을 때의 모습에서 멋을 보여 준다고 설명하며 제품 디자인을 부각시켰다. 문을 열면 멋이 맛으로 바뀌기 때문에 LG 디오스는 맛있게 김치를 보관할 수 있다는 뜻을 전달했다. 마지막 장면에서는 김치를 먹으며 "정말 맛있다! 누구의 작품이야?"라고 묻자, 디오스의 작품이라고 말하며 다시 한번 기능을 강조했다. 카피는 다음과 같다. "디오스를 열면 맛이 보인다. 360도 순환 냉각으로 얼지 않는 김치 맛. 김치 맛있다. 누구 솜씨야? 디오스 솜씨. 디오스 김치냉장고―맛있고 멋있다."

대유 위니아딤채 김치냉장고의 텔레비전 광고 '전문회사' 편(2009)에서는 부부가 함께 빨래를 개키며 이야기를 나누는 장면이 등장했다. 이야기의 줄

[그림 3-49] LG 디오스 김치냉장고 광고 '맛멋' 편(2008)

거리는 이렇다. 남편이 아내에게 "딤채 산다며? 요즘 딤채 같은 거 많던데?" 하고 남편이 질문하자, 아내는 "그건 냉장고 회사에서 만든 거고"라며 답한다. 남편은 다시 "그것도 김치 맛있다는데?" 하며 되묻지만, 아내는 "언제 냉장고 광고에서 김치 맛없다고 하는 것 본 적 있어?"라고 대꾸한다. 마지막에 가서는 "딤채를 원하면 딤채를 사세요"라는 카피가 나오며 광고가 끝난다. 딤채로 인해 김치냉장고 시장이 성장했다는 사실을 환기하며 김치냉장고는 딤채가 최고라는 주부들의 평판에 기대고자 하는 광고였다. 다른 회사에서는 김치냉장고만 전문적으로 만들지도 않으면서 광고에서만 김치가 맛있다고 주장하지만 결국 광고는 광고일 뿐이라며 은근히 다른 회사들의 냉장고를 평가절하한다. 결국 자사의 제품이 김치 맛을 가장 맛있게 만든다고 간접적으로 주장하는 광고다. 마무리 카피인 "딤채를 원하면 딤채를 사세요"에서 알 수 있듯이, 진짜 김치냉장고를 원한다면 자사 제품을 구매하라고 권유했다.

위니아만도의 위니아만도딤채 신문광고 '괜찮겠어요?' 편(동아일보, 2009. 9. 17.)에서는 "딤채가 아니라도 괜찮겠어요?"라는 공격적이고 도전적인 헤드라인을 썼다. 다른 김치냉장고를 이미 산 주부들은 이 카피를 보고 기분이 나

[그림 3-50] 위니아딤채 김치냉장고 광고 '전문회사' 편(2009)

뽑 수도 있겠지만 광고 창작자들은 오히려 그런 점을 노렸다. 아직 구매하지 않은 소비자들이 많이 있었기 때문이다. 소비자 심리를 자극한 보디카피는 다음과 같다. "디자인이 바뀌어도, 기능이 추가돼도, 김치냉장고처럼 보여도 냉장고는 냉장고일 뿐. 김치와 음식들을 신선하게 보관하는 기술은 15년 딤채 기술을 따라올 수 없습니다. 500만 딤채 고객이 검증한 딤채의 기술! 딤채를 원한다면 딤채를 사세요."

대우일렉트로닉스의 대우 클라쎄 김치냉장고 광고(2009. 10.)에서는 "클라쎄는 투명하니까 바로 보고! 바로 찾고!"라고 하며, 클라쎄 김치냉장고의 김치 통이 투명하다는 사실을 강조했다. LG 디오스 김치냉장고 광고(2009. 9.)에서는 "간접 냉각 방식이라야 식품별 온도 조절이 자유롭다"고 강조했다. 디오스 김치냉장고 프리스타일은 김치는 물론 다양한 식품을 용도에 맞게 신선하게 보관한다고 주장한 것이다. 또 다른 LG 디오스 김치냉장고 광고 '왜 하나같이' 편(2009. 11.)에서는 배우 김희애 씨를 등장시켜 왜 모두가 디오스

[그림 3-51] LG 디오스 김치냉장고 광고 '왜 하나같이' 편(2009. 11.)

김치냉장고를 찾는지 차분하게 설명했다. "김치 맛을 따지는 여자", "다용도로 쓰려는 여자", "왜 하나같이 디오스 김치냉장고일까?"라고 반문하면서, 두 여자의 상황이 아무리 다를지라도 결국에는 두 사람 모두 디오스 김치냉장고를 선택할 것이라며 구체적인 상황을 상세히 제시하며 설득을 시도했다.

4) 2010년대의 김치냉장고 광고

LG전자의 LG 디오스 김치냉장고 광고 '에너지 소비효율' 편(2011)을 보자. 냉장고의 이미지를 단순명쾌하게 제시하고 카피도 짧게 쓴 간명한 광고였다. "에너지 소비효율 1등급은 오직 LG DIOS 김치냉장고뿐"이라는 헤드라인을 써서, 김치냉장고의 에너지 효율이 높다는 점을 강조했다. 주부들의 고민거리인 전기료 문제를 언급하며 전기료가 저렴하다는 사실을 알린 것이다. 보디카피는 이렇다. "국내 유일 스탠드형 김치냉장고. 전 모델 1등급! 그

[그림 3-52] LG 디오스 김치냉장고 광고 '에너지 소비효율' 편(2011)

힘은 LG 디오스만의 4세대 리니어 기술에서 옵니다." 이렇게 주장하며 LG의 스탠드형 김치냉장고가 유일하게 에너지 소비효율 1등급이며, 4세대 리니어 기술이 에너지 소비효율을 높인다고 강조했다.

대유위니아의 위니아딤채 김치냉장고 광고 '행복' 편(2013)에서는 여성들에게 인기가 많았던 소지섭 씨가 모델로 등장해 감성적인 느낌을 전달했다. 자신이 사랑하는 여자가 퇴근하고 돌아오자 "이제 왔어요?" 하고 말을 건네며 광고가 시작된다. "이쪽으로 와 볼래요?"라는 제안에 따라 여자가 그곳으로 가면 딤채 냉장고가 나온다. 예쁜 것만 보며 살게 해 준다는 말은 명품 가

[그림 3-53] 위니아딤채 김치냉장고 광고 '행복' 편(2013)

방이나 보석이 아닌 딤채 냉장고를 뜻하는데, 김치냉장고가 디자인 면에서도 뛰어나다는 사실을 부각시켰다. 광고를 본 주부들은 김치냉장고를 사고 싶은 마음이 들었을 것이다. 냉장고가 음식 보관과 냉동 기능을 넘어 주방 인테리어가 될 수 있다는 사실을 암시하는 광고다. 카피는 다음과 같다. "이제 왔어요? 이쪽으로 와 볼래요? 예쁜 것만 보며 살게 해 줄게요. 힘든 일은 없게 해 줄게요. 지금 행복 그대로. 내일도 모래도. be my love 딤채."

대유위니아의 위니아딤채 김치냉장고 광고 '선택의 이유' 편(2013)에서는 배우 소지섭 씨와 다니엘 헤니 씨가 모델로 등장해 2014년형 딤채를 알렸다. "소지섭이 딤채를 선택한 이유"와 "다니엘 헤니가 프라우드를 선택한 이유"라는 헤드라인을 써서 그들이 제품을 선택한 이유가 무엇인지 궁금하게 만들

[그림 3-54] 위니아딤채 김치냉장고 광고 '선택의 이유' 편(2013)

었다. 소지섭은 딤채를 선택한 이유를 이렇게 설명했다. "여자의 마음을 밝히는 샤이니 디자인, 편리한 이동을 돕는 듀얼 이동 선반, 김치의 깊은 맛을 살리는 딤채 발효과학." 다니엘 헤니는 딤채를 선택한 이유를 이렇게 설명했다. "원하는 대로 마음껏 쓸 수 있는 세계최대용량 940리터, 930리터, 두 개의 공간으로 더 편리한 듀얼 에코스페이스. 냉동 냉장 특냉을 주부가 설정하는 컨버터블 쿨링 존. 딤채 기술로 만든 프리미엄 냉장고-프라우드." 딤채 김치냉장고가 뛰어난 기능이 많고 차별화된다는 메시지를 전달하기 위해 프리미엄이란 카피를 썼다. 남성들이 아내를 위해 딤채를 선물하고 싶다는 심리타점을 타격할 수 있는 광고였다.

삼성전자의 삼성 지펠아삭 김치냉장고 광고 '땅속 시스템' 편(2014)에서는

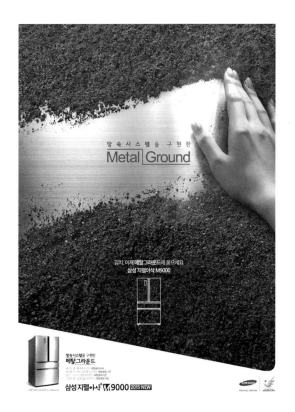

[그림 3-55] 삼성 지펠아삭 김치냉장고 광고 '땅속 시스템' 편(2014)

메탈 시스템을 이용해 땅속 같은 기능을 구현했다는 특성을 강조했다. 광고를 보면 흙속에 메탈 그라운드가 묻혀 있다는 느낌이 든다. 헤드라인은 이렇다. "땅속 시스템을 구현한 Metal Ground. 김치, 이제 메탈 그라운드에 묻으세요." 삼성의 지펠아삭 김치냉장고는 땅속 같은 시스템을 구현했다는 점을 강조하는 동시에 "메탈 그라운드에 묻으세요"라는 카피로 제품에 대한 강한 확신을 심어 주었다. 보디카피는 이렇다. "차가운 냉기를 유지시키는 메탈 쿨링 커버, 김치통 하나하나 냉기를 감싸 주는 메탈 쿨링 선반, 냉기가 나가는 것을 막아 주는 메탈 쿨링 커튼, 다양한 음식을 맛있게 지켜 주는 메탈 쿨링 서랍." 차근차근 알려 주는 설명형 보디카피를 써서 김치냉장고의 냉장 기능을 구체적으로 설명했다.

LG전자의 LG 디오스 김치톡톡 김치냉장고 광고(2016)에서는 국내 최초로 김치냉장고를 개발한 회사라는 점을 강조했다. 카피는 다음과 같다. "국내 최초의 김치냉장고 아세요? 이게 LG가 만든 김치냉장고구나. 이게 몇 년 전이죠? 이게 30년 넘었죠. 84년도니까 30년이요? LG 유산균 기술이 괜히 있는 게 아니네요. 이게 아직도 있을까요? LG가 만든 최초의 김치냉장고를 찾아서. 신기하네요, 아직도 있다는 게. 최초의 김치냉장고를 사랑해 주신 당신께 최고의 김치 맛으로 보답합니다. 최초의 김치냉장고에서 최고의 김치냉장고까지. LG디오스 김치톡톡." LG는 이 광고에서 국내 최초로 김치냉장고를 개발한 회사라고 알리면서 최고의 김치냉장고도 만들었다는 자부심을 전달했다. 최초의 김치냉장고를 아직도 가지고 있는 집을 찾아가 감사 인사를 전하는 광고 형식이었다. 주부들 사이에서 딤채가 최초이자 최고의 김치냉장고라는 인식이 강했기 때문에 그런 태도를 강화하기 위한 광고였다.

대유위니아의 위니아딤채 김치냉장고 텔레비전 광고 '독을 품다' 편(2017)에서는 2018년형 김치냉장고를 알리기 위해 '독을 품었다'는 말을 일상에서 흔히 쓰는 독을 품었다는 말과 김칫독을 중의적으로 표현했다. 카피는 다음과 같다. "딤채 독을 품다. 최고의 김치 맛을 위해, 오리지널을 지키기 위해, 딤채 한겨울 땅속 김칫독을 품다. 저장실 소재부터 냉각 방식까지. 오리지널

[그림 3-56] 위니아딤채 김치냉장고 광고 '독을 품다' 편(2017)

의 공식대로 디 오리지널 딤채. 고기 숙성에 청국장 발효까지." 이어서 저장
실 소재와 냉각 방식을 소개하며 오리지널 김칫독과 비슷하게 만들었다고 주
장하고, 청국장 발효와 고기 숙성도 가능하다는 부가적 기능까지 상세히 설
명했다. 이 광고에서는 오리지널에 집중한 제품으로 김치냉장고의 원조인
김칫독과 같은 기능을 발휘하는 뛰어난 기술력을 강조했다. '독을 품었다'는
말은 기술 개발을 위해 그리고 김치 맛을 위해 독을 품고 개발했다는 뜻으로
도 들렸다.

삼성전자의 삼성 김치플러스 김치냉장고 광고 '저 염식' 편(2017)에서는 저
(低) 염식 문화를 언급하며 김치냉장고의 성능을 부각시켰다. 저 염식을 선
호하는 사람들에게 저염 김치 기능을 강조한 이 광고는 남편이 아내에게 독
백하는 장면이 인상적이다. 남편을 위해 저 염식 김치를 만드느라 힘들어하
는 아내에게 미안한 마음과 고마운 마음을 함께 전했다. 카피는 다음과 같다.
"저 염식이 좋다고 시작한 지 2년째, 아내는 김치가 가장 어렵다고 한다. 저
염 김치는 그냥 넣어두면 쉽게 무르고 얼어서, 그때그때 자주 담가 먹을 수밖
에 없다고. 당신 허리도 안 좋은데 이렇게 자꾸 김치 담그게 해서 미안해." 삼

성 김치플러스의 저염 기능을 다시 강조하며 광고가 끝난다. 삼성 김치플러스 김치냉장고는 저염 모드에서 아삭하게 적절한 온도로 보관하고 지켜 주니까 탁월하다는 메시지를 전달한 광고였다.

[그림 3–57] 삼성 김치플러스 김치냉장고 광고 '저 염식' 편(2017)

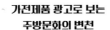

가전제품 광고로 보는
주방문화의 변천

제**4**장
조리용 가전제품
광고의 변천

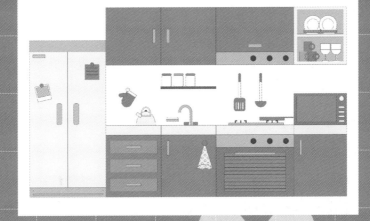

1. 밥솥과 밥통 광고의 흐름

1679년 프랑스 물리학자 드니 파팽(Denis Papain)이 만든 증기 찜통이 최초의 압력솥이며, 제2차 세계 대전 때 일본군이 네모난 나무통에 쌀과 물을 넣고 전선을 연결해 밥을 지은 것이 전기밥솥의 기원으로 알려져 있다. 1921년에 일본에서 전기로 밥 짓는 기계가 발명됐다. 1940년대 후반에 일본의 미쓰비시(三菱)사에서 전기밥솥을 세계 최초로 생산했고, 1955년에 일본의 도시바(東芝)사에서 스위치를 누르면 자동으로 밥을 짓는 전기밥솥을 개발했다. 1965년에 일본의 조지루시(象印)사에서 밥도 짓고 보온도 하는 전기보온밥솥을 개발함으로써 전기밥솥의 시대가 본격적으로 열렸다(심화영, 2008).

1970년대 초반에 서울에 입식 부엌이 급속히 보급되자 우리나라에서는 전기밥솥, 믹서, 보온병, 커피포트, 토스터 같은 새로운 가전제품이 속속 등장했는데, 밥솥은 한국의 식문화를 대표하는 가전제품이었다(박해천, 2010). 우리나라에서도 금성사(옛 LG전자)에서 1965년에 처음으로 전기밥솥을 생산했고, 1972년에는 일본의 산요전기(三洋電氣)와 기술제휴한 한일전기에서 전기밥솥을 생산해 판매하기 시작했다. 당시 우리나라는 기술력이 부족해 독자적으로 밥솥을 생산하지 못해 한일전기처럼 일본과 기술제휴를 맺어 밥솥을 생산했다. 당시 일본의 전기밥솥은 도시바에서 만든 전기밥솥 형태가 기본이었는데, 그 영향이 우리나라에 그대로 전해졌다(나무위키, 2021).

1965년에 금성사에서 전기밥솥을 출시했지만, 전기밥솥 광고는 1970년대부터 신문에 등장했다(Lee & Oh, 2016). 하지만 주부들의 반응은 시큰둥했다. 전기밥솥에 지은 밥은 찰기가 없어 밥맛이 떨어진다는 이유로 처음에는 주부들로부터 외면을 받았다. 불 조절, 물의 양, 뜸들이기, 쌀 불림 등 밥 짓는 주부들의 경험에 비춰 전기밥솥이 기술적 한계가 있었기 때문이다. 찰진 밥을 좋아하는 한국인 특유의 입맛 때문에 여전히 압력솥을 쓰는 집이 많았고, 저장 기능이 있던 전기 보온밥통은 밥 보관용으로 어느 정도 소비됐다. 가전제품회사들은 스위치를 눌러 자동으로 밥을 짓는 전기압력밥솥을 출시했다. 전기밥솥으로 지은 밥은 맛이 없다고 생각하던 주부들을 겨냥해 전기밥솥의 문제점을 개선한 압력밥솥이 등장했다.

1970년대에 접어들어 주방이 입식 구조로 바뀌자 조리용 가전제품이 다수 출시됐다. 그중에서도 전기밥솥은 종류가 많았다. 1970년대의 주부들이 갖고 싶어 했던 밥솥은 일본의 '타이거' 밥솥이나 '내셔널' 밥솥이었고, 흰색 바탕에 빨간 꽃무늬가 수놓인 일본 조지루시사의 보온밥통을 선호했다. 1976년에 출시된 금성사의 전기보온밥솥 RC-2810F 모델은 판매가 13,090원으로 표기됐지만 시중에서는 현금가 15,200원에 판매됐다. 1970년대 초반에 금성사나 삼성전자의 제품도 있었지만 주부들은 전기밥솥과 전기프라이팬은 대원전기 제품을 선호했다. 대원 전기밥솥은 1975년에 발행된 여성지에 '전기밥솥의 대명사'로 소개될 정도로 주부들이 선호했다. 아폴로 전자밥통이나 마마 전기밥솥도 인기를 끌었다.

1980년대 이전에는 저장과 보온이 가능한 전기보온 밥통이 많았다. 1980년대에 접어들어 경제활동에 참여하는 여성들이 늘어나자, 가사를 돌볼 시간이 줄어든 여성들이 빠르고 편리한 전기밥솥에 관심을 갖기 시작했다. 급속한 경제 성장으로 여성의 사회 진출이 활발해져 전통적인 밥 짓기가 어려워지자 전기밥솥이 생활필수품으로 자리 잡기 시작했다. 수요가 증가하자 국내 업체들도 전기밥솥 시장에 뛰어들었다. 하지만 국내 전기밥솥의 기술력이 일제보다 월등히 떨어지자 일본 조지루시사의 코끼리표 밥솥이 선풍적인 인기를 끌었다.

해외여행을 쉽게 할 수 없었고 국산 전자제품의 품질이 형편없던 시절에 해외에 나갔다가 귀국하는 사람들은 자신이 사용할 물건을 비롯해 주변에서 부탁받은 전자제품을 사 오는 일이 흔했다. 특히, 일본 가전제품은 가장 인기가 있었다. 1983년 1월에 일본으로 단체 관광을 떠난 전국주부교실중앙회(현 소비자교육중앙회) 부산지부의 노래교실 주부 17명이 일본의 시모노세키에서 일제 코끼리밥통을 비롯한 690만 원 상당의 일제 가전제품을 대량 구매해서 귀국하자 사회적으로 문제가 됐다. 일본 아사히신문(朝日新聞)은 "한국인 관광객 덕분에 매출이 증가한다"는 제목의 기사를 내보냈을 정도였다(아사히신문, 1983. 1. 31. 3면). 국내 언론에서도 이런 문제를 비판했다. 복부인에 이어 '전기밥솥 부인'을 재교육시켜야 한다는 내용이었다. 사회적으로 비난의 수위가 높아진 가운데 전기밥솥 부인들의 명단을 공개하라는 주장도 나왔다(매일경제신문, 1983. 2. 11.). 이러한 언론보도를 보고 국가적 수치라고 판단한 전두환 정부에서는 전기밥솥의 기술 개발을 위해 인력과 예산을 지원하기도 했다.

1990년대 중반에는 압력솥을 전기밥솥에 접목시킨 전기압력밥솥이 세계 최초로 개발됐다. 이때부터 주부들이 전기압력밥솥으로 밥과 찜 요리도 할 수 있게 됐다. 전기밥솥 시장에서 경쟁에 필요한 중요 요소는 품질, 브랜드 충성도, 제품의 다양성, 가격이다. 1990년대 후반에는 유도가열(Induction Heating: IH) 방식을 채택한 압력밥솥이, 2000년대에는 집적회로(集積回路, IC) 칩을 내장한 프리미엄 밥솥이 출시됐다. 밥솥 시장은 처음에 전기압력밥솥으로 시작해서 IH압력밥솥을 거쳐 프리미엄 밥솥까지 출시됐다.

광고에서도 2000년대 초반에는 무조건 여성의 고충을 반영하는 광고를 하다가 차츰 여성 이외의 남성이나 가족 모두가 광고에 등장했다. 여가 시간의 변화에 따라 여성의 소비활동이 증가했고(김병근, 2013), 밥솥 광고는 주방문화와 일상생활의 변화에 상당한 영향을 미쳤다. 남자도 가사를 분담하거나 남자가 가사를 주도하는 모습도 밥솥 광고를 통해 전달됐다. 나중에는 밥솥 광고에 남자 모델이 등장하는 것이 어색하지 않을 정도가 됐다. 2010년에 접어들어 밥솥은 인간의 목소리를 인식하고 미리 설정한 시스템으로 밥솥 스스로 모든 과정을 제어할 수 있도록 개발됐다. 인간이 아닌 로봇이나 밥솥 자체가 모델 역할을 하며 광고하는 모습도 등장했다. 밥솥이 발전함에 따라 여성의 일상생활이 더 여유로워졌다는 사실이 주방문화의 변천에서 가장 중요한 특성이다.

1) 1970년대의 밥솥과 밥통 광고

1970년대에 접어들어 압력밥솥 광고가 본격적으로 등장했다. 주부들은 자신의 지식과 경험을 바탕으로 의사 결정을 하는 경우가 많다. 예컨대, 평생을 손빨래만 했기 때문에 아직도 세탁기의 기능을 못 믿고 손빨래가 제일이라고 생각하는 할머니도 있듯이 말이다. 광고에서 전기밥솥에 대한 소비자 혜택을 아무리 제시해도 이제까지 가마솥에 밥을 지었기 때문에 주부들은 전기밥솥의 기능을 좀처럼 믿지 않으려 했다.

초기의 전기밥솥에는 밥 짓기 기능과 보온 기능이 구분돼 있었다. 대원 전기밥솥에 밥을 지은 다음, 아폴로 전기밥통에 밥을 옮겨 담는 식이었다. 1975년에 취사와 보온 기능을 결합한 제품이 나오기 전까지는 몸체가 단색인 밥솥과 장미 양귀비 국화 무늬를 배열한 밥통으로 구분됐다. 밥솥은 2~3인용의 소형부터 6~8인용의 대형까지 있었는데, 아폴로와 유니버설 같은 가정용 보온밥통은 8인용이 기본이었다. 대가족 가정에서는 15인용의 점보 크기를 선호했다.

한일전기의 한일전기밥솥 광고 '신제품' 편(경향신문, 1970. 4. 29.)에서는 "한일 전기밥솥 · 마마곤로"라는 헤드라인을 써서 전기밥솥이 출시됐다는 사

[그림 4-1] 한일 전기밥솥 광고 '신제품' 편(경향신문, 1970. 4. 29.)

실을 알렸다. 밥솥과 곤로 사이에 "자동 점화"와 "완전 자동식"이라는 카피를 써서 신제품의 특성을 소개했다. 제품 사진에서는 분리할 수 있는 유리 뚜껑, 둥근 형태의 양쪽 손잡이, 몸체 중앙의 스위치를 부각시켰다. 하지만 밥솥에 밥을 하면 찰기가 없고 밥맛이 떨어진다는 이유로 밥솥을 외면하는 소비자가 여전히 있었다. 전기료가 많이 나온다는 이유로 전기밥솥은 구매하지 않고, 저장 기능만 있는 전기보온 밥통만 구매하기도 했다.

　은성전기의 은성 자동전기밥솥 텔레비전 광고 '밥 맛 좋고' 편(1972)에는 탤런트 정영숙 씨가 모델로 출연했다. "Na) 편리하고 즐거운 가정생활. 은성자동전기밥솥. 전기밥솥은 은성 자동전기밥솥이 아주 좋습니다. 밥맛 좋고 경제적인 은성 자동전기밥솥." 전기밥통에 보온 기능밖에 없었던 당시의 상황에서 언제든 따뜻한 밥을 먹을 수 있는 자동전기밥솥은 놀라운 혁신 제품이었다(썩은자반, 2018). 이 광고에서는 주부들에게 자동전기밥솥을 사용하며 편리하고 즐거운 가정생활을 누려 보라고 권고했다. 식은 밥을 자주 먹던 당

[그림 4-2] 은성 자동전기밥솥 광고 '밥맛 좋고' 편(1972)

시의 주부들에게 밥솥의 보온 기능은 놀라운 매력적인 혜택이나 다름없었다.

한일전기의 한일 자동전기밥솥 광고 '사랑의 선물' 편(경향신문, 1974. 9. 16.)에서는 한일 자동전기밥솥이라는 브랜드 이름과 다양한 정보들을 제시했다. "❤ 아빠가 엄마에게 주는 사랑의 선물!"이라는 오버 헤드라인이 눈에 띄는데, 남편이 아내에게 선물하라는 메시지였다. 그 아래쪽에는 자동전기밥솥의 네 가지 특성을 설명했다. "▶ 별미: 밥물이 넘지 않아 쌀의 영양 손실이 적으므로 영양이 풍부하고 밥맛이 좋습니다. ▶ 절미: 밥이 타지 않아 쌀이 절약됩니다. ▶ 경제: 전기료가 싸므로 경제적입니다. ▶ 간편: 자동보온 자동취사 스위치로 사용이 간편합니다." 제품에 대한 소비자 혜택을 차분하고 친절하게 설명한 광고였다. 당시에는 주부들이 전기밥솥을 외면했기 때문에 이런 카피로 밥솥에 대한 주부들의 부정적인 인식을 바꾸려고 시도한 것이다.

[그림 4-3] 한일 자동전기밥솥 광고 '사랑의 선물' 편(경향신문, 1974. 9. 16.)

영풍기업사의 영양밥솥 광고 '식생활 개선' 편(경향신문, 1975. 1. 17.)을 보면 "식생활 개선은 국민 모두가 현미식으로"라는 카피와 함께 제품의 종류와 특성을 설명했다. 카피 아래에는 농수산부 고시 제2616호에 의거 식량 자급 정책에 따라 제작된 자동 영양밥솥이라고 설명했다. 1970년대까지 우리나라는 식량 작물 생산이 수요를 따라가지 못했기 때문에, 쌀의 자급자족이 농업

정책의 최우선 과제였다. 쌀을 증산하고 쌀 소비를 억제하기 위한 정책을 전
개함으로써 식량의 자급자족을 농업 정책의 목표로 삼았다. 광고에서는 식
량 자급을 위한 압력밥솥이라고 소개하며, 국민의 식생활 개선에 동참하자는
참여유도형의 카피를 썼다.

　　1975년 무렵에는 소(5~6인용), 중(7~10인용), 대(15~20인용)라는 세 종류
의 압력밥솥이 있었다. 광고에서는 제품의 특성을 이렇게 설명했다. "두텁고
견고하며 사용상 편리하고 안전하다. 타 가압솥에 비해 가장 안전한 결합 상
태와 패킹의 이상적인 구조의 작용으로 수증기가 새지 않는다. 패킹의 작용
상태와 구조가 반영구적이다." 재래 솥에 비해 아무리 나쁜 쌀도 찰기가 있고
부드러우며 밥맛이 좋다고 했다. 취사하기 편리해 시간이 단축되고 연료비
가 재래의 솥보다 1/3이 절약되며, 보리쌀과 잡곡을 두 번 삶지 않고 한 번에
밥을 지을 수 있다며 제품의 혜택을 추가로 제시했다.

[그림 4-4] 영풍기업사 영양밥솥 광고 '식생활 개선' 편(경향신문, 1975. 1. 17.)

　　주부들은 밥솥의 기능은 물론 예쁜 디자인에도 관심을 갖기 시작했다. 기능이 비슷할지라도 디자인이 예쁜 밥통과 밥솥을 선호하는 주부들의 기호에 맞춰 다양한 디자인의 밥솥이 다수 출시됐다(유선주, 2018). 유일보온병주식회사의 유일전화자 잡지광고 '누나와 동생' 편(1975)에서는 "즐겁고 편리한 생활은 유일전화(電化)자―"라는 헤드라인을 썼다. 누나가 동생에게 밥을 챙겨주는 장면이 정겹다. 밥솥에 넘치도록 밥이 가득 담겨 있는데 요즘 광고에서는 보기 어려운 장면이다. 보디카피에서는 제품의 다섯 가지 혜택을 소개했다. "완전 자동보온 시스템입니다. 대단히 경제적입니다. 수명이 반영구적입니다. 4계절용입니다. 잠보(점보)형 대용량." 자매품과 신제품을 비롯해 주방에 필요한 용품들도 소개하며, 경제적이고 수명이 길며 자동 보온이며 위생적이라 편리하다고 했다. 하나의 제품만이 아닌 밥통, 도시락, 보온병 같은 자사의 모든 제품을 통틀어 소개했다.

[그림 4-5] 유일전화자 광고 '누나와 동생' 편(1975)

이어지는 유일보온병주식회사의 홈 · 점보 보온밥솥 잡지광고 '성공' 편 (1976)에서는 "드디어 성공!"이라는 헤드라인을 써서 보온밥솥의 새로운 특성을 알리는 데 치중했다. 유니프론으로 특수 가공한 내부 용기를 만드는 데 성공했기 때문에, 쌀과 보리 등 점착성이 있는 어떠한 물질도 용기에 달라붙지 않는다고 하면서 보디카피에서 밥솥의 특성을 하나하나 설명했다. 당시의 인기 탤런트 김창숙 씨가 모델로 출연해 홈 · 점보 보온밥솥의 혜택을 소개하며 주부들의 관심을 촉구했다. 밥솥뚜껑을 열고 서 있는 김창숙 씨는 주부의 전형적인 모습을 보여 주었다.

[그림 4-6] 유일 홈 · 점보 보온밥솥 광고 '성공' 편(1976)

제일보온병주식회사의 아폴로 전자밥통 잡지광고 '망설이지 마셔요' 편 (1976)에서는 "망설이지 마셔요!"라는 헤드라인과 함께, 제품 하나하나에 정성을 다해 만들었기 때문에 주부들의 생활을 더욱 풍요롭게 한다는 메시지를 전달했다. 모델이 밥통을 들고 있는 사진에 디자인 솜씨를 발휘해 아폴로

라는 로고를 크게 부각시켰다. 동시에 "아폴로 신인모델 콘테스트"라는 공지
사항도 동시에 알렸다. 한 가지 디자인만이 아닌 소비자의 기호에 맞춘 다양
한 색상의 전자밥통이 있다는 사실도 강조했다. 안전도와 수명이 반영구적
이며 디자인 컬러가 다양하다는 사실도 부각시켰다.

[그림 4-7] 아폴로 전자밥통 광고 '망설이지 마셔요' 편(1976)

　1970년대의 밥솥은 중소기업이나 무면허 회사에서 주로 생산했던 탓에 불
량품도 많았다. 이에 따라 정부에서는 제품의 품질 향상과 소비자 보호를 위
해 한국산업표준인 KS마크를 1962년에 제정했다. KS마크는 기업의 생산품
이 일정 수준에 도달해야 한다는 품질과 기술의 기준이었다. 표준화는 복잡
한 생산 공정을 단축했고 사회적 비용도 절감했다. 당시의 주부들은 밥솥의
품질에 불만이 많았다. 품질을 판단하려고 '평평한 곳에 놓아 보라'는 기준을
제시하는 언론보도가 나올 정도로, 품질이 일정하지 않았고 불량품도 많았

다. 밥솥에 KS마크가 도입된 1976년 이후부터는 밥솥의 형태가 균등해져 불량품 비율도 줄었고, 밥솥을 소개하는 언론보도에서 '불량'이란 단어도 줄었다. 국산 밥솥의 품질이 개선되고 규격화가 이루어지자 주부들도 국산품을 구매하기 시작했다(Lee & Oh, 2016). 대원전기산업의 전기밥솥 광고 'KS마크' 편(경향신문, 1976. 2. 27.)에서는 "주방전기 제품 중 최초로 KS마크 획득"이라는 헤드라인을 써서, KS마크 획득을 자사 제품의 우수성을 강조하는 데 활용했다.

[그림 4-8] 대원 전기밥솥 광고 'KS마크' 편(경향신문, 1976. 2. 27.)

대량생산과 대량소비의 시대였던 1970년대에는 상품 간 이미지의 차별화를 위해 CM송이 자주 활용됐다. 쉽게 따라 부를 수 있는 CM송은 기억 효과가 뛰어났다. 대원전기의 대원전자 보온밥통 광고 '지각' 편(1976. 10)을 보자. MBC 10대 가수가요제 시간에 방송됐는데, 처음부터 끝까지 CM송이었다. 광고가 시작되면 차들이 빠르게 지나가는 장면에 이어 광고 모델이 누군가와 작별인사를 하고 시계를 보며 늦었다는 듯 놀라며 황급히 뛰어간다. 이때 CM송이 흘러나오는데, 카피는 다음과 같다. "CM송) ♫ 지각했네요~ 미안해요~ ♫ 대원 보온밥솥~~~ ♫ 따뜻해요! ♫ 고마워요! ♫ 대원 보온밥통~~~ Na) 대원전자 보온밥통."

광고 모델은 평범한 엄마였다. 시간을 확인하고 깜짝 놀랐던 까닭은 집에 밥을 지어 놓고 나왔는데 늦어서 밥이 식을지도 모른다는 걱정 때문이었다.

하지만 전자보온밥통이라 밥이 저절로 다 됐고 보온까지 알아서 해 주니 시
간이 지나도 따뜻한 밥을 먹을 수 있다는 내용이다. "따뜻해요! ♬ 고마워요!
♬"라는 가사는 주부들의 마음을 움직일 수 있는 카피였다. 밥솥이 주부의 노
동을 대체하자, 주부들은 밥을 지으려고 불을 지피거나 밥을 보관하려고 노
력하지 않아도 됐다. 집안일만 하던 주부들의 여가 시간이 늘었고 여성의 지
위도 상승했다. 광고에서처럼 밥을 짓고 나왔다가 늦어져도 식은 밥을 걱정
하지 않아도 됐고, 시간이 지나도 따뜻한 밥을 먹을 수 있었으니, 밥솥과 밥
통은 주부들의 일상생활을 편하게 했다.

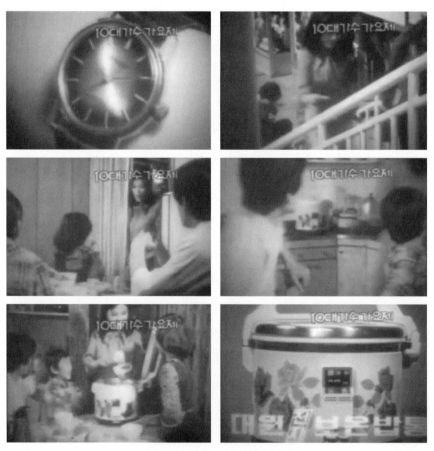

[그림 4-9] 대원전자 보온밥통 광고 '지각' 편(1976. 10.)

　일본 미쯔비시와 기술제휴로 개발한 선학 미쯔비시 전기밥솥은 한국과 일본에서 동시에 시판됐다. 이 무렵의 국산 밥솥은 불량률이 높아 주부들은 일본 밥솥을 더 선호했고 광고에서도 그런 사정이 반영됐다. 선학알미늄의 선학 미쯔비시 전기밥솥 광고 '비교' 편(1977)에서는 안전하게 설계됐고 수명이 길다는 점을 장점으로 내세워 다른 제품과 비교해 보라고 했다. 기술제휴로 품질의 우수성을 보증한다는 카피는 다음과 같다. "여 Na) 꼭! 비교해 보셔요. 참 안전해요. 쌀을 얹어야만 전류가 흐른대요. 그리고 음~ 히터의 수명도 훨씬 길지. 남 Na) 히터에 물이 전혀 안 들어가니까. 여 Na) 역시~ 비교가. 징

[그림 4-10] 선학 미쯔비시 전기밥솥 광고 '비교' 편(1977)

글) 선학~ 미쯔비시 전기밥솥."

　선학알미늄의 선학 선프론 전기밥솥 광고 '눌어붙지 않음' 편(1977. 7.)에서
는 미쯔비시와 기술제휴를 맺은 사실을 알리면서도 다른 밥솥 광고에서는 볼
수 없던 내용을 제시했다. 밥솥 안쪽에 코팅이 잘 돼 있어 밥알이 눌어붙지
않는다는 매력적인 내용을 강조했다. 카피는 다음과 같다. "선프론. 선프론
밥솥은 밥알이 눌어붙지 않습니다. 가전제품의 선프론 시대! 선학 선프론 전
기밥솥." 당시의 밥솥은 밥알이 눌어붙는 경우가 많았는데, 광고에서는 주부

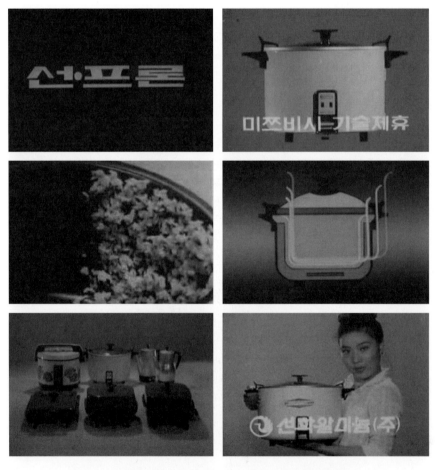

[그림 4-11] 선학 선프론 전기밥솥 광고 '눌어붙지 않음' 편(1977. 7.)

들의 불만 사항을 해결했다고 강조하며 기술의 우위를 강조했던 셈이다.

대원전기의 대원 보온밥솥 광고 '결혼식' 편(1979. 9.)에서는 완벽한 제품이라는 사실을 알리기 위해 오랫동안 실험하느라 늦어졌다는 지각생의 이미지를 강조했다. 대원전기의 보온밥통과 KS마크가 붙은 대원 자동전기밥솥을 비롯해 여러 주방용품을 나열하고, 동창생들이 신혼인 친구에게 선물하는 상황을 설정했다. MBC 특집 드라마 〈홀로서는 나무〉 시간에 나온 광고는 결혼식 올리는 장면에서 시작된다. 카피는 다음과 같다. "Na) 옛날엔 시집, 장가가기가 참 번거롭기만 했죠. 지금은 참 편리한 세상. 대원전기에서는 밥솥 +

[그림 4-12] 대원 보온밥솥 광고 '결혼식' 편(1979. 9.)

밥통, 두 가지 전용제품을 생산, 절약하는 가정생활을 도와드리게 됐읍니다.
대원전기 보온밥솥." 이 광고에서는 소비자가 밥솥과 밥통을 구입할 적기
를 결혼할 무렵으로 설정했다. 1970년대에도 시간(Time), 장소(Place), 상황
(Occasion)을 고려하는 TPO 마케팅 활동을 전개했음을 알 수 있는 대목이다.

　대원전기의 대원 전자보온밥통 잡지광고 '지각생' 편(1979)에서는 탤런트
정혜선 씨가 등장해 생산이 늦은 이유를 설명했다. 광고에서는 "지각생. 네!
조금 늦었읍니다"라는 헤드라인으로 주부들의 궁금증을 자아냈다. 다른 인
쇄 광고에서도 "지각생, 대원전기 제품은 사용해 보신 분이 자신 있게 이웃에
권합니다."라는 카피 아래에 악보가 그려져 있다(유선주, 2018). 광고 카피는
이렇다. "우리 아빠는 지각생예요. 대원 보온밥통~ 따스해요. 고마워요. 대
원 보온밥통~" 두 광고의 공통적인 단어가 지각생이다. 왜 지각생일까? 보
디카피에서는 더 실용적이고 보온이 더 잘 되게 하고, 더 튼튼하고 더 경제적
으로 만들다 보니 완제품의 실험 기간만 수년이 걸려 지각생이 됐다고 설명

[그림 4-13] 대원 전자보온밥통 광고 '지각생' 편(1979)

했다. 보온이 되지 않는 다른 밥통들과는 달리 대원 전기밥통은 보온이 잘 되고 오랜 시간이 지나도 따뜻함을 유지한다고 했다. 지각생이라는 메시지 하나에 집중했다는 점에서, 당시의 기준에서 볼 때 상당히 수준 높은 광고 표현이었다.

길평전기의 마마전자자아 잡지광고 '10원으로' 편(1979)에서는 "10원으로 따끈따끈한 밥을 하루 종일 드실 수 있습니다"라는 헤드라인을 썼다. 광고에서는 밥솥 사진보다 탤런트 강부자 씨의 모습을 더 크게 배치했다. 털 패딩을 입고 등장한 강부자 씨는 밥솥도 그만큼 따뜻하다는 메시지를 전달한 것이다. 보온 효과, 낮은 전기료, 변하지 않는 밥맛을 강조한 보디카피는 이렇다. "다시 한번 밀어닥친 오일쇼크로 석유 한 방울, 전등 하나, 돈 한 푼도 아껴 써야 할 때입니다. 더욱이 살림을 맡아 가계부를 기록하시는 주부 여러분의 입장에서는 우리 주위에서 사용되는 여러 가전제품까지도 경제적으로 선택해서 사용해야 하는 요령도 필요하게 되었습니다." 우리나라 밥솥이 하루

[그림 4-14] 마마전자자아 광고 '10원으로' 편(1979)

만 지나도 밥이 누렇게 변하는 문제점이 있었고, 당시 주부들에게 국산품보다 일제 밥솥인 코끼리표 밥솥이 인기가 높았던 시기에, 10원으로 따끈따끈한 밥을 하루 종일 먹을 수 있다는 메시지는 주부들의 전폭적인 지지를 받았을 것이다.

언론에서는 1970년대의 상황을 이렇게 보도했다. "초기 전기밥솥은 밥 짓기와 보온 두 기능이 따로 있었어요. 대원 전기밥솥에 밥을 해서 아폴로 전기밥통으로 옮겨 담는 거지요. 온종일 밥이 따뜻하니까, 그게 어찌나 좋았는지 몰라요. 보온밥통에 밥을 퍼 담고 싶어서 밥을 많이 할 정도였지요. 전기밥솥 사고 나서 살쪘다는 소리가 나올 정도였어요." 광고에서는 소비자가 전기밥솥에서 전기밥통으로 옮겨 담는 번거로움을 덜어 주기 위해 밥솥과 밥통을 따로따로 구매하지 않아도 된다고 강조했다. 대원전기의 신제품에는 두 가지 기능이 한꺼번에 담겨 있어 편리하다는 내용이었다.

제철의 시대라 불리던 1970년대에 정부에서는 스테인리스 제품을 사용하라고 권고했다. 보온밥통이 출시되기 전에는 늦게 귀가하는 가족을 위해 스테인리스 밥그릇에 갓 지은 뜨거운 밥을 담아 안방 아랫목이나 이불 사이에 넣어 두는 것이 보통이었다. 보온밥통을 쓰면서부터 소비자의 생활도 달라졌다. 가족의 삼시 세끼를 챙겨야 하는 주부들은 밥을 따뜻하게 보관할 수 있는 보온밥통을 갖고 싶어 했다.

1970년대 중반에는 전기밥솥의 단점을 보완한 압력밥솥이 등장했다. 압력밥솥은 윤기가 흐르고 부드러운 식감의 밥을 만들 수 있었다. 압력밥솥의 형태는 우리나라 전통 가마솥 형태를 차용해 당시 일본 솥과 비슷한 모습이던 전기밥솥과 차별화시켰다. 은빛 스테인리스의 압력밥솥은 가마솥보다 위생적으로 보이고 가벼워 기대를 모았다(나무위키, 2021). 이 시기에 등장한 압력밥솥 광고에서는 전기밥솥 광고와는 다른 메시지로 접근했다.

1970년대의 밥솥 광고와 밥통 광고의 카피를 보면 비슷비슷하게 설명하는 와중에도 제품과의 상관성, 카피만의 독창성, 메시지의 공감성을 고려해 제품의 차별점을 부각시켰다. 예컨대, 대원전기의 "지각생"이나 선학알미늄의 "밥알이 눌어붙지 않습니다" 같은 카피가 대표적이다. 사회 문화의 흐름이 광고에 반영되기도 한다. 밥솥 광고와 밥통 광고에서도 사회 문화의 흐름을 반영하면서도 소비자가 듣고 싶어 하는 메시지를 전달한 광고가 더 주목을 받았다.

2) 1980년대의 밥솥과 밥통 광고

1980년대 초반에 주부들이 구매했던 전기밥솥은 우리나라 밥솥이 아닌 일본 조지루시(象印)사의 코끼리표 밥솥인 경우가 많았다. 코끼리표 밥솥은 일본 여행을 떠난 사람들이 사 오며 인기를 끌기 시작해 나중에는 이 밥솥을 사려고 일본 여행에 나설 정도로 주부들 사이에서 선풍적인 인기를 끌었다. 코끼리표 밥솥이 얼마나 인기가 좋았는지 한국인들이 주로 투숙하는 일본 호텔 주위에 전문 매장이 들어섰고, 간판에 "밥솥 있습니다"라는 안내문이 한글로 적혀 있었을 정도였다.

일본의 전기밥솥이 인기를 끈 이유는 기술적 차이 때문이었다. 『동아일보』의 보도에 따르면 1982년에 하루 약 40~60개, 한 해 약 15,000개 이상의 일제 밥솥이 국내에 반입됐다. 당시 코끼리표 밥솥 하나에 원화 48,000원이었으니 1년에 약 7억 1,600만 원의 외화가 일본으로 빠져나간 셈이다. 1982년에 우리나라의 전기밥솥 보급률은 82%가 넘었지만 히다찌, 내셔널, 산요 같은 일본 제품들이 시장을 장악했다. 1983년에 일본 『아사히신문』은 17명의 한국인 주부들이 코끼리표 밥솥을 하나씩 사들고 가는 장면을 제시하고 "한국인 손님 덕분에 매상고가 늘어난다"는 헤드라인을 썼을 정도였다.

1970년대 후반까지만 해도 우리나라 밥솥은 밥 짓기 기능보다 보온의 개념이 강했다. 밥솥 기술력이 낮아 주부들이 손수 지은 밥보다 밥맛이 떨어졌기 때문이다. 대원전기의 대원 전기밥솥 텔레비전 광고 '아직도 좋아요' 편(1980. 2.)을 보면 평범한 가정주부인 박상은 씨와 어린이가 출연해 밥솥을 오랫동안 써 왔다는 사실을 알렸다. 아이를 키우는 동안 써 왔지만 여전히 좋아

이웃에 권한다는 내용을 내레이션으로 전달함으로써 기술에 대한 자신감을
나타냈다. 광고 카피는 다음과 같다. "여자) 대원건데요~ 애를 낳던 8년 전
에 사왔는데 아직도 좋아요. Na) 대원 전기제품은 사용해 보신 분이 자신 있
게 이웃에 권합니다." 먼저 써 본 사람이 나와서 직접 권유하는 증언형 기법
으로 오랫동안 써도 여전히 좋다는 사실을 강조했다.

[그림 4-15] 대원 전기밥솥 텔레비전 광고 '아직도 좋아요' 편(1980. 2.)

 1980년대 초반에는 전기밥솥의 밥맛이 좋지 않아 전기밥솥을 알리기보다
기존에 이미 쓰던 압력솥을 보완했다고 말하는 것이 밥솥 시장에서 더 경쟁
력이 있었다. 서울엔지니어링은 밥솥의 압력 성능을 보완해 시간을 단축하
고 연료비가 덜 드는 신제품을 출시했다. 서울엔지니어링 캐스탈압력솥을
알리는 신문 기사에서는 "재래 압력솥보다 음식이 빨리되고 연료비가 덜 드
는 새로운 압력솥 생산"이라고 보도했다(경향신문, 1981. 2. 27.). 동남상사는
다목적 스팀밥솥 광고(경향신문, 1981. 10. 27.)에서 실용성과 식량 에너지 절

약형을 강조했다. "식량, 에너지 절약형 최신형 찬합식 다목적 스팀밥솥"이란 신문광고 카피처럼 다목적 스팀밥솥을 널리 알렸다.

대원전기의 대원 콤비자밥솥 광고 '10가지 장점' 편(동아일보, 1982. 11. 20.)에서는 밥솥에 대해 상세한 설명을 덧붙여 소비자의 이해를 도왔다. 외제 전기밥솥과 외형이 비슷한 대원 콤비자밥솥 광고의 헤드라인은 다음과 같다. "10가지의 장점과 75종의 구조부품." 대원 콤비자밥솥의 10가지 장점을 자세히 설명하기 위해, 밥솥의 내부를 분해해서 속 구조까지 상세히 설명했다. 제품의 혜택을 더 상세히 설명하기 위해 광고에서 제품을 자르고 절단면을 보여 주는 광고 아이디어는 이 무렵부터 시작됐을 것이다. 75종의 구조 부품도 자연스럽게 소개함으로써 "참, 편리하고 경제적입니다!"라는 메시지에 주부들이 저절로 공감하게 만들었다. 이 광고는 국산 제품이 밥맛이 떨어진다는 편견을 바꾸는 데 기여했다.

[그림 4-16] 대원 콤비자밥솥 광고 '10가지 장점' 편(동아일보, 1982. 11. 20.)

한일스텐레스의 한일 하나로압력솥 광고 '주부들이여' 편(동아일보, 1983. 8. 17.)에서는 "주부님들이여 지금 쓰고 있는 '밥솥' 안을 들여다봐 주십시오."라는 헤드라인을 써서 건강에 나쁜 '부식 독'이 없다는 사실을 강조했다. 또한, 남편들을 대상으로 삼아 시리즈 광고를 했다. 한일스텐레스의 한일 하나로압력솥 광고 '남편들이여' 편(경향신문, 1983. 9. 19.)에서는 "남편들이여, 「밥솥」 안을 들여다보셨읍니까?"라는 의문형 헤드라인을 썼다. '밥솥' 안을 들여다보고 있는 남편의 표정이 흥미롭다. 주부들에게 밥솥의 성능이 향상됐다는 사실을 알리기보다 재질 향상을 통한 안전성과 신뢰성을 강조하는 데 중점을 뒀다.

[그림 4-17] 한일 하나로압력솥 광고 '주부들이여' 편(동아일보, 1983. 8. 17.)

[그림 4-18] 한일 하나로압력솥 광고 '남편들이여' 편(경향신문, 1983. 9. 19.)

국내 업체들은 정부의 지원을 바탕으로 뒤떨어진 기술력을 보완하기 위해 1980년대 중반에 일본 기업과 기술제휴를 맺었다. 그 후 국산 전기밥솥의 품질이 더 좋아졌고 압력밥솥에 대한 소비자들의 인식도 더 좋아졌다. 후지카공업주식회사는 자동 타이머를 부착해 밥 지을 시간을 정할 수 있고, 지은 밥을 따뜻하게 보관해 주는 후지카 콤비 보온밥솥을 국내 최초로 출시해 소비자를 겨냥했다. 후지카공업주식회사의 후지카 콤비 보온밥솥의 신문광고 '자동 타이머' 편(경향신문, 1984. 11. 2.)에서는 "국내 최초로 자동타이머 부착. 후지카 콤비 보온밥솥"이라는 헤드라인을 썼다.

[그림 4-19] 후지카 콤비 보온밥솥 광고 '자동 타이머' 편 (경향신문, 1984. 11. 2)

대원전기의 타이머밥솥 광고 '품질 선진화' 편(동아일보, 1985. 1. 12.)에서는 "품질의 선진화를 위한 모두의 노력이 좋은 결실을 맺고 있습니다. 공업진흥청의 기술지도 결과 우리의 밥솥도 외제에 손색이 없는 것으로 입증됐습니다."라고 강조했다. 이어서 "우리의 밥솥도 외제에 손색이 없는 것이 입증됐습니다."(경향신문 1985. 2. 25.)라고 연이어 강조했다. 카피를 통해 기술발전이 이루어졌다는 사실을 상세하게 알렸다. 이어지는 대원전기의 컴퓨터밥솥 광고 '고향의 밥맛' 편(동아일보, 1985. 10. 26.)에서는 "마이크로컴퓨터 채택으로 고향의 밥맛 재현!"이라는 카피를 써서 컴퓨터 밥솥의 출시를 알렸다.

[그림 4-20] 대원 타이머밥솥 광고 '품질 선진화' 편(동아일보, 1985. 1. 12.)

[그림 4-21] 대원 컴퓨터밥솥 광고 '고향의 밥맛' 편(동아일보, 1985. 10. 26)

대원전기의 새댁전기밥솥 광고 '국제 수준' 편(경향신문, 1985. 12. 23.)에서는 기술력이 향상됐다는 자신감을 이렇게 강조했다. "특수 초경질 피막 처리된 국제 수준의 새로운 전기밥솥을 선보인다. ▶ 특수 초경질 피막 처리: 밥알이 눌지 않고 붙지 않아 사용이 편리함. ▶ 엄격한 품질 검사의 특수 열판: 일본 가와사끼 전기열선을 사용, 제품의 질을 크게 향상시켰음. ▶ 유럽 스타일의 수위치 박스: 국제 수준의 최첨단 기술을 도입, 품질이 국제수준을 능가함." 전기밥솥 기술에 대한 자신감을 적극적으로 알린 광고였다.

[그림 4-22] 대원 새댁전기밥솥 광고 '국제 수준' 편(경향신문, 1985. 12. 23.)

1980년대 중반에 접어들어 밥솥의 기술력이 점점 향상돼 기술적 측면과
외형적 측면을 모두 아우르는 밥솥이 나오기 시작했지만 기술력이 현저히 향

[그림 4-23] 신일 네모난 밥솥 광고 '나도 네모로' 편(1985. 10.)

상되지는 않았다. 여러 회사에서 비슷한 성능의 제품을 생산하는 상황에서, 밥솥이 돋보이게 하려면 겉모양을 부각시켜야 했다. 신일산업은 이 점에 주목해 원형 밥솥이 아닌 네모난 밥솥을 출시해 주부들에게 호소했다. 신일산업의 신일 네모난 밥솥 텔레비전 광고 '나도 네모로' 편(1985. 10.)의 카피는 다음과 같다. "남자 1) 아이구 자네도 샀나? 남자 2) 내건 밥솥과 밥통 겸용에다가 압력솥 방식이라, 밥맛이 그만이라고! 남자 1) 아이고 누구는? 남자 1) 내건 샥샥샥샥 네모라고! 남자 2) 네모? 징글) 신일이 만든 네모난 밥솥~ 네모난 밥솥~ 남자 1) 나도 네모로 바꿨다고! 징글) 신일 네모난 밥솥."

1980년대 중반에는 밥솥의 기술력이 아주 뛰어나지는 않았다. 따라서 그때까지 축적된 기술력을 모두 집약시켜 시장을 겨냥하거나, 소비자의 주목을 확실하게 유도할 광고와 마케팅 전략이 필요했다. 신일산업의 밥솥 광고에서는 흥미로운 카피로 소비자의 주목을 유도했고, 밥솥을 의인화시켜 표현했다. 신일산업의 신일 보온밥솥 텔레비전 광고 '만점' 편(1986. 3.)의 카피는 다

[그림 4-24] 신일 보온밥솥 광고 '만점' 편(1986. 3.)

음과 같다. "징글) 신일! 밥솥이 모였네~ 타이머도! 마이콤도! 신일~ 보온밥솥. 압력조절~ 밸브! 취사도 만점~ 뜸 기능이 보안돼 보온도 만점. 탄 맛은 그만이지! 신일! 보온밥솥~ Na) 써보셨어요?"

대우전자의 대우 압력밥솥 광고(경향신문, 1985. 4. 24.)에서는 "맛에서도! 안전에서도! 대우 압력밥솥. 가열도중 열릴 염려가 없는 안전로크(LOCK) 처리. 완전 기계공법의 매끈한 표면처리. 10% 이상의 연료절감 효과"를 강조했다. 대우전자의 대우 전기보온밥솥 광고(경향신문 1986. 1. 15.)의 카피는 다음과 같다. "12시간 타이머가 부착된 콤비자 대우 전기보온밥솥. 천연 보온 성능으로 장시간 보온에도 냄새, 변색 방지. 타거나 눌어붙지 않는 스미프론 코팅 처리 압력추 설치로 압력솥 밥맛." 이어지는 대우전자의 대우 압력밥솥 광고 '4중 안전장치' 편(경향신문 1986. 9. 17.)의 카피는 다음과 같다. "4중 안전장치로 안전도 만점! 대우 압력밥솥. 열효율을 높여 주어 조리 시간을 단축해 주는 2중구조의 집열통 채택. 신혼살림, 야외 취사에 알맞은 콤팩트 사이즈. 깜찍하고 세련된 디자인."

대원전기의 마이콤 밥솥 광고 '팔방미인' 편(동아일보, 1987. 12. 22.)에서는 "밥 잘 짓는 팔방미인(八方美人)"이라는 헤드라인으로 주부들의 눈길을 끌었

[그림 4-25] 대우 압력밥솥 광고 '4중 안전장치' 편(경향신문, 1986. 9. 17.)

다. 헤드라인에 이어 "대원전기 마이콤 밥솥은 8가지 장점으로 밥을 아주 맛 있게 잘 짓는 팔방미인입니다."라는 서브 헤드라인과 환하게 웃는 엄마와 아 들의 사진을 제시해 제품에 대한 신뢰감을 높였다. 나아가 "버튼만 누르면 마 이콤이 척척"이나 "5가지 메뉴 선택의 마이콤 기능"이라는 카피를 써서 주부 들의 소비 심리를 이끌어 냈다. 밥솥의 향상된 기능이나 모양에서 기술 발전 을 확인할 수 있다. 이 시기의 압력밥솥은 연료 절감은 물론 안전감과 조리 시간의 단축을 중요한 요인으로 고려했다. 우리나라의 압력밥솥이 외국 제 품을 기술적으로 완전히 추월한 때는 1990년대였지만, 1980년대 후반부터 국내 밥솥 제품들이 외국 제품의 기술력을 바짝 추격하기 시작했다.

[그림 4-26] 대원 마이콤 밥솥 광고 '팔방미인' 편(동아일보, 1987. 12. 22.)

1980년대 후반에는 기술 향상이 어느 정도 이루어졌다. 기술 향상을 바탕 으로 신일산업은 백미부터 죽까지 다양한 취사를 할 수 있는 실키펄밥솥을 출시했다. 신일산업의 신일 실키펄 밥솥 텔레비전 광고 '탄생' 편(1987. 1.)에 서는 일본 도시바와의 기술제휴 사실을 알리며 일본 밥솥의 인기를 은근히 부각시켰다. 광고의 초반에는 조개 안의 진주 이미지로 시선을 끌고 기능을 설명한 다음, 후반에는 일본회사와 기술제휴를 했다는 사실을 환기했다. 카 피는 다음과 같다. "Na 1) 새롭게 태어난 신일 실키펄. Na 2) 취사시간 예약

은 물론 현미밥에서 죽까지, 다양한 메뉴 선택 기능. Na 1) 도시바 주식회사
와 기술제휴로 만든 신일 실키펄."

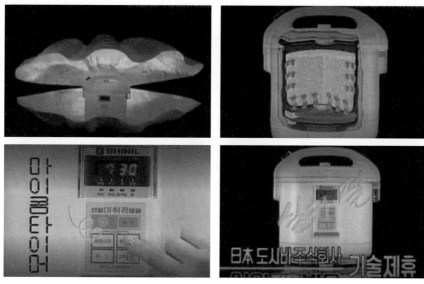

[그림 4-27] 신일 실키펄 밥솥 광고 '탄생' 편(1987. 1.)

세신실업의 마젠타 압력밥솥 텔레비전 광고 '품위와 명성' 편(1988. 9.)에
서는 한 번의 터치만으로도 뜨거운 김을 빼낼 수 있다는 특성을 설명하고, 주
부들에게 편리하고 안전하게 사용하라는 메시지를 전달했다. 밥맛이 좋아진
압력밥솥의 기술 변화를 알리기 위해, 광고에서는 위험에 노출될 수 있는 압
력밥솥의 안전장치를 불 위에 직접 올려놓고 실제로 보여 주는 실증형 광고
를 했다. 카피는 다음과 같다. "Na 1) 화려한 모습으로 태어난다. Na 2) 5중
안전장치 마젠타 압력솥. 원터치로 압력의 배출을 맞이합니다. Na 1) 그 품
위와 명성, 고귀한 여인과 만난다. 세신실업."

1980년대 후반기에 접어들어 기술 지원에 따른 성과가 나타나기 시작했다.
삼합공업의 보배 전기압력밥솥 텔레비전 광고 '인기' 편(1988. 11.)에서는 특이
함이나 새로움이 나타나지는 않았지만 기술의 자신감을 강조했다. 삼합공업

[그림 4-28] 세신 마젠타 압력밥솥 광고 '품위와 명성' 편(1988. 9.)

은 새로운 기술을 선보이기보다 원래 있던 기능을 향상시킨 전기압력밥솥의
품질을 부각시키려 했다. 카피는 다음과 같다. "Na) 보배 전기압력밥솥 탄생.
여자) 이젠 밥 짓는 일이 더욱 즐거워졌어요. 보배 전기압력밥솥 덕분이죠! 보
배 전기압력밥솥은 특히 밥맛 좋죠. 눌어붙지 않아 좋아요. Na) 첨단 기술의
보배 전기압력밥솥. 여자) 인기 좀 끌 거예요. Na) 30년 전통-삼합공업."

국산품에 비해 일본산 밥솥이 인기를 끌었던 만큼 한일가전에서는 일본 조
지루시사와의 기술제휴를 통해 밥솥을 만들어 삼성전자에 납품했다. 대기업
과 중소기업 간의 주문자 생산 방식이었는데, 일본의 코끼리표 밥솥이 국내
주부들 사이에서 인기를 얻자 삼성전자는 아예 한일가전 밥솥을 코끼리표 밥
솥이라는 이름을 붙여 광고했다. 이 과정에서 삼성전자는 한일가전이란 이름
을 아예 빼고 "주부님이면 누구나 탐내는 일본 코끼리표 밥솥이 한국에 왔습
니다"라고 광고를 해서 시정 명령을 받기도 했다. 일제 밥솥의 인기를 실감할
수 있는 일화의 하나였다. 한일가전의 코끼리표 보온밥솥 텔레비전 광고 '장

[그림 4-29] 삼합공업 보배 전기압력밥솥 광고 '인기' 편(1988. 11.)

[그림 4-30] 한일가전 코끼리표 보온밥솥 광고 '장모님' 편(1988. 11.)

모님' 편(1988. 11.)의 카피는 다음과 같다. "여자) 아~ 상쾌해~ 코끼리표 보
온밥솥~ 남자) 우와~ 여자) 어때요? 남자) 이 맛. 장모님, 감사합니다! 여자)
어머? 남자) 밥솥 하나는 잘 고르셨단 말이야. 징글) 코끼리표 보온밥솥~."

　대우전자의 대우 마이콤 보온밥솥은 대우전자와 일본의 히다찌의 기술제
휴로 탄생했다. 1980년대 말에는 국내 기술도 발전했지만, 여전히 일본의 기
술력이나 외형에 의지하는 경우가 많았다. 대우전자의 대우 마이콤 보온밥
솥 광고 '성능 공개' 편(동아일보, 1989. 2. 23.)에서는 기술제휴라는 사실을 아
예 크게 부각시켰다. 헤드라인은 이렇다. "대우 · 히다찌 보온 밥솥. 성능 공
개 발표! 현미(玄米)밥, 잡곡밥도 척척!" 그리고 주부들이 직접 체크해 보라고
하며 밥솥의 성능을 알기 쉽게 표로 정리해서 제시했다. 그때까지도 일본산
제품이 더 좋다고 생각했을 주부들의 심리를 겨냥해 더욱 쉽게 설명하려고
한 광고였다.

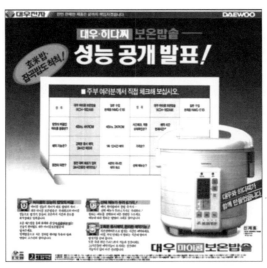

[그림 4-31] 대우 마이콤 보온밥솥 광고 '성능 공개' 편(동아일보, 1989. 2. 23.)

　1980년대에는 압력밥솥, 보온밥솥, 전기밥솥이 공존하던 시기였다. 경제
발전에 따라 주부들이 경제활동에 참여하는 비율도 증가했고 독신 가정도 늘

어났다. 주부들은 밥 짓는 시간을 줄이는 게 중요했다. 따라서 주부들은 손이 많이 가고 시간이 오래 걸리는 가마솥보다 밥 짓는 시간이 짧고 편리한 압력밥솥이나 전기밥솥을 선호했다. 경제활동에 참여하는 주부들이 늘자 집에 아이가 혼자 있는 경우도 있었으니, 부모 입장에서는 밥을 보관하는 보온밥솥이나 때 맞춰 밥을 짓는 전기밥솥을 선호했다.

가전제품회사에서는 오래 보관해도 밥맛이 변하지 않고 안전하다는 사실을 알리는 동시에 고향에 대한 향수나 전기밥솥의 편리함을 알렸다. 경제력이 높아진 주부들은 성능이 더 좋은 전기밥솥을 찾았다. 국내에도 압력밥솥이나 전기밥솥을 생산하는 회사도 늘어났다. 정부에서도 기술 향상을 지원했지만, 1980년대에는 기술 발전이 더디게 진행됐다. 주부들은 일제가 좋다는 선입견 때문에 일본 제품을 많이 소비했다. 그에 따라 가전제품회사에서는 자사의 기술력을 발전시키기보다 일본 회사와 기술제휴를 맺어 제품을 만들었고, 일본 회사와 기술제휴를 맺었다는 사실 자체를 알리기도 했다.

처음에 광고 내용을 믿지 못한 주부들은 자신이 쓰던 가마솥에서 먼저 밥을 한 다음, 보온밥통으로 옮겨 저장하는 습관을 고수했다. 하지만 새로 나온 전기밥솥이나 전기보온밥솥 광고를 보고 나서는 점차 습관을 바꾸기 시작했다. 밥맛이 좋다고 느낀 주부들은 신제품에 대한 정보를 계속 받아들이고 구매했지만, 밥맛이 마음에 들지 않았던 주부들은 원래의 방식을 고수했다. 그러다가 국산품의 성능이 향상됐다는 광고 메시지를 접하고 나서 국산품을 소비하는 소비자들도 증가했다. 한국인은 '밥심'으로 산다는 말처럼, 밥솥과 밥통 광고는 한국인의 밥맛과 식문화에 중요한 영향을 미쳤다.

3) 1990년대의 밥솥과 밥통 광고

1990년대에 접어들어 인테리어에 대한 주부들의 관심이 높아지자 밥솥과 밥통에도 다양한 색상의 디자인이 도입됐다. 국산품의 품질이 1980년대에 비해 좋아졌다고는 해도 주부들은 여전히 수입품을 더 선호했다. 국산 밥솥

과 밥통의 품질이 향상됐어도 일제 코끼리표 밥솥의 브랜드 파워를 능가할
수 없었는데, 심지어 삼성전자마저도 자사에서 만든 밥솥에 '코끼리표 밥솥'
상표를 그대로 붙여 판매했다. 당시 삼성전자의 밥솥 만드는 기술력은 일본
의 조자루시사를 능가할 정도였는데도, 우리나라 주부들은 코끼리표 밥솥에
대한 막연한 동경심을 쉽사리 바꾸지 않았던 것이다.

[그림 4-32] 코끼리표 밥솥 상표가 붙은 삼성전자의 1990년대 광고

일제 코끼리표 밥솥이 주부들 사이에서 여전히 인기를 끄는 상황에서 마마
오토콤은 마마전기밥솥 광고 '일본 제품과 비교' 편(동아일보, 1990. 4. 1.)에서
국산품의 품질도 일제 밥솥과 밥통을 능가한다고 주장했다. "마이크로컴퓨
터에 의한 마마오토콤 탄생!"이라는 헤드라인 아래, 마치 수학 공식 같은 "후
리볼트 + 가마솥 밥맛 + 컴퓨터 보온 = 마마오토콤. 일본 제품과 비교하십
시오."라는 서브 헤드라인을 덧붙였다. 기술적 탁월함을 널리 천명한 기업의
자신감이 느껴진다. 광고 지면의 거의 대부분을 밥솥 사진을 제시하는 데 할
애하고, 제품에 대한 상세한 설명은 지면의 왼쪽에 가지런히 정리했다. 일본
의 기업과 기술제휴를 하지 않고 순순한 자체 기술로 개발한 하이테크 제품
이라는 사실을 강조했다.

[그림 4-33] 마마 전기밥솥 광고 '일본 제품과 비교' 편(동아일보, 1990. 4. 1.)

　전기압력밥솥은 1990년대만 해도 대부분 밑바닥만 가열하는 열판식이어서 아래부터 천천히 가열됐기 때문에 많은 양의 밥을 지으면 삼층밥이 됐다. 이런 문제를 해결하기 위해 전자유도가열(Induction Heating: IH) 방법을 적용한 통가열식 전기압력밥솥이 등장했다. 통가열식은 밥솥 내부의 둘레에 구리코일을 감아 전류가 흐르면 자기장이 변화돼 유도 전류가 흐르는 원리로, 가마솥처럼 입체적으로 열을 가하는 방식이었다. 밥솥의 전기 저항으로 전류가 뜨거운 열에너지로 전환되므로, 전류가 장작불 대신이 쓰이는 것과 같아 '불꽃 없는 불'이라고 했는데, 밥솥 사방에서 열이 전달돼 쌀이 구석구석 잘 익었다.

　금성사의 금성 IH건강밥솥 광고 '남편 건강' 편(경향신문, 1993. 11. 5.)에서는 지면 왼쪽에는 부부가 함께 새벽에 조깅하는 장면을 제시하고, 오른쪽에는 밥솥에서 갓 지은 밥을 제시하며 건강이 중요하다는 메시지를 전달했다. 조깅 열풍이 불던 당시 상황을 반영한 시각적 표현이 인상적이다. "남편 건강, 아내가 챙기십시오."라는 헤드라인에 이어 다음과 같은 보디카피를 썼다. "남편도 어느새 40대. 건강을 챙겨야 할 때입니다. 건강에 좋다는 현미밥. 금성 IH건강밥솥으로 제대로 지어 아침, 저녁 드려 보세요. 정성스런 아내가 건강한 남편을 만듭니다." 광고의 하단에서는 실제로 불꽃이 일어나는 장면을 보여 주며 21세기 불의 혁명이라는 전자유도가열(IH) 방식을 자세히 설명했다.

[그림 4-34] 금성 IH건강밥솥 광고 '남편 건강' 편(경향신문, 1993. 11. 5.)

LG전자의 엘지 IH밥솥명가 광고 '최고의 선택' 편(동아일보, 1995. 3. 19.)에서는 주부들의 취향을 만족시키는 동시에 제품 이미지를 제고하기 위해 기능은 물론 컬러나 디자인을 부각시켰다. 헤드라인은 이렇다. "삶은 여러 가지 중 최고의 하나를 선택하는 것이다." 광고에서 밥솥은 소파나 피아노와 나란히 놓여 있는데, 여기에서 밥솥이 단순한 가전제품이 아닌 인테리어 소품의 기능까지 하게 되었음을 확인할 수 있다. 이처럼 밥솥은 주방을 꾸미는 인테리어 요소의 하나로 차츰 자리매김했다(이채은, 오창섭, 2016). 보디카피는 이렇다. "난 무엇이든 최고를 선택하고 또 그것을 내 것으로 만들고 싶다. 누구나 갖고 있는 평범한 것들보단 아주 작은 것이라도 난 나만의 특별한 하나가 소중하다."

[그림 4-35] 엘지 IH밥솥 광고 '최고의 선택' 편(동아일보, 1995. 3. 19.)

그렇지만 컬러나 디자인을 부각시키지 않고 여전히 기능만 강조하는 광고도 많았다. 주식회사한미의 한미 메리노 압력보온밥솥 광고 '아직도 따로따로' 편(경향신문, 1995. 8. 5.)에서는 다양한 밥솥 종류를 제시하며 각종 요리 기구를 하나로 모았다고 강조했다. 헤드라인은 이렇다. "아직도 압력솥 따로, 보온밥통 따로 사용하고 계십니까?" 밥솥 사진에는 '건강(健康)'과 '압력(壓力)'이란 한자를 새겨 넣어 압력밥솥이 건강관리에 매우 좋다는 사실을 부각시켰다. 한정된 광고 지면에 너무 많은 내용을 담았기에 좀 복잡해 보이지만, 그 시절의 광고주 입장에서는 그만큼 전하고 싶은 내용이 많았으리라고 추정할 수 있다.

[그림 4-36] 한미 메리노 압력밥솥 광고 '아직도 따로따로' 편(경향신문, 1995. 8. 5.)

전기밥솥이 나왔지만 압력밥솥의 인기는 여전했다. 주부들은 옛날 가마솥 밥맛이 다시 돌아왔다며 압력밥솥을 좋아했다. 밥하는 시간을 절반이나 단축시킨다는 고가의 압력밥솥을 찾는 주부들이 많았다. 서울 경기 지역의 여성 5백 명을 대상으로 밥솥 사용 실태를 조사한 결과를 보면, 전기밥솥이 62.3%, 압력밥솥이 32.7%, 일반 솥이나 냄비가 5.1% 차지하는 것으로 나타났다(한겨레신문, 1993. 8. 29.). 셰프라인의 셰프라인 나나 압력밥솥 텔레비전 광고 '밥맛이 달라져요' 편(1996)에서는 주부가 등장해서 쌀 씻고 물 맞추는 과정을 보여 주며 그런데 밥맛이 왜 다른지 차분하게 설명했다. 다른 브랜드와 직접 비교하지는 않았지만 전형적인 비교 광고 형식으로 셰프라인 압력밥솥의 소비자 혜택을 전달했다. 카피는 다음과 같다. "쌀 씻는 건 똑같죠. 물 맞추는 것도 똑같아요. 그런데 밥맛은? 셰프라인 압력밥솥. 셰프라인으로 밥을 하면 밥맛이 달라져요. 셰프라인."

[그림 4-37] 셰프라인 나나 압력밥솥 광고 '밥맛이 달라져요' 편(1996)

1990년대 후반까지도 코끼리표 밥솥이 유행했지만, 1998년에 성광전자의 쿠쿠홈시스가 등장한 이후 시장의 판도가 달라졌다. 성광전자는 자체 브랜드 없이 주문자 생산 방식으로 제품을 만들어 납품하던 기업이었다. 외환위기의 여파로 납품 물량이 절반 수준으로 떨어지자, 그에 대한 타계책으로 1994년부터 준비해 온 독자 브랜드 '쿠쿠(CUCKOO)'를 1998년에 시장에 출시했다. 성광전자는 요리(Cook)와 뻐꾸기(Cuckoo)의 합성어로 뻐꾸기시계만큼 정확히 요리하는 제품이란 뜻으로 '쿠쿠' 브랜드를 개발했다. 쿠쿠홈시스가 시장점유율 1위를 달성한 원천은 기술력에 있었다.

쿠쿠홈시스는 기존의 전기밥솥으로 지은 밥이 '찰기가 없다'는 단점과 밥 짓는 동안에 밥솥 옆을 지켜야 하는 위험성을 해결한 전기압력밥솥을 개발했다. 쿠쿠홈시스는 기술력을 바탕으로 1999년에만 40만 대 이상의 전기압력밥솥을 판매했고, 출시 15개월 만에 코끼리표 밥솥을 제치고 시장점유율 35%를 차지하며 1위에 올랐다. 쿠쿠홈시스의 전기압력밥솥 덕분에 1990년대가 끝날 무렵에는 우리나라의 전기밥솥 시장이 연 3,000억 원 규모로 성장했다. 쿠쿠홈시스의 활약에 힘입어 일본 제품으로부터 빼앗긴 국내 밥솥 시장을 탈환하는 데 성공하자, 국내 밥솥 시장도 활기를 띠었다. 부광, 풍년, 리홈 같은 다양한 기능을 가진 20개가 넘는 밥솥 브랜드가 시장에 나왔다.

성광전자의 쿠쿠 전기압력밥솥 텔레비전 광고 '이상벽' 편(1998)을 보자. 이 광고에서는 방송인 이상벽 씨가 모델로 출연했는데 당시로서는 파격적인 모델 전략이었다. 기존의 밥솥 광고에서는 여성들이 주로 밥솥을 사용했기 때문에 대채로 여성 모델을 활용했다. 하지만 성광전자는 남자 연예인인 이상벽 씨를 모델로 선택했는데, MC로 활동하며 여성 주부들에게 친숙하던 이상벽 씨의 이미지를 자연스럽게 브랜드의 이미지로 연결하려는 전략이었다. 광고에서는 쿠쿠의 합리적이고 뛰어난 기술력을 강조했고 그에 따라 쿠쿠의 판매량이 급증했다. 사회적 통념을 뒤집은 모델 전략을 적용했기 때문에, 놀라운 성과가 나타났다고 평가할 수 있다.

[그림 4-38] 쿠쿠 전기압력밥솥 광고 '이상벽' 편(1998)

전기압력밥솥 시장은 나날이 커졌다. 1998년에 홈쇼핑에서는 전기압력밥솥이 3개월 동안 1만 500개가 팔려 전체 상품 중 판매량 1위를 차지했다(경향신문, 1998. 5. 2.). 어려워진 경제 사정으로 외식 대신 집에서 밥을 먹는 일이 늘어났기 때문이다. 가스 위에 올려놓고 사용하던 압력밥솥은 전기압력밥솥으로 대체돼 불을 조절할 필요 없이 간단한 버튼 조작만으로도 압력밥솥을 안전하게 사용할 수 있게 됐다. 이때부터 전기압력밥솥으로 밥은 물론 다양한 찜 요리도 할 수 있게 됐다.

한솔CS클럽과 마마압력밥솥의 공동 광고 '물렀거라' 편(동아일보, 1999. 1. 6.)에서는 코끼리표 밥솥을 물러가라고 주장했다. 광고에서는 실제 코끼리의 엉덩이 부분을 크게 부각시키고, "물렀거라, 코끼리야 마마가 납신다!"라는 헤드라인에서도 코끼리표 밥솥을 공격했다. 광고를 보면 마마압력밥솥의 노란색이 돋보이는데, 조작부의 버튼까지도 노란색으로 처리해 밥솥의 화려함을 부각시켰다. 또한 '골드'라는 단어를 여러 번 언급해 밥솥의 색상을 강조했다(이채은, 오창섭, 2016). 이처럼 1990년대에 접어들어 밥솥은 주방의 밥 짓는 도구에서 심미적 요소를 강조하는 인테리어 소품이라는 성격을 띠며 발전해 나갔다.

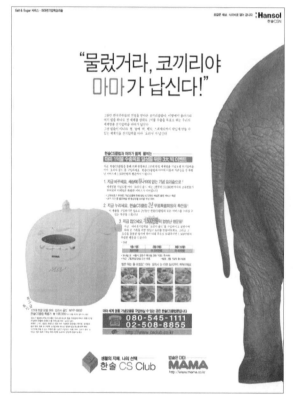

[그림 4-39] 한솔CS클럽과 마마압력밥솥 광고 '물렀거라' 편(동아일보, 1999. 1. 6.)

4) 2000년대의 밥솥과 밥통 광고

코일을 통해 내솥 자체가 고압력으로 통째로 가열되는 전자유도가열(IH: Induction Heating) 방식의 압력밥솥이 2000년대 초반에 등장했다. IH 가열 방식을 채택한 압력밥솥이 출시됐지만 고가품이라 널리 보급되지는 못했다. 기존의 압력밥솥은 솥 아래 부분만 가열하지만, IH 가열 방식은 코일에 전류가 흐를 때 발생하는 소용돌이 전류의 자기장에 의해 솥 전체를 가열하는 유도가열 방식이다(네이버 지식백과, 2022). 구수한 가마솥 밥맛 때문에 IH 압력밥솥의 인기가 높아지자 시장이 급성장했고, 여러 밥솥 회사에서는 IH 가열 방식을 적용한 전기밥솥을 개발해 판매하기 시작했다.

LG전자의 엘지 IH압력밥솥 텔레비전 광고 '이름' 편(2000. 1.)에서는 "좋은 쌀에는 이름이 있습니다. 좋은 밥솥에도 이름이 있습니다."라고 하며 신기술

[그림 4-40] 엘지 IH압력밥솥 텔레비전 광고 '이름' 편(2000. 1.)

이 더해진 밥솥의 이름을 강조했다. "통 가열기술 엘지 IH압력밥솥"이라며
자사 압력밥솥의 혜택을 강조했다. "압력까지 여자라면 욕심날 거예요. 엘지
IH압력밥솥." 주부들에게 '여자라면'이라는 단어를 써서 공감을 유발했다. 마
찬가지로 엘지 IH압력밥솥 잡지광고 '비결' 편(2001)에서도 전자유도가열 압
력이 비결이라고 강조했다. "IH압력이 비결입니다. 압력밥솥은 많습니다. 하
지만 통가열 방식으로 밥맛을 제대로 살려내는 건 엘지 IH압력밥솥뿐입니
다." LG만의 통가열 방식을 간접적으로 설명했다. 여기에 "쌀이 좋아서 일
까? 솜씨가 좋아서 일까?"라는 카피를 써서, 엘지 IH압력밥솥에 대한 자신감
을 드러냈다.

[그림 4-41] 엘지 IH압력밥솥 광고 '비결' 편(2001. 5.)

서통의 타이거 밥솥 잡지광고 '인기' 편(2000. 5.)을 보자. 왼쪽 광고에서는
"센스 있는 주부들을 위해 한국에 왔습니다. 타이거 밥솥."이란 헤드라인을
썼고, 오른쪽 광고에서는 "왜? 밥맛 까다로운 일본 주부들에게 타이거 밥솥
이 인기일까요?"라는 의문형 헤드라인을 써서 주부들의 구매욕과 호기심을
자극했다. 그리고 곧이어 "바로 2중 대류 방식의 W형 가마솥 때문입니다"라

는 대답을 제시하는 방식이었다. 타이거 밥솥만의 혜택을 직접적으로 알리고 "W형 솥의 강력한 2중 대류가 쌀과 물을 빠르게 섞어 주어 밥알은 탱글탱글, 가마솥 밥맛 그대로 살려주는 타이거만의 신기술입니다."라고 설명했다. 2중 대류 방식의 W형 가마솥 기술에 대해 잘 모르는 소비자를 위해 자세히 설명하면서 타이거만의 기술력을 강조했다.

[그림 4-42] 서통 타이거 밥솥 광고 '인기' 편(2000. 5.)

타이거 밥솥처럼 한국에서 폭풍을 불러일으킨 한일전기의 조지루시 밥솥 잡지광고 '코끼리' 편(2000. 5.)을 보자. 핵심 카피는 이렇다. "코끼리를 신성시하는 나라가 있습니다. 주부의 마음을 신성시하는 밥솥이 있습니다. 일본 코끼리표 밥솥." 코끼리가 한 나라의 고귀하고 소중한 동물이듯 조지루시 밥솥은 주부의 마음에 그런 존재일 수 있다는, 요즘 기준에서는 좀 납득하기 어려운 주장을 했다. 그런 이유로 코끼리표 밥솥이란 이름을 짓고 광고에서도 코끼리 모양을 부각시켰다. 이어지는 한일전기의 조지루시 밥솥 잡지광고 '공감대' 편(2000. 10.)에서도 같은 맥락에서 광고를 했다. 광고에서는 "공감대 2050" 또는 "가보(家寶)와 같았던 가전(家電). 일본 코끼리표 IH 압력밥솥." 같은 헤드라인을 써서 주부들의 마음을 흔들었다. "20대에서 50대까지 어머니 세대로부터 이어져 온 일본 코끼리표 IH압력밥솥"이라며, 코끼리표 압력밥솥을 가족을 위한 주부의 사랑으로 비교했다.

[그림 4-43] 한일전기 조지루시 밥솥 광고 '코끼리' 편(2000. 5.)

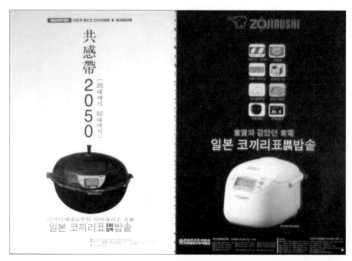

[그림 4-44] 한일전기 조지루시 밥솥 잡지광고 '공감대' 편(2000. 10.)

    대류전자의 모심 전기압력보온밥솥 잡지광고 '어머니의 정성' 편(2000. 9.)
에서는 "찰지고 기름진 밥맛 나는 세상을 만드는 모심(母心)으로 모십니다."
라는 헤드라인을 써서, 한국인의 식사에서 밥이 중요하고 찰지고 기름진 밥
을 할 수 있다는 어머니의 마음을 부각시켰다. "모심(母心)으로 모십니다"라
는 두운법 카피를 서서 재미를 더했다. "찰지고 기름진 밥맛 나는 세상이 행
복한 세상입니다. 모심(母心)에는 가족의 건강을 생각하는 우리 어머니의 정
성스런 마음이 그대로 담겨 있습니다. 모심(母心)은 행복한 밥맛을 드리는 우
리 시대의 최고의 전기 압력 보온 밥솥입니다." 어머니 마음이 담긴 밥맛이라
는 모심 밥솥의 가치를 환기함으로써, 어머니의 가족 사랑을 강조했다. 텔레
비전 광고에서는 "김이 새면 맛도 샌다. 4중압력 안전장치가 달아나는 김을
잡았습니다."라고 하면서, 모심 압력보온밥솥의 4중압력 안전장치 기술을 강
조했다.

[그림 4-45] 모심 전기압력보온밥솥 광고 '어머니의 정성' 편(2000. 9.)

쿠쿠의 전기압력밥솥 광고 '선택기준' 편(동아일보, 2000. 9. 18.)에서는 "옹
골찬 쿠쿠가 주부님의 선택기준을 바꾸었습니다."라는 헤드라인을 써서 쿠
쿠의 완벽한 시작을 알렸다. "주부님 참 놀라우시죠? 쿠쿠가 판매 1위(전기압
력밥솥 부문) 브랜드로 우뚝 섰습니다." 여기에서도 주부들을 대상으로 쿠쿠
브랜드의 위상을 강조했다. 보디카피는 이렇다. "많은 주부님께서 쿠쿠 브랜
드를 선택하시는 것도 결국은 쿠쿠가 속속들이 옹골찬 제품이기 때문이죠.
쿠쿠는 45가지의 지독한 품질 검사를 완벽하게 통과해야만 비로소 쿠쿠라는
이름을 달게 됩니다. 또한 전국 47개 AS센터를 갖추어 전국 어디서나 24시간
내 완벽한 AS를 보장받습니다. 한번 쿠쿠 고객께서 평생고객이 되는 이유가
여기에 있습니다." 광고에서는 쿠쿠 브랜드의 특성을 설명하며 주부들을 설
득했다. 쿠쿠는 다른 브랜드와 달리 밥솥 고장에 대비해 처음부터 튼튼하게
만들었고 AS도 완벽하다는 차별점을 부각시켰다. "더욱 편리하고 안전해진

[그림 4-46] 쿠쿠 전기압력밥솥 광고 '선택기준' 편(동아일보, 2000. 9. 18.)

말하는 전기압력밥솥 탄생." 광고에서는 말하는 밥솥이라며 음성 안내를 해주는 쿠쿠의 신기술도 강조했다. 쿠쿠의 다른 신문광고에서는 "이번 기회에 밥솥을 안 바꾸면 밥통 소리를 듣는다?"라는 헤드라인을 써서 주부들의 마음을 흔들었다. 언어의 유사성을 활용한 카피를 써서 쿠쿠의 위상을 강조했다.

삼성전자의 디지털 압력밥솥 삼성 굿모닝 잡지광고 '밥맛이 굿' 편(2001. 4.)에서는 전자압력밥솥을 시작으로 IH압력밥솥 굿모닝을 선보였다. "처음 만나는 디지털 압력밥솥 삼성 굿모닝!"이란 헤드라인을 써서, 주부가 갓 지은 밥 냄새에 남편과 아들이 이끌려 가는 모습을 표현했다. 보디카피는 이렇다. "밥이 맛있어지는 디지털 센서! 디지털 센서가 온도와 압력을 자동으로 제어해 언제나 밥맛이 굿~! 입맛대로 골라먹는 이중 취사 기능! 버튼 하나로 찰진 압력 밥맛, 고슬고슬한 일반 밥맛이 뚝딱! 원하는 밥맛이 척척! 안전해진 자동 보습 캡! 취사 시 밥풀 튀김, 소음은 적게~ 언제나 금방 지은 밥처럼 촉촉하게! 처음 만나는 디지털 디자인! 스테인리스 재질의 세련되고 튼튼한 디자인, 이제 주방까지 빛이 나게~." 광고에서는 잡지의 양면을 활용해 주방이

[그림 4-47] 디지털 압력밥솥 삼성 굿모닝 광고 '밥맛이 굿' 편(2001. 4.)

크게 펼쳐지는 장면을 연출하고, 지면의 하단에는 신제품이란 사실을 알리는 헤드라인과 밥솥의 혜택을 소개했다.

새로운 밥솥을 계속해서 출시한 삼성전자는 광고의 노출 빈도를 늘려 나갔다. 삼성전자의 IH압력밥솥 굿모닝 잡지광고 '아름다운 디자인' 편(2002. 3.)에서는 "멋있는 컬러를 찾았다"는 헤드라인을 썼다. 밥솥과 무관한 컬러를 찾았다고 하며 타사와는 달리 밥솥 디자인에 초점을 맞춘 신제품을 선보였다. "지금까지 밥솥은 빨간색…… 흰색…… 하지만 삼성 굿모닝은 가장 고급스럽고 세련된 골드컬러의 아름다운 디자인을 개발했습니다. 삼성 굿모닝, 아름답고 멋있는 생활의 시작입니다." 삼성의 IH압력밥솥 굿모닝은 평범하고 비슷했던 밥솥 디자인에서 벗어나 고급스런 골드 색상으로 주부들의 마음을 사로잡았다.

또 다른 시리즈 광고에서는 "맛있는 두께를 찾았다"며 밥솥 내부의 속성을 보여 주었다. "삼성 굿모닝의 끊임없는 노력 끝에 3.5mm 두툼한 솥을 선보이게 됐습니다. 3.5mm가 만드는 정말 맛있는 가마솥 밥맛 삼성 굿모닝으로

[그림 4-48] 삼성 IH압력밥솥 굿모닝 광고 '아름다운 디자인' 편(2002. 3.)

경험하세요." 삼성전자에서 맛있는 밥을 짓기 위해 솥 두께까지 조절한 제품을 개발했다는 사실을 부각시킨 광고였다. 광고에 등장한 여성 모델은 부드러운 분위기를 전달하며 주부들의 시선을 유도했다. 작은 서체의 카피를 주부들이 끝까지 읽도록 유도하기 위해, 안정적인 레이아웃을 통해 전달하고 싶은 내용을 충실히 알렸다.

　삼성전자의 삼성 IH압력밥솥 굿모닝 텔레비전 광고 '오늘은 내가 한다' 편(2002. 7.)에서는 어떤 부부가 침대에 누워 대화하는 장면에서 광고가 시작된다. 카피는 다음과 같다. "자기야, 자기가 해 줘. 자기가 해 주라. 자기야, 좋았어. 오늘은 내가 한다. 난, 사랑한다는 말 대신에 밥을 했습니다. 삼성 IH압력밥솥." 아내를 대신해서 남편이 밥하는 장면을 제시하며, 사랑한다고 말하는 대신 밥을 해 준다는 점을 부각시켰다. 여기에서 밥솥은 사랑한다는 말을 대신해 줄 만큼 중요한 의미를 갖는 매개체다. 광고에서는 부부 사이를 더욱 좋게 해 주는 밥솥이란 점을 소비자에게 간접적으로 전달했다. 이런 광고는 부부의 시간을 더 소중히 여기는 소비자들의 공감을 형성하는 데 영향을 미

[그림 4-49] 삼성 IH압력밥솥 굿모닝 광고 '오늘은 내가 한다' 편(2002. 7.)

칠 수밖에 없다.

집적회로(IC) 칩이 개발돼 요리 과정을 최적으로 맞출 수 있게 됐고, 열 제어 방법이 개발돼 다양한 요리를 할 수 있는 프리미엄 전기압력밥솥도 출시됐다. 소비자들이 자신에게 맞는 밥맛을 선택할 수 있는 맞춤 밥맛 기능도 전기압력밥솥에 추가됐다. 밥솥에 컴퓨터의 네트워크 기능이 탑재되고 천연 곱돌(촉감이 매끈매끈하고 기름 같은 광택이 나는 광물)을 내솥에 적용하는 첨단 기술이 집결된 제품도 출시되면서, 프리미엄 밥솥 경쟁도 본격적으로 시작됐다.

LG전자의 엘지 IH압력밥솥 텔레비전 광고 '뭘 더 바라겠어요?' 편(2002. 10.)에서는 유명인 김창완 씨가 출연해 밥맛이 다르다고 강조했다. 광고에서 김창완 씨는 갓 지은 밥을 호호 불며 맛있게 먹는 모습을 보여 주었다. 밥 먹고 싶은 마음이 들게 하는 광고인데 쌀이 아닌 밥솥 때문이라는 사실도 강조했다. 중간중간에 제품을 계속 노출시키고 마지막에 가서는 밥의 중요성을

[그림 4-50] 엘지 IH압력밥솥 광고 '뭘 더 바라겠어요?' 편(2002. 10.)

재치 있게 표현했다. 광고 카피는 다음과 같다. "밥을 해놓고 갔네. 음~ 아, 쌀이 아니라 밥솥을 바꾼 거야? 통가열 엘지 IH압력밥솥 밥맛이 이렇게 다르네. 통가열 엘지 IH압력밥솥, 김치 맛있지, 밥 맛있지, 뭘 더 바라겠어요?"

2000년대 초반에 LG전자는 광고를 많이 했다. LG 압력밥솥의 폭발 사고가 자주 발생했기 때문이었다. 소비자의 불안감이 커졌고 LG전자는 어려움에 봉착했다. 첨단 디지털 가전제품 시장에서 글로벌 기업들과 어깨를 나란히 하던 LG전자가 밥솥 하나 때문에 기업 이미지에 심각한 타격을 받게 된 것이다. 압력밥솥의 폭발 원인은 LG전자가 협력업체로부터 납품받은 솥의 결함 때문이었다. 따라서 LG전자는 100% 리콜을 단행하기 위해 사건이 발생한 직후에 리콜 광고 영상을 만들어 노출했다(이승훈, 2004).

LG전자의 리콜 텔레비전 광고(2004. 6.)에서는 "LG전자 일부 밥솥의 리콜을 실시했습니다. 지금 밥솥 뒷면에 붙어 있는 생산 연월과 모델명을 꼭 확인해 주세요. LG전자는 기업이 지켜야 할 사회적 책임을 끝까지 다하겠습니다." 리콜 실시를 소비자에게 알리는 광고를 해서 리콜을 90%까지 끌어올렸고 리콜 기간도 연장했다. 이후 국내 전기압력밥솥 시장은 연간 5,000억 원에 달했지만, 2000년대 후반에 모두 시장에서 철수했기 때문에 삼성전자나 LG전자 같은 대기업 브랜드는 없었다. 대신에 기술력과 노하우로 무장한 중견·중소기업들이 국내 시장을 장악했다. 그리고 한국 밥솥에 대한 외국인 고객의 수요도 증가해 영어와 중국어 같은 외국어 음성 기능이 탑재된 밥솥이 출시됐다. 이런 변화에 발맞춰 전기밥솥은 밥만 짓는 가전제품에서 멀티쿠커(multi cooker)로 변모했다. 아시아 지역과 유럽 지역에 수출하는 물량도 늘었다.

성광전자의 쿠쿠 압력밥솥은 엄청난 인기를 누렸는데, 2002년에는 회사명 자체를 아예 쿠쿠홈시스로 바꿨다. 2000년대의 쿠쿠 광고는 김희애 씨, 이다도시 씨, 손예진 씨, 이수경 씨 같은 전속 모델을 활용해 효과를 거뒀다. 김희애 씨와 이다도시 씨가 함께 출연했던 쿠쿠홈시스의 쿠쿠 압력밥솥 광고 '한국사람 다 됐다' 편(2003)이 대표적이다. 쿠쿠 전속 모델의 특성은 30~40대 주부들에게 인기 있고 바른 이미지의 스타들을 고려했다. 쿠쿠 압력밥솥 전속 모델 중에서 김희애 씨가 사람들에게 가장 많이 기억되는 이유는 당시에 그녀가 여성들의 워너비 스타였고, 특히 30~40대 주부들에게 인기가 많았기 때문이다. 워너비 스타인 김희애 씨가 모델로 나오는 쿠쿠 압력밥솥에 주부들이 호감을 가져 신뢰도가 올라갔다. 30~40대 주부들은 워너비 스타인 김희애와 유대감을 느끼며 그녀가 광고하는 압력밥솥에 더더욱 관심을 가졌을 것이다.

쿠쿠홈시스는 또한 2003년부터 "쿠쿠하세요~ 쿠쿠"라는 슬로건을 쓰기 시작했다. 현재 우리는 "쿠쿠하세요~ 쿠쿠"라는 카피만 봐도 음이 자연스럽

[그림 4-51] 쿠쿠 압력밥솥 광고 '한국사람 다 됐다' 편(2003)

게 생각나 흥얼거리게 된다. 음만 들어도 "쿠쿠하세요~ 쿠쿠"라는 카피가 자동적으로 생각나는 것이다. 이처럼 쿠쿠는 "쿠쿠하세요~ 쿠쿠"라는 카피를 소비자에게 꾸준히 각인시켜 왔다. "쿠쿠하세요~ 쿠쿠"라는 카피는 쿠쿠를 쓰라는 뜻이지만, 압력밥솥 시장이라는 차원에서 카피를 생각해 보면 '압력밥솥 = 쿠쿠'라는 인식을 불러일으키기에 충분했다. 즉, 쿠쿠가 압력밥솥 브랜드의 1인자라는 느낌을 준다는 뜻이다. 쿠쿠가 지금까지 밥솥 시장에서 1위 자리를 유지하는 데는 제품력이 바탕이 됐지만, "쿠쿠하세요~ 쿠쿠"라는 슬로건도 긍정적인 영향을 미쳤다.

  쿠쿠 압력밥솥은 해외에서도 반응이 좋았다. 쿠쿠의 해외 진출 사실을 가장 잘 보여 주는 쿠쿠 전기압력밥솥 광고를 보자. 쿠쿠홈시스의 쿠쿠 압력밥솥 텔레비전 광고 '중국' 편(2004. 9.)은 광고의 전반적인 분위기가 중국에서 식사하는 장면이다. 모델 김희애 씨가 등장해 "쿠쿠? 우리도 밥 먹는 나라 사람인걸요. 밥 먹는 나라 사람은 쿠쿠가 있어야 한다. 쿠쿠하세요. 쿠쿠!" 하며

[그림 4-52] 쿠쿠 압력밥솥 광고 '중국' 편(2004. 9.)

브랜드 이름을 강조했다. 맛있는 밥은 쿠쿠 밥솥으로 지으라는 암묵적 전제 하에, "쿠쿠?" 하고 물었을 때 밥 먹는 나라 사람이라면 맛있는 밥을 지어 주는 쿠쿠가 있어야 한다고 강조했다. 쿠쿠홈시스는 인지도가 높은 쿠쿠 압력 밥솥을 해외에 널리 알리기 위해 다양한 광고 활동을 전개했다(이진성, 2014).

웅진코웨이의 웅진쿠첸 압력밥솥 텔레비전 광고 '현미밥' 편(2004. 10.)을 보자. "너무 꺼끌꺼끌하다. 현미밥은 원래 그래. 도저히 못 먹겠어. 몸에 좋아 그냥 먹어! 현미밥 맛있게 하는 밥솥 있다던데…… 설마?" 남자와 여자가 마주 앉아 식사하는 도중에 현미밥이 뻣뻣하다며 남자가 투정하는 순간을 묘사했다. 쿠첸은 현미밥조차도 부드럽게 지을 수 있다는 장점을 제시했다. "웅진 쿠첸, 현미밥도 부드럽고 맛이 있게. 몸을 위해, 맛을 위해. 오늘부터 쿠첸." 기업 이름을 두 번 이상 설명하고 새로운 혜택도 한 번 더 강조했다. 이어지는 웅진쿠첸 압력밥솥 텔레비전 광고 '보들보들' 편(2005. 3.)에서는 당시의 인기 스타 고소영 씨가 출연했다. "여우야, 여우야, 뭐하니? 밥 먹는다.

[그림 4-53] 웅진쿠첸 압력밥솥 광고 '현미밥' 편(2004. 10.)

[그림 4-54] 웅진쿠첸 압력밥솥 광고 '보들보들' 편(2005. 3.)

무슨 밥? 보들보들 현미밥 맛있는 현미밥. 보들보들 맛있다. 현미밥도 보들
보들 맛있게-웅진 쿠첸." 모두가 아는 동요를 개사해서 고소영 씨의 몸짓에
알맞게 변화시켰다.

부방테크론은 '리홈' 브랜드를 출시해 쿠쿠와 쿠첸을 상대로 도전했다. 부
방테크론의 리홈 똑똑한 밥솥 텔레비전 광고 '엄마' 편(2006. 9.)은 엄마의 달
라진 상황에 아이가 놀라워하며 제품의 특성을 소개하는 형식이다. "리홈(고
무줄 놀이하는 엄마) 재미없어? 엄마가 논다. 엄마는 좀 놀면 안 되니?" 새로 바
뀐 회사의 이름을 알리며 광고가 시작되면 아이는 엄마가 집안일을 하지 않
고 노는 모습을 보고 의아해한다. "아니 밥은 언제 했어? 똑똑한 밥솥 리홈."
하지만 밥은 밥솥이 해 주니까 엄마는 놀았다고 하며 리홈이 똑똑한 밥솥이
라고 알렸다. 영상 속에서 주인공의 역할은 주부인데, 주부는 놀고 밥솥이 저
절로 밥을 짓는 장면을 확인할 수 있다.

[그림 4-55] 리홈 똑똑한 밥솥 광고 '엄마' 편(2006. 9.)

2000년대 중반을 넘어서면서 쿠첸과 리홈의 경쟁 구도가 형성됐다. 쿠첸과 리홈은 새로운 기술이 더해진 상품이나 서비스를 제공하는 광고를 선보였다. 부방테크론의 리홈 밥솥 텔레비전 광고 '9겹 내솥' 편(2007. 2.)에서는 더 업그레이드 된 기능을 알렸다. "헤니 삼촌. 밥 먹자, 밥? 헤니, 입을 통째로 바꿔라. 9겹으로 밥맛까지 통째 바꿨다. 밥솥 통째 바꾸기 프로젝트. 밥 맛있다. 리홈." 다니엘 헤니 씨를 모델로 활용해 외국인인 헤니까지도 사로잡은 9겹 내솥을 강조했다. 전기밥솥을 꾸준히 사용하던 주부들은 더 좋고 더 새로운 제품이 나오자 환호할 수밖에 없었다.

리홈이 솥을 9겹으로 바꾸는 변화를 시도했듯이, 웅진코웨이에서도 화력을 사용하는 제품을 선보였다. 웅진코웨이의 웅진 쿠첸 텔레비전 광고 '까다로울수록' 편(2007. 4.)에서는 두 개의 영상을 선보였다. "밥솥 살까? 쿠첸 살까? 웅진 쿠첸. 까다로우니까. 입맛 까다로울수록 쿠첸. 화력 밥맛은 화력. 이젠, 쿠첸. 웅진 쿠첸." 부부간의 대화를 통해 쿠첸이 남편의 까다로운 입맛에 맞췄다는 사실을 강조했다. 그리고 엄마와 딸의 대화에서는 아빠의 까다

[그림 4-56] 리홈 밥솥 광고 '9겹 내솥' 편(2007. 2.)

[그림 4-57] 웅진 쿠첸 광고 '까다로울수록' 편(2007. 4.)

로운 입맛을 맞춘 쿠첸의 기술력을 알리고, 새로 개발된 화력 기술은 아빠의 까다로운 입맛을 맞춘 원동력이라고 주장했다.

　노비타는 코끼리표 밥솥과 제휴를 맺고 한국형 전기밥솥을 개발했다. 노비타의 필다임밥솥 잡지광고 '변하지 않는 밥맛' 편(2007. 10.)에서는 진공압력 시스템을 알렸다. "1일…… 2일…… 3일…… 3일간 변한 건 오직 그녀의 스타일뿐. 필다임 밥맛은 결코 변하지 않는다." 광고에서는 밥맛이 변하지 않는다는 사실을 강조했다. "진공압력으로 밥 짓기의 패러다임을 바꿨다! 국내 최초의 진공압력 시스템으로 탄생한 필다임 진공 IH압력밥솥─갓 지은 밥맛을 3일 동안 유지시켜 주는 놀라운 기술로 대한민국 여자들의 라이프스타일을 바꿉니다." 노비타는 진공압력이라는 새로운 기술로 밥솥 시장에 불을 지폈지만 크게 주목받지는 못했다.

[그림 4-58] 노비타 필다임밥솥 광고 '변하지 않는 밥맛' 편(2007. 10.)

　국내 전기밥솥은 2004년에 삼성전자와 LG전자 등 대기업이 손을 뗀 이후 쿠쿠전자, 웅진쿠첸, 부방테크론이 경쟁하는 구도였다. 부방테크론의 리홈밥솥 텔레비전 광고 '리홈법칙 ① 두께를 따져라' 편(2008. 2.)에서는 이런 카피를 썼다. "(열심히 밥 먹는 사위에게) 고놈 얼굴 한번 두껍네. 두께를 따져라 리홈." 장모 앞에서 게걸스럽게 먹는 사위를 지켜보는 장인이 재치 있게 말장난을 하며, 리홈의 두꺼운 9겹 내솥을 강조하며 리홈의 법칙을 더욱 자세히 설명했다.

부방테크론의 리홈 밥솥 텔레비전 광고 '리홈법칙 ② 스타일을 따져라' 편(2008. 2.)에서는 며느리를 칭찬하는 시아버지를 째려보는 시어머니의 일상을 표현했다. "우리 예쁜 새아가, 많이 먹어라. 밥솥도 예뻐야 한다. 예쁜 게 밥도 잘하네." 이렇게 말하는 시아버지를 째려보는 시어머니의 시샘이 소비자에게 즐거움을 유발했다. 리홈만의 디자인 혜택도 리홈의 법칙이라고 강조한 광고였다.

[그림 4-59] 리홈 밥솥 광고 '리홈법칙 ① 두께를 따져라' 편(2008. 2.)

[그림 4-60] 리홈 밥솥 광고 '리홈법칙 ② 스타일을 따져라' 편(2008. 2.)

쿠쿠홈시스의 쿠쿠 압력밥솥 잡지광고 '그녀의 무기' 편(2008. 1.)에서는 압력밥솥에서 김이 뿜어져 나올 때의 장면을 만들어 풍선처럼 재미있게 표현했다. 손예진 씨가 전속 모델로 등장했다. "그녀의 무기는 쿠쿠다!" 이 헤드라인은 쿠쿠 압력밥솥을 쓰면 시댁에서 점수 따기 쉽다는 의미를 전달하기에 충분했다. 광고 지면의 오른쪽 하단에는 쿠쿠의 새로운 기술에 대해 상세히 설명했다. 보디카피에서는 주부들이 공감할 만한 시댁 이야기를 바탕으로 주부들에게 친숙한 손예진 씨가 등장해서 쿠쿠 압력밥솥이 자신의 무기라고 주장함으로써 주부들의 구매를 촉구한 광고였다.

웅진코웨이의 웅진쿠첸 압력밥솥 텔레비전 광고 '알렉스가 차린 밥상' 편(2008. 9.)에서는 정적인 남자, 부드러운 남자, 요리하는 남자로 알려진 알렉스 씨가 모델로 출연해서 나만을 위한 밥상을 강조했다. 여자도 더 자유로워져야 한다는 사회적 변화를 강조함으로써 여성들의 마음을 사로잡았다. "여

[그림 4-61] 쿠쿠 압력밥솥 광고 '그녀의 무기' 편(2008. 1.)

자는 꿈꾸죠. 나만을 위한 밥상을 누가 지어 준다면. 그게 저 알렉스라면. 당신도 신청하세요. IH쿠첸과 알렉스가 차린 밥상." 이 카피와 함께 알렉스가 부른 쿠첸 로고송을 배경음악으로 써서 쿠첸의 완전한 느낌을 강조했다. 영상 광고에서 다른 판촉 활동을 전개함으로써 2중의 효과를 기대할 수 있었다.

쿠첸은 영상 속에서 판촉 활동을 알리고 그 결과도 다시 영상에 담아냈다. 100명 중에서 한 사람을 선정해 영상에 출연시켜 다른 소비자들이 부러워하도록 의도했다. "짜잔 밥이 갑니다. 어때요? 알렉스 씨가 해 준 거라 더 맛있는데요? 제가 아니라 한 알 한 알, 찰지게 IH쿠첸의 맛이죠. 그래 IH쿠첸이다. 쿠첸을 경험해 보세요." 쿠첸 밥솥으로 지은 밥을 먹고 소비자에게 직접 질의하고 응답하며 여성의 마음속에서 밥솥은 쿠첸이라는 느낌을 갖도록 했다. 프로모션 결과를 정확히 전달하기 위해 "100분이 경험하셨습니다."라는

[그림 4-62] 웅진쿠첸 압력밥솥 광고 '알렉스가 차린 밥상' 편(2008. 9.)

카피를 뒷부분에 간략히 추가해 영상을 마무리했다.

쿠쿠홈시스의 쿠쿠 압력밥솥 잡지광고 '밥솥뚜껑 씻자' 편(2009. 11.)에서는 밥솥뚜껑의 청결함을 강조했다. 헤드라인은 이렇다. "밥솥뚜껑 씻어야 완벽하죠." 광고 모델이 밥솥뚜껑을 들고 활짝 웃고 있다. 이어지는 보디카피는 다음과 같다. "대한민국 그녀들을 위해 쿠쿠가 샤이닝 블랙으로 새롭게 태어났습니다. 밥솥뚜껑은 물론 압력패킹까지 손쉽게 분리돼 깨끗하고 더 간편하게 물로 씻을 수 있는 업그레이드 분리형 커버~ 쿠쿠만의 분리형 커버로 더 깔끔하고 완벽한 주부가 되어 보세요!" 주부들의 고민을 한번에 해결함으로써, 소비자의 구매 욕구를 불러일으키기에 충분했다. 쿠쿠홈시스는 밥솥뚜껑의 분리형 커버 기술을 바탕으로, 밥솥뚜껑을 청소하기 어려웠던 밥솥의 구조를 탈피해 커버를 분리할 수 있어 더 깨끗하게 밥을 지을 수 있다는 소비자 혜택을 부각시켰다.

[그림 4-63] 쿠쿠 압력밥솥 광고 '밥솥뚜껑 씻자' 편(2009. 11.)

국내 밥솥 시장이 쿠쿠와 쿠첸의 경쟁 구도가 되자, 밥솥 세척이 가능한 제품을 쿠쿠에서 먼저 선보였다. 지켜만 볼 수 없었던 쿠첸에서도 새로운 신제품을 출시했다. "속~시원하다! 완전자동 살균세척. 쿠첸 원터치로 완벽한 자동 살균세척. 오래 쓰면 쓸수록 냄새나고 뚜껑 코팅이 벗겨지는 밥솥. 원인을 미리미리 잡아주세요~!" 쿠쿠와 쿠첸은 모두 세척 기능을 강조했다. 이것이 거의 마지막 광고였는데, 2009년 2월에 리홈이 웅진코웨이로부터 쿠첸을 인수하며 밥솥 시장은 '쿠쿠 대 리홈'이라는 2강 체제로 바뀌었다. 밥솥 시장은 더욱 치열한 경쟁이 계속됐다.

5) 2010년대의 밥솥과 밥통 광고

가전제품은 불황기에는 구매를 미루거나 경기 변동에 영향을 많이 받는다. 기술 변화나 고객의 요구에도 민감한 영향을 받지만, 밥솥 시장은 4계절 내내 취사가 필요하므로 계절 변화나 경기 변동의 영향을 다른 제품보다 덜 받는다. 2010년에 접어들어 국내 전기밥솥 시장은 쿠쿠와 쿠첸이 국내 전기밥솥 시장의 대부분을 차지하는 과점 형태를 나타냈고, 쿠쿠전자의 시장점유율은 약 70%로 압도적인 우위를 차지했다(박정언, 2010).

쿠쿠홈시스는 처음에 이상벽 씨를 쿠쿠 압력밥솥의 광고 모델로 활용하다가 점차 주부들의 관심을 끌 수 있는 여성 모델이나 원빈 씨, 김수현 씨, 이승기 씨 같은 30~40대 주부들에게 인기 많은 남성 연예인을 모델로 활용했다. 쿠쿠는 30~40대 여성 소비자가 많은 밥솥 시장에서 남성 모델을 활용해 쿠쿠 압력밥솥에 대한 인지도와 신뢰성을 높이는 광고 전략을 전개했다.

쿠쿠홈시스의 쿠쿠 압력밥솥 광고 '2중 모션패킹' 편(2010)에서는 배우 원빈 씨가 출연해 압력이 빠져나가는 것을 2중으로 막고 압력을 차단함으로써 밥맛을 좋게 한다는 기술력을 강조했다. 쿠쿠 압력밥솥 광고에서는 2중 모션패킹을 부각시켰다. 2중 모션패킹의 원리란 바깥의 밀폐 층과 내부의 지지층이 서로 밀착해 압력이 새나가지 않도록 잡아 주는 원리였다. 카피는 다음과 같다. "쿠쿠는 샐 틈 없이 2중으로 꽉~." 마찬가지로 쿠쿠 압력밥솥 잡지광고 '속을 보라' 편(2010)에서도 원빈 씨가 전속 모델로 등장해 쿠쿠의 커버 속까지

[그림 4-64] 쿠쿠 압력밥솥 광고 '2중 모션패킹' 편(2010)

스테인리스로 만들어져 있다는 새로운 기술을 알렸다. 은색으로 빛나는 스테인리스의 특성을 활용해 고급스러움을 더했다. "속을 보라." 이런 헤드라인을 써서 속까지 스테인리스로 만들어진 압력밥솥이라는 사실을 강조했다.

[그림 4-65] 쿠쿠 압력밥솥 광고 '속을 보라' 편(2010)

쿠쿠홈시스의 쿠쿠 압력밥솥 광고 '매일 너와' 편(2013)에서는 이승기 씨가 출연해 쿠쿠의 특성을 잘 설명했다. 이승기 씨를 전속 모델로 발탁해 모델의 선한 이미지를 브랜드 이미지로 전이했다. 이승기 씨의 대표곡 중 하나인 〈결혼해줄래〉의 멜로디를 광고에 삽입해 여성 주부들의 마음을 사로잡았고, 노래 가사를 "항상 너와 쿠쿠하고 싶어"라는 카피로 변형해 공감을 유도했다. 결혼한다는 것은 밥을 같이 먹는다는 것과 같다는 전제하에, 다음과 같은 카피를 썼다. "매일 너와 쿠쿠하고 싶어!"

[그림 4-66] 쿠쿠 압력밥솥 광고 '매일 너와' 편(2013)

쿠쿠홈시스는 전속 모델을 활용한 텔레비전 광고를 해서 30~40대 주부들을 공략했다. 쿠쿠는 광고마다 "쿠쿠하세요~ 쿠쿠"라는 카피를 광고 모델의 입을 통해 반복적으로 알려 브랜드 이름이 자동으로 떠오르게 했다. 쿠쿠는 압력밥솥 시장에서 단 한번도 1위를 내주지 않았다. 쿠쿠홈시스의 쿠쿠 압력밥솥 잡지광고 '김수현' 편(2015)에서는 전속 모델 김수현 씨가 등장해서 모던하고 고급스러운 느낌의 압력밥솥이란 사실을 강조했다. 광고 지면의 중간 부분에 "38년 노하우의 결정판"이란 카피를 배치했다. 광고에서는 오랫동안 밥솥을 연구해서 시장점유율 1위 자리를 지킨 "Full Stainless, eco vacuum"이라는 카피를 써서 쿠쿠 압력밥솥의 성능을 충분히 엿볼 수 있도록 표현했다.

쿠쿠 압력밥솥은 주 타깃층인 주부들 위주로 광고를 해 왔다. 2000년대에는 주부들의 워너비 스타들을 전속 모델로 활용했고, 2010년대에는 주부들에게 인기가 많은 배우들이 쿠쿠 압력밥솥의 기능을 꾸준히 알렸다. 쿠쿠 압력밥솥은 2010년 이후 국내 시장점유율 70%를 차지했고, 경쟁사인 쿠첸의 30%보다 점유율이 2배 이상 높았다. 쿠쿠 광고의 특성은 일관성이었다. 광고에서 친숙한 모델을 활용해 주부들에게 알린 결과, 밥솥의 대표 주자가 되었다.

[그림 4-67] 쿠쿠 압력밥솥 광고 '김수현' 편(2015)

2. 오븐과 그릴 및 인덕션 광고의 흐름

오븐은 조리 기구의 하나로 빵을 주식으로 하는 서양 문화권에서 발달했다. 우리의 화덕에 해당되는 오븐은 전기오븐과 가스오븐으로 나뉜다. 전기오븐은 제품의 크기가 다양하고 온도를 조절하기 쉬워 가정용이 많고, 가스오븐은 공간을 많이 차지하지만 고온의 열을 얻기 쉽다. 전기오븐 중에서 광파오븐은 전자레인지 기능이 합쳐진 것이나 토스터에 오븐 기능을 더한 오븐 토스터도 있다. 식재료를 뒤집지 않아도 위아래를 적절히 굽는 오븐은 열원에 따라 전기식, 가스식, 전자식, 복합식으로 나뉜다(네이버 지식백과, 2022).

1960년대 초반에 정부에서 쌀 소비를 줄이기 위해 혼·분식을 장려하자 밀가루 음식이 늘었고, 1980년대에는 빵과 버터에 친숙해졌다. 주부들은 밀가루 음식을 만드는 데 적합한 가전제품을 선호했다. 대가족에서 핵가족으로 바뀌면서 식단이 노인 중심에서 어린이 위주로 변하자, 오븐과 그릴 광고에서도 빵, 케이크, 과자를 손쉽게 만든다고 강조했다(경향신문, 1980. 10. 21.). 여성의 사회 진출이 증가함에 따라 냉동식품 소비도 증가했다. 오븐으로 다른 음식도 만들 수 있지만 주로 빵을 굽는 데 쓰인다. 빵이 아니라도 음식 전체를 익히는 데는 오븐이 편리하다.

가스오븐레인지가 나오자 주부들은 처음에 오븐에 만족하다가 차츰 고성능의 전기오븐레인지를 선호했다(중앙일보, 2006. 3. 28.). 전자레인지의 단점을 보완한 오븐레인지는 식재료의 겉과 속을 동시에 골고루 익히고 조리할 수 있어, 주부들이 갖고 싶어 하는 제품으로 자리 잡았다. 아파트에 입식 주방이 들어서고 여성의 사회 진출이 늘어나자 가사를 도울 수 있고 시간도 절약할 수 있는 가전제품에 대한 수요가 증가했다(국가기록원, 2022). 1970년대에 가스오븐레인지 형태로 첫 출시된 오븐은 불을 때지 않고 가스를 연료로 써서 음식을 조리하는 혁신 상품이었다. 1990년대에 접어들어 가전제품의 대형화, 고급화, 고부가가치가 실현되자 가스오븐레인지는 그릴오븐, 광파오븐, 스팀오븐으로 발전했다.

그릴은 전기와 가스 불에 석쇠를 놓고 굽는 방식이었다. 그릴은 2000년대 초반부터 대단한 인기를 끌었다. 그릴은 2000년대 이전까지는 음식을 데워 주는 데 치중했다면, 2000년대 이후로부터는 음식을 구워 주는 가전제품으로 변모했다. 당시의 광고에서는 "그래! 그릴에다 나도, 오븐요리 한번 해보자"라는 카피가 자주 등장했다. 그 전까지는 오븐이나 그릴에 요리를 해 보지 않은 사람이 많았다는 뜻이다. 2000년부터 '웰빙' 개념이 유행하자 오븐과 그릴에 대한 관심이 증가했다. 광고에서는 그릴에서 갓 구운 음식 사진을 배치하고 생활에 맛을 더해 주는 그릴이라고 강조했다.

인덕션은 가스가 아닌 전기로 가열하는 전자레인지를 통틀어 부르는 조리기구를 말한다. 자체적으로 발열하지 않고 기기에서 발생한 자기장을 전기 유도 물질의 용기에 전달해 열을 발생시킨다. 전자기 유도 작용에 따라 전류를 발생하기 때문에 인덕션에는 금속 전용 용기가 필요하며, 유해 가스가 발생하지 않고 화재로부터 비교적 안전한 주방 설비다(네이버 지식백과, 2022).

인덕션은 발열체에 따라 핫플레이트와 하이라이트로 구분한다. 열선 히터에 금속판을 덧대 직접 가열하는 방식으로 발열체가 용기에 직접 접촉해 가열하는 방식이 핫플레이트라면, 하이라이트는 원형으로 분포된 열선이 세라믹 히터를 가열하는 방식이다. 핫플레이트의 단점을 보완한 하이라이트는 효율이 뛰어난 세라믹 히터를 쓰고 내열 세라믹 유리가 상판에 장착돼 있어, 히터에 직접 접촉하는 위험을 예방하고 안전성과 열효율을 개선했다.

1) 1980년대의 오븐과 그릴 및 인덕션 광고

금성사에서 1984년에 금성 오븐전자레인지를 출시하기에 앞서 린나이 가스오븐렌지가 있었다. 린나이 가스오븐렌지에는 자동 온도조절 시스템이 채택됐다. 린나이 615 가스 자동 오븐렌지 광고 '국내유일' 편(동아일보, 1981. 11. 24.)에서는 "국내유일 가스 자동 오븐렌지"라는 정보 제공형의 헤드라인을 썼다. 싱크대와 규격이 동일해 어느 주방에나 잘 어울리고, 가스 테이블과

[그림 4-68] 린나이 가스 자동 오븐렌지 광고 '국내유일' 편(동아일보, 1981. 11. 24.)

오븐이 함께 있어 다양한 요리를 동시에 할 수 있고, 자동온도 조절 시스템이라 가스 절약형이며, 서구 제품에는 없는 생선구이 그릴이 있으며, 서비스를 보장한다는 내용을 보디카피에 제시했다. 기존에 있던 오븐에 그릴의 기능을 추가한 제품이라 식사준비 시간을 대폭 줄였다. 주부들은 특히 생선을 태우지 않고 조리할 수 있다는 오븐의 기능적 혜택에 특히 주목했다.

금성사의 금성 오븐전자레인지 광고 '5가지 매력' 편(동아일보, 1984. 1. 20.)에서는 "기술금성−첨단 기술제품 또 최초 개발! 금성 오븐전자레인지 탄생"이라는 헤드라인 아래, 보디카피에서 제품의 특성에 대해 상세히 설명했다. 금성은 축적된 기술로 만든 새로운 제품을 보내드리고, 국내 최초로 오븐전자레인지의 개발에 성공해 주방의 과학화 시대를 선도했다는 사실을 강조했다. 금성 오븐전자레인지는 전자레인지의 기능과 오븐 기능을 동시에 만족시키고, 신속하고 경제적이며 위생적인 차원 높은 주방기기라며, 연탄불이나 가스불보다 더 맛있게 요리할 수 있는 혁신적인 조리기구라고 강조했다. 가

[그림 4-69] 금성 오븐전자레인지 광고 '5가지 매력' 편(동아일보, 1984. 1. 20.)

열, 해동, 발효, 멸균 같은 전자레인지 기능은 물론 오븐 기능, 착탈식 히터 작용, 세련된 디자인, 슬라이드식 타이머 적용, 편리한 조작이라는 5가지의 매력도 부각시켰다.

금성 오븐전자레인지는 국내 최초의 복합 오븐 전자레인지로 20만 원이 넘는 고가에 판매됐다. 고가품이었는데도 인기를 끈 이유는 1970년대의 소비사회 형성기가 지나고 1980년대의 소비사회 성숙기에는 국민 소득이 높아졌기 때문이다. 1980년대부터 입식 부엌이 보편화되고 석유와 가스가 연료로 쓰이기 시작했으며, 과학기술이 발달함에 따라 시스템키친의 시대가 열렸다(함한희, 2005). 1980년대부터 여성의 사회적 지위에도 변화가 일어나 주방은 단순한 노동 공간이 아닌 새로운 주거 공간이자 주부만의 공간으로 자리 잡았다는 점도 오븐전자레인지가 인기를 얻었다는 사실과 무관하지 않았다.

삼성전자의 삼성 그릴오븐렌지 광고 '1대 4역' 편(동아일보, 1984. 1. 24.)에서는 "국내 최초 그릴·오븐·발효·전자렌지 4가지 기능을 합친 삼성그릴오븐렌지"라는 헤드라인을 썼다. 음식을 노릇노릇하고 바삭바삭하게 조리하기 때문에 음식 맛을 살려 주고, 숯불과 가스 불에 음식을 더 보기 좋고 더 맛있게 만든다고 주장했다. 국내 최초로 100만 대를 수출했다는 사실도 알리면서 전자레인지에 그릴, 오븐, 발효 기능을 추가한 1대(台) 4역(役)의 주방 필수품이라고 강조했다.

그릴오븐렌지에 대해 설명하는 카피는 이렇다. "생선구이 등 굽는 요리도 삼성 그릴오븐렌지에 맡겨 주십시오. 히터열로 빨리 고르게 요리됩니다. 특히 기호에 따라 굽는 정도를 조절할 수 있어 참 편리합니다." 오븐에 대해서는 이렇게 설명했다. "히터가 상·하 교대로 작동해 음식을 골고루 구워줍니다. 빵, 케잌, 과자도 맛있게 만들 수 있으며 로스비피 등 육류요리, 피자 등 서양요리도 손쉽게 만들 수 있읍니다. 특히 음식의 표면을 노릇노릇하게 구워주므로 보다 맛있는 음식을 만들 수 있읍니다." 발효에 대해 설명하는 카피는 이렇다. "삼성 그릴오븐렌지는 이스트 발효의 적정 온도인 38℃를 유지시켜주는 발효선택 스위치를 채용해 빵, 케잌, 과자 등 발효가 필요한 음식을 빨리

[그림 4-70] 삼성 그릴오브렌지 광고 '1대 4역' 편(동아일보, 1984. 1. 24.)

맛있게 만들 수 있읍니다." 그릴오브렌지에 대해서는 이렇게 설명했다. "전자
파가 음식의 겉과 속을 동시에 익혀 주므로 음식을 빨리 고르게 조리할 수 있
읍니다. 밥, 찌개, 국 등 일반요리는 물론 조리해 놓는 요리 데우기, 냉동식품
의 해동, 한약 달이기까지 다양하고 편리하게 사용할 수 있읍니다."

삼성전자의 삼성 그릴오브렌지 텔레비전 광고 '생선구이' 편(1984)에서는
그릴오브레인지의 장점을 간명하게 설명했다. "징글) 전자렌지에 그릴 발효
오븐. 징글) 삼성 그릴오브렌지는 4가지 기능을 1대로 합쳤어요. Na) 노릇노
릇 바삭바삭 삼성 그릴오브렌지." 광고에서는 음식의 조리 장면을 보여 주며
전자레인지, 그릴, 발효, 오븐의 기능이 숯불이나 가스불로 조리했을 때보다
뛰어나다고 강조했다. 광고에서는 소비자들이 평소에 잘 쓰는 '노릇노릇' '바
삭바삭' 같은 단어를 생동감 있게 표현함으로써 소비자의 구매욕을 자극시
켰다. 그릴오브렌지가 나오면서부터 음식의 조리 시간이 줄어들어 주부들이
식사를 준비하는 시간도 점점 단축됐다(두경자, 1999).

[그림 4-71] 삼성 그릴오븐렌지 광고 '생선구이' 편(1984. 5.)

　동양매직의 매직쉐프 가스오븐레인지 광고 '자부심' 편(경향신문, 1986. 10. 10).에서는 "매직쉐프-정말 자랑스럽습니다"라는 헤드라인 아래, 좋은 주방기구를 갖고 싶은 주부들의 소망을 강조했다. 보디카피는 이렇다. "여기 세계적 명성의 가스오븐레인지 매직쉐프를 소개합니다. 첨단의 요리기능과 완벽한 품질로 가스오븐레인지의 황제라 불리는 매직쉐프는 미국은 물론 선진 유럽 가정에서 선풍적 인기를 끌고 있는 최고급 가스오븐레인지입니다. 버너와 오븐, 브로일러가 하나로 조화를 이뤄 피자나 스테이크 등 일류 요리를 손쉽게 할 수 있을 뿐만 아니라 정통 서구 스타일의 화려한 디자인은 당신의 주방에 품격을 드립니다. 동양시멘트가 미국 매직쉐프사와 기술제휴로 만든 세계적인 가스오븐레인지. 매직쉐프! 주방에 놓이는 그 순간 주부로서의 자부심을 느끼지 않을 수 없습니다."

　동양시멘트의 기계사업부로 1985년에 출범한 동양매직은 미국 매직쉐프사와 기술제휴를 맺고 1986년에 국내 최초로 가스오븐레인지를 생산했다(한국경제, 2005. 3. 23.). 매직쉐프 광고에서는 가스오븐레인지의 여섯 가지 기능을 설명했다. 연소의 효율성을 극대화한 4구 버너 형식, 자동 온도조절 장치와 단열재가 내장된 오븐의 다양한 기능, 흐르는 기름을 받아내는 동시에 많은 음식을 요리하는 이중 팬이 부착된 브로일러, LPG와 도시가스를 함께 사용할 수 있는 자동점화 및 LPG 도시가스 겸용식, 조리시간을 자유롭게 조절하고 조리가 끝나면 차임벨이 울리는 시계 및 타이머, 다양한 색상에 녹슬 염려가 없는 서구 스타일의 프레스티지 디자인을 여섯 가지 기능이라고 강조했다(조재길, 2008). 하나의 제품에 여섯 가지 기능이 있어 가성비가 높은 제품이었다. 가스레인지와 오븐을 동시에 쓸 수 있어 비치 공간도 줄이고 주방 분위기도 화사하게 바꿀 수 있어, 주부들 사이에서 인기를 끌었다.

[그림 4-72] 매직쉐프 가스오븐레인지 광고 '자부심' 편(경향신문, 1986. 10. 10.)

삼성전자에 이어 금성사에서도 원적외선 브로일러 기술로 숯불구이 맛도 내는 가스오븐레인지를 개발하면서, 1980년대의 부엌은 기능적이고 미적인 공간으로 변모했다. 광고에서는 고품격, 명품, 격조라는 단어를 써서 부엌을 단순한 조리 공간이 아닌 미적인 주거 공간이라고 강조했다. 정부는 제2차

석유파동 이후 LPG와 LNG 수입을 추진했는데, 1980년대에는 액화천연가스인 LNG를 사용할 때 따로 부품을 사용해야 하는 불편함이 있었다(한국가스연맹, 2022). 이때 매직쉐프는 그 불편함을 제거했다는 광고를 했다. 광고에서는 LPG와 LNG 겸용이라는 단어를 강조하고, 광고의 왼쪽 상단에 매직쉐프는 별도로 부품을 교체하지 않아도 LNG를 쓸 수 있다고 강조했다.

동양매직의 매직쉐프 가스오븐레인지 광고 '자신 있게' 편(경향신문, 1987. 4. 23.)에서는 이런 헤드라인을 썼다. "LNG 열전환으로 가스오븐레인지를 교환해야 되는 분께—LNG · LPG 겸용 매직쉐프를 자신 있게 권해드립니다." 이어지는 보디카피는 이렇다. "매직쉐프는 별도의 부품 교체 없이 LNG에도 사용할 수 있습니다. 이제는 천연가스인 LNG 시대—그러나 많은 가스기구가 별도의 부품을 교체해야 하거나, LNG에는 사용할 수 없어 아주 바꿔야 하는 실정입니다. 이 기회에 가스오븐레인지를 교환하고자 하신다면 매직쉐프를 자신 있게 선택하십시오. 미국 매직쉐프사와 기술제휴해 생산하는 매직쉐프는 설계부터가 LNG, LPG 겸용으로 된 이상적인 가스오븐레인지입니다." 그리고 네 가지 요리를 동시에 할 수 있는 4구 버너, 찜 요리에서 케이크까지 만들 수 있는 다목적 오븐, 빠르고 맛있게 구워 주는 브로일러, 사용의 원리를 극대화한 첨단설계와 뛰어난 기술, 서구 스타일의 디자인과 다섯 가지의 다

[그림 4–73] 매직쉐프 가스오븐레인지 광고 '자신 있게' 편(경향신문, 1987. 4. 23.)

양한 색상, 완벽한 품질보증과 철저한 애프터서비스 같은 여섯 가지 혜택을 소개했다.

삼성전자의 센서그릴오븐레인지의 텔레비전 광고(1989)에서는 모델이 손 모양으로 10가지를 선택하는 메뉴판을 보여 주었다. 버튼을 간편하게 눌러 조리하는 장면과 오븐에서 많은 음식이 나오는 장면을 보여 주었다. 12시간 예약 기능을 알리며 바쁜 아침에 요리를 빠르게 만들 수 있다고 했다. 카피는 다음과 같다. "우리가 즐겨 먹는 음식 10가지 메뉴판이 붙어 있는 삼성 센서그릴오븐렌지. 메뉴판을 보고 탁 누르면 원하는 음식이 척척 자동 요리돼요. 참 편리해요. 삼성 그릴오븐렌지. 저녁 때 탁 예약해 놓으시면 아침 요리가 척척─삼성전자렌지."

금성사의 금성 가스오븐레인지 광고 '고품격 자존심' 편(동아일보, 1989. 6. 16.)을 보자. 1980년대에 주방은 미적 공간으로 떠올랐다. 광고에서는 고품격, 명품, 격조라는 카피를 써서 주방이 단순한 조리 공간이 아닌 미적 공간이란 점을 부각시켰다. "고품격 자존심. 그 기능과 품격을 직접 느껴 보십시오." 헤드라인에 이어지는 보디카피는 다음과 같다. "가스오븐레인지의 세계적 명성. 칼로릭. 그 신비의 기술로 금성이 가스오븐레인지를 내놓았습니다. 보는 순간 느끼는 인테리어의 감각. 쓸수록 느껴지는 명품의 격조. 당신의 선택이 돋보인다." 이어서 "쓸수록 느껴지는 명품의 격조─금성 가스오븐레인지"라는 리드카피를 쓰고 제품의 특성을 상세히 설명했다. "▶ 원적외선 브로일러: 숯불구이 맛. 미국 칼로릭사의 특허인 3중망 버너. 브로일러는 820도 이상의 강력한 원적외선을 발생시켜 육류의 맛과 수분을 보존하면서 숯불구이 맛을 냅니다. ▶ 오븐 내부 자동 열분해 청소 기능: 오븐 내부의 법랑표면 위에 특수촉매를 사용해 음식물의 기름 성분을 열분해시켜 자동으로 청소해 줍니다. ▶ 많은 음식도 빨리 맛있게: 대용량 오븐. 일반 오븐렌지보다 용량이 40리터 더 크기 때문에 손님접대나 대가족 음식을 준비할 때 한 번에 많은 요리를 할 수 있습니다. ▶ 시계겸용 전자식 디지털 예약 타이머: 전자식 디지털 시계와 오븐요리를 미리 프로그램할 수 있는 예약 타이머 기능, 요리

완료를 알리는 부져 작동 기능까지 갖추었습니다. ◆식기건조 및 보관기능.
◆오븐 내 요리상태 확인 및 조명등 부착. ◆한번에 4가지 요리를 할 수 있는
4구 버너. ◆열효율이 높은 가스절약형 유니버너. ◆LPG, LNG 겸용. ◆Lift-
Up 방식의 상판 지지대 및 분리형 오븐도어."

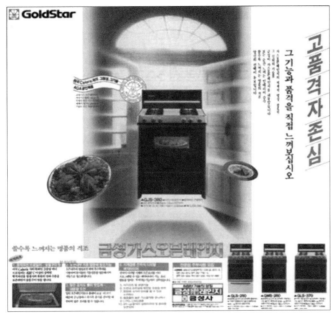

[그림 4-74] 금성 가스오븐레인지 광고 '고품격 자존심' 편(동아일보, 1989. 6. 16.)

1980~1989년대의 오븐과 그릴 광고를 통해 오븐과 그릴이 우리나라의 주
방문화에 미친 영향과 일상생활의 변화를 확인했다. 그 시절의 광고들은 당
시의 생활문화를 증명하는 소비문화 사료로써의 가치가 높다. 1980년대의
오븐은 편리한 주방 기구임이 분명했지만 주방에서 쓰기에는 부피가 약간 컸
고 전기료도 많이 나왔기 때문에, 선뜻 구매하기에 부담감을 느끼는 주부들
도 많았다. 그렇지만 오븐과 그릴이 등장함으로써 주방의 환경도 눈에 띄게
개선됐고, 주부들이 음식 만드는 데 쏟는 시간이 대폭 줄어든 것은 분명한 사
실이다.

2) 1990년대의 오븐과 그릴 및 인덕션 광고

전류를 사용하는 인덕션은 유해 가스가 발생하지 않고 화재의 위험도 덜하지만 가스버너에 비해 음식의 조리 시간이 오래 걸렸다. 1990년대의 광고에서는 인덕션을 불꽃 없는 전자조리기로 소개했다. 광고에서는 가스레인지의 단점을 부각시키고 안전성, 경제성, 편리성, 무공해성, 다양성을 인덕션의 장점으로 소개했지만, 당시에 20~30만 원대로 가격이 비싼 편이어서 많이 팔리지는 않았다. 인덕션 광고에서는 화재 위험이 없다는 점을 두드러지게 강조했다.

태인교역상사의 인덕션쿠커 광고 '불꽃 없는' 편(매일경제, 1990. 9. 24.)에서는 "주방의 개념을 새롭게 바꾼─불꽃 없는 전자 조리기 인덕션쿠커"라는 헤드라인을 써서 인덕션의 등장을 알렸다. 그리고 세진유통의 인덕션렌지 광

[그림 4-75] 태인교역 인덕션쿠커 광고 '불꽃 없는' 편(매일경제, 1990. 9. 24.)

[그림 4-76] 세진유통 인덕션렌지 광고 '화재 없음' 편(매일경제, 1990. 10. 25.)

고 '화재 없음' 편(매일경제, 1990. 10. 25.)에서는 "가스렌지보다 훨씬 편리한-
인덕션렌지"라는 헤드라인을 써서 불꽃이 없어 화재 위험이 낮다고 주장했
다. 태인교역상사의 다른 광고에서는 "21세기 첨단 주방 기구 불꽃 없는 전자
조리기-인덕션렌지"라고 다시 첨단 기술을 강조함으로써, 주부들의 관심 유
발을 시도했다(경향신문, 1990. 12. 29.).

동양매직의 매직쉐프 광고(동아일보, 1990. 6. 22.)에서는 주부들의 패션 감
각을 강조했다. 1990년에 접어들어 매직쉐프는 가스오븐레인지가 주방의 조
리 기구만이 아닌 주부들의 패션 감각을 살려 주는 기구라고 주장했다. 색상
과 재질 그리고 3년 무상 A/S와 무료강습 서비스를 내세우며, "더욱 새로와진
3가지 만족 90년형 매직쉐프 가스오븐레인지 탄생"이라는 헤드라인을 썼다.
이어지는 광고(동아일보, 1990. 8. 31.)에서는 마술사 데이비드 카퍼필드의 서
울 공연을 알렸다. 카피는 이렇다. "데이비드 카퍼필드가 매직 세계를 펼치

듯– 동양매직이 주방의 매직라이프를 펼쳐갑니다." 가스오븐레인지가 주부
들에게 환상적인 라이프스타일을 제공한다며 헤드라인에서 환상적인 마술
을 강조했다.

린나이코리아의 린나이 온체·탑판 오븐렌지 광고 '커플의 개성' 편(동아일
보, 1991. 5. 30.)에서는 주부들이 요리하다 음식이 남아 처치하기 곤란해진 음
식을 쉽게 조리할 수 있다며 린나이 오븐레인지의 성능을 구체적으로 설명했
다. 부부가 행복한 표정을 짓고 함께 서 있는 중간에 오븐레인지를 배치한 과
감한 레이아웃이 주목할 만하다. 카피는 이렇다. "더 좋은 느낌. 우리 커플의
개성을 기획한다." 린나이만의 특수 기술과 국산품을 강조하며 향후에 이루
어질 서비스를 보장한다는 사실도 적극적으로 내세웠다. 주부들이 다양한 모
델별로 특성과 가격을 알 수 있도록 제품에 대한 정보를 상세히 소개했다.

[그림 4-77] 린나이 오븐렌지 광고 '커플의 개성' 편(동아일보, 1991. 5. 30.)

롯데기공의 롯데프린스 가스오븐렌지 광고 '식구들' 편(경향신문, 1991. 10.
5.)에서는 어려운 요리를 쉽게 할 수 있기 때문에 식구들이 놀라는 장면을 상
상해 보라는 카피로 주부들을 겨냥했다. "식구들이 놀라는 모습, 상상해 보

십시오. 멀게만 느껴지던 멋진 요리들! 롯데 가스오븐렌지가 만들어 드립니다." 기술력이 뛰어난 미국 제품이라는 정보도 함께 담아 주부들의 관심을 끌었다. 오븐을 처음 다루어 보는 주부들에게 가스오븐레인지 사용법을 알려 주기 위해 요리 강습 서비스도 제공했다.

[그림 4-78] 롯데 프린스 가스오븐렌지 광고 '식구들' 편(경향신문, 1991. 10. 5.)

대우전자의 대우열풍순환 전자렌지 광고 '고루고루' 편(동아일보, 1991. 10. 21.)에서는 "뜨거운 바람이 고루고루 익혀준다!"는 카피로 골고루 익혀 주는 열풍 순환의 기능을 상세히 설명했다. 화살표 4개를 보여 주며 바람이 골고루 순환된다는 사실을 시각적으로 표현한 점도 흥미롭다. 광고에서는 전자레인지의 첨단 기능을 탑재했다는 카피를 써서 주부들의 관심을 유도했는데 시각적 표현의 완성도가 매우 높다.

[그림 4-79] 대우 열풍순환 전자렌지 광고 '고루고루' 편(동아일보, 1991. 10. 2.)

삼성전자의 삼성 가스오븐렌지 광고 '합쳤다' 편(동아일보, 1992. 4. 1.)에서
는 가스오븐레인지와 전자레인지를 국내 최초로 결합한 기술력을 강조하기
위해 두 남자의 사진을 활용했다. "국내최초 가스오븐렌지와 전자렌지가 합
쳤다!" 이 헤드라인과 함께 사진 안에 "네! 우리처럼 합칠 겁니다"라는 카피를
배치했다. 광고에서는 두 가지 요리를 동시에 할 수 있다고 하며 제품의 특성
을 부각시키고, 조리할 때 골고루 익힌다는 장점도 설명했다.

린나이 가스오븐렌지 광고 '서양문화' 편(경향신문, 1993. 5. 27.)에서는 "서
양문화를 우리 것으로 완성하고 있습니다"라는 헤드라인에 빵과 피자 종류
를 오븐에 굽는 이미지를 써서 제품의 기능과 안전에 대해 설명했다. 대우전
자의 대우 가스오븐렌지파티 광고 '탄생' 편(동아일보, 1993. 9. 13.)에서는 신
제품인 '파티'의 성능과 특성을 강조했다. "원적외선 세라믹 그릴버너를 채용
한 대우 가스오븐렌지 파티 탄생"이라는 헤드라인을 썼다. 가스오븐레인지
의 편리성과 제품의 견고함을 알리며 "제품은 튼튼하게 생활은 편리하게"라
는 슬로건의 가치를 인식하도록 했다.

[그림 4-80] 삼성 가스오븐렌지 광고 '합쳤다' 편(동아일보, 1992. 4. 1.)

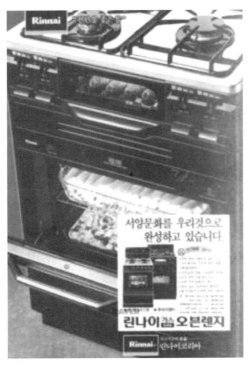

[그림 4-81] 린나이 가스오븐렌지 광고 '서양문화' 편(경향신문, 1993. 5. 27.)

[그림 4-82] 대우 가스오븐렌지 파티 광고 '탄생' 편(동아일보, 1993. 9. 13.)

린나이코리아의 린나이 가스오븐 광고 '분리형' 편(경향신문, 1993. 10. 11.)에
서는 "더 좋은 느낌-린나이 가스오븐"이라는 헤드라인을 썼다. 카피에서는 주
부들이 느끼던 요리의 불편함을 말끔히 해소했다고 설명했다. 칸칸마다 분리
되는 장면을 시각적으로 흥미롭게 제시했는데, 그 안에서 익어 가는 먹거리가
정말 맛있어 보인다. 광고 지면의 거의 대부분을 비주얼로 채우고 나머지 부분
에 카피를 배치함으로써 주부들에게 시각적인 공감을 유도하려 했다.

[그림 4-83] 린나이 가스오븐 광고 '분리형' 편(경향신문, 1993. 10. 11.)

대우전자의 대우 탱크오븐렌지 블랙미러 광고 '품격' 편(동아일보, 1994. 10. 25.)에서는 감각적인 디자인으로 주부들을 사로잡았다고 강조했다. 헤드라인은 이렇다. "가스오븐렌지의 품격이 달라진다! 탱크주의로 만든 고품격 가스오븐렌지 블랙미러." 가스오븐레인지는 부피가 커서 주방의 인테리어를 방해할 수 있다고 진단한 대우전자에서는 블랙미러 디자인을 개발해 주부들의 기대감에 부응하고자 했다. 주로 30대 주부들을 대상으로 가스오븐레인지가 여자의 자존심이라고 강조하며 주부들의 구매욕을 자극했던 광고다.

[그림 4-84] 대우 탱크오븐렌지 블랙미러 광고 '품격' 편(동아일보, 1994. 10. 25.)

삼성전자의 삼성 가스오븐렌지 듀오 광고 '실속파' 편(동아일보, 1995. 6. 17.)에서는 "난 화려한 실속파!"라는 헤드라인을 써서 가성비를 강조했다. 그때까지도 가스오븐레인지를 들여놓지 않은 주부들에게 반드시 구매하라고 촉구하는 광고였다. 핵심 카피는 이렇다. "분위기면 분위기, 실속이면 실속 어느 것 하나도 놓칠 수 없다." 가스오븐레인지가 단순한 조리 기구가 더 이상 아니니 주방 인테리어를 생각해서 다양한 컬러로 자신의 개성에 알맞게 주방을 꾸미라고 권고한 것이다. 화려함과 실속은 의미상 배치되는 말인데도, '화려한 실속파'라는 헤드라인을 써서 의미의 충돌을 피해갔다.

[그림 4-85] 삼성 가스오븐렌지 듀오 광고 '실속파' 편(동아일보, 1995. 6. 17.)

동양매직의 매직가스오븐레인지 칼라 광고 '미시' 편(동아일보, 1996. 9. 2.)에서는 "나만의 칼라, 매직 칼라"라는 카피를 써서, 분위기와 실속 중에서 어느 것 하나도 놓치고 싶지 않은 미시 주부의 실속 구매를 강조했다. 동양매직의 매직가스오븐레인지 텔레비전 광고 '분명한 칼라' 편(1996. 9.)에서도 색상을 강조했다. 카피는 이렇다. "Na) 내 분위기~? 분명한 건! 칼라야! (칼라~~~) 넌, 튀니까! 매직가스오븐레인지-칼라." 당시의 가스오븐레인지는 회색이나 검은색이 인기를 끌었지만, 동양매직은 다른 브랜드와 달리 파랑색, 주황색, 하늘색의 오븐을 출시했다. 디자인 측면에서도 앞서야 한다며 주부들의 구매를 유도했다.

또한, 동양매직의 매직가스오븐레인지 칼라 광고(동아일보, 1997. 10. 8.)에서는 우주항공기술을 최초로 적용했다며 시대가 만든 명품이라고 했다. "세계 최초, 우주항공기술이 주방에 들어왔다! 최고의 기술이 최고를 만들었다." 매직가스오븐레인지의 다른 광고(경향신문, 1998. 9. 17.)에서는 동양매직의 우월성을 부각시켰다. "가스오븐레인지는 역시 매직! 기술과 품격에서 신뢰와 전통에서 가스오븐렌지는 단연 매직입니다." 가스오븐레인지는 동양매직이 최고라고 하며 어느 부분에서도 자사 브랜드의 제품력이 떨어지지 않는다고 주장했다.

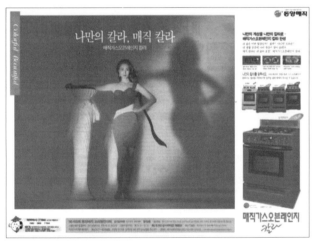

[그림 4-86] 매직가스오븐레인지 칼라 광고 '미시' 편(동아일보, 1996. 9. 2.)

동양매직의 매직가스오븐레인지 광고 '앞선 기술' 편(경향신문, 1999. 4. 7.)에서는 대한민국의 여성과 주부들에게 인정받았다는 헤드라인을 써서 브랜드 파워에 대한 자신감을 강조했다. 반복법을 적용한 헤드라인은 이렇다. "대한민국 여성들이 최고라고 했습니다. 대한민국 정부가 앞선 기술이라 했습니다." 카피 위주의 반복법을 써서 기억을 유도하는 이 광고는 누구나 한눈에 쉽게 이해할 수 있었을 것이다.

린나이코리아의 린나이오븐 · 그릴레인지 광고 '나도 해보자' 편(경향신문,

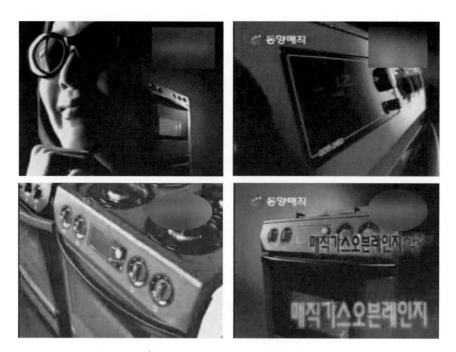

[그림 4-87] 매직가스오븐레인지 광고 '분명한 칼라' 편(1996. 9.)

1999. 10. 16.)에서는 아직 그릴은 없더라도 그릴에 요리를 해 보고 싶어 할 주부들의 잠재적 욕구를 건드렸다. 헤드라인은 이렇다. "그래! 그릴에다 나도 오븐요리 한번 해보자." 주부들에게 오븐요리를 시도해 보라는 전형적인 제안형 카피를 썼다. 오븐으로 요리한 다양한 음식물을 펼쳐서 제시하는 시각적 처리도 시선을 끌 수밖에 없다.

주방에 비치하기에는 부피가 컸고 전기료도 많이 나와 오븐 구매에 부담감을 느끼던 주부들도 가스오븐레인지가 등장하자 부담감을 덜 느끼기 시작했다. 가스레인지와 오븐이 결합돼 부피가 줄어든 가스오븐레인지는 전기오븐과 달리 가스를 이용했기 때문이다. 1990년대 초반에는 광고에서도 가스오븐레인지의 성능과 가격 할인을 알렸지만, 1990년대 중·후반에는 디자인을 강조했다. 1990년대에는 오븐만 판매하는 회사는 거의 사라졌고 모든 가전제품회사에서 가스오븐레인지를 생산해 판매촉진 활동을 전개했다.

[그림 4-88] 매직가스오븐렌지 광고 '앞선 기술' 편(경향신문, 1999. 4. 7.)

[그림 4-89] 린나이 오븐 · 그릴 레인지 광고 '나도 해보자' 편(경향신문, 1999. 10. 16.)

3) 2000년대의 오븐과 그릴 및 인덕션 광고

오븐과 그릴은 2000년대 초반부터 대단한 인기를 끌었다. 2000년대 이전
까지는 오븐과 그릴이 음식을 데워 주는 용도로 주로 쓰였다면, 2000년대 이
후로부터는 음식을 구워 주는 가전제품으로 변모했다. 린나이의 잡지광고
(2000. 4.)에서는 "그래! 그릴에다 나도, 오븐요리 한번 해보자"라는 카피를 썼

다. 그 전까지는 오븐요리를 해 보지 않은 사람이 많았다는 뜻이다. 2000년
부터 '웰빙' 열풍이 불자 오븐에 대한 관심도 급격히 증가했다. 삼성 가스오븐
레인지듀오 잡지광고(2000. 4.)에서는 오븐에서 갓 구운 쿠키 사진을 배치하
고, "생활에 맛을 더해주는 건 사랑과 DUO뿐입니다"라는 카피를 썼다. 찌개
를 끓이고 프라이팬으로 조리하는 가스레인지, 생선이나 음식을 굽는 그릴,
오븐 형태라는 세 가지 기능이 합쳐진 복합 기능 제품이었다.

　LG전자의 LG오븐전자레인지 잡지광고(2000. 4.)도 비슷한 형식이었다.
"보통 전자레인지로는 어림없다! 그러나……." 같은 카피를 써서, 오븐요리
를 해 먹고 싶다면 LG오븐전자레인지를 사용하라고 권고했다. 기존의 전자
레인지는 음식 데우기에 주로 쓰였고 요리하기는 어려웠지만, LG오븐전자레
인지는 음식 데우기와 요리를 할 수 있다며 오븐레인지를 써 보기를 권고했
다. 광고 카피는 이렇다. "(고급 레스토랑에서 남녀가 설명 하고 있는 모습) 이 순
간 내가 얼마나 행복한지 넌 알지 못한다. (아이의 웃음소리) 매직은 행복입니
다. 매직가스오븐레인지." 주부들은 광고 모델처럼 저녁 식사를 맛있게 즐기

[그림 4-90] 매직가스오븐레인지 광고 '마법' 편(2001. 3.)

고 싶다고 상상하며 오븐을 구매했을 것이다.

동양매직의 매직가스오븐레인지 광고 '마법' 편(2001. 3.)에서는 가족들이 주방에서 함께 음식을 준비하는 장면을 보여 주었다. 2000년대에 접어들어 직장에 출근하는 여성의 숫자가 대폭 증가했는데, 그런 추세를 반영한 듯 이 광고에서는 요리는 매직가스오븐레인지에 맡기고 편리한 일상을 즐기라고 했다. 사회 활동을 하던 여성들은 가스오븐레인지를 사용하며 주방이 마법 처럼 달라졌다고 생각하며 일상생활의 변화를 시도했을 것이다.

LG전자의 LG디오스 광파오븐 광고 '브뤼노' 편(2005. 8.)은 아나운서 김성 경 씨와 세계적인 요리사 브뤼노가 등장해 인터뷰하는 형식으로 구성했다. 광고 카피의 흐름을 따라가 보자. "김성경) 세계적인 요리사 브뤼노, 그의 요 리 철학은 뭘까? 천천히, 빨리, 천천히. 좋은 재료는 천천히 고르고, 요리는 빠르게 해야죠. Na) 빛으로 빠르게 디오스 광파오븐. 김성경) 요리는 빠르게, 맛은 천천히. Na) 내일을 사는 여자—디오스." 브뤼노 씨는 재료는 천천히 고 르고 요리는 빠르게 해야 음식의 맛과 영양을 모두 잡는다고 하면서, 디오스

[그림 4-91] LG디오스 광파오븐 광고 '브뤼노' 편(2005. 8.)

광파오븐이 맛과 영양을 지키고 고급 음식도 만들어 낼 수 있다고 강조했다.

테팔의 전기그릴 광고 '특수코팅 불판' 편(2006. 5.)에서는 그릴에 특수코팅 불판이 있기 때문에 연기가 덜 나고 더 빠르게 구을 수 있다고 했다. 오븐이 열기를 이용해 공기 중에서 음식을 굽는다면, 그릴은 음식 표면에 열이 직접 닿게 해서 굽는다. 고기를 불판에 구우면 연기 때문에 주위가 뿌옇게 되는데, 광고에서는 이 문제를 공략하기 위해 카피를 이렇게 썼다. "(탁자 밑에서 연기를 피하는 사람들) (빠르게 고기를 집어 들고 다시 탁자 밑으로 들어가는 사람들) Na) 연기 때문에 불편하셨죠? 테팔 전기 그릴. 연기 걱정은 그만! 깔끔하게 맛있죠! 테팔." 광고에서는 테팔 전기그릴의 특수 코팅 불판이 연기를 덜 나게 하고 고기를 더 빠르게 구워 준다고 강조했기 때문에, 주부들의 연기 걱정을 크게 덜어 줬을 것이다.

동양매직의 매직스팀오븐 광고 '기름은 빼고' 편(2007. 4.)은 얼핏 보면 치

[그림 4-92] 테팔 전기그릴 광고 '특수코팅 불판' 편(2006. 5.)

킨 광고로 오인할 수 있다. 카피는 이렇다. "Na) 와~! 맛있겠다! 하~ 근데 저 기름 좀 봐. 기름 쪽 빼고 먹을 순 없을까? 아이, 괜찮아 그냥 먹자. 아~ 안 돼. 살찐단 말야. 더 이상 참을 수 없어. 참아야 해! 먹으면 다 뱃살로 가겠지? (사람들의 불평 소리) (스팀 소리) 매직스팀으로 바꾸세요. 참을 수 없다면 매직 스팀으로 바꾸세요. 기름은 빼고 맛은 올리고. 요리를 바꾸는 매직. 스팀은 매직이다—매직 스팀오븐." 광고 모델들이 음식을 맛있게 먹고는 싶지만 비만이나 건강 악화를 우려한다는 내용이다. 광고에서는 매직스팀오븐으로 요 리하면 안 좋은 기름 성분이 쏙 빠지고 좋은 기름만 남아, 담백하고 맛있는 치킨을 먹을 수 있다고 강조했다.

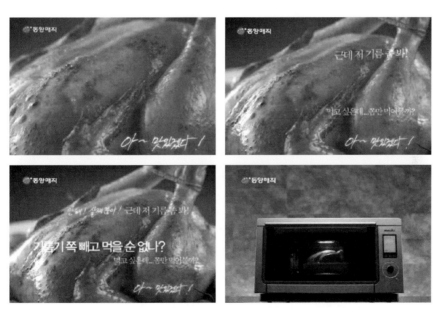

[그림 4-93] 매직스팀오븐 광고 '기름은 빼고' 편(2007. 4.)

LG전자의 LG디오스 광파오븐스팀 잡지광고 '광파에 스팀까지' 편(2009. 5.)을 보자. 왼쪽 광고에서는 먹음직스런 파이 사진 위에 "겉 다르고 속 다른 파이"라는 카피를 썼다. 오른쪽 광고에서는 광파오븐스팀을 이용해 겉은 바 삭하고 고소한데 속은 촉촉하고 부드러운 파이를 만들 수 있다고 설명했다.

그리고 "그 좋은 광파에 스팀까지 더했다!"라는 헤드라인을 써서 광파와 스팀을 강조했다. 광파를 이용해 겉은 바삭하게 조리함으로써 씹는 식감을 살리고, 스팀을 이용해서 속까지 부드럽고 촉촉하게 조리할 수 있다고 했다. 주부들 입장에서는 광파와 스팀을 강조한 디오스 광파오븐스팀에 호기심을 느끼지 않을 수 없었을 것이다.

[그림 4-94] LG디오스 광파오븐스팀 광고 '광파에 스팀까지' 편(2009. 5.)

이상에서 오븐과 그릴 및 인덕션 광고의 변천에 대해 살펴보았다. 오븐이 처음 나왔던 1970년대에는 오븐이 낯선 신제품이었지만 2000년대 이후부터 오븐의 판매가 급성장하고 보편화됐다. 처음 광고에서는 레인지와 결합된 형태인 오븐이 굽고 데울 수 있다는 점을 강조하다, 오븐의 디자인과 색상 그리고 다양하고 실용적인 크기를 차츰 강조했다. 나중에 가서는 발전된 기술을 강조했고 싱글족이 늘어났던 2002년부터는 알뜰하고 효율적인 공간 활용을 부각시켰다(임영주, 2002).

오븐의 크기도 점차 작아지고 실용적인 방향으로 개선됐다. 전기오븐이 인기를 끌자 주부들의 소비문화도 함께 달라졌다. 주부들이 불을 직접 때서 음식을 조리하지 않고 가스를 연료로 활용해 음식을 조리함에 따라, 가족의 역할이나 집안의 풍경도 변화했다. 여자들만의 음식 조리 공간으로 인식되던 부엌은 남자를 비롯해 가족 전체가 다 같이 요리하는 공간으로 변했고, 싱글족이 출현한 다음부터는 오븐과 그릴 및 인덕션에 대한 수요가 폭발적으로 증가했다.

4) 2010년대의 오븐과 그릴 및 인덕션 광고

LG전자는 2016년에 인덕션을 처음으로 출시한 이후 곧바로 광고를 시작했다. LG전자의 LG디오스 키친패키지 텔레비전 광고 '불의 해석' 편(2016)에서는 인덕션의 장점만을 간명하게 소개했다. 원터치로 불 조절이 가능하고, 어떤 용기도 사용할 수 있다는 점이었다. 제품의 기능을 부각시키며 타제품과의 차별점을 소개하거나 소비자의 사용 경험을 통해 공감을 불러일으키기보다 새로운 형태와 새로운 기술을 부각시켰다. 광고 영상의 분위기는 세련미가 넘친다. "디오스에 이런 기술도 있었네요"라는 내레이션으로 시작하는 광고에서는 LG전자의 주방가전 브랜드인 디오스의 새로운 기술에 대한 기대

[그림 4-95] LG디오스 키친패키지 광고 '불의 해석' 편(2016)

감을 높였다. 광고에서는 전기레인지(인덕션)와 전자레인지 및 오븐을 묶어 새로운 키친패키지로 소개했다. 무엇보다 불을 새롭게 해석한 점이 놀랍다. 인덕션은 '불을 없애는 것', 전자레인지는 '불을 숨기는 것', '오븐은 불을 빛내는 것'으로 표현했다. 카피는 다음과 같다. "Na) 디오스에 이런 기술도 있었네요. 가스레인지를 켜고도 유해가스 걱정은 줄여 줍니다. 인덕션에 하이라이트를 더하니 어떤 용기도 가능하군요. 불 조절은 원터치로. 와, 끝내주네요. (중략) 불을 숨기거나, 불을 없애거나, 불을 빛내거나. 요리하는 DIOS."

그리고 LG전자의 LG디오스 키친패키지의 신문광고 '요리하는 디오스' 편(2016)에서도 오븐을 제외한 '광파 가스레인지'와 '하이브리드 전기레인지'만을 소개했다. 광파 가스레인지는 기존 가스레인지의 불길을 없애 가스레인지의 레버와 인덕션의 글라스 화구를 합친 제품으로 불길에서 나오는 유해가스 걱정이 없어 '건강한'이란 형용사로 표현했다. 하이브리드 전기레인지는 인덕션의 최대 장점인 '고화력'을 강조해 조리를 더 빠르게 할 수 있다며 '빨라진'이란 형용사로 제품을 표현했다. 더욱이 "국내 최초 가스레인지를 만든 기술력으로 주방을 새롭게 요리하다"라는 카피를 써서 소비자들이 LG전자의 기술력을 믿도록 가전제품의 역사를 환기했다.

LG전자의 LG디오스 인덕션 광고 '새로운 주방의 시작' 편(2017)에서는 이전까지 써 오던 "새로운 기술"이나 "새로운 제품" 같은 카피 대신에, 업그레이드된 제품의 특성에 맞춰 "새로운 주방의 시작"이란 카피를 써서 인덕션으로 새로운 주방문화를 시작하라는 메시지를 전달했다. 처음에는 주변의 많은 것들이 바뀌는데 왜 여전히 가스레인지를 쓰고 있느냐는 질문을 던지며 호기심을 자극했다. 주방의 가스레인지는 너무 익숙하기에 '불'을 바꾸는 데 심리적 저항감이 있다는 점을 고려해, 불만 달라져도 주방이 바뀔 것이라며, 디오스 인덕션 하나만 바꿔도 주방의 모든 것이 달라진다고 강조했다. 이전의 광고들과 달리 "요리는 더 빠르게—3,400W 고화력" 같은 구체적인 기술을 언급하며 제품의 장점을 소개했다. 카피는 이렇다. "Na) 당신의 레시피가 바뀌고, 입맛이 달라지고, 메뉴가 다양해지는 동안, 왜 불은 여전히 그대로일까요? 당신의 주방에 불만 달라져도, 유해가스 없이 요리는 더 빨라지고, 더 안전해지고, 더 깔끔해질 거예요. 바뀐 건 디오스 인덕션 하나지만 주방의 모든 것이 달라집니다. 새로운 주방의 시작—LG DIOS 인덕션."

LG전자와 경쟁하던 삼성전자에서도 인덕션을 출시하고 광고 전쟁을 전개했다. 삼성전자의 삼성 셰프컬렉션 인덕션 광고 '무대' 편(2017)은 삼성 셰프컬렉션 인덕션의 첫 광고다. 무대라는 주제와 걸맞게 시작은 굉장히 웅장하다. 첫 장면에서 마치 무대의 시작을 알리는 듯 탈부착이 되는 마그네틱 다이얼을 부착하고 불을 켠다. 여기서 주목해야 할 점은 인덕션인데도 불꽃이 보인다는 사실이다. 삼성은 인덕션을 사용하는 데 익숙하지 않아 불의 세기를 가늠할 수 없을 주부들을 위해, 불의 세기를 잘 파악해 손쉽게 요리할 수 있도록 가상의 불꽃을 보여 준 것이다. 다음 장면도 무대에서 멋진 퍼포먼스를 보여 주듯 요리하는 장면이 나오고, 요리가 완성되면 관객들의 환호와 박수 소리가 흘러나온다. 이러한 설정은 소비자들에게 삼성 셰프컬렉션 인덕션에 기대감을 갖게 했다. 삼성 셰프컬렉션 인덕션을 통해 이루어질 주방문화의 새로운 변화를 알리며 소비자들에게 오랫동안 고수해 온 주방 환경을 변화시키라고 촉구한 광고였다. 카피는 이렇다. "Na) 막이 열렸습니다. 여기는 무대입니다. 불꽃이 켜지면, 가벼운 점프도, 웅장한 퍼포먼스도, 당신의 컨트롤 아래 최상의 맛을 만들어 냅니다. 셰프컬렉션. 또 한 번 주방을 새롭게. 삼성 셰프컬렉션 인덕션."

삼성전자의 삼성 셰프컬렉션 인덕션 광고 '세상에 없던 불꽃' 편(2018)은 불꽃 시리즈 광고에서 가장 먼저 집행된 광고다. 광고 영상에서는 인덕션에 손을 대고 주방에서 커피를 마시는 장면과 탈부착이 가능한 마그네틱 다이얼에 사랑이 담긴 쪽지를 끼워 놓는 장면을 통해 이전 가스레인지를 사용하던 주방에서는 불가능했던 상황을 제시하며 인덕션에 대한 호기심을 자극했다. 삼성 셰프컬렉션 인덕션만이 구현할 수 있는 주방문화의 새로운 면모를 제시하면서 구매를 유도했다. 주부들이 주방의 가전제품을 바꾸는 데는 요리를 더 편리하게 하려는 목적도 있지만, 주방 인테리어를 예쁘게 꾸미기 위한 목적도 강하다. 주부들은 주방의 새로운 변화를 꿈꾸며 광고에 반응했을 것이다. 카피는 이렇다. "Na) 당신의 주방에 뜨거운 불이 사라지면, 그곳은 자꾸만 머물고 싶은 공간이 되고, 요리의 시간은 건강해집니다. (순식간에 끓었네) 주방과 주방이 아닌 곳에 경계는 사라지고, 식지 않는 로맨스까지 생겨납니다. 세상에 없던 불꽃, 세상에 없던 라이프의 탄생. 삼성 셰프컬렉션 인덕션."

[그림 4-96] 삼성 셰프컬렉션 인덕션 광고 '세상에 없던 불꽃' 편(2018)

LG전자의 LG디오스 인덕션 광고 '딸의 인덕션' 편(2018)에서는 이제 갓 요리를 시작한 딸의 모습이 등장했다. 요리하는 도중에 틈틈이 레시피를 보며 헤매는 모습이나 불 조절을 못해 안절부절못하는 모습을 보여 주며 요리에 서툰 여성들의 공감을 유발했다. 기능적 측면에서 딸의 고민은 요리하는 데 시간이 많이 걸린다는 점이기 때문에 '강력한 화력으로' 많은 요리를 더 빠르게 할 수 있다고 강조했다. 또한, 요리 전문가 백종원 씨가 광고의 마지막 무렵에 등장해 "불만 바꿔도 요리가 달라집니다"라고 하면서 LG디오스인덕션을 써 보라고 은근히 권유했다. 요리 분야의 유명인을 활용해 제품과 브랜드의 신뢰성을 높이려고 시도한 광고다. 카피는 다음과 같다. "여) 아직은 서툴

러서 틈틈이 레시피도 봐야 하고, 음식 하나 만드는 데 시간이 많이 걸리네요. 그래서 DIOS 인덕션. 강력한 화력으로 많은 요리를 더 빠르게, 과열 방지 시스템으로 더 안전하게, 다이아몬드 커팅 글래스로 더 깨끗하게. 백종원) 불만 바꿔도 요리가 달라집니다. Na) 엘지 DIOS 인덕션.”

[그림 4-97] LG디오스 인덕션 광고 '딸의 인덕션' 편(2018)

이어지는 LG디오스 인덕션 광고 '엄마의 인덕션' 편(2018)에서는 뜨거운 불 앞에서 요리하는 엄마의 모습과 딸의 목소리가 내레이션으로 들려온다. 엄마가 요리하는 모습을 보고 딸이 건네는 말이 흘러나온다. '딸의 인덕션' 편에서 딸의 미숙한 요리 실력에 초점을 맞췄다면, '엄마의 인덕션' 편에서는 가스레인지를 사용할 때의 불편함과 건강 문제에 대해 이야기했다. 뒤따라 나오는 인덕션의 기능에 대한 소개도 앞서의 광고와는 다르다. “과열 방지 시스템으로 더 안전하게”라는 카피를 통해, 깜빡해도 열이 과열되지 않고, 직접적인 불길이 없어 안전하다는 사실을 강조했다. 인덕션의 기능에 대한 정보를 똑같이 전달해도 순서를 달리함으로써 엄마와 딸의 상황에 맞춰 기능이 더 잘 전달되도록 했다. 카피는 다음과 같다. “여) 매일 뜨거운 불 앞에서 요리하기 힘드시죠? 유해가스도 걱정되고. 요즘 들어 깜빡하시는 일도 많아지셨어요. 그래서 DIOS 인덕션. 과열방지 시스템으로 더 안전하게, 강력한 화력으로 많은 요리를 더 빠르게. 다이아몬드 커팅 글래스로 더 깨끗하게. 불만 바꿔도 요리가 달라집니다. LG DIOS 인덕션."

LG전자는 '디오스인덕션 체험단'이라는 주제를 바탕으로 시리즈 캠페인을 전개했는데 인터뷰 형식을 도입해 인덕션을 체험한 소감을 그대로 광고에 반영했다. LG전자의 LG디오스인덕션 광고 '나의 첫 인덕션 체험단 인터뷰: 전린애 씨' 편(2019)에서는 아이 키우는 젊은 주부들을 대상으로 주부의 현실적인 고충을 디오스 인덕션을 쓰면 해결할 수 있다는 내용을 담았다. 불을 쓰는 주방은 아이들이 있기에는 위험한 공간이지만, LG디오스 인덕션에는 14중 안전장치 시스템이 있으니 아이들이 주방에 오더라도 걱정할 필요가 없다고 했다. 더욱이 고화력이라 요리를 빨리 할 수 있고, 화력을 선택할 수 있으니 이유식 만들기도 쉬워졌다는 내용을 전달했다. 소비자들이 직접 체험한 사실을 생생한 소비자 언어로 소개하는 방식이 돋보이며, 인덕션의 다양한 기능을 연령과 직업에 맞게 소개함으로써 공감을 유발한 광고다. 카피는 다음

[그림 4-98] LG디오스 인덕션 광고 '나의 첫 인덕션: 전린애 씨' 편(2019)

과 같다. "Na) LG 디오스 인덕션, 써 보니 어떤 게 달랐나요? 전린애 씨) 일단 너무 안심이 돼요. 전 애가 둘이라서 정말 초 단위로 사건 사고가 생기거든요. 예전엔 애들이 요리할 때 오면 손 데일까 봐 눈을 뗄 수가 없었는데, 이젠 그럴 필요가 없어요. 이 버튼만 누르면 건드려도 절대 안 켜지니까. 하루 종일 애들 뒤치다꺼리 하다 보면 정말 요리할 시간도 없는데, 화력이 좋아서 요리가 정말 금방 되더라고요. 그리고 이유식 만들 때는 불 조절이 정말 중요한데, 제가 원하는 화력을 딱 선택만 하면 되니까 이유식 만들기가 너무 쉬워졌어요. 요새는 애들하고 같이 요리도 해요. 저 같이 애 키우는 엄마들한테는 정말 딱인 거 같아요. Na) 나의 첫 인덕션, 잘 바꿨습니다. LG DIOS 인덕션."

이어지는 광고 '나의 첫 인덕션 체험단 인터뷰: 김수정 씨' 편(2019)은 중년 주부의 이야기다. 중년 여성에게는 건강이 중요한데 유해 가스를 걱정할 필요가 없다고 했다. 또한, 직접 불길이 닿지 않기에 냄비를 태울 일이 없다고 하며, "열도 많은데 요리하기가 힘든데 지금은 땀도 안 나고 너무 좋다"라는 카피를 써서 갱년기에 몸에 열이 많은 중년 여성들의 고민을 해결했다고 소개했다. 나이가 들수록 깜빡하는 일이 많아진다는 점을 고려해 밖에서도 불을 끌 수 있는 'Smart ThinkQ' 기능을 소개하며, 각 연령대의 고충을 반영한 기능을 선보였다. 광고에서는 생생한 소비자 언어로 중년 여성들의 공감을 불러일으키고, 주부들이 이상적인 주방생활을 꿈꾸도록 했다. 카피는 다음과 같다. "Na) LG 디오스 인덕션, 써보니 어떤 게 달랐나요? 김수정 씨) 세상에 어쩜 이렇게 편한지 몰라요. 유해가스 걱정 없지, 비싼 냄비 태워 먹을 일도 없지, 인덕션은 써보니까 마음이 탁 놓이더라고요. 몸에 열도 많은데 요즘 같은 날씨에 불 앞에서 요리하기가 진짜 힘들거든요. 근데 지금은 땀도 안 나고 너무 좋아요. 거기다가 스마트폰으로 불도 끌 수 있다니까, 깜빡하고 외출을 해도 안심이 되더라고요. 사람들이 바꾸는 이유가 다 있더라니까요. 진작에 바꿀 걸 그랬어요. Na) 나의 첫 인덕션, 잘 바꿨습니다. LG DIOS 인덕션."

인터뷰 시리즈의 마지막 광고 '나의 첫 인덕션 체험단 인터뷰: 김도하 씨' 편(2019)에서는 요리하기를 즐기는 남성이 등장한다. 주방용품은 반드시 여성과 주부들이 주로 쓴다는 고정관념에서 벗어나 남자도 요리할 때 인덕션을 쓰면 편리하다고 강조했다. 광고에서는 요리하는 젊은 남성의 욕구에 맞게 인덕션의 디자인과 요리의 편리함을 부각시켰다. "고급스럽고 예쁘다" 혹은 "고화력으로 꽉 잡아주는 육즙" 또는 "빨리 끓는 물" 같은 카피는 소비자 혜택을 느끼기에 충분했다. 이 광고에서는 반려동물을 키우는 사람을 고려했다는 사실도 중요하다. 앞서 소개한 '전린애 씨' 편에서 아이 키우는 주부들이 14중 안전장치로 걱정을 덜었다고 강조했다면, 이 광고에서는 아이들보다 더 자유롭게 움직이는 반려동물이 주방에 와도 안심할 수 있다는 내용을 전달함으로써 소비자의 공감과 흥미를 유발했다. 카피는 다음과 같다. "Na) LG 디오스 인덕션, 써보니 어떤 게 달랐나요? 김도하 씨) 요리 좀 하는 사람들은 다 알 걸요? 주방도 고급스러워지고 요리할 맛도 나고 예쁘기도 예쁜데, 기름이 튀어도 한 번만 쓱 닦아주면 되니까, 예전엔 진짜 청소할 땐 힘들었는데 지금은 진짜 편해요. 일단 화력이 세니까 두꺼운 스테이크 구울 때도 육즙을 꽉 잡아줘서 더 맛있게 즐길 수 있어서 좋고요. 또 물 늦게 끓는다고 전기포트 쓸 일도 없어요. 제가 고양이를 한 마리 키우거든요. 근데 그 고양이가

[그림 4-99] LG디오스 인덕션 광고 '나의 첫 인덕션: 김도하 씨' 편(2019)

주방에 잠깐씩 올 때가 있는데, 뭐 이 녀석이 주방에 와도 안심이고. 그동안 인덕션 없이 어떻게 살았나 몰라요. 아마 써보시면 제 마음 아실 거예요. Na) 나의 첫 인덕션, 잘 바꿨습니다. LG DIOS 인덕션.”

삼성전자의 삼성 셰프컬렉션 인덕션 광고 '맛을 살리는 불꽃' 편(2019)은 불꽃 시리즈를 계승한 '맛을 살리는 불꽃' 시리즈다. 이전 광고에서는 세상에 없던 불꽃이 주는 새로운 라이프스타일과 공간에 초점을 맞췄다면, 이 광고에서는 오직 '맛'에 집중했다. 삼성 셰프컬렉션 인덕션의 장점인 15단계로 불 조절이 가능한 마그네틱 다이얼이 맛의 디테일을 살리고, 6,800W 3구 동시 최대 화력이란 기술로 요리가 더 맛있어진다는 메시지를 담았다. 또한, 해물 볶음밥, 계란프라이, 찜, 연어 스테이크를 인덕션에 동시에 조리하는 장면을 보여 주며 동시에 많은 요리를 할 수 있다고 했다. 처음에 요리의 시작을 알리며 마그네틱 다이얼을 부착했듯이, 마지막에는 물 묻은 인덕션에서 다이얼을 제거하고 휴지로 닦은 후 다시 부착하며 마무리된다. 탈부착이 가능한 다이얼이란 사실을 전달해 더 쉽고 깨끗하게 이물질을 제거할 수 있음을 보여 주었다. 제거한 다이얼 자리에는 물이 들어가 고인 자국이 남아 있는데, 이는

[그림 4-100] 삼성 셰프컬렉션 인덕션 광고 '맛을 살리는 불꽃' 편(2019)

그곳에 이물질이 묻어도 문제가 없다는 사실을 뜻한다. 카피는 다음과 같다. "Na) 셰프컬렉션 인덕션으로 오늘의 요리를 시작합니다. 섬세한 불 조절로 맛의 디테일은 살리고, 전에 없던 최대 화력으로 요리를 더 맛있게. 맛을 살리는 불꽃-삼성 셰프컬렉션 인덕션."

삼성전자의 삼성 인덕션더플레이트 광고 '신혼부부' 편(2020)에서는 신혼부부를 등장시켜 신제품을 소개했다. 누구나 한 번쯤 옥상에서 분위기 있는 집들이를 꿈꿔 봤을 텐데, 요리하는 주방과 음식 먹는 공간이 멀어 조리 시간이 지체되고 동선이 겹쳐 부산스러웠던 경험이 있을 것이다. 그런데 삼성 인덕션더플레이트는 이동할 수 있어 조리 공간과 음식 먹는 공간의 경계가 없다는 장점을 '오늘 ○○○에서 맛날까요?'라는 카피를 써서, 어디에서나 요리할 수 있다는 사실을 전달했다. 신혼부부의 집들이라는 주제에 맞게 광고의 분위기는 로맨틱하고 낭만적이며, 차분하고 로맨틱한 목소리의 가수 성시경 씨가 내레이션을 맡았다. 누구나 꿈꾸던 순간에 편리하고 빠른 인덕션이 함께함으로써 순간의 추억이 배가 될 것이라는 메시지를 전달했다. 카피는 다음과 같다. "Na) 오늘 테라스에서 맛날까요? 당신이 꿈꾸던 하늘 위의 집들이. 어때요? 분위기 딱 세팅하고, 버터는 제 담당이죠. 간은 뭐, 요 정도? 모두의 취향에 맞는 요리로, 모두를 만족시켜 주니까. 그것도, 빠르게. 당신의 맛있는 순간이 끊기지 않도록 오늘도 인더플하세요. 삼성 인덕션더플레이트."

이어지는 삼성 인덕션더플레이트 광고 '키즈 패밀리' 편(2020)에서는 가방처럼 들고 다니며 언제 어디서든 요리할 수 있다는 삼성 인덕션더플레이트의 장점을 살려, 주방이 아닌 거실에서 아이와 요리하는 모습을 보여 주었다. 아이들의 손이 잘 닿지 않는 주방에서 함께 요리하기 어려워, 거실의 낮은 책상에 앉아 아이와 눈을 맞추며 요리하는 모습은 아이가 있는 엄마들이 충분히 관심을 가질 만한 장면이었다. 더욱이 인덕션의 기능만 부각시키지 않고, 아이와 함께 만드는 요리나 가족의 행복이란 요소를 더해 주부들의 심리타점을 겨냥했다. 여성이 웃으며 인덕션을 들고 가는 장면을 보여 주며 남성에 비해 힘이 부족한 여성도 가볍게 들 수 있다는 점도 강조했다. 카피는 이렇다. "Na)

삼성 인덕션더플레이트. 오늘, 밖에서 맛날까요? 세상 가장 가까운 우리만의 홈 캠핑. 어때요, 마음까지 활짝 열고 은은하게 솔솔솔. 기분까지 녹네요, 녹아. 부드럽게 추억을 크게 펼치고, 아이와 함께 만드는 요리로 가족의 행복을 이어 주니까. 그것도, 안전하게. 지금 여기, 당신의 맛있는 순간이 끊기지 않도록 오늘도 인더플 하세요. 우리의 첫 인덕션–삼성 인덕션더플레이트."

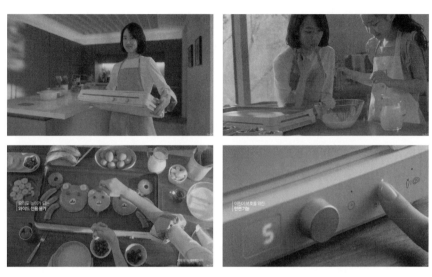

[그림 4-101] 삼성 인덕션더플레이트 광고 '키즈 패밀리' 편(2020)

삼성전자의 삼성 전기레인지올인덕션 유튜브 광고 '문제 해결' 편(2020)에서는 사람들이 인덕션에 대해 갖는 편견과 고민을 소개하며 해결책을 제시했다. 편견과 고민을 카피로 소개했다. 첫째, "인덕션은 블랙 컬러뿐이다?" 광고에서는 삼성 인덕션은 화이트 글라스를 기반으로 조작부에 핑크, 그레이, 화이트 컬러로 구성돼 가정의 인테리어와 소비자 취향에 맞게 다양한 컬러를 제공하며, 이를 통해 타사 인덕션과 차별화를 두어 색깔을 직접 고를 수 있도록 선택의 폭을 더욱 넓혔다고 했다. 둘째, "조리 속도가 가스레인지보다 느리다?" 인덕션은 팬을 달구거나 물을 끓일 때 가스레인지보다 느리다고 생각하는데, 광고에서는 직접 실험해서 인덕션이 가스레인지보다 3분가량 더 빨리 물이 끓는다는 것을 보여 주었다. 인덕션은 불길이 없어 빨리 끓지 않을 것이라고 생각하는 소비자에게 실험을 통해 직접 눈으로 확인하도록 했다. 셋째, "화이트 글라스는 관리하기 어렵다?" 광고에서는 처음의 화이트 글라스에 대해 관리하기 어렵고 지저분하다고 생각하는 소비자들에게 직접 180시간 동안 김치찌개를 끓여 변색이 되는지 실험을 해서 보여 주었다. 물 세척만으로도 김치찌개 같은 진한 국물의 요리도 손쉽게 세척할 수 있다는 것을 사실적으로 보여 주었다. 넷째, "인덕션은 전기요금이 많이 나온다?" 광고에서는 물 1리터를 2분 24초 만에 끓이는 장면을 보여 주며, 조리 속도가 느려 전기요금이 많이 나올 것이라고 예단하는 주부들의 걱정을 실험을 통해 덜어 주었다. 다섯째, "인덕션은 설치가 복잡하다?" 광고에서는 삼성에서 기본적으로 제공하는 설치 서비스를 소개하며 인덕션을 구매할 때 걱정하는 설치 문제도 해결해 준다고 강조했다. 광고에서는 대체로 가스레인지에서 인덕션으로 바꿀 때 사람들이 갖는 걱정과 고민을 실험을 통해 보여 주며 궁금증을 해결하는 문제 해결형의 표현 기법을 적용했다. 삼성전자는 인덕션으로 바꿀 때의 걱정을 해소시켜 줌으로써 주부들의 구매를 유도하려고 시도했다.

[그림 4-102] 삼성 전기레인지올인덕션 유튜브 광고 '문제 해결' 편(2020)

3. 토스터 광고의 흐름

토스터는 1800년대 초에 발명된 이래 지금까지 꾸준히 발전해 온 주방 필
수품의 하나다. 초기의 토스터는 지금처럼 빵이 구워지면 튀어 나오지 않고
빵을 쉽게 굽기 위해 석쇠로 만든 틀에 불과했다. 단순한 구조였지만 주부들
은 빵 굽는 수고를 덜어 주는 토스터를 환영했다. 1893년에 스코틀랜드에서
열선으로 빵을 굽는 토스터가, 1921년에 미국에서 다 구워지면 빵이 튀어 나
오는 토스터가 개발됐다.

토스터에는 빵 한 쪽을 구운 다음 뒤집는 턴 오버(turn over) 방식과 빵 조각
을 양쪽 발열체 사이에 넣어 굽는 홉업(hop up) 방식이 있다. 쓰기에 다소 번
거로운 턴 오버 방식에 비해 쉽고 간편한 홉업 방식이 더 많이 쓰이며, 홉업
방식 중에서도 팝업(pop-up) 토스터가 가장 널리 애용되고 있다. 팝업 토스
터는 빵이 구워지면 토스터가 자동으로 정지되며 빵이 위로 솟아오르기 때문
에 팝업이란 이름이 붙었다. 빵을 주식으로 삼지 않는 지역에서는 토스터가
그다지 환영받지 못했다. 한국과 일본은 빵이 주식이 아니었기 때문에, 우리
나라에서는 1970년대까지만 해도 토스터가 널리 사용되지 못했다.

다른 가전제품도 마찬가지지만 토스터는 주방문화의 변천을 가장 상징적
으로 보여 주는 주방용품이다. 사회생활이 그만큼 바빠졌기에 빵을 굽는 토
스터가 인기를 얻었다. 주부도 출근해야 했기에 아침 식탁에서 토스터로 빵
굽는 장면도 점점 일상화됐다. 경제활동에 참여하는 여성이 늘자 주방에도
빈자리가 생겨났다. 간편하게 빵을 넣고 기다리면 잘 구워진 빵이 나오니, 남
편과 자녀들은 물론 직장에 나가는 주부들도 좋아할 수밖에 없었다.

토스터 광고는 주부들의 아침 준비를 간편하게 만들었다. 아침에 바쁜 사
람들은 토스터에서 자동으로 빵이 구워지는 '팝업식 토스터'나 식빵을 자동
으로 잘라 주는 '샌드 토스터'를 간편하게 사용했다. 주부들은 점차 디자인이
뛰어난 토스터를 선호했다. 토스터 광고에서는 제품을 매력적인 디자인으로

표현함으로써 주방의 깜찍한 소품으로도 차츰 자리매김했다.

2010년대에 접어들어 소비자들은 실속 지향의 소비에서 차별적인 가치 지향의 소비 성향을 나타냈다(이예현, 2010). 2009년의 국제통화기금(IMF) 관리 체제를 지나 2010년부터 경기가 회복되자 차별적 가치를 중시하기 시작했다. 1990년대에는 간편한 토스터가, 2000년대에는 두 개의 기능이 결합된 토스터가 인기를 끌었다면, 2010년부터는 디자인이 뛰어난 제품을 선호했다. 드롱기나 러셀홉스 같은 우아한 복고풍 디자인도 인기를 끌었다. 2010년대에 경기가 회복되자 주부들은 제품의 기능은 기본으로 생각했고 제품의 디자인에 주목하는 소비 성향을 나타냈다.

1) 1970년대의 토스터 광고

일본의 히다찌사와 내셔널사의 토스터가 1968년에 수입된 이후 토스터의 수요가 날로 늘어났다. 당시의 토스터는 빵을 잘라 넣고 일정 시간이 흐르면 저절로 빵이 구워져 튀어 나오는 자동식과 굽는 사람이 시간을 봐 가며 꺼내는 반자동식이 있었다. 자동식 토스터가 등장하기 시작하던 1970년대 초반과는 달리, 후반에 접어들어서는 경쟁이 과열됐고 그에 따라 불량품도 많았다(매일경제, 1968. 6. 17.).

1970년대에 접어들어 혼·분식 장려 운동을 전개하며 외국산 토스터를 대량 수입하자, 이에 자극을 받은 금성사는 자동토스터 GT60A 모델을 개발했다. 짧은 시간에 빵이 구워지고 다 구워진 빵은 저절로 튀어 오르게 설계됐다. 빵 종류와 두께에 따라 더 굽거나 덜 굽는 조절 다이얼이 있었고, 식은 빵도 다시 구워낼 수 있어 편리했다. 거의 반영구적인 제품이었는데 1970년의 가격은 대당 6,550원이었다(매일경제, 1970. 5. 21.).

금성사의 금성 자동토스타 광고 '요리 조수' 편(1971)에서는 "그이의 식성을 알고 계신가요?"라는 의문형 헤드라인을 쓰고 부부의 식사 장면을 만화처럼 표현했다. 보디카피는 이렇다. "간편한 현대인의 식생활―금성 자동토스

타. 알뜰한 주부의 요리 조수– 금성슈퍼믹사." 토스터와 믹서를 동시에 알린
광고에서 1970년대 초반의 주방 풍경을 엿볼 수 있다. 토스터를 분식 조리기
로 소개한 언론보도에서는 토스터의 특성을 이렇게 소개했다(동아일보, 1972.
3. 1.). "토스터. 단단한 양은으로 만든 소형 샌드위치 토스터. 속에 야채 햄
또는 소시지 등을 넣은 두 쪽의 빵을 나란히 넣은 후 상하를 눌러 닫고 불 위
에 올려놓는다. 압축 공기에 의해 상하 골고루 빵이 구워짐과 동시에 빵 속의
고기 등도 알맞게 익는다. 집에서 간편하게 사용할 수도 있으나 야외 옥외에
서 즉석구이로 샌드위치를 할 수 있는 장점이 있다. 아직은 견본 제품만이 나
와 있고 곧 대량 생산돼 시판될 예정인데 가격은 5~6백 원 정도."

[그림 4-103] 금성 자동토스타 광고 '요리 조수' 편(1971)

삼립식품공업의 삼립식빵 잡지광고 '사은 대잔치' 편(1973)에서는 "삼립식
빵 경품 대잔치. 집집마다 금성 자동토스타를!"이란 헤드라인 아래 보디카피
를 이렇게 썼다. "식생활 개선 운동에 따른 정부의 혼분식 장려 시책에 호응,

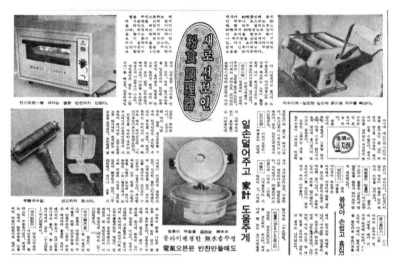

[그림 4-104] 분식 조리기를 소개한 언론보도(동아일보, 1972. 3. 1.)

그 실천에 앞장서 온 삼립식품은 이번에 삼립식빵 애용자 여러분의 성원에 보답하는 사은 대잔치를 마련했습니다. 삼립식품이 전개하는 사은 대잔치에는 금성 자동토스타 2,500대가 준비됐습니다. 삼립식빵과 토스타는 아주 정다운 연인! 분식의 생활화를 위한 필수기구 금성 자동토스타를 타서서 분식하는 건강 가족이 됩시다. 화이트 부레드, 샌드식빵, 로얄식빵, 중식빵, 엑스타르, 빅 토스트700, 특제식빵, 일식빵, 고급식빵, 홀라식빵, 샌드일식빵. 금성 자동토스타 2,500대 타기!"

금성사의 금성 토스타 광고 '살림꾼' 편(경향신문, 1974. 4. 30.)에서는 토스터가 "부엌의 알뜰한 살림꾼"으로 소개됐다. "스윗치만 누르면 맛있는 밥이 따끈따끈한 금성전기밥솥. 다채로운 요리와 시원한 과일 쥬스를 만들어 주는 금성슈퍼믹서. 식생활을 개선시켜 주는 금성 자동토스타는 부엌의 알뜰한 살림을 도와드립니다." 삼립식빵 경품 대잔치에서는 금성 자동토스터를 경품으로 내걸었고, 금성사 광고(1974)에서는 토스터를 부엌의 알뜰한 살림꾼으로 소개했다는 점에서, 이 시기에 토스터는 인기 있는 주방용품으로 떠올랐다고 할 수 있다.

[그림 4-105] 삼립식빵 광고 '사은 대잔치' 편(1973)

[그림 4-106] 금성 토스타 광고 '살림꾼' 편(경향신문, 1974. 4. 30.)

2) 1980년대의 토스터 광고

경제 발전을 위해 단기간에 급격한 산업화가 진행된 우리나라에서 1980년
대에 토스터는 비교적 가격이 비싼 주방기기였다. 경제적 여유가 없던 중산
층 가정에서 구매하기에는 조금 부담스러웠다. 경제기획원은 1988년에 국제
가격과 국내 가격의 차이가 큰 생필품 1백여 품목을 선정했다. 소비자보호원
에서 해당 품목의 국제 가격과 국내 가격을 조사했는데, 흥미롭게도 전기밥
솥, 커피 열탕기, 토스터, 전화기 등이 조사 대상에 포함된 주요 품목이었다
(중앙일보, 1988. 3. 21.). 외국보다 비싼 생필품의 문제점을 개선하고 대안을
찾기 위한 조치였다.

"아기의 건강은 엄마의 요리솜씨! 금성 슈퍼 믹서, 금성 자동 토스타." 금성
사의 금성토스터 잡지광고 '아기의 건강' 편(1980)의 헤드라인이다. 금성사는
가전제품인 믹서를 주부의 요리 도구로 설명했다. 1980년대에 금성사의 금

[그림 4-107] 금성 토스타 광고 '아기의 건강' 편(1980)

성토스터 광고에서는 토스터의 성능을 강조하지 않고 가정의 따스한 분위기를 내세워 광고 메시지에 주목하게 했다. 토스터가 아이의 건강을 챙겨 준다는 감성적인 소구 방법을 써서 주부들의 마음을 흔들었을 것이다.

삼성전자는 1986년에 전자레인지, 오븐, 토스터의 세 가지 기능을 갖춘 토스터 그릴 오븐렌지를 개발했다(매일경제, 1986. 8. 21.). 이 렌지는 조리실 상하부에 부착된 특수 히터를 이용해 오븐 기능과 특수 히터와 반사경을 활용한 토스터 기능을 구사했다. 이 렌지는 오븐형 토스터였는데, 오븐이나 전자레인지 같은 서양식 주방가전이 없던 우리나라의 주방을 빠르게 서구화하기 위해 개발한 보급형 제품이었다. 또한, 영국 코나사의 토스터를 소개한 신문 기사에서는 터널 구조의 토스터를 강조했다(매일경제, 1987. 3. 28.). 시간당 350조각의 토스트를 구울 수 있는 터널 구조의 소형 토스터였다. 250와트의 전력으로 양쪽에서 빵 굽는 정도를 임의로 조작할 수 있었다. 토스터의 외부는 완전 절연 상태를 유지하도록 설계했기 때문에, 손을 대도 전혀 위험하지 않았다.

[그림 4-108] 토스터 그릴 오븐렌지 개발에 관한 언론보도(매일경제, 1986. 8. 21.)

주부들의 빵 굽는 노고를 덜어 준 토스터는 빵을 더 간편하게 구울 수 있어서 주부들의 관심을 끌었지만, 밥 문화권인 우리나라에서 필수품으로 인식되지는 않았다. 토스터는 여전히 값비싼 주방기기라는 선입견이 많아, 가전제

[그림 4-109] 영국 코나사의 토스터를 알린 언론보도(매일경제, 1987. 3. 28.)

품회사에서는 문화적 인식 차이를 개선하기 위해 다른 가전과 결합하거나 용
도를 바꾸려는 시도를 계속했다. 하지만 토스터는 주부들 사이에서 쉽사리
확산되지는 못했다. 1980년대 후반에 접어들어서야 빵 문화가 본격적으로
자리 잡고 토스터의 가격도 낮아졌다. 아침식사로 토스터 한 조각을 먹는 것
이 낭만이라고 주장한 광고도 등장했다. 그러자 토스터는 주방에 필요한 가
전제품의 하나로 차츰 자리 잡기 시작했다.

3) 1990년대의 토스터 광고

토스터는 1990년대에도 냉장고나 밥솥처럼 필수 주방기기로 인식되지 못
하고, 있으면 좋지만 없어도 그만인 부가적인 주방기기로 간주됐다. 그때까

지만 해도 빵은 주식이 아니었다. 중산층 가정에서도 혼수품 구매가 아닌 이
상 적극적으로 구매 행동에 나서지 않았다. 한국소비자원은 월간『소비자시
대』(1992. 2.)에서 국산 토스터와 외국 토스터의 성능과 가격 차이를 비교하
고, 수입 전기 토스터가 국산품에 비해 관리와 안전성 면에서 품질이 떨어진
다고 발표했다(한겨레, 1992. 2. 9.). 국산품과 수입품의 가격 차이가 두 배 이
상이나 났고 안전성도 보장되지 않자, 주부들은 국산품에 관심을 갖기 시작
했다. 주부들은 토스터의 안전성을 무엇보다 중시했다. 이때 금성사와 삼성
전자의 토스터는 안전성 시험 항목에서 모두 통과해 국산품에 대한 신뢰를
확보하는 데 기여했다.

[그림 4-110] 토스터 성능을 비교한 잡지 기사(소비자시대, 1992. 2.)

1990년대에 오븐 토스터는 토스트와 쿠키를 간편하게 만들 수 있었고 빵가루 받는 통이 부착돼 있어 위생적인 제품으로 인식됐다. 단순 보온 기능, 부침, 튀김 데우기, 죽 데우기, 생선과 고기 굽기 같은 조리도 가능했다. 금성사에서는 1992년에 1990년대에 선호도가 가장 높았던 오븐형 토스터를 판매했다. 1992년에 개방화의 물결에 따라 국민들의 해외여행이 늘고 사람들의 식습관도 서구화되자, 토스터에 대한 국내 수요도 증가할 수밖에 없었다.

삼성전자는 1995년에 새로운 토스터를 선보였다. 빵이 구워지면 저절로 튀어 오르는 팝업식 토스터는 빵 굽는 정도를 입맛에 따라 조절할 수 있도록 6단계의 미세 조절 기능을 채택했다(경향신문, 1995. 3. 24.). 금성사의 오븐식 토스터에 이어, 빵을 넣으면 원하는 때에 자동으로 올라오는 팝업식 토스터를 삼성전자에서 선보인 것이다. 간편 제품을 선호하던 주부들은 오븐식 토스터보다 간편한 팝업식 토스터의 등장을 환영했다(매일경제, 1995. 9. 5.).

삼성전자의 오븐식 토스터는 토스트, 쿠키, 핫도그, 햄버거를 만드는 과정을 확인할 수 있도록 제품 전면을 내열 강화유리로 만들었다(경향신문, 1995. 9. 2.). 맞벌이 부부가 늘어나 간편 제품을 선호했지만 삼성전자는 오븐식 토스터가 간편함보다 조리기능이 다양하다고 강조했다. 하나의 토스터로 여러 먹거리를 동시에 만들 수 있다는 점은 또 다른 혜택이었다. 공교롭게도 언론에서도 수입품 토스터에 결함이 있다고 보도했고(한겨레, 1997. 3. 27.), 대우전자의 토스터가 빵이 덜 구워진다는 소문도 있어, 안전성과 사용성이 뛰어나다고 알려진 삼성전자 토스터의 인기가 급상승했다. 삼성전자는 1990년대 후반에도 팝업식 토스터와 오븐형 토스터 두 가지를 시판해 인기몰이를 이어 갔다.

동양매직은 1997년에 기존의 가로형 토스터와는 다른, 세로형의 오븐형 전기 토스터를 출시했다. 토스트 외에도 피자, 핫케이크, 쿠키, 계란찜 같은 각종 요리를 할 수 있는 오븐형의 전기 토스터였는데, 삼성전자의 오븐형 토스터와 경쟁 구도를 만들기 위해 상하 2단으로 만들었다(한겨레, 1997. 5. 30.). 따라서 주부들이 토스터를 선택할 수 있는 폭이 점차 넓어졌고, 빵을 자주 먹는 식문화도 자연스럽게 보편화됐다.

오븐형 전기토스터

동양매직은 세로형 디자인을 채택한 오븐형 전기토스터(사진)를 생산, 30일부터 판매한다. 이 제품은 상하 2단형으로 토스트를 비롯해 피자, 쿠키, 각종 구이요리가 가능하다. 값은 5만3천8백원.

[그림 4-111] 오븐형 전기토스터를 소개한 언론보도(한겨레, 1997. 5. 30.)

"조금 비싸더라도 취향에 맞는다면--"

'백색-소형 家電' 외국제품 강세

[그림 4-112] 수입품 강세를 소개한 언론보도(동아일보, 1999. 6. 30.)

1990년대 후반에는 신혼부부의 혼수품과 집들이 선물로 냉장고, TV, 세탁기, 드라이기, 토스터 같은 소형 가전제품이 인기를 끌었다. 소형 가전제품이 필요한 신혼부부나 집들이 선물을 고민하던 소비자들은 토스터에도 눈을 돌렸다(경향신문, 1999. 3. 13.). 가격이 더 비싸더라도 취향에 맞는 수입품 토스터를 소신 있게 구매하는 소비자들도 늘어났다(동아일보, 1999. 6. 30.). 소형 가전은 필립스와 브라운이 양분했다. 필립스를 비롯한 가전제품 기업에서는 광고와 마케팅 경쟁을 치열하게 전개했다. 필립스는 팝업식 토스터 위주로 마케팅을 시작했다. 안전성이 검증된 외국 제품이 증가하자 당시의 주부들은 점차 외국 제품에도 눈을 돌렸다.

4) 2000년대의 토스터 광고

2000년대에 접어들어 실시간 소비 추세가 확산됐다. 실시간(real time) 소비란 디지털 미디어를 활용해 실시간으로 바로바로 소비하는 추세다. 빠르고 간편한 고품질 상품도 등장했다. 필립스 광고의 "바삭바삭 소리까지 맛있는 아침의 비결" 같은 카피는 토스터의 실시간 소비를 상징한다. '바삭바삭'이란 의성어를 써서 빵이 맛있게 구워진다는 점을 강조했다. 광고에서는 아침 식사로 토스트를 먹는 상황을 제시해 이국적인 아침 식탁을 연상하도록 유도했다.

필립스의 선라이즈 토스터 광고 '바삭바삭' 편(2000. 4.)에서는 바삭바삭이란 의성어를 카피로 써서 토스트가 바삭바삭해진다고 했다. "바삭바삭 소리까지 맛있는 아침의 비결-필립스 선라이즈 토스터." 헤드라인 아래에는 "작은 차이가 명품을 만듭니다"라는 슬로건을 광고의 오른쪽 하단에 배치했다. 바삭바삭함에도 차이가 있다는 점을 강조한 보디카피는 이렇다. "오늘도 나의 아침을 노릇노릇, 갓 구워낸/ 토스트와 차 한 잔의 여유로 시작했다./ 필립스 선라이즈 토스터. 식빵, 베이글에서/ 크로와상의 바삭바삭 소리까지 맛있는 아침의 비결. 필립스 선라이즈 토스터/ Let's make things better. 작은

[그림 4-113] 필립스 선라이즈 토스터 광고 '바삭바삭' 편(2000. 4.)

차이가 명품을 만듭니다."

필립스의 에센스 토스터 광고 '엄마처럼' 편(2001. 9.)에서는 기존의 필립스 토스터에 깔끔한 트레이와 샌드위치 홀더를 추가했다는 점을 강조했다. 엄마와 아이가 활짝 웃고 있는 사진에 "와~ 엄마처럼 못하는 게 없네!"라는 헤드라인을 썼다. 엄마는 세상에서 못하는 게 없다는 어린 시절의 추억을 상기시키며, 토스터를 엄마에 비유해 감성적으로 표현했다. 토스트와 샌드위치도 만들고, 조리와 데우기까지 가능하다는 토스터의 기능을 알리기 위해 "못하는 게 없네"라는 카피를 썼다. 토스터의 기능을 상세히 설명하는 카피는 이렇다.

"샌드위치 홀더: 에센스 토스터만의 샌드위치 홀더가 두툼한 샌드위치까지 척척 구워내고, 특수코팅 처리로 청소도 편리합니다. ▶ 다양한 기능: 냉동시킨 빵을 녹여 주는 해동기능, 식은 빵을 데우는 '데우기' 버튼 등 다양하고 편리한 기능들이 있습니다. ▶ 깔끔한 트레이: 토스터 하단에 트레이가 있어 빵 부스러기나 먼지까지 깨끗하게 청소할 수 있습니다. ▶ 디테일 하나 하나에서 느껴지는 완벽한 주방 미학: 필립스 에센스입니다. Let's make things better. 작은 차이가 명품을 만듭니다."

[그림 4-114] 필립스 에센스 토스터 광고 '엄마처럼' 편(2001. 9.)

LG전자의 LG 토스트 전자레인지 광고 '한 번에' 편(2002. 1.)에서는 전자레인지에 토스터의 기능을 더해 데우기와 굽기를 한번에 할 수 있다는 편리함을 강조했다. 헤드라인은 이렇다. "전자레인지에 토스터가 들어왔다. LG 토스트전자레인지." 전자레인지와 토스터가 따로 있으면 주방을 많이 차지하지만, 하나로 합치면 주방을 넓고 편리하게 쓸 수 있다는 장점을 부각시켰다. 혼자 사는 직장인이 출근 전에 편리하게 아침 식사를 준비하니까 바쁜 아침이 여유로워진다며 소비자 혜택도 강조했다. 주부들의 이목을 끌기 위해 '전자레인지 + 토스터'라는 제품의 특성을 인상 깊게 설명하는 보디카피는 이렇다.

"▶ 데우기와 굽기를 한번에: 데우기와 굽기는 한번에 끝내고 바쁜 아침 여유를 찾으세요. ▶ 전자레인지 한 대 가격으로 토스터까지: 전자레인지를 사면 토스터는 덤? 저렴한 비용으로 토스터까지 장만하세요. ▶ 주방을 넓고 편리하게: 전자레인지와 토스터는 한 공간에 해결하고, 좁은 주방을 넓게 활용하세요. ▶ 상단 조작부로 편리하게: 보기도 좋고 사용하기도 편리한 상단 조작부와 타이머가 설치된 토스터로 더 즐겁게 조리하세요. ▶ 청소를 수월하게: 청소하기 힘들고 비위생적인 빵 부스러기! 토스터 받침대로 간단히 해결하세요. LG 토스트 전자레인지."

LG전자에 이어 삼성전자도 전자레인지와 토스터를 합친 삼성 토스트플러스 전자레인지라는 제품을 출시했다. 광고 내용은 이렇다. 남편이 아내에게 "와~ 자기가 했어?"라고 질문하자, 아내는 "아니! 전자레인지가 했지."라고 대답한다. 마치 아내가 직접 요리한 듯 완벽한 아침상이 차려져 있어, 당연히 아내가 아침을 준비했으리라 생각한 남편이 질문을 던지는 형식이다.

[그림 4-115] LG 토스트 전자레인지 광고 '한 번에' 편(2002. 1.)

동양매직의 물리넥스 토스터 광고 '빠르게 맛있게' 편(2002. 9.)에서는 빵 굽는 팝업형 토스터의 기본 기능을 나열하며 제품을 소개했다. 외국인 모델이 식빵을 야무지게 물면서 "식빵 한 장이 이렇게도 맛있어질 수 있다니……" 하며 감탄하는 모습을 보여 주었다. 식빵이 알맞게 구워졌을 때 나는 '바삭바삭', 맛이 고소하다는 '고소고소', 빵이 보기에도 잘 익었다는 '노릇노릇' 같은 카피를 써서 물리넥스 토스터의 장점을 흥미롭게 표현했다. 보디카피는 이렇다. "빠르게 익혀 주고 맛있게 구워 주는 물리넥스 토스터 ▶ 초대형 투입구: 어떠한 빵도 크기에 상관없이 손쉽게 구워줬다. ▶ 중앙 고정장치: 빵 두께에 알맞게 고정시켜 주어 빵을 빨리 고르게 익혀줬다. ▶ 추가 올림기능: 작은 빵 조각도 손쉽게 들어 올릴 수 있어 편리합니다. ▶ 해동 버튼: 얼어 있는 빵도 간단히 녹여 맛있게 구울 수 있습니다. ▶ 재가열 버튼: 한 번 구운 빵을 다시 따뜻하게 데울 수 있습니다." 빵이 커 다른 토스터에 넣지 못해도 물리넥스 토스터에는 초대형 투입구가 있으니 빵 크기가 문제되지 않는다는 사

[그림 4-116] 물리넥스 토스터 광고 '빠르게 맛있게' 편(2002. 9.)

실도 알렸다. 주부들이 토스터 광고를 많이 접했을 테니 광고에서 맛만 강조했더라면 식상했을 것을, 이 광고에서는 그렇게 접근하지 않았다.

 필립스의 에센스 토스터 광고 '똑같이 3장만 더' 편(2003. 3.)에서는 구워진 토스트를 꺼내는 장면에서 "엄마 똑같이 3장만 더"라고 쓴 메모지를 붙여 소비자의 흥미를 유발했다. 카피는 이렇다. "한 봉지를 다 구워도 항상 한결같이 노릇노릇~ 똑같은 토스터를 써도 어떨 땐 타고 어떨 땐 덜 구워져서 짜증 나셨죠? 필립스 에센스 토스터의 스마트스캔 기능을 사용해 보세요. 적외선 센서가 빵의 상태를 스스로 감지해 종류나 상태에 관계없이 항상 내 입맛에 딱 맞게 완벽한 빵을 구워드립니다. 어떤 빵을 선택하셔도 매일 아침 한결같이 맛있고 바삭바삭한 빵. 필립스 에센스 토스터는 이제껏 기대할 수 없었던 한결같은 맛을 약속합니다." 토스트를 구울 때마다 항상 노릇노릇하게 토스트가 완성된다는 메시지를 전달했다. 제품에 대해 자세히 설명하지는 않았지만 쪽지에 있는 "엄마 똑같이 3장만 더"라는 카피에서 어머니의 따뜻한 마음이 느껴진다.

[그림 4-117] 필립스 에센스 토스터 광고 '똑같이 3장만 더' 편(2003. 3.)

　　드롱기의 브런치 가전제품을 소개하는 잡지광고 'Must Have' 편(2007. 4.)
에서는 "집에서 즐기는 웰빙 브런치! DeLonghi Brunch Solution."이라는 헤
드라인 아래, 쥬서기, 토스터, 커피메이커, 전기오븐을 차례로 소개했다. 특
히 드롱기 토스터는 바쁜 직장인들에게 꼭 필요한 제품이라며 "Must Have"
라는 카피를 써서, 첨단 기술로 적절하게 빵을 구워 낼 수 있는 첨단 토스터
라는 사실을 강조했다. 각 제품을 소개하는 카피는 다음과 같다.

　　"▶ 상큼한 하루를 위해－쥬서기: 시중에서 유통되는 일반 오렌지 쥬스와
는 차원이 다른 상큼함을 선사해 줄 드롱기의 신제품으로 쉽고 빠르게 작동
가능합니다. 또한 날렵한 선의 매혹적인 디자인과 첨단의 성능은 쥬서기의
고정 관념을 뛰어넘습니다. 상큼한 하루를 원한다면 드롱기 쥬서기를 만나
보십시오! ▶ 간단한 식사도 스타일리쉬하게－ 토스터: 바쁜 직장인들에게

[그림 4-118] 드롱기 브런치 가전제품 광고 'Must Have' 편(2007. 4.)

머스트 해브 아이템으로 투박하지 않고 작동하는 토스터는 기분까지 좋게 합니다. 2개의 자동 슬라이딩 기능과 브라우닝 컨트롤로 빠르고 적절하게 빵을 구워내는 동시에 쿨 터치 월 방식과 지지대로 안전까지 생각한 첨단 토스터입니다. ▶ 커피도 에스프레소로 진화한다—커피메이커: 드롱기 에스프레소 커피메이커는 작지만 강력한 기능으로 다양하고 격조 높은 커피문화를 즐길 수 있습니다. 자동으로 우유와 스팀, 공기를 혼합해 우유 거품을 생성, 카푸치노를 만들 수 있는 IFD System을 지원하며 커피 농도 조절 장치로 다양한 취향의 커피를 즐길 수 있습니다. ▶ 주방의 이태리 웰빙 요리사—전기오븐: 이탈리안 레스토랑의 최고급 메뉴를 그대로 재현해내는 드롱기 전기오븐 제품으로 그릴, 쿠킹, 전통 오븐 기능 등 5가지 요리 기능을 자유자재로 사용할 수 있습니다. 또한 논스틱(non-stick) 인테리어로 청소가 용이하고 2가지 요리를 만들어 내는 안전하고 스타일리쉬한 주방 안의 일등 요리사입니다."

빵을 즐기는 식습관이 보편화된 2000년대 후반에는 주방에서 토스터를 쉽게 찾을 수 있었다. 켄사쿠 아이디어 팩토리의 "평범한 토스터기는 가라! 색다른 토스터기들"이라는 제목의 블로그에서 온갖 특이한 토스터를 소개할 정도로 토스터의 종류도 많아졌다. 블로그에 소개된 내용을 서술하면 다음과 같다(켄사쿠 아이디어팩토리, 2009. 9. 20.).

"① 빵 위에 뉴스, 날씨 예보와 같은 사진을 인쇄할 수 있는 토스터로 눈이 즐거워질 것 같다. ② 토스트를 넣으면 원하는 디자인으로 출력을 함으로써 프린터처럼 재미를 줬습니다. ③ 휴대용 토스터로 한국의 디자이너 김빈 님이 만드신 제품으로 2~3초 내에 구워지고 나이프 디자인이라 상당이 외국에서 호응이 좋다고 합니다. ④ 깜찍한 모양의 캐릭터의 그림이 나오는 토스터. ⑤ 스타워즈 팬이라면 가지고 싶어 하는 스타워즈 토스터. ⑥ 해골 마크가 그려진 토스터로 얼핏 보면 먹으면 죽을지도 모른다는 경고 같아서 신박하고 재미있습니다. ⑦ 벽에 붙어 있을 수 있는 콤팩트 토스터로 이미지를 토스트에 찍어 줬다. 벽에 붙어 있으면 편리할 것 같다. ⑧ 컴퓨터 본체처럼 생긴 토스터입니다. ⑨ 실제 게임기를 토스터로 개조한 작품입니다. ⑩ 영국의 토스터로 빵을 세울 수 있는 거치대가 있어 편리해 보인다. ⑪ 카세트 디자인을 가지고 있는 토스터입니다. ⑫ 투명 토스터로 빵이 구워졌는지를 확인할 수 있습니다. ⑬ 브라운의 토스터로 음악 플레이어 및 휴대전화의 디자인으로 구성돼 있습니다."

토스터는 빵을 넣고 누르고 기다리면 빵이 구워지는 간단한 제품이지만 2000년대 후반부터는 기능은 기본으로 인식됐고, 토스터 제품의 디자인 감각이 토스터를 선택하는 데 많은 영향을 미쳤다. 같은 토스터라도 주부들은 디자인이 뛰어난 토스터를 구입했다. 시간이 지날수록 디자인의 변화가 중요해져 2000년대 후반에는 디자인이 뛰어난 제품이 가정에 널리 보급됐다. 모던한 디자인을 적용한 토스터는 주방의 포인트를 살려주는 소품 같은 기능도 필요했기 때문이다.

5) 2010년대의 토스터 광고

토스터로 빵을 구울 때 수분이 감소하고 식으면 딱딱해지며, 딱딱해진 빵은 다시 데워도 말랑말랑해지거나 부드러워지지 않는다. 빵을 구울 때는 처음부터 바삭하게 굽지 않아야 식어도 부드러운 빵을 먹을 수 있다. 이 문제점을 해결하기 위해 해동과 재가열 기능을 추가한 토스터가 등장했다. 전자레인지와 합쳐진 토스터도 출시됐다. 토스터는 급하게 아침을 먹어야 하는 직장인의 필수품으로 자리 잡기 시작했다.

드롱기의 아이코나 토스터 잡지광고 '레트로스타일' 편(2010. 2.)에서는 복고풍의 다양한 색상과 디자인을 강조하며 일상생활의 세련미를 강조했다. 카피는 다음과 같다. "명품 레트로스타일. DeLonghi icona"라는 헤드라인 아래에, 다음과 같은 보디카피를 썼다. "1950년대 우아한 복고풍의 다양한 색상과 디자인. 현대의 세련되고 창의력 높은 혁신적인 기술의 결합. Italian Passion 드롱기 아이코나! 당신의 생활이 새롭게 정의된 레트로스타일을 선사합니다."

[그림 4-119] 드롱기 아이코나 토스터 광고 '레트로스타일' 편(2010. 2.)

스메그의 스메그 토스터 잡지광고를 보자. 스메그 토스터는 이탈리아 작은 마을이라는 뜻의 스메그란 이름처럼 아기자기한 느낌을 살렸다. 스메그는 '디자인과 함께하는 기술'이라는 철학이 담긴 가전제품을 출시함으로써 주부들과 젊은 층으로부터 호평을 얻었다. 스메그는 렌초 피아노(Renzo Piano), 마크 뉴슨(Marc Newson), 마리오 벨리니(Mario Bellini) 같은 세계적인 디자이너들과 공동으로 작업해 복고풍 디자인을 채택했다. 보통의 가전제품에 주로 쓰이는 아이보리나 화이트 색상을 대신해 빨강, 민트, 분홍, 파랑 같은 강렬한 색상의 토스터를 선보여 주목을 끌었다(유영규, 2013). 앞서의 잡지광고 '물들이다' 편(2016. 5.)에서는 "Beautiful Spread. 아름다움이 주방을 물들이다."라는 헤드라인을 썼다. 이어지는 잡지광고 '컬러' 편(2017. 5.)에서는 "Buy the color"라는 헤드라인을 썼다. 주부들이 취향에 따라 고를 수 있도록 여러 가지 색상의 토스터를 출시하고, 아름다움이 주방을 물들인다는 카피와 디자인을 부각시켰다. 화려하고 깜찍한 디자인과 참신한 카피가 인상적이

다. 더욱이 "Buy the color"라는 카피는 가전제품이 아닌 색상을 구매하라는
메시지였으니, 주부들이 더 매력을 느꼈을 것이다.

[그림 4-120] 스메그 토스터 광고 '물들이다' 편(2016. 5.)

[그림 4-121] 스메그 토스터 광고 '컬러' 편(2017. 5.)

　스메그의 8컬러 토스터 TSF01 광고 '인테리어' 편(2017. 3.)에서는 공간 인테리어의 가치와 멋을 높여 준다는 디자인을 강조했다. 부드러운 곡선과 레트로 스타일의 컬러와 디자인을 모티브로 삼아 주부들이 원하는 공간에 다른 제품들과 완벽히 어우러져 인테리어를 돋보이게 한다고 했다. 카피에서는 스메그만의 스타일과 디테일을 살린 디자인뿐만 아니라 뛰어난 성능으로 사용자의 만족감을 높여 준다고 강조했다. 스메그 토스터는 블로그와 홈페이지에 광고를 했다. 스메그의 홈페이지 광고에서는 스테인리스 소재의 분체 도장 바디, 6단계 브라우닝 및 재가열 기능, 자동으로 올라가는 레버, 36밀리의 넓은 슬롯, 해동 및 베이글 기능, 분리형 빵 부스러기 받침대, 스메그 코리아에서만 제공하는 실리콘 커버를 나열하고 설명했다. 블로그에서는 주말 아침에 브런치의 꿈을 실현할 수 있도록 도와준다는 내용을 담았다.

[그림 4-122] 스메그 8컬러 토스터 TSF01 광고 '인테리어' 편(2017. 3.)

　발뮤다의 더토스터 K01C 텔레비전 광고 '스팀 테크놀로지' 편(2017. 10.)에서는 "죽은 빵도 되살리는 토스터"라는 애칭을 얻은 발뮤다 토스터를 알렸다. 발뮤다 토스터의 위쪽에는 5밀리리터 정도의 물을 넣을 수 있는 급수구가 있다. 이곳에 물을 채우면 급수관을 따라 보일러에 이르고 보일러 전용 히터에 의해 물이 데워지면서 스팀이 발생한다. 토스터 내부가 스팀으로 가득 차고 빵은 스팀과 열기로 함께 구워진다. 토스트, 치즈 토스트, 바게트, 크루아상 모드, 클래식 모드 같은 다섯 가지 모드로 빵을 굽도록 설계됐다. 광고에서는 반복되는 패턴을 배경에 넣고 제품을 배치했다는 반복 패턴은 발뮤다 토스터를 더 부각시켰다. 카피는 다음과 같다. "독창적인 스팀 테크놀로지. 최적화된 온도제어 기술. BALMUDA The Toaster. 5cc 물의 기적. 스팀으로 빵 표면에 수분막 형성. 겉은 바삭 속은 촉촉-. 5가지 설정 모드별 온도 제어! 60도, 150도, 220도. 3단계 온도 조절! 오븐에서 갓 구워낸 것처럼 1초 단위의 온도 감지. 예열 없이 쉽고 간단하게. 클래식 모드. BALMUDA The Toaster."

[그림 4-123] 발뮤다 더토스터 K01C 광고 '스팀 테크놀로지' 편(2017. 10.)

제니퍼룸의 레트로 전기토스터 광고 '복고풍' 편(2018)에서는 "함께하면 좋은 상품!"이라는 헤드라인을 써서 두 가지 제품을 동시에 알렸다. "제니퍼룸 레트로 전기토스터 + 전기주전자" 또는 "RETRO ELECTRIC TOASTER (T800) + KETTLE (K3805)" 같은 카피로 제품의 성능과 디자인을 강조했다. 제니퍼

룸 토스터 홈페이지에서는 제품의 기능에 초점을 맞춰 기능을 설명했다. 광
고에서는 제니퍼룸 토스터가 레트로 스타일의 복고풍이란 사실을 구체적으
로 적시했다.

[그림 4-124] 제니퍼룸 레트로 전기토스터 광고 '복고풍' 편(2018)

4. 에어프라이어 광고의 흐름

가족의 건강에 관심이 많은 주부들은 기름기 많은 음식을 피하려고 노력해 왔다. 맛과 건강이라는 두 마리 토끼를 모두 잡기를 기대했던 주부들은 2010년 무렵에 에어프라이어에 주목했다. 에어프라이어는 뜨거운 공기를 위아래로 빠르게 순환시켜 식재료의 기름 성분을 밖으로 배출함으로써, 기름기 없고 바삭바삭한 튀김 요리를 만들 수 있는 공기 튀김기다. 아래에서 위쪽으로 뜨거운 공기를 빠르게 올리는 고속의 공기순환 기술로 재료의 모든 면을 빠르게 감싼다. 균일하게 열을 가해 원재료에 함유된 지방만으로도 본연의 맛과 성분을 유지하게 함으로써, 속은 촉촉하고 겉은 바삭바삭한 튀김 요리를 만들 수 있다는 혁신 제품이다.

에어프라이어가 출시되자 가족들의 건강과 웰빙에 관심이 많은 주부들이 환호했다. 광고에서는 에어프라이어에 재료를 넣고 돌리면 생선요리, 채소, 닭튀김 같은 요리를 쉽게 할 수 있고 건강식을 즐길 수 있다는 메시지를 강조했다. 소셜 미디어에서 에어프라이어의 사용 후기가 확산되자 제품 판매량이 크게 늘었고 새로운 레시피도 개발됐다. 밥솥 크기의 에어프라이어에 음식물을 넣고 돌리기만 하면 끝나니까, 자취생이나 나홀로족도 잘 챙겨먹어야 한다며 좋아했다. 에어프라이어는 혁신적인 가전제품이었지만 우리의 식문화를 크게 바꿔 나가기 시작했다(김민석, 2018).

에어프라이어의 광고를 통해 주방문화의 변천을 살펴보면, 주방 기구는 주부들의 라이프스타일과 욕구를 반영하며 변화했음을 알 수 있다. 기름에 튀기고 굽던 주부들의 습관은 에어프라이어가 나오면서부터 결정적으로 달라졌다(김윤경, 2013). 주방은 음식을 만들어 먹고 만족감을 느끼는 장소이므로 가족에게 만족감을 줄 수 있는 공간이다. 가족이라면 누구나 간편하게 사용할 수 있는 에어프라이어는 주방을 엄마의 공간만이 아닌 가족의 공통 공간으로 인식하게 하는 데도 기여했다.

소비자들은 에어프라이어의 광고를 보고 제품을 구매할 수도 있지만, 입소문과 사용한 사람들의 후기를 보고 제품을 구매하는 경우도 많다. 주부들은 텔레비전이나 소셜 미디어 같은 시청각이 동시에 가능한 매체들을 보면서 제품 정보를 얻기도 한다. 가격이 비싸더라도 필요한 물건이라면 망설이지 않고 구매하는 경우도 늘어났다. 주부들은 점점 성능이 진화되고 좋은 에어프라이어를 선호했다. 기름 없이 공기로 요리를 할 수 있다는 기술력은 주부들에게 특별한 매력으로 다가갈 수밖에 없었다.

1) 2010년대 초반의 에어프라이어 광고

건강과 다이어트에 대한 관심이 늘면서 소비자들은 기름진 음식을 피하려고 기름 없이 요리할 수 있는 주방용품에 관심을 가졌다. 필립스는 2011년에 국내 최초로 에어프라이어를 출시했다. 기름을 쓰지 않고 튀기는 혁신 제품이었다. 필립스 에어프라이어의 광고 '기름 없이' 편(2011)에서는 기름진 음식이 몸에 해롭다고 생각하는 소비자 심리를 자극했다. 광고가 시작되면 닭튀김, 돈가스, 새우튀김이 나오고 튀기는 효과음이 들리는데 "아! 근데 기름이." 하며 말끝을 흐린다. "기름 없이 튀기면 되죠. 이제 기름 없이 바삭바삭." 기름 없이 튀길 수 있다니 주부들은 놀랄 수밖에 없었다. 궁금증을 자아낸 다음 필립스의 고속 공기순환 특허기술을 적용했다고 하며, 광고에서도 에어프라이어로 조리한 음식을 보여 주었다. 기름 없이 바삭바삭 튀긴다는 사실을 마지막에 다시 한번 각인시키며 광고가 끝난다. 카피는 다음과 같다. "Na) 닭튀김 돈가스 새우튀김. (기름 끓는 효과음) Na) 아! 근데 기름이~ (배경음악) Na) 기름 없이 튀기면 되죠. 이제 기름 없이 바삭바삭~ 징글) 필립스 에어프라이어."

[그림 4-125] 필립스 에어프라이어 광고 '기름 없이' 편(2011)

필립스 에어프라이어는 아이에게 좋은 간식을 먹이고 싶은 어머니를 대상으로 광고 캠페인 '아이! 좋은 간식' 편(2011. 10.)을 진행했다. 에어프라이어를 이용해 간식을 만들어 보는 어린이 영양 교실을 운영하며, 에어프라이어를 이용한 간식이 아이의 건강에 도움이 된다고 강조했다. 카피는 이렇다. "공기로 튀기는 필립스 에어프라이어. 기름 없이 공기로 튀기는 신개념 튀김기. 필립스 에어프라이어와 GD샵이 성장기에 있는 우리 아이들의 균형 있고 올바른 간식 문화를 만들어나가기 위한 '아이! 좋은 간식 캠페인'을 펼칩니다. 오는 11월부터 각 유치원의 어린이 및 학부모를 대상으로 진행되는 이번 캠페인은 저열량-고영양의 좋은 간식 섭취를 장려하기 위한 행사로, 가정의학 전문의 여에스더 박사의 어린이 건강 간식 클래스, 필립스 에어프라이어로 좋은 간식 만들기 클래스, 어린이 개별 영양 체크 및 진단 등 알차고 재미있는 프로그램으로 진행됩니다. 한 가지 더! 이러한 좋은 간식을 더 많은 아이들과 나누기 위해 전국 지역아동센터협의회와 연계, 캠페인에 참가한 유치원의 이름으로 간식 지원비 및 공부하는 어린이들을 위한 '좋은 간식'을 전달할 예정입니다."

"▶ 최대 82% 지방 감소: 원재료의 지방 성분만으로 튀겨 기존 튀김법 대비 지방을 적게! ▶ 고속 공기 순환 기술: 특허 받은 혁신 기술로 기름 없어도 튀김 요리를 맛있게! ▶ 회오리 반사판: 아래에서 위쪽으로 빠르게 공기를 올려주어 더 바삭바삭하게!"라는 에어프라이어의 특성을 강조했다. 이어서 아이에게 좋은 간식을 위해 다음 6가지 사실을 반드시 확인하라고 권고했다. "▶ 비타민과 무기질이 풍부한 5색 과일과 채소, 견과류 일주일에 3회 이상! ▶ 매일매일 유제품을! 우유 2잔과 치즈 1장 먹기! ▶ 동물성 단백질(고기, 달걀 등)과 식물성 단백질(콩, 곡류 등)은 2:1 비율로 매일! ▶ 구이 요리할 때 소금 간 하는 대신 레몬즙 뿌리기! ▶ 설탕 대신 올리고당, 메이플 시럽, 아가베 시럽 사용하기! ▶ 튀김 요리 시 불필요한 지방 섭취를 최대한 줄이는 조리도구 활용하기!" 카피에서는 마지막에 튀김 요리를 슬쩍 끼워 넣는 재치를 발휘했다.

[그림 4-126] 필립스 에어프라이어 광고 '아이! 좋은 간식' 편(2011. 10.)

필립스의 에어프라이어 광고 '공기로 튀긴다' 편(2013. 4.)에서는 드라마 〈내 딸 서영이〉에서 열연했던 이보영 씨가 식탁에서 아이와 마주 보며 에어프라이어로 튀김 요리를 해서 나눠 먹는 모습을 보여 주었다. 광고에서는 감자튀김과 새우튀김이 파란 하늘로 높이 올라가 차례로 노릇노릇하게 튀겨지는 장면이 나온다. 파란 하늘색에 튀김의 노란색이 대비되며 소비자에게 시각적인 아름다움과 풍부한 식감을 제공했다. 바삭 베어 먹는 효과음도 인상적이었다. 공기와 원재료의 지방만으로 음식을 90%까지 바삭바삭 튀긴다는 점을 알리는 카피는 다음과 같다. "(튀김이 튀겨지는 효과음) Na) 이젠 공기로 튀긴다. 기름은 쏙 빼고 맛은 바사삭. (바삭 베어 먹는 효과음) Na) 필립스만의 에어스톰 기술로. (아이의 웃음소리 효과음과 징글) 필립스 에어프라이어."

[그림 4-127] 필립스 에어프라이어 광고 '공기로 튀긴다' 편(2013. 4.)

필립스에 이어 다른 가전제품회사에서도 에어프라이어를 출시했는데, 그중 하나가 한경희생활과학의 한경희 에어프라이어다. 한경희 에어프라이어 광고 '마음껏 튀기세요' 편(2013)에서는 에어프라이어 안에서 튀겨지는 과정을 확인하고 싶어 하는 소비자 욕구를 반영해 투명 창으로 속을 보여 주었다.

필립스 에어프라이어 광고에서 가족의 건강, 건강한 요리, 기름 없는 튀김 요리 기술을 강조했다면, 한경희 에어프라이어 광고에서는 체중계에 올라가는 날씬한 여성과 거울을 보며 근육을 뽐내는 몸짱 남성을 보여 주며 다른 에어프라이어에는 없는 새로운 장점도 보여 주었다. 기존의 에어프라이어는 제품에 음식을 넣고 조리를 시작하면 안에서 어떻게 조리되는지 확인할 수 없었다. 그러나 한경희 에어프라이어 광고에서는 에어프라이어 안에서 제품이 실제로 튀겨지는 과정을 주부들이 직접 확인했다.

에어프라이어는 제품의 본체는 크지만 실제로 쓸 수 있는 공간이 좁다는 불만이 있었다. 이런 불만 사항을 개선한 한경희생활과학은 3.5리터짜리 대용량 제품을 만들어 이를 광고에서 알렸다. 광고에서는 "바삭 바삭"이란 효과음과 함께 내레이션을 통해 제품의 특성을 설명했다. 언뜻 보면 에어프라이어로 바삭바삭한 튀김 요리를 만든다고 알리는 것 같지만, 한경희 에어프라이어 '바삭'을 언급하며 소비자에게 각인시키려고 했다. 에어프라이어 제품에서 필립스가 더 대중적이었지만, 한경희 에어프라이어 광고에서는 필립스에 없는 새로운 기능을 알리며 소비자의 주목을 끌었다. 카피는 다음과 같다. "(배경음악 튀김 효과음) Na) 바삭 (튀김 효과음) Na) 바삭 (튀김 효과음) Na) 바삭, 바삭. 마음껏 튀기세요. Na) 한경희 에어프라이어 바삭."

[그림 4-128] 한경희 에어프라이어 광고 '마음껏 튀기세요' 편(2013. 4.)

　　한경희생활과학의 한경희 에어프라이어 바삭 인쇄광고 '기름기 쫙' 편
(2013. 5.)에서는 "이제 공기로 맛있고 건강하게 튀기세요! 한경희 에어프라
이어 바삭"이라는 헤드라인 아래, 제품에 대해 이렇게 설명했다. "과도하게
기름진 음식으로 인해 건강과 다이어트에 대한 관심이 늘면서 기름기 없이
요리할 수 있는 주방용품이 인기를 끌었다. 기름기 많은 음식의 기름기를 쫙
빼 주는 한경희 에어프라이어 '바삭'을 소개한다." 이어지는 보디카피는 다
음과 같다. "프라이팬에 식용유를 넣고 튀기를 번거로움을 덜어 주는 한경희
에어프라이어. 에어프라이어는 말 그대로 공기로 재료를 튀기는 기계다. 공
기 순환이 그릴 기능으로 속을 익히고, 겉을 바삭하게 만들어 준다. 기름을
넣지 않아도 식재료만 넣고 기계를 작동시키면 재료가 갖고 있는 지방만으
로 속이 맛있게 익는다. 때문에 불필요한 지방섭취를 줄인 저칼로리의 건강
한 음식을 먹을 수 있다. / 기름기가 없으니 건강에도 좋다. 재료에 따라 다르
지만 기름에 빠뜨려 튀기는 것보다 훨씬 건강하게 먹을 수 있다. 아이들이 좋
아하는 돈가스와 감자튀김을 만들 때에도 일반 기름으로 튀겼을 때보다 기
름의 양을 줄일 수 있다. 식품의약품안전청 지정 검사기관인 SGS조사에 따
르면, 에어프라이어를 사용했을 때 새우튀김은 기름을 사용한 일반 튀김 방
식에 비해 지방 함량이 최대 90% 적었다. 이때 포화지방은 70%, 트랜스 지방
은 79% 낮았다. 이 외에도 튀김 종류별로 크로켓은 83%, 오징어링, 식빵 스
틱 튀김 80%, 감자튀김 78%, 김말이, 잡채만두 튀김은 72%만큼 지방 함량이
적었다. / 한경희 에어프라이어 바삭의 가장 큰 특징은 3.5L 대용량으로 한 번
에 많은 양을 조리할 수 있다는 것. 업계 최초로 탈착이 가능한 교반기가 제
공돼 재료에 따라 조리 시 음식을 자동으로 섞어 주어 골고루 빠르게 튀겨 낼
수 있다. 또 본체에 투명창과 내부 조명을 추가해 조리 과정을 살펴볼 수 있
어 요리하는 즐거움도 느낄 수 있다. 가격 20만 9천 원." 기자의 이름을 달아
취재한 것처럼 소개했지만 전형적인 잡지광고다. 지면 오른쪽에서는 "한경
희 에어프라이어 바삭을 쓰자!"고 제안하며 제품의 특성을 세 가지로 정리해
소개했다. "▶ 시간 조절: 최대 30분까지 시간 설정 기능이 있어 원터치로 시

간 설정이 가능하며, 조리가 완료되면 알림소리와 함께 전원이 차단된다. ▶
온도 조절: 최대 200도까지 온도 설정이 가능하며, 식재료에 맞게 적정한 온
도로 맛있게 요리할 수 있다. ▶ 다양한 요리 가능: 아이들이 좋아하는 생감
자를 이용한 감자튀김부터 새우, 닭요리까지 다양한 재료를 튀길 수 있다."

[그림 4-129] 한경희 에어프라이어 바삭 광고 '기름기 쫙' 편(2013. 5.)

2) 2010년대 후반의 에어프라이어 광고

기술 개발을 계속한 필립스는 2016년에 필립스 터보에어프라이어를 출시
했다. 필립스 터보에어프라이어 유튜브 광고 '예열 없이 빠르게' 편(2016. 5.)
에서는 주방을 배경으로 "터보 스타 기술로 완벽하게 새로워진 필립스 터보
에어프라이어"라는 카피를 써서 새로운 에어프라이어를 소개했다. 9초 동안
별다른 설명 없이 경쾌한 배경음악만 나오며 닭과 연어 등을 조리하는 장면

을 보여 주다가 10초쯤에 에어프라이어 전체를 비춘다. "20% 더 작아진 크기, 용량은 그대로!"라고 설명하며, 몸집은 가벼워지고 부피도 작아졌지만 용량은 변함없이 그대로라고 소개했다. 닭다리를 넣고 조리하는 장면에서는 "최대 80%까지 지방을 줄인, 기름을 쏙-뺀 맛있는 저유분 요리"라고 하며, "예열 없이 빠르게" 조리할 수 있고 번거로운 예열을 피할 수 있으니 사용해 보라고 권고했다.

[그림 4-130] 필립스 터보에어프라이어 광고 '예열 없이 빠르게' 편(2016. 5.)

톰슨사의 에어프라이어 유튜브 광고 '워너비 아이템' 편(2018. 5.)에서는 톰슨 브랜드를 알리며, 1893년 프랑스 파리에 톰슨이 설립된 이후 오랜 역사를 지닌 톰슨이 세계인의 사랑을 받고 있다고 소개했다. 음식이 들어 있는 에어프라이어 안에서 공기가 순환되는 과정이 빨갛게 표시되며 음식을 보여 준다. "공기로 요리하는 건강한 레시피. 튀김 요리도 건강하게! 그 어떤 요리도 자신 있게, 주방 기구의 혁명!"이라는 카피에 이어 에어프라이어를 어떻게 쓰는지 간단하게 설명했다. "넣고, 돌리고, 꺼내기만 하면 끝!"이기 때문에 주부

들의 워너비 아이템이라고 하면서 하나의 기구로 많은 요리를 할 수 있다고
강조했다. 2.5리터의 대용량에 요리에 맞게 온도를 80도에서 200도까지 조
정할 수 있고, 1분 단위로 최대 30분까지 조정할 수 있다고 했다. 녹이 스는
문제, 부품 사이사이에 음식물이 끼는 문제, 무겁다는 우려나, 분리하기 어렵
다는 우려 같은 주부의 걱정거리를 해결했다고 하며, 마지막에 "사랑하는 가
족들을 위한 건강한 레시피"라는 카피로 가족 사랑을 강조했다.

[그림 4-131] 톰슨 에어프라이어 광고 '워너비 아이템' 편(2018. 5.)

이마트의 전자 전문점인 일렉트로마트에서도 에어프라이어를 출시했다.
'일렉트로맨'이라는 마스코트가 등장하는 브랜드툰을 네이버 웹툰에 연재했
다. 에어프라이어 광고 '갓땡템' 편(2018)에서는 시작 부분에 경쾌한 배경음
악이 깔리며 일렉트로맨이 등장했다. 지글지글 튀겨지는 튀김이 보이고 "기
름 없는 튀김을 위해 최후의 선택"이라는 카피가 투명한 고딕체로 뜨며 주방
에 놓여 있는 에어프라이어를 등장시켰다. 에어프라이어에는 기름기 없는
음식이 담겨 있다. "기름 제로! 빅 사이즈 통 치킨도 OK! 초메가톤급! 초대용
량 5.5리터 에어프라이어"라는 카피를 썼다. 생닭 4마리까지 넣을 수 있는 크

기의 에어프라이어를 보여 주며 일렉트로맨이 등장해 화면을 전환한다. 제
품이 있는 집과 없는 집으로 나눠 요리하는 장면을 보여 준 것도 흥미롭다.
일반 프라이팬으로 굽는 집은 냄새와 연기가 심하게 나며 기름이 여기저기
튀기고 있지만, 에어프라이어는 간편하게 완성한다는 비교 광고를 했다. 프
라이팬에 가득 담긴 기름을 처리해야 하는 곤란한 상황에서도 에어프라이어
는 분리해서 씻어 주면 된다는 소비자 혜택을 강조했다.

[그림 4-132] 일렉트로마트 에어프라이어 광고 '갓띵템' 편(2018)

　　신일산업의 에어프라이어 소셜 미디어 광고 '추천' 편(2018. 2. 12.)에서는
인기 드라마 〈응답하라 1988〉(2015~2016)에서 뛰어난 연기력으로 푸근한
엄마 모습을 보여 준 라미란 씨를 모델로 썼다. 광고 모델은 에어프라이어의
뒤에 서서 엄지손가락 두 개를 치켜들었다. "살 걱정은 이제 하지 마세요~
라미란 추천 에어프라이어!"라는 카피를 써서 신뢰도를 높이려고 했다. "칼
로리 걱정 NO~ 신개념 튀김기가 떴다!", "라미란 추천 상품! 기름 없이 튀김
이 가능하다! 믿을 수 있는 신일산업."이라는 보디카피를 써서 라미란 씨가
소비자에게 믿고 추천한다는 메시지를 전했다. 주부들에게 '건강과 편리함을
고려한 새로운 기술'이라는 점을 강조하는 것도 잊지 않았다.

　　조하우스는 2018년에 에어프라이어를 출시했다. 조하우스 에어프라이어
유튜브 광고 '어떤 음식도 넉넉하게' 편(2018)에서는 홈쇼핑을 주로 애용하는
주부들을 대상으로 소구했다. 광고에서는 지글지글 끓는 기름에서 튀기는

[그림 4-133] 신일산업 에어프라이어 광고 '추천' 편(2018. 2.)

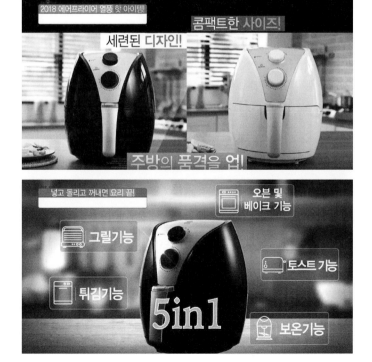

[그림 4-134] 조하우스 에어프라이어 광고 '어떤 음식도 넉넉하게' 편(2018)

튀김과 에어프라이어를 이용한 튀김을 비교하며 혜택을 설명했다. "Na) 아직도 기름에 튀기세요?"라는 남성의 내레이션과 함께 주부들에게 전달할 정보를 짧게 제시하며 장면 전환을 반복했다. "Na) 이제 어떤 재료든 넣고 돌리고 꺼내기만 하면 끝! 2.5리터의 대용량으로 그 어떤 음식도 넉넉하게! 다이얼 방식으로 시간설정 온도설정 초 간단!" 에어프라이어의 장점을 카피로 설명하며 주부들의 마음을 흔들었다. "콤팩트한 사이즈! 세련된 디자인! 주방의 품격을 업!" 같은 카피를 써서 주방에 잘 어울리고 세련된 제품이라는 사실도 강조했다.

필립스는 트윈터보스타 에어프라이어를 2018년 6월에 출시했다. 필립스 에어프라이어의 회오리 바닥판을 더 발전시킨 모델로 기존의 열 반사 회오리판에 기름 튐 방지 회오리 판을 추가로 장착함으로써, 조리할 때 재료에서 나온 기름이 다시 튀어 음식에 흡수되는 것을 방지했다. 필립스의 트윈터보스타 에어프라이어의 유튜브 광고 '바꾸다' 편(2018)은 접시에 치킨 한 조각을 올려놓는 장면에서 시작된다. 올려놓은 치킨에서는 기름이 주르륵 빠져나온

[그림 4-135] 필립스 트윈터보스타 에어프라이어 광고 '바꾸다' 편(2018)

다. 카피는 이렇다. "Na) 튀김 요리는 몸에 안 좋다는 생각. Na) 필립스가 바꾸다! Na) 특허 받은 트윈터보스타 기술로 기름을 쏙! 건강을 요리하다. Na) 필립스 터보스타 에어프라이어. innovation in you−PHILIPS." 단란한 가족의 모습이 그려지며 영어 카피가 이렇게 흐른다. "There's always a way to make a life better." 광고에서는 카피를 보여 주며 삶을 더 나아지게 하는 방법이 필립스에 있다는 기대감을 주부들에게 호소했다.

이마트의 에어프라이어 광고 '고구마' 편(2019. 1.)에서는 튀김 요리와는 달리 고구마 찌는 장면을 보여 주며 에어프라이어를 다용도로 쓰라고 권유했다. 기존의 에어프라이어 광고에서는 튀김 요리를 보여 주는 장면이 많았는데, 이 광고에서는 소비자에게 새로운 용도를 제시했다. "오쩜이래"라는 카피는 이마트 에어프라이어의 용량인 5.2리터를 나타내는 것이다. 언어유희 카피를 써서 에어프라이어가 어쩜 이 정도로 좋으냐는 의미와 함께 제품의 장점인 대용량까지 넌지시 알려 주는 광고였다. 카피는 다음과 같다. "Na) 고구마가 180도에서 구워질 때. 맛있어지는 시간은 15분. (떵 하는 효과음) Na) 오쩜이래/ Na) 오쩜이래?"

[그림 4-136] 이마트 에어프라이어 광고 '고구마' 편(2019. 1.)

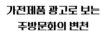

가전제품 광고로 보는
주방문화의 변천

제5장
세척청소용 가전제품
광고의 변천

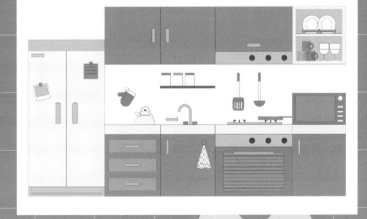

1. 세탁기 광고의 흐름

세탁기는 전동기를 주동력으로 써서 물과 세제를 섞어 빨랫감에 묻어 있는 오염을 제거하는 세탁과 헹굼과 탈수의 과정을 거친다. 동력장치인 전동기, 빨래에 에너지를 전달하는 기계부, 세탁과정을 조절하는 제어부, 그리고 물을 넣고 빼는 급수장치와 배수장치로 구성된다. 세계 최초의 세탁기는 1691년 영국에서 발명됐다는 특허 자료가 있지만, 18세기 후반에 접어들어 세탁기 발명이 많이 이루어졌다.

현대적 개념에서 최초의 세탁기는 1851년에 미국의 제임스 T. 킹(James T. King)이 발명한 실린더형 드럼세탁기인데, 전기가 아닌 수동으로 작동했으며 오늘날의 드럼식 세탁기의 원조라 할 수 있다(네이버 지식백과, 2022). 최초의 전기세탁기도 기계 자체의 무게와 넘치는 물 때문에 고장이 잦았고 소음이 많아 대중화되지 못했다. 1874년에 윌리엄 블랙스톤(William Blackstone)이 가정용 세탁기를 만들었지만 제임스 킹의 세탁기와 큰 차이가 없는 수동세탁기였다. 수동이 아닌 전기세탁기는 1908년 미국 시카고의 한 기계회사에서 근무하던 알바 피셔(Alba Fisher)라는 발명가가 처음으로 개발했다(삼성전자 뉴스룸, 2016. 11. 29.).

1911년에 들어서야 판매할 수 있는 세탁기가 나왔고, 발전을 거듭한 전기세탁기는 제2차 세계 대전 이후부터 본격적으로 보급되기 시작했다. 현재의 세탁기는 유럽 지역에서 주로 쓰는 드럼식(cylinder type), 미주 지역의 교반식(攪拌式: agitator type), 그리고 한국과 일본을 비롯한 동아시아 지역에서 주로 쓰는 와권식(渦捲式: pulsator type)이라는 세 가지로 분류할 수 있다.

우리나라의 세탁 문화는 시대별로 빨래터 세탁시대(1900~1959)에서 옥내세탁시대(1960~1979)를 거쳐, 세탁기 세탁시대(1980~1989)와 친환경 세탁시대(1990~현재)로 발전해 왔다. 가전제품 기술이 발달하고 기능도 다양해짐에 따라 세탁기 디자인도 변화에 변화를 거듭해 왔다. 태동기(1969~1979)와

성장기(1980~1989)를 지나 기능 다양화기(1990~1999)를 거쳐, 프리미엄 시기(2000~현재)로 접어들었다.

세탁기는 한국인의 빨래 습관을 바꾸고 주부들의 일상생활에 큰 변화를 가져왔다. 1969년에는 국내 최초의 국산 전기세탁기라고 할 수 있는 금성사의 백조세탁기가 개발돼 여성의 육체적인 세탁 노동을 가전제품으로 대체하는 전환점이 됐다(김원진, 채승진, 2022). 1969년에 처음 생산된 세탁기는 고된 손빨래 노동에서 여성들을 해방시킬 고마운 가전제품이었지만 세탁은 여자가 해야 하고 반드시 손빨래를 해야 때가 빠진다는 고정관념이 심해, 처음에는 주부들이 세탁기에 관심을 갖지 않았다. 생산 초기에는 세탁기가 관심을 끌지 못했고 수요가 없어 일시적으로 생산을 중단했지만 1971년에 다시 생산을 재개했다. 외국 기술에서 출발한 최초의 세탁기 모델은 알루미늄으로 제작했는데 2조식 1.8kg의 세탁 탈수 용량에 4단 수위의 선택 스위치, 스프링 타이머 등이 부착돼 있었다.

금성사는 1971년에 용량 2kg의 WP-2005 모델 49대를 다시 생산하기 시작해 꾸준히 생산량과 성능을 높여 갔다. 2kg 용량으로 시트 5장과 와이셔츠 10장을 세탁한다고 광고했다. 1972년 10월에는 일본 히타치제작소와 전기세탁기 생산을 위한 기술제휴를 했고 1973년에는 5,000대를 생산했고, 1974년에는 생산량 2만 대를 넘어서면서 세탁기 시장이 급속히 커졌다.

1974년에 금성사 외에 대한전선이 무지개세탁기로, 한일전기가 비너스세탁기로, 신일산업이 백구세탁기라는 브랜드를 생산했다. 특히, 대한전선의 무지개세탁기는 당시로서는 2.3kg이라는 대용량을 자랑했고, 한일전기의 비너스 세탁기는 국내 최초로 플라스틱 방수바디를 적용했다. 1975년부터는 삼성전자에서도 세탁기를 생산하기 시작했으며, 이듬해인 1976년부터는 은하라는 브랜드로 세탁기를 본격적으로 선보였다. 그리고 같은 해에 화신전기에서 국내최초로 전자동 세탁기를 선보였으며, 1977년에는 2조식 세탁기도 완전자동화 됐고 용량도 3kg으로 대형화됐다. 1977년에 나온 화신세탁기는 최초의 1조식 전자동 세탁기로 세탁 시간은 40분대였다.

1990년대에는 주부들의 소비생활에 있어서 세탁기의 선택 기준이나 평가 준거가 해마다 달라졌다. 1995년에는 세탁기의 이름 짓기 열풍이 불었다. 사회 분위기를 반영해서 불꽃 튀는 작명 경쟁이 벌어졌다. 1990년부터 1991년까지는 가전회사에서 자사의 첨단 기술력이 뛰어나다며 퍼지나 인공지능을 강조했다면, 신토불이(身土不二) 바람이 불었던 1992년부터 1994년 사이에는 삶는 빨래에 주목해 '삶는' 또는 '손빨래' 같은 이름을 붙여 좋은 반응을 얻었다. 그에 비해 1995년에 환경의 중요성이 부각되자, 동양매직의 '폭포봉' 세탁기가 히트상품 반열에 올랐다(경향신문, 1995. 10. 12.).

또한, 1996년에는 가전 3사에서 세탁기 광고비를 늘리며 광고 경쟁을 치열하게 전개했다. 공기방울세탁기, 삶는 세탁기, 리듬세탁기가 시장의 우위를 차지하기 위해 판매 경쟁을 멈추지 않았다. 각 사에서 광고 물량 공세를 펼치자, 성장기에 접어든 세탁기 시장에서 소비자들도 광고에서 제시하는 정보의 영향을 받을 수밖에 없었다(매일경제, 1996. 9. 3.). 1996년 가을에는 결혼을 앞둔 신혼부부를 겨냥해서 3천 억 시장을 놓고 세탁기 광고 전쟁이 일어났다. 세탁과 헹굼 기능을 크게 개선한 신제품이 쏟아졌고 홈 드라이 코스를 추가한 세탁기도 등장했다.

2000년대 이후에 감성, 가치, 합리적 소비가 정착하자 세탁기는 빨래하는 세탁기 이상의 기능을 하게 됐다. 2000년대 초반에는 와권식 세탁기가 주로 사용됐지만 2003년부터 가전업계는 드럼세탁기에 삶아 빨기와 건조가 가능한 세탁기를 개발하기 위해 치열한 경쟁을 벌였다. 가전업계에서는 일명 통돌이로 통하던 와권식 세탁기에 비해 세탁 성능이 나쁘고 세탁 시간이 길다는 이유로 꺼려 하던 드럼식 세탁기 시장을 넓혔다. 드럼세탁기가 나온 초기에는 별로 판매되지 않았다.

2000년대 중반의 세탁기 광고에서 다양한 기능을 알리는 데 치중했다면 2000년대 후반에는 소비자 혜택을 더 강조했다. 와권식(욕조식) 세탁기 판매량은 매년 조금씩 줄어들었고, 2009년의 욕조형 세탁기에서는 건조가 가능한 세련된 디자인의 세탁기가 출시됐다. 뿐만 아니라 싱글족이 증가하자

1인 가구를 위한 세탁기도 등장했다. 세탁기 광고의 모델은 대체로 주부와 어린 자녀가 등장했지만 3B 요인도 고려됐다. 여성(beauty), 동물(beast), 아이(baby)를 등장시켜 소비자의 주목을 끌었다.

세탁기 기술은 2010년대에 접어들어 더 놀라운 속도로 발전했다. 우리나라 세탁기 역사에서 2010년대는 드럼세탁기의 경쟁기라고 할 수 있다. 드럼세탁기와 일반 세탁기를 비교했을 때 드럼세탁기가 성능이 탁월했지만, 작은 용량 때문에 드럼세탁기는 일반 세탁기에 비해 쉽게 보급되지 못했다. 하지만 현대인의 생활양식이 급격히 달라지고, 2002년 11월에 국내 가전제품회사에서 10kg급 대형 드럼세탁기를 출시하면서부터 10kg급 드럼세탁기가 시장을 주도했다.

삼성전자는 2010년대에 백색가전 통합 브랜드인 삼성하우젠을 출시하면서 주부들의 생활공간인 집에서 새로운 중심이 되겠다는 브랜드 비전을 선포했다. 하우젠 버블 에코 드럼세탁기는 2010년에 출시 2개월 만에 3만 대를 판매했다. 버블 에코 드럼세탁기는 세탁 시간과 전기 사용량을 일반 드럼세탁기의 절반 이하로 줄여 소비자의 호평을 얻었는데, 버블 세탁은 당시에 혁신 기술이었다(파이낸셜뉴스, 2010. 7. 20.). LG 트롬세탁기는 '스모션 터보샷'로 시장 지배력을 강화했다. 트롬 고유의 세탁 기능인 6모션에 드럼통 내부의 세 방향에서 강력한 물줄기를 골고루 뿌려 주는 '터보샷' 기능이 추가돼 세탁 시간이 단축되고 세탁 성능은 더욱 강화됐다.

1) 1960년대의 세탁기 광고

전력을 이용하는 세탁기가 나오기 전에 공기의 팽창을 활용해 작동하는 세탁기가 있었다. 언론에서는 "1분간 세탁기"라고 소개했는데(동아일보, 1968. 5. 20.), 이는 신문에 보도된 최초의 세탁기 홍보라 할 수 있다. 신문 기사에서는 "1분간 세탁기"라는 헤드라인으로 빨래가 잦은 여름에 일손이 돼 줄 세탁기를 쓰면 아주 편리하다고 소개했다. 기사의 내용은 이렇다. "빨래가 잦은 여름, 일손이 돼 줄 세탁기가 아쉬운데 여기 간편한 세탁기를 소개한다. 전기 대신 공기의 팽창으로 인한 압력을 이용해 만든 이 일분간세탁기는 물을 붓고 비눗물을 푼 후 뚜껑을 닫고 손잡이를 돌리면 세탁물의 때가 절로 빠지는 것인데 빨래를 꺼내서 헹구는 수고만 하면 되는 것." 모터를 쓰지 않고 완전 수동(인력)으로 탈수했고 전기를 쓰지 않고 손잡이를 돌려서 세탁하는 반 수동 세탁기였다.

[그림 5-1] 1분간공기세탁기를 소개한 언론보도(동아일보, 1968. 5. 20.)

정업공사의 일분간공기세탁기 광고 '세탁 혁명' 편(동아일보, 1968. 9. 21.)에서는 "고속살균세탁기 출현!!"이라는 헤드라인 위에 오버헤드를 이렇게 썼다. "1분간공기세탁기의 발명은 20세기 과학의 또 하나의 승리이며 우리 세탁생활에 혁명을 이룩했다." 이 광고에서 그때까지도 무조건 손빨래를 했고 세탁물을 물에 적시고 때를 빼는 것까지 모두 손으로 직접 했다는 사실을 알 수 있다. 빨래하는 주부들의 수고가 이만저만이 아니었을 것 같다.

[그림 5-2] 일분간공기세탁기 광고 '세탁 혁명' 편(동아일보, 1968. 9. 21.)

생활의 혁명을 일으킨 전기세탁기가 1969년에 등장했다. 금성사(옛 LG전자)는 일본의 히타치와 기술제휴를 맺고 1969년 5월에 국내 최초로 금성 백조세탁기 WP-181모델을 생산했다. 세탁통과 탈수통이 분리된 알루미늄 수동 세탁기로, 세탁과 탈수 용량은 불과 1.8kg에 불과했다. 4단 수위 선택 스위치와 스프링식 타이머를 부착했는데, 2조식 수동 세탁기였다. 2조식 수동 세탁기는 세탁통과 탈수통을 분리해 세탁물을 탈수통으로 옮겨 탈수하는 방식이다. 백조세탁기가 나오자 우리나라에서도 빨래터 세탁 시대가 저물었고, 집에서 기계로 빨래하는 시대가 시작됐다.

금성사의 금성 백조세탁기 WP-181 모델은 처음에 1,500대를 생산할 계획이었지만, 수요를 고려해 500대만 먼저 생산하기로 하고 1차로 195대를 생산했다. 고된 빨래에서 자유롭지 못했던 여성들에게 세탁기는 세탁에서 벗어날 수 있는 고마운 기계였다. 그러나 고형 비누를 사용하는 데 익숙했던 주부들의 생활 습관과 세탁기를 사치품으로 여기던 당시의 선입견 때문에 195대를 생산하고 나서 일시적으로 생산을 중단했다. 그 무렵에 일본의 세탁기 보급률은 이미 70%를 넘어섰지만, 우리나라에서는 출시 첫해에 고작 195대만 생산했으니 처음 계획에 비해 참담한 실적이었다.

세탁은 오로지 여자가 해야 하고 그것도 손으로만 해야 한다는 당시의 고정관념을 깨고 시장을 확대하기가 쉽지 않았다. 세탁기 한 대 값이 53,000원이었는데, 당시 대기업의 대졸 신입사원의 초봉이 월 2만 원 안팎이었던 점에 비춰 보면, 세탁기는 사치품의 하나였다. 주부들의 생활 패턴을 크게 변화시킬 대표적인 가전제품이었지만 초기에는 관심을 끌지 못했다.

그렇지만 세탁기는 차츰 우리나라 주부들의 인식을 바꾸고 일상생활의 혁명을 일으키는 데 결정적인 영향을 미치게 된다. 금성사의 금성 백조세탁기는 여성의 육체적인 세탁 노동을 가정 기기로 대체하는 전환점을 마련하는 데 기여하며, 여성의 일상생활을 혁명적으로 변화시켰다. 여성은 빨래를 세탁기에 맡기고 노동시장에 진출하거나 가사 노동으로부터 자유로워지기 시작했고 여성의 여가 시간도 늘어났다. 이런 점에서 세탁기는 빨래만 대신한

게 아니라 여성의 역할에 대한 고정관념을 세탁하는 데도 결정적인 영향을 미쳤다고 할 수 있다.

2) 1970년대의 세탁기 광고

1970년대에 접어들어 새마을운동을 비롯한 조국근대화 운동이 전개되는 와중에 세탁기가 본격적으로 보급되었다. 무조건 손빨래를 하던 과거에 비해 이전에 없던 세탁기를 쓰는 가정이 늘어나자 정보 전달 위주의 광고도 많이 등장했다. 여성들의 사회 진출이 증가했다고는 하지만 가사 노동은 여전히 여성들 몫이었다. 빨래는 여자가 손으로 해야 한다는 당시의 고정관념 때문에 일터에서 돌아온 여성일지라도 가사 노동을 피해갈 수는 없었다.

생산을 중단했던 금성사는 2년이 지난 1971년에 "빨래는 시간의 낭비입니다"라는 신문광고를 하면서 세탁기 생산을 재개했는데, 당시의 시대 분위기로 볼 때 파격적인 광고였다. 금성사의 금성 백조세탁기 광고 '빨래는 시간 낭비' 편(동아일보, 1971. 7. 30.)에서는 놀랍게도 이런 헤드라인을 썼다. "빨래는 시간의 낭비입니다." 이어지는 보디카피에서는 헤드라인의 주장을 논리적으로 뒷받침했다. "빨래, 부엌일, 청소, 자녀교육 등등…… 주부들의 하루는 정말 분주하기만 합니다. 인력과 시간이 점점 부족해지는 현대생활에 빨래는 금성 백조세탁기에 맡기시고, 여유 있는 현대 가정을 가꿔 보시지 않으시겠습니까? 새로운 기술의 완전 세탁, 완전 탈수, 금성 백조세탁기." 금성 백조세탁기가 신혼 가정에, 아파트 생활에, 맞벌이 부부에, 대가족에 어울린다고 했다. 시간을 절약할 수 있고, 가정부의 도움이 필요 없고, 빨래 장소가 필요 없고, 빨래하느라 거칠어지기 쉬운 손까지 보호한다는 4가지 장점도 소개했다. 시간과 장소에 구애받지 않고 빨래할 수 있다는 세탁기의 성능을 설명하며 주부들의 심리타점을 겨냥했다.

[그림 5-3] 금성 백조세탁기 광고 '빨래는 시간 낭비' 편(동아일보, 1971. 7. 30.)

　　금성사의 금성 백조세탁기 광고 '신혼의 꿈' 편(동아일보, 1973. 3. 20.)의 헤
드라인은 이렇다. "지금은 세탁 중…… 뜨개질을 하면서도 빨래를 할 수 있습
니다." 이어지는 보디카피는 다음과 같다. "신혼의 꿈…… 신혼의 출발에서
알뜰히 설계한 신혼의 꿈…… 세월은 흘러도 행복하고 단란한 '신혼의 꿈'은
변할 수 없습니다. 꿈을 가꾸는 주부의 바쁜 일손을 도와주는 금성 백조세탁
기. 금성 백조세탁기는 편리한 생활, 경제적인 생활, 짜임 있는 생활을 도와
드리는 현대 가정의 필수품입니다." 보디카피에 이어 금성 백조세탁기가 어
떻게 합리적인 생활을 도울 수 있는 4가지 혜택을 제시했다. 시간을 벌어 주
고("손으로 1시간이 넘어 걸리는 빨래를 다른 일을 하면서 단 20분 만에. 남는 시간
에 더 귀중한 일을 할 수 있습니다"), 경제적 생활을 가능하게 하고("1개월 전기료
는 단 40원, 가정주부보다 얼마나 경제적일까요"), 옷을 보호해 주고("부비고 짜야
하는 손빨래는 옷의 조직을 상하게 하지만 세탁기는 옷을 상하지 않고 빨 수 있어 새
옷의 광택이 그대로 유지됩니다"), 편리하고 깨끗한 생활을 가꿔 주는("매일 간편
하게 빨래를 할 수 있어 청결한 생활이 가능합니다") 4가지 혜택이 있다고 했다.
세탁기가 돌아가는 시간에 다른 일을 할 수 있어 편리하다고 하며, 신혼의 꿈
을 세탁기가 도와준다는 메시지를 전달했다.

[그림 5-4] 금성 백조세탁기 광고 '신혼의 꿈' 편(동아일보, 1973. 3. 20.)

금성사의 금성 백조세탁기 광고 '빨래하는 남편' 편(동아일보, 1974. 9. 28.)
을 보면 남편이 빨래를 하고 있고 아내는 그 옆에서 지켜보고 있는 장면이
인상적이다. 1970년대 초반까지만 해도 상상할 수 없는 장면이다. "내가 대
신……"이란 헤드라인 아래 다음과 같은 보디카피가 이어지고 있다. "매일매
일 반복되는 빨래. 빨래는 부인의 가장 무거운 짐입니다. 힘겨워 애쓸 때에는
대신 빨아주고 싶은 심정입니다. 사랑의 마음을 대신해 주는 금성 백조세탁
기. 금성 백조세탁기로 부인의 무거운 짐을 덜어 드리십시오. 한가위 사랑의
선물은 금성 백조세탁기."

금성사의 금성 백조세탁기 광고에서는 광고 타깃이 주부에서 남성으로 확
실하게 바뀌었음을 알 수 있다. 세탁기는 여성이 주로 쓰는 가전제품이지만
제품 구입에 대한 의사결정은 남성이 하는 경우가 많았을 것이다. 보디카피
에서 세탁을 아내의 가장 무거운 짐이라고 표현한 데서 알 수 있듯이, 빨래는
고역에 해당되는 일이었을 것이다. 1970년대에 본격적인 산업화가 진행되자
명절 선물 목록에 공산품도 포함돼 인기를 끌었는데, 명절 무렵에는 백조세
탁기를 아내에게 선물하라는 광고도 등장했다.

[그림 5-5] 금성 백조세탁기 광고 '빨래하는 남편' 편(동아일보, 1974. 9. 28.)

대한전선의 대한 무지개세탁기 광고 '새 일꾼' 편(경향신문, 1975. 2. 15.)에서는 "완벽한 새 일꾼입니다"라는 헤드라인을 썼다. 완벽한 기능을 갖춘 대한 무지개세탁기는 주부의 일손을 덜어 주는 새로운 일꾼이란 뜻이다. 1970년부터 우리나라에 금성 백조세탁기가 보급된 이후 무지개세탁기는 금성사가 아닌 곳에서 나온 최초의 세탁기였다. 광고 카피와 비주얼을 보면 지금 세탁기 광고와는 많은 차이가 있었다. 디자인을 강조하는 지금의 세탁기와는 달리 무

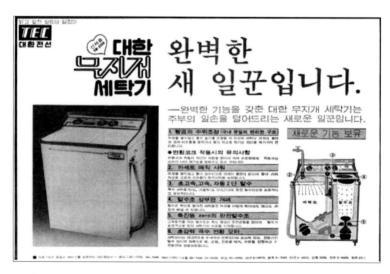

[그림 5-6] 대한 무지개세탁기 광고 '새 일꾼' 편(경향신문, 1975. 2. 15.)

지개세탁기 광고에서는 오로지 기능만 강조했다. "주부의 일손을 덜어드리는 새로운 일꾼입니다."라는 카피에서도 사용의 편리성에 초점을 맞췄음을 알 수 있다. 지금은 집에서 이불 빨래하기가 쉽지 않아 세탁소에 이불 빨래를 맡기는 경우도 많다. 두꺼운 겨울이불을 손으로 빨고 탈수하는 일은 1970년대 주부들의 골칫거리였다. 그런 시대적 맥락에서 볼 때, 세탁을 쉽고 빠르게 할 수 있다는 세탁기의 장점을 주부들에게 쉽게 전달한 이 광고는 매우 효과적이었을 것이다.

금성사의 금성 백조세탁기 광고 '엄마와 딸의 대화' 편(경향신문, 1975. 9. 11.)을 보면 엄마와 딸이 대화하는 형식으로 보디카피를 썼다. 세탁기가 어떻게 작동하는지 두 사람의 대화 과정을 통해 설명했다. 세탁기를 쓰면 시간이 절약되고 전기료도 많지 않다고 설명하며 주부들의 전기료 걱정을 덜어 주려고 했다. 거의 모든 가정에 세탁기가 보급된 지금은 주부들이 세탁기의 기능은 기본이고 디자인이 좋은 세탁기를 선호한다. 그런데 1970년대 중반까지만 해도 세탁기 보급률이 낮았기 때문에, 광고에서는 세탁기 사용법을 알리고 경제성을 강조하는 긴 카피로 세탁기의 기능을 설명했다. "엄마, 세탁기는 어떻게 빨래하나요?"라는 헤드라인 아래, 다음과 같은 대화 형식으로 보디카피를 전개했다.

"딸) 가루비누는 왜 넣나요? (세제의 원리)

엄마) 빨랫감을 물에 담근 후 가루비누를 넣으면 가루비누의 조그만 가루가 옷감 구석 구석까지 스며들어 때를 감싸 준다. 이때 빨랫감으로 문지르면 비누가 옷감에서 때를 떼어내 물에 뜨게 하므로 때가 말끔히 씻어지게 되는 거란다.

딸) 그런 걸 세탁기가 어떻게 하나요. (세탁의 원리)

엄마) 가만히 두어도 빨래는 되지만 비비거나 흔드는 빨래 원리를 세탁기가 스스로 해 내기 때문에 때가 깨끗이 빠지는 거지. 금성 백조세탁기는 누르는 단추가 4개(4단 만능수류) 있어 옷감의 종류와 때에 따라서 알맞은 속도의 단추를 누르기만 하면 되니까 깨끗하게 빨아지고 옷감도 상하지 않는단다. (……중략……)

딸) 세탁기는 손이 없는데 어떻게 짜나요. (탈수의 원리)

엄마) 금성 백조세탁기는 물을 뿌려내는 방법(원심 탈수)으로 짜니까 거의 물기가 없
어. (90% 탈수) 그래서 아빠는 와이셔츠를 세탁기로 짜면 바로 입으시잖니. 손으로
짜면 물기가 많이 남아 있고(40% 탈수) 비틀려 옷감이 쉬 상한다. (……중략……)

엄마) 전기 값이 많이 나오나요.

딸) 하루에 2번 빨래하면 하루에 2원, 한 달에 67원이니까, 너 아이스크림 하나 값밖
에 안 돼."

[그림 5-7] 금성 백조세탁기 광고 '엄마와 딸의 대화' 편(경향신문, 1975. 9. 11.)

화신전기의 화신 전자동세탁기 광고 '단 한번' 편(동아일보, 1976. 12. 1.)에
서는 "단 한번에 끝내세요. 한통에서 한꺼번에 세탁과 탈수를 해결해 드립니
다."라는 헤드라인을 썼다. 이어지는 보디카피는 다음과 같다. "국내에서 처
음으로 개발한 1조식 세탁기. 단 한번으로 끝나는 전자동 프로그램식 채용.
담요 한 장을 거뜬히 세탁, 탈수하는 초대용량. 자동급수차단기 부착으로 급
수, 단수, 완전자동." 이전까지의 세탁기 광고와는 달리 건조기도 함께 소개

했다. 건조기를 설명하는 카피인 "옷감이 상하지 않고 색상이 바래지 않는
다"에서는 일차원적인 방법으로 때를 없애는 세탁법이 아닌 옷감을 보호하
는 세탁 방법을 소개한 점도 흥미롭다. 세탁물 넣는 곳과 탈수하는 곳이 따로
있는 금성세탁기와는 달리, 요즘 세탁기와 비슷한 형태의 세탁기를 선보인
것이다. 화신 전자동세탁기 이전에 나온 세탁기는 모두 세탁과 탈수 공간이
다른 2조식 세탁기였다. 광고에서는 국내 최초로 개발한 1조식 세탁기라는
사실과 단 한 번으로 끝나는 전자동 프로그램 방식을 강조했다. 전자동 프로
그램의 원터치 시스템이라 급수, 세탁, 배수, 헹굼, 탈수까지 자동으로 이루
어지고, 예비세탁, 일반코스, 절약코스를 선택해 원하는 대로 세탁할 수 있다
고 했다. 나아가 자동급수 차단기를 부착했다는 사실을 강조했다. 기존의 세
탁기는 급수할 때마다 물을 직접 공급해야 해서 불편했지만, 이 세탁기는 연
결구에 수도 호스를 연결해서 자동급수 차단기로 작동하기 때문에 완전 자동
으로 급수와 단수가 이루어진다고 했다. 결국 화신 전자동세탁기는 통돌이
세탁기의 원조라 할 수 있다.

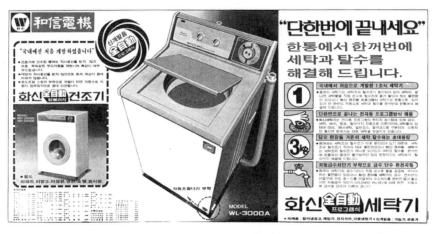

[그림 5-8] 화신 전자동세탁기 광고 '단 한번' 편(동아일보, 1976. 12. 1.)

　　금성사의 금성 백조세탁기 광고 '대형 세탁기' 편(동아일보, 1977. 3. 15.)을 보자. "용량 50%가 더 커진 대형 백조세탁기 탄생"이라는 헤드라인 아래 보디카피를 이렇게 썼다. "의외로 큰 세탁기를 원하시는 분이 많았읍니다. 백조세탁기 생산 9년, 많은 주부들이 크고 많은 빨래를 한 번에 빨 수 있는 좀 더 큰 세탁기를 원하시는 것을 알았읍니다. 겨울옷을 벗는 새봄을 맞이해 금성사는 많은 주부들이 기다리시던 3kg 대형 세탁기를 시판하고 있읍니다. 3kg 대형 백조세탁기는 두 번에 빨던 빨래를 한 번에 세탁할 수 있기 때문에 물, 세제, 전기, 시간을 한꺼번에 절약시켜 줍니다." 기존의 백조세탁기보다 50%나 용량이 커진 대형 백조세탁기를 알리는 광고다. 광고에서는 주부들이 세탁기에 기대하는 내용 그대로를 카피로 활용했다. 세탁기의 세세한 혜택을 설명하는 카피는 지면의 오른쪽에 배치했다. 생활이 윤택해지면서 세탁 횟수나 빨래 양도 늘었다는 사실을 알리기 위해 최불암 씨가 빨랫감을 잔뜩 들고 서 있는 장면도 흥미롭다.

[그림 5-9] 금성 백조세탁기 광고 '대형 세탁기' 편(동아일보, 1977. 3. 15.)

대한전선의 대한 무지개세탁기 광고 '의심' 편(동아일보, 1978. 9. 27.)에서는 "하얗게 하얗게 새하얗게"라는 헤드라인을 썼다. 빨래 후에 느끼는 소비자 혜택을 표현했으니 지금 봐도 손색이 없는 카피다. "무지개 자동 세탁기로 직물 사이사이의 때까지 말끔히"라는 리드카피에 이어 보디카피를 이렇게 썼다. "이는 세탁기를 아직 사용해 본 경험이 없는 분들이 가진 불안 중 가장 큰 비중을 차지하는 것으로 선뜻 세탁기를 구입하지 않는 이유이기도 했읍니다." 보디카피에서는 세탁기로 빨래하면 때를 깨끗이 뺄 수 있나 싶어 의심하는 주부들이 20%나 된다고 명시했다. 보디카피의 내용에서 세탁기가 보급된 지 8년이나 지났지만 아직 세탁기를 사용해 보지 못한 주부들이 많다는 사실을 알 수 있다. 이전까지의 광고에서 세탁기의 경제적 효율성과 작동의 편리함을 알렸다면, 이 광고에서는 세탁기의 본질인 과학적인 세탁에 대해 주로 설명했다.

[그림 5-10] 대한 무지개세탁기 광고 '의심' 편(동아일보, 1978. 9. 27.)

금성사의 금성 백조세탁기 광고 '애처지수' 편(동아일보, 1979. 12. 8.)에서
는 "금성 백조세탁기로 당신의 '아내사랑'을 표현하세요."라는 헤드라인을 썼
다. "아내의 힘든 일손을 덜어 주는 금성 백조세탁기. 누구일까요? 당신에게
는 누구보다도 소중한 사람. 당신을 위해 누구보다도 애쓰는 바로 그 사람
은……? 당신을 위해서라면 그는 찬 날씨, 피곤한 몸을 마다하지 않습니다.
부엌살림, 청소, 세탁에 이르기까지 궂은일 힘든 일을 가리지 않습니다. 아
내를 아끼시는 모든 남편님들—아내에게 따뜻한 위로와 사랑을! 힘든 빨래에
지쳐 있는 아내에게 금성 백조세탁기를! 금성 백조세탁기는 간편하게 많은
빨래를 해 주어 겨울철 아내의 힘든 일손을 덜어 줍니다."

부부간의 사랑을 백조세탁기로 표현하라며 감성적으로 전달한 점이 인상
적이다. "당신의 아내 사랑을 표현하세요"라는 헤드라인은 2020년대의 광고
에 그대로 써도 될 정도로 세련됐다. 탤런트 오지명 씨와 오미연 씨가 부부
역할로 출연해 웃고 있는 사진 아래쪽에 "애처지수(愛妻指數) 100"이라는 함
축적인 카피를 쓴 점도 흥미롭다. 이전의 광고에서는 기능을 전달하는 카피
를 썼다면 이 광고에서는 아내에 대한 사랑을 애처지수라는 한자로 표현하
며, 아내에 대한 남편의 사랑을 감성적으로 표현했다.

[그림 5-11] 금성 백조세탁기 광고 '애처지수' 편(동아일보, 1979. 12. 8.)

  금성사의 금성 백조세탁기 텔레비전 광고 '미안합니다' 편(1978. 1.)에서는
3kg의 대용량 세탁기가 나왔다는 사실을 알렸다. 광고가 시작되면 "미안합니
다"라는 말이 반복된다. 살림하는 어머니에게 미안하다는 말인데, 가족 구성
원이 많아 살림하는 아내에게 미안하다는 마음을 전달했다. 그렇지만 금성
백조세탁기가 있어 괜찮다며 세탁기의 가치를 강조하면서 사랑을 중시하던
당시의 가족 가치관을 광고에 반영했다. 당시의 인기 스타였던 최불암 씨가
출연해 더 많은 주목을 받은 광고였다. 카피는 다음과 같다. "다 함께) 미안합
니다. 여) 괜찮아요. 새로 나온 백조세탁기가 있으니까요. 자막) 3kg 대용량
금성 백조세탁기. 남) 안녕하세요. 3kg 대형 세척 세탁기는 아주 튼튼하고 경
제적이어서 정말 실용적입니다. 저처럼 말입니다. Na) 기술의 상징-금성."

[그림 5-12] 금성 백조세탁기 광고 '미안합니다' 편(1978. 1.)

세탁기는 금성사에 의해 1969년에 출시됐지만 1970년대 초반에는 크게 인기를 끌지 못했다. 가격도 비싸고 공간 제약도 많이 손빨래를 해 오던 주부들은 선뜻 구매하지 못했다. 초반에는 광고량도 적어 세탁기가 널리 알려질 수 없었다. 1970년대의 세탁기 광고에서 헤드라인과 보디카피는 거의 세탁기의 기능을 설명하는 데 치중했다. 1970년 중반부터는 광고량이 점점 증가했고 신혼부부의 혼수품으로 인기를 끌었다. 1977년에는 세탁기의 완전 국산화가 이루어졌다.

3) 1980년대의 세탁기 광고

한국사회가 급속히 발전한 1980년대에는 주부들이 소비자의 주권 의식에 눈을 뜨기 시작했다. 1988년의 서울올림픽 개최를 앞두고 경제적 풍요 속에서 과잉소비, 충동소비, 과시소비라는 소비문화의 특성이 나타났다. 이에 따라 사회적으로는 계층 간에 위화감이 생겼고 다양한 소비 행태가 나타났으며 경제 여건에도 불균형한 양상이 나타났다.

삼성전자의 삼성 세탁기 광고 '일요일' 편(동아일보, 1981. 1. 16.)을 보자. 두 남자가 빨랫감을 들고 세탁기로 향하고 있다. "일요일은 아빠가 세탁하는 날"이라는 헤드라인과 "일요세탁 30분으로 일주일이 즐겁답니다"라는 리드카피 아래에 보디카피를 이렇게 썼다. "남자가 빨래를 하고 있다고 흉이나 보지 않을까? 그러나 일요일 하루만이라도 아내를 돕기로 한 일, 보는 사람이 없을 때 살금살금…… 빠른 동작으로 빨래를 널려는데 '허허…… 조 선생! 뭐가 그리 급합니까?', '아냐, 빨래한 게 아니고, 난 세탁기만 돌렸다구!' 엉겁결에 대답을 하고 보니, 옆집 철이 아빠도 한 손에 빨래를 들고 웃고 있지 않습니까? '일요일은 아빠가 세탁하는 날이래요.' 철이가 끼어들며 하는 말에 또 한번 즐거운 웃음이 터졌습니다."

사진 옆에는 "허허…… 조 선생! 뭐가 그리 급합니까?", "아냐, 빨래한 게 아니고, 난 세탁기만 돌렸다구!"라는 사진을 설명하는 캡션을 붙여, 들키지 않고 세탁하려는 아빠들의 심리를 표현했다. 1980년대까지도 남자가 세탁하면 안 된다는 사회적 편견이 있었음을 알 수 있는 대목이다. 광고에 "이코노칼라 TV 타기. 아빠의 세탁모습 사진 콘테스트"라는 내용을 넣어 판촉 활동을 시도했다. 재미있고 유쾌한 장면일수록 더 높은 점수를 받을 수 있다는 팁을 제시한 점도 흥미롭다.

[그림 5-13] 삼성 세탁기 광고 '일요일' 편(동아일보, 1981. 1. 16.)

1982년에는 빨래가 끝나면 음악이 흘러나오는 멜로디 세탁기가 등장했다 (동아일보, 1982. 1. 16.). 금성사의 금성 백조세탁기 광고 '장마철' 편(동아일보, 1982. 7. 28.)를 보자. "탈수만점!"이라는 헤드라인 아래 "금성 백조세탁기는 장마철의 빨래에는 그만예요"라고 강조하며 탈수 효과가 뛰어나니 장마철에도 끄떡없다고 했다. 보디카피는 이렇다. "고성능 탈수 모터를 사용한 금성 백조세탁기—기다리고 기다렸던 단비! 그러나 장마철에는 빨래감이 많아질 뿐 아니라 특히 말리는 것이 더 골칫거리죠. 금성 백조세탁기는 세탁이 간편하고 탈수 성능도 뛰어나 장마철의 빨래에는 그만예요." 금성세탁기의 멜로디 기능도 강조했다. "아름다운 멜로디로 세탁이 끝남을 알려 주므로 집안청소나 부엌일을 하면서도 세탁할 수 있으며, 소리의 크기도 마음대로 조절됩니다."

광고에서 강조한 금성 백조세탁기의 특성은 다음과 같다. "▶고성능 탈수모터 사용. 금성 백조세탁기는 고성능 탈수모터를 사용하므로 짧은 시간에 탈수가 이루어져 장마철의 빨래를 건조시키는 데는 아주 좋습니다. ▶ 상−하 2단 급수방식. 세탁조 하단으로도 급수를 할 수 있어 바닥에 깔린 세제나 오물까지도 확실히 제거, 짧은 시간에 더욱 깨끗한 빨래를 할 수 있습니다. ▶ 3단 누름버튼 스위치. 수류조절이 약반전, 강반전, 강와류 3단으로 되어 있어 세탁량이나 세탁물에 따라 알맞게 선택해 사용할 수 있습니다. ▶ 플라스틱 베이스. 세탁기 밑바닥이 플라스틱으로 되어 있어 오랫동안 사용해도 녹이 슬 문제가 진짜 없으므로 수명이 매우 깁니다. ▶ 중간탈수 헹굼 장치. 탈수조에도 급수를 하여 탈수와 동시에 세탁물을 더욱 깨끗하게 헹굴 수 있는 장치로 시간은 물론 물과 전기도 아낄 수 있습니다. ▶ 무단 수위조절. 세탁양이나 세탁물에 따라 수위(水位)를 '저'에서 '고'까지 자유롭게 조절할 수 있는 장치로 물의 낭비를 막을 수 있습니다."

[그림 5-14] 금성 백조세탁기 광고 '장마철' 편(동아일보, 1982. 7. 28.)

삼성전자의 삼성 세탁기 광고 '시간 절반 물 절반' 편(동아일보, 1983. 11. 25.)
을 보자. "세탁은 손빨래 방식. 헹굼 탈수도 동시에"라는 헤드라인 아래 샤워
린스 세탁기의 특성을 강조했다. 시간과 물을 절반으로 줄여 주니 알뜰 주부
들의 인기를 모은 삼성 샤워린스세탁기가 국내에서 가장 큰 손빨래 방식의
3.8kg 초대형 샤워린스세탁기를 새로 선보인다고 했다. 보디카피에서는 세
탁기의 세 가지 특성을 강조했다. "▶손빨래처럼 깨끗해서 좋아요. 세탁조
내부가 빨래판 모양의 파형조로 되어 있어 손빨래처럼 깨끗하게 잘 빨립니
다. 또한 국내 최대의 3.8kg 초대형으로 담요처럼 덩치 큰 빨래도 할 수 있을
뿐 아니라 크린 필터 채용으로 세탁 중에 거품, 실밥 같은 찌꺼기를 걸러 세
탁조의 물을 정화해 주므로 더욱 깨끗한 세탁을 할 수 있습니다. ▶샤워린스
방식이라 절약돼서 좋아요. 빨래감에 따라, 더러운 정도에 따라 두세 번 나누
어 세탁하더라도 세탁은 세탁조에서, 헹굼과 탈수는 탈수조에서 동시에 계속
진행되는 샤워린스(Shower Rinse) 방식이므로 시간 절반, 물 절반은 물론 세
제, 전기도 크게 절약되어 좋습니다. 특히 6단 수위조절 스위치가 있어, 최저

[그림 5-15] 삼성 세탁기 광고 '시간 절반 물 절반' 편(동아일보, 1983. 11. 25.)

22리터에서 최고 45리터까지 세탁량에 따라 물의 양을 조절할 수 있으므로 더욱 경제적입니다. ▶녹 걱정이 없어 좋아요. 초강력 방수 도장을 채용, 세탁기의 녹스는 문제를 해결했으며 밑바닥에는 영구히 녹슬지 않는 플라스틱 베이스를 채용했습니다."

금성사의 금성 백조세탁기 광고 '상하좌우 회전' 편(경향신문, 1983. 12. 19.)에서는 "혁신적인 세탁기술−상하좌우 회전 동시진행 금성 백조세탁기 레이디(Lady) 탄생!"이라는 헤드라인 아래 상하좌우로 회전하는 세탁기의 특성을 알렸다. 보디카피는 이렇다. "소비자 행동보고서(한국 갤럽조사연구소) 자료에 다르면 세탁기 사용에 있어서 소비자의 불만이 때가 골고루 안 빠짐(33.5%), 세탁물이 서로 엉키거나 상함(23.3%), 낭비가 많음(17.6%) 등의 순으로 나타났습니다. 금성사는 이러 소비자의 불만을 해결하기 위하여 국내 최초 복합교반식 방식의 금성 백조세탁기 레이디(Lady)를 개발, 세탁 방식의 새로운 장을 열었습니다."

그리고 세탁, 헹굼, 탈수가 전자동으로 이루어지는 국내 최대 용량 4.0kg의 특성을 다음과 같이 소개했다. "▶ 세탁물이 엉키거나 상하는 정도를 대폭 줄였습니다. 금성 백조세탁기 레이디는 적당한 속도와 좌·우·상·하 반복수류에 의해 빨래가 고루 펴진 상태에서 가벼운 충격, 가벼운 비빔 방식으로 빨래의 구석구석이 더욱 골고루 더욱 깨끗하게 세탁됩니다. 빨래의 엉킴과 상하는 정도를 대폭 줄여 기저귀, 고급 의류 등 부드러운 세탁물도 안심하고 세탁할 수 있습니다. ▶ 국내 최대의 용량(4.0kg)입니다. 종래 3.5kg급 세탁기와 동일한 외형, 동일한 크기이면서도 세탁 용량은 4.0kg으로 국내 최대의 용량을 자랑합니다. ▶ 절약형 세탁기입니다. 국내 최대의 용량으로 많은 세탁을 한꺼번에 할 수 있어 2~3번 나누어서 세탁할 때의 시간과 수고를 덜어 줍니다. 또한 4단 수위 조절 기능이 있어 소량의 빨래도 알맞은 수량조절로 물 전기 세제 등 낭비 없는 세탁을 할 수 있는 절약형 세탁기입니다. ▶ 모포 세탁망 없이 대형 모포 세탁이 가능합니다. 회전날개 중앙봉에 감아 빨래할 수 있으므로 별도의 모포 세탁망 없이 대형 모포를 간단히 세탁할 수 있습니다. ▶ 편리한 착탈식 실밥찌꺼기 제거용 필터를 채용했습니다. ▶ 섬유 유연제 자동 투입장치가 있습니다. ▶ 세탁기 몸체는 아연도 강판 채용으로 녹방지에 만전을 기했습니다."

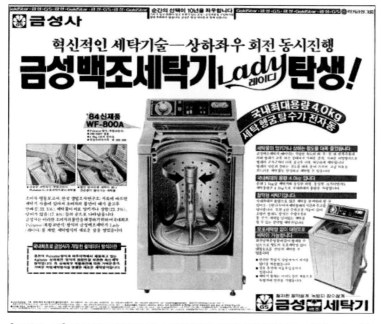

[그림 5-16] 금성 백조세탁기 광고 '상하좌우 회전' 편(경향신문, 1983. 12. 19.)

대우전자의 대우 세탁기 광고 '구석구석' 편(동아일보, 1984. 1. 30.)에서는 세탁기에서도 기술의 승리가 이루어졌다고 하면서 구석구석 빨아 주는 대우 세탁기의 장점을 설명했다. "구석구석 빨아주는 대우 세탁기"라는 헤드라인 아래 보디카피를 이렇게 썼다. "세탁조가 빨래판처럼 올록볼록한 파형조식이므로 손빨래처럼 구석구석 깨끗하게 빨립니다." 그리고 빨래판 원리의 응용, 전기와 물과 세제의 절약, 탁월한 탈수 성능, 완전일체식 돌출 탈수조 채용, 녹 방지 강력 방수 도장 같은 5가지 특성을 소개하며, 국내 최초로 손빨래 방식을 적용한 세탁기가 대우 세탁기라고 주장했다.

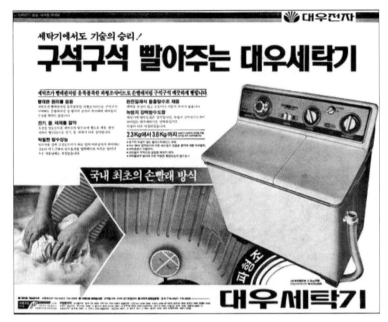

[그림 5-17] 대우 세탁기 광고 '구석구석' 편(동아일보, 1984. 1. 30.)

금성사의 금성 마이콤레이디세탁기 광고 '알아서 척척' 편(경향신문, 1986.
1. 24.)을 보자. "국내최초 소프트터치 방식 금성 마이콤레이디세탁기"라는 헤
드라인을 쓰고 세탁기 사진 옆에 "버튼만 살짝 눌러주시면 모든 빨래를 알아
서 척척!"이란 캡션을 붙였다. 버튼만 살짝 눌러도 빨래가 돌아간다는 소프트
터치 방식의 세탁기 출시를 알린 것이다. 간편하게 작동하는 마이콤 판넬에
대해서는 다음과 같은 상세한 보디카피로 설명했다. "▶물살선택 버튼: 빨래
의 양이나 옷감 종류에 따라 강한 물살, 중간 물살, 약한 물살로 선택할 수 있
어 빨래의 기분까지 맞춰줍니다. ▶기능선택 버튼: 세탁·헹굼·탈수 등 모
든 기능 버튼이 소프트터치 방식이므로 살짝 눌러만 주시면 빨래를 간단히
끝내줍니다. ▶코스선택 버튼: 세탁 량에 따라 물의 양도 조절하는 강력 표준
절약의 3가지 코스가 있습니다. ▶일시정지 버튼: 세탁하는 도중 필요할 때
언제라도 즉시 세탁기의 작동을 스톱시킬 수 있는 기능 버튼입니다. ▶탈수
시간 버튼: 5분에서 1/4분까지 4단계 탈수시간을 마음대로 선택할 수 있어 매

우 편리합니다." 이렇게 설명한 다음, 커다란 빨래판이 더욱 세찬 물살을 일
으키므로 깨끗이 빨아 주는 강력 세탁이 가능한 엉킴 방지와 상함 방지가 가
능하고 비벼 빨고 두드려 빠는 신세탁 방식, 뜨거운 물로 삶아 빠는 세탁 효과
가 있고, 세련되고 깔끔한 디자인이 뛰어나다고 알렸다. 세탁 조절 버튼을 전
면의 마이콤 판넬 하나에 모은 금성 마이콤레이디세탁기가 훨씬 세련되고 깔
끔해졌다고 강조했다.

[그림 5-18] 금성 마이콤레이디세탁기 광고 '알아서 척척' 편(경향신문, 1986. 1. 24.)

대우전자의 대우 봉세탁기 텔레비전 광고 '힘차고 부드럽게' 편(1987)에서
는 빨래를 힘차게 돌려주고 부드럽게 빨아 준다는 전자동 기능을 내세우며
세탁이 편리해졌다고 강조했다. 카피는 다음과 같다. "CM 송) 전자동 대우
봉세탁기. 남) 힘차게~ 힘차게~ 돌려주네요, 담요 빨래. 여) 부드럽게~ 부
드럽게~ 빨아주네요, 울 빨래. 남) 학교는 담요 전용 코스 힘차게. 여) 울 빨
래 울 코스 부드럽게. 남) 담요에서 울까지. 여) 단 한 번에 끝내줘요~ 요~
요~ 요~. 남녀) 대우 봉세탁기 전자동."

[그림 5-19] 대우 봉세탁기 광고 '힘차고 부드럽게' 편 (1987)

삼성전자의 삼성 히트세탁기 광고 '통이 도는' 편(동아일보, 1987. 7. 18.)를 보자. "세탁 방식의 대혁신. 통이 도는 삼성 히트세탁기 탄생!"이라는 헤드라인 7가지의 히트 요인 때문에 세탁 방식의 혁신이라고 주장했다. 보디카피는 다음과 같다. "일본 도시바와 공동 개발한 세계 수출모델/지금까지 쓰고 계셨던 세탁 방식과는 완전히 다른 세탁조. 통 자체를 돌려 세탁하는 '세탁조 회전 방식'의 삼성 히트 세탁기가 새로 나왔읍니다. 통이 직접 회전하여 상하좌우로 일으키는 구심력 물살로 때는 기막히게 빼주면서도 옷감은 부드럽게 보호하는 물의 세탁 방식. 이제부터 세탁기는 통이 도는 히트-삼성 히트세탁기입니다. ▶ 히트 1 국내 최초 세탁조 회전 방식의 강력세탁! 통이 돌며

강력한 물살의 힘을 내는 세탁조 회전 방식의 히트세탁기–구심력 수류가 세탁물의 양에 따라 힘을 내므로 적거나 많거나 균일한 세정력을 냅니다. ▶ 히트 2 국내 최초 구심력 물살의 옷감보호 효과! 히트세탁기는 옷감을 구심력 물살로 비벼 주듯 빨아 주기 때문에 꼬이거나 상하지 않고 부드럽게 옷감의 감촉을 그대로 살려 줍니다. ▶ 히트 3 국내 최대 6.2kg 대용량의 콤팩트형! 국내 최대 용량으로 담요 등도 세탁망 없이 거뜬하며 용량에 비해 설치 면적은 오히려 20%나 감소했습니다. ▶ 히트 4 첨단 마이콤 센서의 완전자동 세탁 방식! 세탁물의 양이나 종류에 따라 딱 한 번만 눌러 주면 세탁에서 탈수까지 끝내드리는 전자동 마이콤센서–세탁 중 이상 유무를 자동 감지 처리합니다. ▶ 히트 5 뜨거운 물 사용의 삶아 빠는 효과! 냉온수 전용의 삼성 히트세탁기–뜨거운 물을 마음대로 쓸 수 있어 삶아 빠는 효과로 찌든 때도 말끔히 빼드립니다. ▶ 히트 6 물도 절약! 시간도 절약! 전기료도 절약! 강력한 세

[그림 5-20] 삼성 히트세탁기 광고 '통이 도는' 편(동아일보, 1987. 7. 18.)

탁조 회전 방식으로 물살력이 세기 때문에 물, 세제, 시간뿐만 아니라 전기료
까지 대폭 절약할 수 있어 경제적입니다. ▶ 히트 7 탈수율은 최대, 소음은 최
소! 탈수 시에는 회전수를 증가시켜 탈수율을 높였으며 저소음 설계 및 밴드
브레이크 채용으로 소음도 대폭 줄였읍니다."

    대우전자의 대우 예예 세탁기 텔레비전 광고 '시간을 만드는 여자' 편(1988)
에서는 우아한 여성을 강조하며 세탁기가 알아서 다 해 준다는 소비자 혜택
을 강조했다. 카피는 다음과 같다. "여) 여자의 젊은 날은 휴일처럼 짜릿하
다. 그래서 여자는 시간을 만든다. 맘 놓고 맡긴다. 울까지 알아서 끝내주니

[그림 5-21] 대우 예예 세탁기 광고 '시간을 만드는 여자' 편(1988)

까. 자신 있게 바뀐다. 세탁 코스가 있으니까. 담요는 물론 운동화까지—예~
예. 맡기세요, 예예니까. CM송) 대우 세탁기 예예." 빨래는 세탁기에 맡기고
평화롭고 여유로운 시간을 즐기라는 광고 메시지였다.

대우전자의 대우 세탁기 예예 광고 '여유' 편(동아일보, 1989. 9. 22.)에서는
빨래는 예예 세탁기에 맡기고 여유를 즐기라고 했다. "어떠세요? 이런 여유—
맡기세요, 예예니까"라는 헤드라인 아래에 풀 오토 센서가 알아서 끝내준다
고 하며 6.6kg의 대용량 예예를 강조했다. 여자들이 집안일을 많이 한다는 사
실을 전제로 세탁기가 알아서 빨래를 해 주니 여자는 빨래를 세탁기에 맡기
고 여유를 즐길 수 있다고 강조했다. 주부의 사진 안에는 별도의 카피를 써서
주부의 여유로운 시간을 강조했다. "이런 시간이 좋다. 이 완전한 자유(自由).
눌러만 주면 빨래는 끝! 어때요? 이런 여유—맡기세요 예예니까. 대우 세탁기
예예." 본격적인 보디카피는 이렇다. "대용량 6.6kg: 아무리 큰 빨래도, 아무
리 많은 빨래도 단번에! 풀오토(FULL-AUTO) 센서: 세탁물의 양과 종류에 따

[그림 5-22] 대우 예예 세탁기 광고 '시간을 만드는 여자' 편(동아일보, 1989. 9. 22.)

라 수위·수류, 세탁·헹굼·탈수 시간 조절은 물론 세제투입까지 완전자동! 분말세제 자동투입: 세탁코스, 세탁량에 딱 알맞게 세제투입도 OK!" 24시간 예약 세탁이 가능하며, 원하는 세탁 종료시간만 맞춰 놓으면 예예 혼자서 빨래를 끝내며, 수위, 수류, 세탁, 탈수 등 작동사태가 그림과 글씨로 한 눈에 알 수 있다고 했다.

금성사의 금성 OK세탁기 광고 '무인 세탁' 편(동아일보, 1989. 12. 26.)에서는 무인세탁 시대가 왔다고 강조했다. "기쁨으로 설레임으로 세탁을 예약하고 외출을 준비한다. 무인(無人) 세탁시대"라는 헤드라인을 써서 수동이 아니니 다른 일을 하면서 세탁기를 돌려도 된다고 했다. 보디카피에서는 주부의 일상에 초점을 맞췄다. "빠지고 싶지 않은 모임, 쇼핑도 외출도 자유로운 이 여유…… 하루 중 어느 때고 끝나는 시간만 예약해 놓으면 자동으로 세탁을 끝내놓는 예약 세탁기. 나만의 시간, 나만의 생활을 예약해 주는 금성 OK세탁기에서 내 모습을 발견한다." 그리고 OK세탁기의 소비자 혜택을 네 가지로 정리했다. "▶예약세탁 기능: 집 밖에서도 세탁할 수 있어요. 원하는 시간에 맞춰 깨끗하게 끝내 놓습니다. 활동적인 여성, 맞벌이 가정에 더욱 신나는 기능이죠. ▶분말세제 자동투입: 빨래 량에 따라 분말세제를 알아서 알맞게 넣어드려요. 편리하죠. 깨끗하죠. 세제 절약에 위생에도 좋습니다. ▶디지트론 판넬: 움직이는 그림, 글자, 숫자로 세탁과정을 한눈에 알 수 있어요. 모서리가 부드러운 라운드 디자인, 보는 즐거움까지 드립니다. ▶저소음 설계: 국내최초 저소음 배수 밸브를 채용. 딱~ 딱~ 하는 소리를 없앴어요. 소음 및 진동을 흡수하는 특수 흡음제 강판 채용으로 아기가 잘 때도 심야 빨래도 OK. 온 집안이 조용해집니다." 그리고 절전효과로 세탁 종료 전원 자동차단 장치, 언제나 보송보송 세탁물 엉킴 방지 코스, 급한 세탁물은 국내 최단 18분 급속세탁 코스, 어떤 세탁물이든 OK 울세탁 코스와 담요세탁 코스, 가장 효율적인 세탁과 국내 최대의 세탁 코스를 알렸다. 광고에서는 주부들에게 기쁨으로 설레임으로 세탁을 예약하고 외출을 준비하며 무인세탁 시대를 만끽하라고 권고했다.

[그림 5-23] 금성 OK세탁기 광고 '무인 세탁' 편(동아일보, 1989. 12. 26.)

4) 1990년대의 세탁기 광고

세탁기는 주부들의 일상생활의 변화를 주도한 가전제품이다. 1990년대에 접어들어 세탁기는 여성의 노동시장 진출과 여가 생활에 영향을 미치며, 주부들의 소비문화를 변화시켰다. 소비자의 일상생활이 변하면 마케팅 전략도 달라져야 한다. 소비자의 라이프스타일은 개인마다 다르고 시간의 흐름에 따라 변하고 제품 구매에 영향을 미치기 때문에, 기업의 마케팅 활동에서 중요하다. 현재는 신혼부부를 위한 미니 세탁기나 다양한 용량의 드럼세탁기가 있지만 1990년대까지만 해도 이런 세탁기는 나오지 않았다. 기술 발전은 소비자의 일상생활에 영향을 미치지만 반대로 소비자의 일상생활이 기술 발전에도 영향을 미친다.

대우전자의 대우 세탁기 예예 텔레비전 광고 '사랑은 쉬운 것부터' 편(1990)

에서는 집에서 일하느라 힘들었을 아내를 남편이 마사지하는 장면에서 시작
된다. 아내는 침대에 누워 있고 대신에 남편이 빨랫감을 챙겨 세탁기에 넣는
다. 세탁기가 돌아가는 동안 남편은 편하게 앉아 신문을 보는데, 가정의 평화
로운 모습을 엿볼 수 있다. 카피는 다음과 같다. "자막) 사랑은 쉬운 것부터.
남) 오늘은 내가 할게. 나도 할 수 있어. Na) 예예는 전자동, 예예는 저소음.
대우 세탁기." 세탁기의 기능이 더 발달했기 때문에 남편도 빨래를 도울 수
있고 사랑하는 마음을 사소한 것에서부터 보여 줄 수 있다고 했다. 가부장적
시대에는 여성이 집안일을 거의 전담했는데, 광고에서는 세탁기가 발달했으
니 남편도 집안일을 도울 수 있다는 사실을 제시함으로써 남성들의 가치관을
변화시키려고 시도했다.

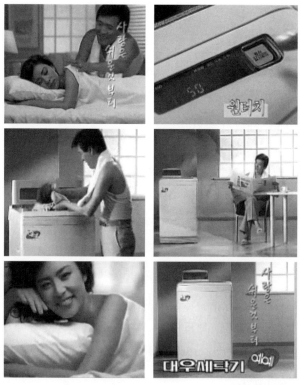

[그림 5-24] 대우 세탁기 예예 광고 '사랑은 쉬운 것부터' 편(1990)

　대우전자의 대우 공기방울세탁기 파워 광고 '장안의 화제' 편(동아일보, 1992. 1. 21.)에서는 "공기방울세탁기-왜 장안의 화제인가?"라는 헤드라인을 썼다. 헤드라인에 이어 보디카피에서는 장안의 화제를 불러일으킨 이유를 구체적으로 설명했다. "첫째, 기존 세탁기와는 다르게 세계 최초로 '공기방울 세탁 방식'을 개발해 세탁기의 신기원을 열었기 때문입니다. 둘째, 기존 세탁 기와는 다르게 공기방울이 삶는 빨래처럼 세탁해 주어 애벌빨래가 필요 없기 때문입니다. 셋째, 기존 세탁기와는 다르게 '공기방울'이 세탁물의 마찰을 막 아주어 옷감의 손상 없이 세탁할 수 있기 때문입니다." 공기방울이란 새로운 세탁 방식을 개발한 대우전자는 신제품을 소개함으로써 주부들 사이에서 화 제를 모은 이유를 논리적으로 설명했다. 주부들은 세탁기가 있어도 속옷은 삶아 빨아야 한다고 생각하는 경향이 있다. 이런 이유로 주부들의 생각을 고 려했다며 삶아 빠는 세탁기의 성능을 강조한 것이다. 제품에 대한 신뢰감을 높이기 위해 광고에서는 주부들의 빨래 고민을 반영했다.

[그림 5-25] 대우 공기방울세탁기 파워 광고 '장안의 화제' 편(동아일보, 1992. 1. 21.)

금성사의 금성 카오스세탁기 팡팡 광고 '카오스 이론' 편(1993. 1.)에서는 탤런트 원미경 씨가 세탁기가 싹 달라졌다고 하면서 카오스 이론이라는 조금 어려운 개념을 들고 나왔다. 카오스(chaos) 이론이란 무질서한 혼돈의 상태에서도 어떤 질서나 규칙이 존재한다는 이론이다. 소비자 입장에서는 카오스 이론이 금성세탁기와 구체적으로 어떤 관련이 있는지 알 수는 없어도 뭔가 있다는 느낌을 주었다. 그래서 브랜드 이름에도 카오스란 단어를 포함시켰다. 카피는 다음과 같다. "세탁기가 싹 달라졌어요. 세탁기의 펀치펀치, 새로 나온 금성카오스세탁기 팡팡. 카오스 이론으로 세탁기에 펀치를 달았다. 세탁 펀치가 팡팡 솟구쳐 엉키지 않는다. 엉키지 않아 때가 쏙쏙 빠진다."

[그림 5-26] 금성 카오스세탁기 팡팡 광고 '카오스 이론' 편(1993. 1.)

대우전자의 대우 공기방울세탁기 보송보송 광고 '빨아주고 말려주고' 편
(한겨레, 1995. 7. 25.)에서는 "세탁기 한 대로 건조까지 끝내세요"라는 헤드라
인 아래, "빨아주고 말려주고! 보송보송이 다 해줘요"라는 리드카피를 붙였
다. 이 광고에서는 위생적인 세탁에서 더 나아가 건조 문제에 대한 주부들의
고민을 해결하려고 했다. 광고에서는 바쁜 아침에 마르지 않은 옷 때문에 고
민했던 순간이나 여름철에 습도가 높아 건조 시간이 오래 걸렸던 주부들의
경험을 소환했다. 세탁뿐만 아니라 건조까지 할 수 있다는 제품의 장점을 내
세워 주부들에게 제품 구매를 권유했다. 또한, 바쁜 일상생활에서 위생을 염
려하는 주부들의 걱정도 해소시키려 했다. 보디카피에서는 혜택을 두 가지
로 나누어 설명했다. "▶쾌속건조. 와이셔츠는 30분이면 건조 끝! 바쁜 아침,
아직도 빨래가 안 말랐다구요? 건조세탁기 보송보송의 건조대를 사용하면

[그림 5-27] 대우 공기방울세탁기 광고 '빨아주고 말려주고' 편(한겨레, 1995. 7. 25.)

와이셔츠 30분, 실내화 30분, 란제리 류는 단 15분 만에 기분 좋게 보송보송 해져요. ▶위생건조. 여름철 세균, 곰팡이 걱정 끝! 습도 높은 여름철, 세균, 곰팡이 걱정되시죠? 건조세탁기 보송보송은 70도 고온살균 효과로 아기 옷, 기저귀까지 안심하고 건조할 수 있어요."

대우전자의 대우 공기방울세탁기 광고 '세계석권' 편(동아일보, 1997. 5. 15.) 에서는 그동안의 성과를 바탕으로 세계석권(世界席卷)의 의지를 드러냈다. 세탁기로 쌓아올린 커다란 1자 옆에 "세계 시장을 석권한 자랑스런 세탁기– 대우 공기방울세탁기"라는 카피를 썼다. "독창적인 기술을 바탕으로 세계 가 전시장을 석권하겠습니다."라는 리드카피에 이어 보디카피를 이렇게 썼다. "세계 시장에서 국산 가전제품의 시장 점유율 1위 지역이 크게 늘어나고 있 습니다. 중남미, 중동 등 신흥시장은 물론, 최근에는 영국이나 일본과 같은 선진국에서도 시장 점유율 1위, 품목이 나오고 있습니다. 대우전자의 독창

[그림 5-28] 대우 공기방울세탁기 광고 '세계석권' 편(동아일보, 1997. 5. 15.)

적인 기술로 개발한 공기방울세탁기는 매년 지속적인 성장세를 보이며 동남
아시아는 물론, 중남미, 중동, 러시아 등 신규 시장 개척으로 수출실적이 작
년보다 30% 이상 증가했으며, 특히 건조 기능을 겸한 공기방울세탁기는 유
럽식 드럼세탁기에 비해 성능과 가격 경쟁력이 우수해 일본 내 유력 언론들
에 소개되는 등 일본에서 크게 호평을 받고 있습니다. 이 모두가 독창적인 기
술로 기본 기능을 잘 만들어 이루어낸 탱크주의의 쾌거라 할 수 있습니다. 신
개념의 비대칭 회전판을 채용, 세탁조 내부에 3차원 입체 물살인 돌개물살을
발생시켜 세탁력을 대폭 향상시킨 공기방울세탁기 돌개물살까지―대우전자
는 월드 워셔 전략의 핵심 제품인 공기방울 세탁기로 2000년까지 세계 시장
점유율 10% 이상을 점유, 세계 시장을 석권하겠습니다." 시장 점유율, 성장
세, 수출실적 증가, 우수한 성능, 가격 경쟁력을 강조한 메시지였다. 세탁기
의 발달 성과는 물론 세계 시장을 개척하고자 하는 포부와 경쟁력을 제시함
으로써 소비자들에게 신뢰감을 얻고자 시도했다.

　LG전자의 LG 노클러치세탁기 터보드럼 광고 '오래오래 쓰세요' 편(1998)에
서는 클러치 없는 차세대 세탁기의 특성을 차근차근 설명했다. LG전자 세탁
기연구소에서 세탁기 개발 실무를 총괄한 실장이 직접 광고에 출연해 세탁기
의 개선된 기능을 구체적으로 소개했다. 세탁기 연구소의 책임자가 직접 출
연해 제품의 특성을 소개했으니 주부들은 신뢰감을 더 느낄 수밖에 없었다.
카피는 다음과 같다. "클러치를 없앴다. 벨트도 없앴다. 터보드럼 모터. 일체
형 스테인리스 세탁통. LG 노클러치세탁기 터보드럼. 이제, 소음 걱정 고장
걱정 없이 오래오래 쓰세요."

　맞벌이가 늘고 여성의 사회 참여가 증가했던 1990년대에는 특성화된 세탁
기가 본격적으로 출시됐다. 1990년대의 세탁기 광고에서는 세탁기의 효율성
과 편리함을 자주 강조했다. 1991년의 금성 OK세탁기 광고에서는 인공지능
의 효과를 강조하는 데서 나아가 생활의 여유를 제시했다. 대우의 공기방울
세탁기 광고에서는 세탁기 시장에 화제를 집중시키려 했고, 삼성전자 광고에
서는 세탁기의 혁신을 강조하면서 위생세탁 시대를 강조했다. AEG의 세탁

[그림 5-29] LG 노클러치세탁기 터보드럼 광고 '오래오래 쓰세요' 편(1998)

기 광고에서는 물 사용을 1/3까지 줄였다며 물도 절약하자는 소비 기준을 새롭게 제시했다. 그리고 1996년 이후에는 가전 3사의 세탁기 광고 전쟁에 대한 언론 보도가 자주 등장했다.

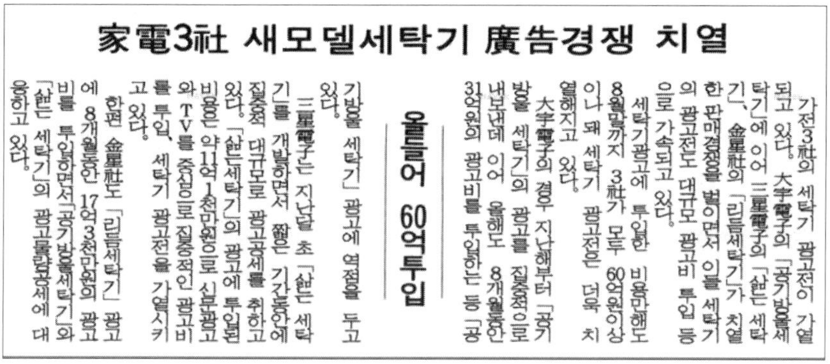

家電3社 새모델세탁기 廣告경쟁 치열

올들어 60억투입

가전3社의 세탁기 광고전이 가열되고 있다. 大宇電子의 「공기방울세탁기」에 이어 三星電子의 「삶는 세탁기」, 金星社의 「리듬세탁기」가 치열한 판매경쟁을 벌이면서 이들 세탁기의 광고전도 대규모 광고비 투입 등으로 가속되고 있다.

세탁기광고에 투입한 비용만해도 8월말까지 3社가 모두 60억원이상이나 돼 세탁기 광고전은 더욱 치열해지고 있다.

大宇電子의 경우 지난해부터 「공기방울 세탁기」의 광고를 집중적으로 내보낸데 이어 올해도 8개월동안 31억원의 광고비를 투입하는 등 「공기방울 세탁기」 광고에 역점을 두고 있다.

三星電子는 지난달 초 「삶는 세탁기」를 개발하면서 짧은 기간동안에 집중적 대규모로 광고공세를 취하고 있다. 「삶는세탁기」의 광고에 투입된 비용은 약11억 1천만원으로 신문광고와 TV를 중심으로 집중적인 광고비를 투입, 세탁기 광고전을 가열시키고 있다.

한편 金星社도 「리듬세탁기」 광고에 8개월동안 17억3천만원의 광고비를 투입하면서 「공기방울세탁기」와 「삶는 세탁기」의 광고물량공세에 대응하고 있다.

[그림 5-30] 세탁기 광고 전쟁을 알린 언론보도(매일경제, 1996. 9. 3.)

대우 공기방울세탁기 광고 '세계석권' 편(1997)에서 알 수 있듯이, 국내 시장을 넘어 세계의 가전시장을 석권하려는 야심 찬 목표도 있었다. 우리나라가 국제통화기금(IMF) 관리 체제에 들어가자 세탁기 시장도 직접 영향을 받았다. "10만 원대 세탁기 잘 나갑니다. 기존제품 절반 값, 월 600대 판매."(동아일보, 1998. 8. 7.)라는 언론보도에서 어려워진 경제 여건을 엿볼 수 있다. 광고에서는 어려운 경제 여건에 알맞게 고객층을 세분화시켜 효율적인 소비생활을 하도록 권고했다.

가전사마다 자사의 세탁기가 첨단이라고 강조하는 와중에도 신토불이라는 거센 바람이 불어 '삶는' 또는 손빨래'라는 브랜드 이름으로 환경의 중요성을 부각시켰다. 소비자들에게 시대의 흐름과 사회 분위기에 적합한 세탁기 이름을 제시함으로써 좋은 반응을 이끌어 냈다. 광고에서는 여전히 세탁기의 기능을 부각시키는 경향이 있었지만, 아내를 대신해서 세탁기로 빨래하는 남편의 모습을 보여 주며 가정생활의 변화나 생활의 변화를 촉구했다.

5) 2000년대의 세탁기 광고

드럼세탁기가 국내 소비자에게 주목받기 시작한 것은 2000년부터다. LG전자는 1998년에 유럽에서 인기를 끌던 드럼세탁기를 국내 최초로 출시했지만 크게 인기를 끌지 못했다. 2003년부터 LG전자, 삼성전자, 대우일렉트로 닉스라는 가전 3사는 드럼세탁기에 삶기 기능과 건조 기능을 추가해 치열한 기술 경쟁을 벌이며 시장의 주도권을 잡기 위해 경쟁했다. 2003년부터 2006년까지는 국내 세탁기 시장의 춘추전국시대였다. 뜨거운 수증기로 세탁하는 LG전자의 스팀세탁기(2005)나 공기압으로 세탁하는 삼성전자의 에어워시 세탁기(2006)도 이 시기에 출시됐다. 2003년에 12kg의 드럼세탁기가 등장했고 2008년에는 LG전자가 16kg의 초대용량 드럼세탁기를 출시했다 (김현예, 2008).

2000년대에 세탁기 제조사에 따른 디자인 등록의 점유율은 삼성전자 39.34%, 대우일렉트로닉스 26.52%, LG전자 20.29%의 순이었다. 2000년대에는 IT 산업의 발전에 힘입어 경제성장이 가속화되고 사람들의 삶이 윤택해져 감성소비와 가치소비의 경향이 증가했고, 라이프스타일이 변화함에 따라 세탁기가 인테리어의 중요한 매개체로 자리 잡았다.

삼성전자의 삼성 파워드럼인버터세탁기 광고 '세탁 속도' 편(2000)을 보자. 광고에서는 주부들에게 낯선 인버터라는 단어를 사용했다. 인버터는 직류 전력을 교류 전력으로 변환시키는 역변환 장치로 동작 시간이 빨랐다. 급변하는 세상에서 손빨래를 하지 말고 빠른 인버터 세탁기를 쓰라는 메시지를 전달했다. 영화에서 짐 캐리라는 배우가 썼던 마스크를 광고 모델이 패러디해 세탁 속도가 초능력을 발휘한 것처럼 빠르다는 사실을 유머러스하게 표현했다. 카피는 다음과 같다. "남) 이젠 인버터 세상, 인버터라. 여 1) 때가 쏙쏙~ 여 2) 옷은 생생~ 남) 인버터라~ CM송) 때는 쏙쏙~ 옷은 생생~ Na) 인버터 세탁기. 여 2) 삼성. 남) 파워드럼. 인버터에 매직필터까지. 자막) SAMSUNG DIGITall. Everyone's invited."

가전제품 회사들은 2003년부터 삶기 기능과 건조 기능을 드럼세탁기에 적용하며 치열한 기술 경쟁에 들어갔다. 그 무렵에 통돌이로 통하던 와권식 세탁기에 비해 세탁 성능이 나쁘고 세탁 시간이 오래 걸린다며 꺼리던 드럼식 세탁기 시장이 점점 늘어났다. LG전자의 LG 트롬세탁기 광고 '즐거운 세탁

[그림 5-31] 삼성 파워드럼인버터세탁기 광고 '세탁 속도' 편(2000)

[그림 5-32] LG 트롬세탁기 광고 '즐거운 세탁 시간' 편(2003. 7.)

시간' 편(2003. 7.)을 보자. 광고에서 아이는 세탁기 내부를 들여다본다. 엄마
는 세탁시간이 즐거워지고 빨래를 널지 않아도 저절로 마르기 때문에 다른
일을 즐겁게 할 수 있다고 했다. 광고 모델 고소영 씨는 '세탁하는 시간이 즐
거워졌다'는 핵심 메시지를 잔잔한 어조로 설명했다. 카피는 다음과 같다. "여
2) 트롬 때문에 세탁하는 시간이 즐거워졌다. 여 1) 엄마~ 여 2) 저 말고도 또
있네요. 여 3) 정말 트롬 트롬 할 만하죠. Na) 오래오래 마음 놓고 트롬."

　삼성전자의 하우젠 은나노 드럼세탁기 광고 '살균' 편(2005. 1.)에서는 세탁
기에 은나노 기능이 추가됐다는 사실을 강조했다. 은나노가 99.9% 살균한다
고 광고했지만, 살균 기능을 전혀 언급하지 않은 다른 세탁기에서도 99.9%
이상 균을 없앤다는 조사결과가 나와, 결국 살균 효과를 과장했다는 논란 때
문에 광고를 중단했다. 소비자보호원이 2005년 11월에 가전 4사의 제품을
비교한 결과, 세제 없이 물만으로 세탁한 경우에 전제품 모두에서 세균이
99.9% 이상 제거되는 것으로 나타났다. 소비자 단체는 은나노의 살균 기능
을 제대로 입증하지 않고 과장광고를 해서 일반 세탁기보다 비싸게 팔았다면
소비자를 기만한 것이라고 비판했다. 삼성전자는 살균과 제균은 다른 개념
인데도 제균이란 동일한 잣대로 은나노 세탁기와 일반 세탁기의 제균 성능을
비교하는 것은 은나노 세탁기의 고유한 살균 기능을 왜곡할 수 있다며 반박
했다. 일반 세탁으로 균이 99.9% 제거된다는 것은 물에 의한 희석 효과일 뿐
살균은 아니라는 주장이었다. 삼성전자는 소비자보호원의 주장을 인정하지
않았지만, 논란의 확산을 원하지 않는다며 광고를 중지했다(한정원, 2005). 성
능 시험 결과가 발표되자 일시적으로 판매가 저조했지만 미미한 수준에 불과
했다. 문제된 광고의 카피는 다음과 같다. "여) 99%요? 99.7, 99.8, 99.9, 은나
노 기능으로 99.9% 살균된대요. Na) 99.9% 살균. 하우젠 은나노. 여) 여자라
면 꿈꾸세요-하우젠."

[그림 5-33] 하우젠 은나노드럼세탁기 광고 '살균' 편(2005. 1.)

　LG전자의 LG 스팀트롬세탁기 광고 '스팀 마사지' 편(2005. 6.)에서는 세탁기와 샤워가 전혀 연결되지 않는데도 '스팀'이란 공통점을 찾아 제품과 연결시켰다. 드럼세탁기의 특성상 소량의 물로도 세탁이 가능한데, 스팀으로 세탁할 수 있다는 장점을 강조했다. 스팀은 액체보다 기체에 가까워 옷감 손상이 덜하기 때문에 트롬으로 세탁하면 오래오래 새 옷처럼 입을 수 있다고 했다. 주부들은 물세탁보다 스팀 세탁이 더 좋겠다고 느꼈을 것이다. 카피는 다음과 같다. "여아) 이이이~ 여) 스팀 마사지하면 매일매일 새 얼굴. 스팀 트롬하면 오래오래 새 옷처럼. 자막) 세제 샤워로 깨끗하게. 스팀으로 새 옷처럼. 여) 스팀 트롬, 또 칭찬받겠죠?"

　소비자보호원은 LG전자의 스팀트롬세탁기도 삼성 하우젠 은나노 드럼세탁기와 마찬가지로 드럼세탁기의 특수 기능이 살균 효과와 무관하다고 발표했지만, 프리미엄 드럼세탁기의 판매에는 크게 영향을 미치지 않았다(채윤정, 2005). 한편, 삼성전자에서 출시한 2007년형 하우젠 은나노드럼세탁기(모델명 SEW-HKR149ATA)는 살균·항균 시스템을 세탁, 불림, 헹굼으로 세분화시켜 세탁물의 종류에 따라 10가지 세탁 코스에서 선택하게 했다. 아기 옷과 운동복 같은 세균·곰팡이에 취약한 세탁물에는 '은나노 파워항균' 코스, 이불과 커튼처럼 때가 잘 빠지지 않는 세탁물은 '은나노 불림세탁' 코스, 세탁조의 곰팡이 악취를 막아 주는 '은나노 통세척' 코스 등이 추가됐다.

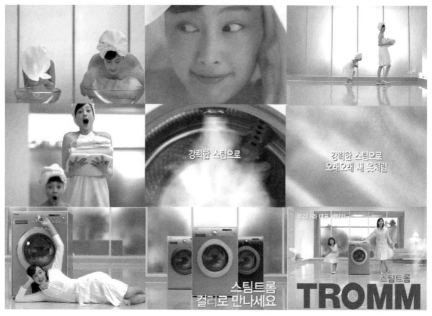

[그림 5-34] LG 스팀트롬세탁기 광고 '스팀 마사지' 편(2005. 6.)

2007년의 세탁기 시장에서는 집 먼지 진드기를 잡아 준다는 세탁기 광고 경쟁이 치열하게 전개됐다. LG 트롬세탁기는 집 먼지와 진드기를 잡아 준다고 했고, 삼성 하우젠세탁기도 알러지 케어를 내세웠다. LG 트롬세탁기 광고에서 아이 모델이 등장해서 집 먼지와 진드기 제거를 강조했다면, 삼성 하우젠세탁기 광고에서는 집 먼지와 진드기뿐만 아니라 개털이나 고양이털로 인한 알레르기 문제를 해결하고 소음이 없다는 점을 내세웠다. 예민한 동물인 고양이가 세탁기 위에서 자고 있을 만큼 세탁기가 흔들리지 않고 시끄럽

지 않다는 점을 사실적으로 보여 주었다. 삼성전자의 삼성 하우젠세탁기 광
고 '서프라이즈' 편(2007. 7.)의 카피는 다음과 같다. "자막) 영국 알러지협회
(BAF) 인증. 2007년형 드럼세탁기 전 모델, (집 먼지 진드기, 개털, 고양이털, 자
작나무 꽃가루, 찬물 5회 헹굼 시) 알러지 원인균을 깨끗하게. Na) 불가사의하
다. 이 놀라운 고요함. 자막) 서프라이즈 하우젠, 저소음 저 진동, 볼 밸런스.
징글) 서프라이즈 하우젠. 자막) 꿈의 세탁기-하우젠, 서프라이즈 하우젠."

[그림 5-35] 삼성 하우젠세탁기 광고 '서프라이즈' 편(2007. 7.)

2008년의 세탁기 시장에서는 세탁물을 넣거나 꺼낼 때 주부들이 느끼는
허리 부담을 최소화하는 데 신제품 개발의 초점을 맞췄다. 대우일렉트로닉
스의 클라쎄 드럼세탁기 광고 '허리를 위해' 편(2008)에서 주부들의 허리 세우
기 경쟁을 유도하자, LG전자의 반격 속에 삼성전자도 가세했고 가전제품회
사 모두가 허리 세우기 경쟁에 나섰다. 대우일렉트로닉스는 지면과 평평하
게 놓인 드럼을 15도 기울여 세탁기 입구 높이를 올렸고 드럼의 높이도 11cm
끌어올려 기존 세탁기에 비해 허리 부담을 12% 가량 줄이는 데 성공했다. '드

럼 업'의 효율성을 조사한 결과 소비자 만족도가 70% 올라갔고 시장점유율도 20% 증가해 시장의 판도를 바꿨다. LG전자도 '트롬 프리업'을 선보이며 기존 세탁기보다 18cm 높게 만들었다. 삼성전자도 하우젠 드럼세탁기에서 드럼 높이를 26cm나 올렸다. 쭈그릴 필요 없던 와권식 세탁기에서 쭈그려야 하는 드럼세탁기로 소비 성향이 바뀌면서, 클라쎄 드럼세탁기 광고 '허리를 위해' 편(2008)에서도 쭈그리지 않아도 편리하게 세탁할 수 있다고 강조했다. 카피는 다음과 같다. "CM송) 쭈그리고, 쭈그리고, 쭈그리고, 쭈그리고, 쭈그리고~ 여) 아! 왜 맨날 내가 쭈그려? Na) 그래서 올렸습니다. 자막) 허리를 위해 올렸습니다."

[그림 5-36] 클라쎄 드럼세탁기 광고 '허리를 위해' 편(2008)

2009년의 드럼세탁기는 건조와 스팀 같은 기능은 기본이고 외형이 고급스러워 주부들 사이에서 인기가 높았다. 드럼세탁기는 빨래를 삶거나 건조하는 것은 물론 스팀, 에어세탁, 슈즈케어 같은 부가적 기능도 두루 갖추고 있었다. 삼성전자의 하우젠세탁기 광고 '버블' 편(동아일보, 2009. 3. 14.)을 보자. 보통의 신문 광고와는 다르다. 처음에는 거품 광고가 신문 지면을 침범한 것 같은 느낌을 받게 되고, 광고로 인해 침범 당한 기사를 읽게 되고, 그랬더니 그 기사 또한 광고임을 저절로 알게 하는 구조다. 오른쪽의 전면광고를 보면 위에서 아래로 거품이 내려오고 있다. 거품이 핵심적인 세탁 기능임을 알리는 데 손색이 없는 광고다. "버블로 온 세상을 하얗게, 하얗게!" "온 세상을 하얗게"라는 헤드라인을 써서 완벽한 세탁을 흥미롭게 표현했다. 가장자리에도 거품이 일어나게 해 하우젠으로 빨래하면 온 세상이 하얗게 될 것 같다는 환상을 불러일으키기에 충분했다.

[그림 5-37] 삼성 하우젠세탁기 광고 '버블' 편(동아일보, 2009. 3. 14.)

6) 2010년대의 세탁기 광고

삼성전자는 2010년에 접어들어 백색가전의 통합 브랜드 출시라는 새로운 브랜드 전략을 시도했다. 삼성전자는 백색가전 시장에서 고부가 가치를 획득하고, 마케팅 자원을 효율적으로 관리하고, 가전시장의 새로운 패러다임을 제시함으로써 가전제품 시장을 선도하기 위해 하우젠이란 브랜드 네이밍을 제시했다. 하우젠은 독일어의 하우스(HAUS)와 젠트룸(ZENTRUM)의 합성어로 '집 + 생활의 중심'이란 뜻이었다. 이전의 백색가전 제품들이 기능을 강조한 것과 달리, 삼성전자는 주부들의 생활공간인 집에서 새로운 문화적 기술적 가치가 접목된 리빙 인테리어의 중심이 되겠다는 브랜드 비전을 천명했다.

삼성전자의 드럼세탁기는 유럽에서 호평을 받았다. 프랑스의 소비자 잡지 『큐 슈아지르(Que Choisir)』지 2013년 11월호에서 드럼세탁기의 성능을 평가한 결과, 삼성전자의 버블드럼세탁기(WF80F5E0W4W)가 20점 만점 중 13.9점을 얻어 1위를 차지하기도 했다(동아일보, 2013. 11. 28.). LG전자는 2007년부터 2011년까지 시장점유율에서 4년 연속 1위를 차지했다. 생활가전 부문에서 세탁기 시장은 TV 가전 다음으로 중요한데, 스티븐슨컴퍼니가 2010년 하반기에 조사했던 미국 드럼세탁기의 시장점유율 현황에서는 판매량 기준으로 LG전자가 20.9%로 1위를 차지했고, 삼성전자 15.9%, 월풀 16.0%, 캔모어 11.9% 순이었다(경향신문, 2011. 3. 23.).

삼성전자의 하우젠 버블세탁기의 광고 모델은 2010년 하반기의 TV 모델 순위 10위에 오른 한가인 씨였다. 하우젠 버블, 에어컨, 지펠, 김치냉장고, 휴대폰 등 삼성전자의 광고 모델은 당시의 톱스타들이었다. 하우젠 버블 광고에서는 한가인 씨가 남편 연정훈 씨와 함께 등장해 광고에 대한 신뢰도를 높였다. 젊고 섬세한 이미지의 그녀는 버블세탁기 광고에서 밝고 건강한 느낌을 전달했다. 삼성전자는 하우젠의 새로운 광고가 나올 때마다 온라인 뉴스에 보도자료를 냈다. 특히, '버블댄스'라 불리는 동영상은 각종 UCC 사이트를 통해 네티즌에 의해 새롭게 제작돼 많은 인기를 누렸다. 삼성전자의 하우젠 버블세탁기의 광고 '버블 앤 더 시티' 편(2010)도 온라인 뉴스를 통해 널리 확산됐다. 하우젠 버블세탁기의 주요 타깃인 30~40대 주부들은 가족들이 출근하고 등교한 다음의 오전 시간에 자신의 여가 시간을 갖기 때문에, 오전의 아침 드라마 시간대에 광고가 많이 나갔다.

삼성 하우젠세탁기의 '버블 송'은 광고가 나간 직후부터 계속 화제를 모았다. "허니 자기 여기 봐요~ ♪ 버블버블~"로 시작하는 '허니 버블'은 호기심을 자극하는 노랫말로 '버블송'의 중독성 강한 멜로디를 위트 있게 불러 많은 주목을 받았다. 삼성전자는 포털 사이트의 배너광고부터 제품의 홈페이지 광고는 물론 하우젠 세탁기의 마니아들이 모인 블로그 운영에 이르기까지 다양한 기법을 적용해 광고 캠페인을 전개했다.

[그림 5-38] 하우젠 버블세탁기의 광고 '버블 앤 더 시티' 편(2010)

[그림 5-39] 하우젠 버블세탁기의 홈페이지와 블로그(2010)

LG전자의 LG 트롬세탁기 광고 '6모션 댄스' 편(2010)에서는 트롬의 여섯 가지 모션(두드리기, 비비기, 주무르기 풀어주기, 꼭꼭 짜기, 흔들기)을 차근차근 소개했다. "에너지를 낮추다! 옷감 보호를 높이다! 구김 제거를 높이다! 세탁 성능을 높이다! 세탁 시간을 줄이다! 헹굼 성능을 높이다!"라는 메시지를 이나영 씨의 춤을 통해 전달했다. 이나영 씨가 직접 만들었다는 6모션 댄스는 LG 트롬세탁기의 특성을 알리고 쉽게 이해하도록 하는 촉진제 역할을 했다. 이 광고에서는 세탁기 앞에서의 고민에 대한 명확한 해결책을 제시하며, 6모션으로 애벌빨래의 귀찮음과 빨래의 고충에서 벗어나라고 했다. 그녀가 흰색 셔츠를 들고 서서 애벌빨래의 고충을 호소하는 표정을 지으며 6모션 춤을 춘 장면은 애벌빨래도 문제없이 해결할 수 있다는 점을 부각시키기에 충분했다.

[그림 5-40] LG 트롬세탁기 광고 '6모션 댄스' 편(2010)

삼성전자의 삼성 버블샷애드워시세탁기 광고 '꼭 세탁기 돌리고 나면' 편(2015)을 보면 주부들의 심리를 절묘하게 파고든 카피가 일품이다. 세탁기가 돌아가고 있는데 방구석 어디에서 양말짝이 나오고 더러운 옷가지가 나오는 경우를 자주 경험했을 것이다. 세탁기를 돌리고 나면 꼭 다시 빨랫감을 내놓는 가족들 때문에 절망했을 주부들이 많을 텐데, 카피라이터는 그런 주부들의 마음을 달래며 소비자 혜택을 제공했다. 정말 공감할 수 있고 그래서 웃음이 나오는 광고다. 특히, "세탁기 돌리고 나면" 앞에 '꼭'을 덧붙인 점은 카피의 백미다. 서정주 시인이 〈국화 옆에서〉를 쓰면서 "한 송이 국화꽃을 피우기 위해 (……) 천둥은 먹구름 속에서 또 그렇게 울었나 보다" 부분에서 '또'자를 넣을까 말까를 고민해 여섯 달을 보낸 끝에 '또'를 넣기로 결심했다고 하

[그림 5-41] 삼성 버블샷애드워시세탁기 광고 '꼭 세탁기 돌리고 나면' 편(2015)

는데, 카피라이터도 '꼭' 자를 넣을까 말까 얼마나 고민이 많았을까 싶다. 카피는 다음과 같다. "꼭 세탁기 돌리고 나면 나타나는 양말. 꼭 세탁기 돌리고 나면 꺼내놓는 큰애. 꼭 세탁기 돌리고 나면 사고 치는 막내. 빠뜨린 옷은 수시로, 헹굴 옷은 헹굴 때, 손빨래한 옷은 탈수할 때, 세탁물 추가할 때, 누구든지 언제든지, 삼성 버블샷애드워시."

LG전자의 LG 트롬 트윈워시세탁기 '생각의 세탁' 편(2015)은 생각 없이 빨래를 돌리다가 다른 옷의 오염물질 때문에 하얀 옷을 망쳐 버린 경험이 있어, 세탁기가 두 대 있었으면 좋겠다고 생각하던 사람들에게 공감을 일으킨 광고였다. 드럼세탁기와 통돌이 세탁기가 하나로 합쳐진 트롬 트윈워시는 카피라이터의 재능으로 인해 생각의 세탁으로까지 브랜드 가치를 향상시켰다. 이 광고에서는 '생각의 세탁'이라는 메시지를 부각시키며 하나의 바디에 두 대의 세탁기가 들어간 트윈워시의 혁신성을 강조했다.

[그림 5-42] LG 트롬 트윈워시세탁기 광고 '생각의 세탁' 편(2015)

"두 가지 빨래를 나눠서 동시에: 하나의 바디, 두 개의 세탁기니까"라는 헤드라인 아래 이어지는 보디카피는 다음과 같다. "함께 할 수 없었던 색깔 옷과 흰옷 빨래도 이젠 나눠서 동시에! 위에는 트롬, 아래는 통돌이. 세계 최초의 이중세탁기로 당신의 세탁이 달라집니다." 여기에서 흰옷과 빨간 옷으로 지면을 구분하면서 인쇄광고 레이아웃의 특성을 한껏 살려내고, '생각의 세탁'이라는 혁신성을 강조했다. 대체로 제품의 혁신성이 강할수록 장점만을 강조해서 소비자의 공감을 얻지 못하는 경우가 많은데, 이 광고에서는 제품의 혁신성을 바탕으로 세탁에 대한 주부들의 고민을 활용해 공감을 유발했다. 콘셉트가 분명했기 때문에 더 빛나는 크리에이티브가 나올 수 있었다.

2019년에는 세탁기 출시 50주년을 기념하는 광고가 제작됐다. LG전자의 LG 트롬 트윈워시 광고 '한국인의 세탁' 편(2019)은 다큐멘터리 형식으로 만들어졌다. 금성사(옛 LG전자)에서 1969년에 국내 최초로 생산한 백조세탁기의 광고 모델이었던 최불암 씨가 50년 만에 다시 LG 트롬 트윈워시의 광고 모델로 출연했다. 최 씨가 진행하는 KBS의 교양 프로그램인 〈한국인의 밥상〉의 포맷을 '한국인의 세탁'이라는 헤드라인으로 광고에 그대로 옮겨 왔다. 최 씨가 "어느 동네나 오래된 세탁소 하나씩은 있죠. 그중엔 종종 눈에 띄는 이름이 있습니다. 백조세탁소."라고 말하면서 광고가 시작됐다. "1969년 우리나라 최초의 세탁기인 금성 백조세탁기가 첫 선을 보인 후 백조세탁소라고 이름을 짓는 경우가 많았다고 합니다." 주택가 사이사이를 돌아다니다 보니 놀랍게도 여태껏 백조세탁소가 남아 있다.

최불암 씨는 세탁소 주인과 함께 자신이 모델로 출연했던 백조세탁기에 대해 이야기하며 추억에 젖어든다. "그 세탁기가 아직 남아 있으려나? 한번 만나러 가 보겠습니다." 장면 전환이 이루어지고 최 씨는 경기도 이천시에 있는 LG 역사관으로 이동한다. 놀랍게도 백조세탁기가 보관돼 있다. 세탁기의 변천에 대한 최 씨의 회상이 계속된다. "금성 백조세탁기. 이 세탁기가 바로 대한민국 세탁기의 시초입니다. 사람들을 놀라게 했던 LG 세탁기가 이제는 없어서는 안 될 꼭 필요한 가전이 됐습니다." 최 씨의 멘트가 끝나자 "세탁

[그림 5-43] LG 트롬 트윈워시 광고 '한국인의 세탁' 편(2019)

기를 다시 발명하다. LG 트롬 트윈워시"라는 내레이션이 나오며 광고가 끝난
다. 광고의 중간중간에 "분리세탁, 동시세탁", "공간절약, 시간 절약", "5방향
의 터보 샷으로 더 깨끗하게. 트윈워시로 세탁은 이렇게 달라지고 있습니다",
"최초에서 최고까지" 같은 자막을 넣어 요즘 세탁기의 특성을 강조하는 것도
놓치지 않았다.

이 광고는 LG전자가 세탁기 출시 50주년을 기념해서 만든 오마주(hommage)
의 성격이 강하다. 1969년에 백조세탁기의 광고 모델이었던 최불암 씨를 50년
만에 다시 광고 모델로 소환했다. 프랑스어로 존경과 경의를 뜻하는 오마주
는 앞선 작품이나 인물을 숭배하자는 취지에서 시도한다. 우리나라 세탁기의
역사를 한눈에 보여 준 이 광고에서는 "세탁기를 다시 발명하다"라는 카피로
생활가전을 지속적으로 혁신하겠다는 다짐을 표현했다. 나아가 50년이라는
시간의 흐름을 "한국인의 세탁"이라는 카피로 풀어내 세탁기의 역사에 대한
소비자의 향수를 자극했다. 메시지 구성력이 탁월한 이 광고는 2019 대한민
국광고대상의 텔레비전 광고 부문에서 대상을 수상했다.

우리나라 세탁기 역사에서 2010년대는 드럼세탁기의 경쟁 무대였다. 드럼
세탁기는 일반 세탁기처럼 날개를 회전시켜 얻는 물의 회전력으로 세탁하지
않고 드럼통 전체를 회전시키는 세탁기로 서유럽에서 주로 사용됐다. 침대
문화가 발달한 외국에서는 이불빨래를 세탁소에 맡기지만, 국내 사정은 달라

표 5-1 | 드럼세탁기의 장단점

장점	단점
• 빨랫감을 삶을 수 있다.	• 기본 용량이 작다.
• 냉수의 온도를 조절할 수 있다.	• 가격이 비싸다.
• 건조 기능이 있다.	• 전용 세제를 써야 한다.
• 세탁물의 엉킴이 덜해 손상이 적다.	• 세탁에 소요되는 시간이 길다.
• 소량의 세제와 물로도 세척력이 우수하다.	• 용량이 5~6kg이라 대형물 세탁이 어렵다.
• 탈수 속도를 조절할 수 있다.	
• 세탁 완료 후 세탁물 꺼내기가 수월하다.	
• 소음이 적다.	

드럼세탁기의 탁월한 성능에도 불구하고 용량이 작다는 이유로 일반 세탁기의 보급률에는 미치지 못했다. 그러다가 현대인의 생활양식이 급격히 달라지고, 2002년 11월에 10kg급 대형 드럼세탁기가 출시되면서 드럼세탁기가 대중화됐다. 드럼세탁기의 장단점은 〈표 5-1〉과 같다.

일반 세탁기가 빨래라는 여성의 단순노동을 해방시킨 기계였다면 드럼세탁기는 여성의 모든 기대감을 담아 만들었다. 즉, 아줌마지만 아줌마 같지 않은 세련미나 여유를 가져다주는 기능도 더한 제품이었다. LG전자와 삼성전자는 트롬과 하우젠이라는 드럼세탁기를 통해 주부들의 빨래 습관을 바꾸고자 했다. 여러 광고에서는 빨래를 지겨운 가사가 아닌 즐기는 가사로 생각하라는 메시지를 자주 전달했다.

2. 청소기 광고의 흐름

지금은 누구나 일상생활에서 사용하는 에어컨, 자동차, 청소기, 비행기 등은 모두 1900년대 초반에 발명됐다. 1900년대 초반은 산업혁명 이후 집약적인 기술혁신이 이루어지면서 세계적으로 발명의 열풍이 불었다. 청소기는 1901년에 영국의 발명가 세실 부스(Cecil Booth)가 거대한 마차 크기의 흡입식 진공청소기를 발명하면서 처음 등장했다. 가정용 청소기의 형태로 변화된 것은 1907년에 미국의 제임스 스팽글러(James Spangler)가 먼지를 빨아들이는 휴대용 진공청소기를 발명하면서부터였다.

백화점 청소 담당자이자 천식 환자였던 스팽글러는 바닥에 깔린 카펫을 날마다 청소하느라 고생했다고 한다. 당시에는 비포장도로라 백화점에 밀려드는 손님들의 신발은 흙투성이였고 카펫을 매일 청소해도 먼지가 날렸다. 어느 날 스팽글러는 천장에 매달려 돌아가던 선풍기에서 모터를 떼어 내 자루에 매달고 입구에 가죽을 덧대 초기 형태의 청소기를 만들었다. 조금씩 개선해 가면서 먼지봉투도 달고 팬을 접합시켜 가정용 진공청소기를 발명하기에 이르렀다. 그 후 1908년에 그의 친척인 윌리엄 후버(William Hoover)가 스팽글러에게 진공청소기의 특허권을 사들여 청소기를 판매하기 시작했고 대중화의 기반을 닦았다(IT조선, 2015. 5. 13.).

우리나라에서는 1970년대부터 청소기의 국산화가 이루어지면서 청소기가 조금씩 발전했다. 우리나라에서 최초의 전기청소기(진공청소기)는 1978년에 금성사(옛 LG전자)에서 개발했다. 금성사는 1979년에 가정용 진공청소기를 시판했고, 그 해 김해에 모터공장을 준공했다. 그 후 2000년대에 이르러 다양한 종류의 청소기가 등장했다. 첫째, 진공청소기로, 모터를 이용해 흡입구로 먼지를 빨아들이는 방식이다. 빨아들인 먼지와 찌꺼기를 청소기 필터를 통해 걸러내고 공기를 밖으로 배출하는 구조다. 둘째, 스팀청소기로, 찌든 때를 제거하고 세균 살균에 유용하며 70~100℃ 사이의 고온 스팀을 내뿜어 증기로 청소하는 방식이다. 코팅이나 왁스 처리된 바닥을 청소할 때는 피해야 한다. 셋째, 소형청소기로, 진공청소기를 소형화했는데 무선, 유선, 유무선 겸용으로 나뉜다. 무선은 배터리를 5~12시간 충전해 15~20분가량 쓰는 방식이며, 유선은 전원을 꼽고 사용 시간의 제한 없이 쓰는 방식이다. 넷째, 로봇청소기로, 버튼 조작이나 리모컨을 조작해 가동한다. 전원을 켜면 청소기가 저절로 돌아다니며 먼지나 이물질을 진공 흡입하는 방식이다.

먼지를 빨아들이고 모으는 먼지봉투를 사용하는 진공청소기는 크게 4가지가 있다. ① 캐니스터형(canister type)은 현재 가정에서 주로 쓰는 청소기로 본체, 호스, 파이프, 솔로 구성된 흡입력으로 표면의 먼지를 빨아들이고 구석구석까지 청소하지만 카펫 속의 먼지까지는 제거하기 어렵다. ② 업라이트형(upright type)은 카펫이 많은 미국과 유럽에서 주로 쓰는 청소기로 회전 브러시가 있어 카펫 속의 먼지도 깨끗이 제거한다. ③ 핸드형(hand type)은 손으로 들고 다니는 가벼운 청소기로 집진 용량이 작고 배터리 사용 시간이 제한적이다. ④ 플로어형(floor type)은 용량이 커서 가정과 사무실에서 주로 쓰는 청소기로 모터의 소음을 크게 줄인 방음 설계 모델도 있다.

청소기는 급변하는 소비 성향과 소비자의 욕구에 맞춰 발전해 왔다. 금성사에서 주도했던 한국형 가전 개발은 1988년에 시판된 '한국형 전자레인지 원터치'에서 시작됐지만, 1991년에 나온 물걸레 진공청소기는 실제 생활양식과 결합된 첫 성과물이었다. 소비자의 주거 환경을 고려한 한국형 가전의 본보기였다. 1980년대 이후에 도시 중산층의 주거 모델로 아파트가 떠올랐지만, 집안을 청소할 때 빗자루로 쓸고 걸레로 바닥을 닦는 주부들이 여전히 많았다. 이런 상황에서 쓸고 닦는 문제를 한번에 해결하기 위한 목적에서 탈착이 가능한 걸레를 청소기 흡입구에 장착한 물걸레 청소기가 개발됐다(Oh, 2015).

1990년대 중반에 미니 바람이 불자 '나홀로 상품'이 인기를 끌었다. 주부들은 깜찍한 소형제품을 좋아했다. 소형제품의 확산에는 생산업계의 기술발전과 주거생활의 변화가 영향을 미쳤다. 신세대를 중심으로 개성 중시 경향이 짙어지며 핵가족 사회로 변화했고, 기업에서는 소형화 제품을 틈새시장의 전략 상품으로 내세웠다(김대수, 1996). 소형 제품의 확산은 치열한 판매 경쟁으로 이어졌다. "초라한 더블보다 화려한 싱글이 좋다"(책 광고), "얼굴이 작아져요"(화장품 광고), "혼자 먹지 뭐"(고추장 광고) 같은 그 시절의 광고 카피에서도 나홀로 상품이 인기였음을 확인할 수 있다. 가전제품은 개인이 쓴다는 뜻에서 개전(個電)이라고 했다. 소형 상품이 잘 팔렸고 독신자가 즐겨 찾는 나홀로 상품도 크게 인기를 끌었다. 건전지만 교체하면 쓸 수 있는 청소기도 독신자가 즐겨 찾던 미니 상품으로 떠올랐다.

광고 카피에서는 외국 브랜드를 견제하는 내용이 많았다. 청소기의 보급률이 낮았던 초반에는 외국 브랜드의 청소기를 많이 소개했지만, 청소기를 쓰는 가정이 늘어나자 국내 브랜드를 알리는 청소기 광고도 늘었다. 외국 브랜드보다 늦게 출시된 국내 청소기 브랜드를 알리는 광고에서는 외국 브랜드보다 품질이 더 좋다는 메시지로 주부의 구매욕을 자극했다.

1990년대 후반에는 디자인을 강조하는 청소기 광고가 많았다. 청소기의 기능은 기본이고 디자인 측면에서도 크기, 손잡이 모양, 호스 색상 등 전체적으로 세련된 디자인이 신세대 주부들의 인기를 끌었다. 진공청소기의 보급률이 높아진 1990년대 후반에는 주부들이 세련된 디자인의 진공청소기를 선호했다. 진공청소기는 1995년 이후 2가구당 1대 이상을 보유했다. 한국전력거래소(LPX)의 「가전기기 보급률 및 가정용 전력 소비행태 조사」에 따르면, 국내 진공청소기 보급률은 2000년에 가구당 0.67대, 2004년에 0.80대, 2007년에 0.85대, 2010년에 0.89대로 보고됐다. 나중에는 기능과 성능만을 강조하는 진공청소기에 만족하지 못한 주부들이 늘어나자, 가전제품회사에서도 기능과 성능은 물론 디자인의 세련미를 높이려고 노력했다.

　2000년대에 접어들어 가전제품 영역에 획기적인 발전이 일어났다. 가전제품 중에서 깨끗하게 청소하고 쾌적한 환경을 만드는 데 도움이 되기 때문에 진공청소기와 로봇청소기는 대부분의 가정에 없어선 안 될 존재가 됐다. 청소기의 발달과 함께 주부의 소비문화가 달라지자 생활필수품으로 자리 잡은 청소기 시장은 단지 흡입력 좋은 청소기만이 아닌 편리하고 위생적인 청소기를 선호하는 쪽으로 재편됐다. 청소기 시장은 캐니스터형 진공청소기, 싸이클론 방식(먼지통 방식), 미세먼지 배출 제로 기능의 먼지봉투 및 헤파 필터 채용 방식의 프리미엄급 청소기, 그리고 스팀 청소기가 틈새시장으로 자리 잡았다. 나중에는 로봇청소기가 도입기와 과도기를 거쳐 대중화됐고 점차 일상에서 주로 쓰는 청소기로 자리 잡았다(허승제, 2008).

　가정용 전기 청소기 시장을 이끌어 온 진공청소기 시장에 2001년에 기존의 진공청소기를 개선한 사이클론 방식의 진공청소기가 등장하면서 진공청소에 변화가 일어났다. 사이클론 방식이란 이전 진공청소기의 단점인 먼지봉투를 없앤 기술이다. 흡입된 먼지나 오물이 원심력을 통해 공기와 분리돼 별도의 수집함에 모이는 구조다. 이로써 먼지봉투 교체의 불편함, 먼지 집진 증가에 따른 흡입력 감소, 집진 먼지에서 비롯되는 세균 발생의 우려를 획기적으로 개선한 것이다. 먼지봉투를 따로 사지 않아도 됐기 때문에 주부들의 엄청난 호응을 얻었다.

　사이클론식 진공청소기가 기존 진공청소기의 연장선상에 있다면, 스팀청소 기술은 고온의 스팀으로 바닥을 닦아 진드기, 곰팡이, 대장균 같은 세균을 제거하는 전혀 다른 기술이다. 스팀청소기는 기존의 물걸레 청소방법을 대체하면서도 물걸레 청소력을 크게 높였고, 주부들은 힘들게 걸레질하던 습관에서 벗어날 수 있었다. 진공청소기와 스팀청소기를 결합시킨 스팀진공청소기는 많은 사랑을 받았다(허승제, 2008). 2003년에는 로봇청소기가 수입돼 청소의 혁명을 불러일으켰다. 처음에는 값이 비쌌고 원하는 곳까지 청소하지 못해 주부들의 관심을 받지 못했다. 국내 가전업체들은 점차 신기술을 적용한 로봇청소기를 2017년 이후 개발하자 로봇청소기 시장도 점차 확대되며 보편화됐다.

1) 1960∼1970년대의 청소기 광고

1960대에 등장했던 청소기는 전통적으로 손 걸레질을 해 오던 한국 문화에서 다소 낯선 가전제품이었다. 이를 해소하기 위해 삼양전기에서는 삼양라디오와 청소기를 함께 광고했다. 삼양전기의 청소기 광고 '필수품' 편(경향신문, 1966. 10. 6.)에서는 "현대 생활의 필수품 문화인의 청소기"라는 헤드라인을 써서, 청소기를 낯선 제품으로 받아들일 수도 있는 주부들에게 손 걸레질을 하지 말고 청소기를 쓰라고 권고했다. 시대에 뒤처지지 말고 시대에 알맞게 변화하라는 메시지였다.

[그림 5-44] 삼양전기 청소기 광고 '필수품' 편(경향신문, 1966. 10. 6.)

1970년대 후반의 언론보도에서는 "신일산업 대형 진공청소기 10월부터 시판개시"라는 제목으로 청소기의 시판을 알렸다(매일경제, 1977. 9. 5.). 이어지는 기사 내용을 보자. "신일산업은 사무실용 대형 진공청소기를 새로 개발, 오는 10월부터 본격 시판에 나설 계획이다. 신일산업에 의하면 이번 개발된 대형 진공청소기는 공장이나 사무실 등 면적이 넓은 지역에서 사용이 용이한 것으로 흡입식으로 돼 있다. 신일산업은 현재 이 진공청소기에 대해 의장 특허를 출원 중이다. 신일산업은 그 동안 가정용 소형 청소기를 개발, 3년 전부터 시판해왔다." 1970년대부터 청소기의 국산화가 이루어지면서 여러 가전제품회사에서는 청소기를 개발하는 데 총력을 기울였다.

신일산업의 신일 진공청소기 광고 '아내를 위한 선물' 편(매일경제, 1977. 12. 27.)에서는 "여보, 정말 고마와요"라는 헤드라인 아래, "신일 가전제품은 당신의 아내를 행복하게 합니다"라는 서브 헤드라인을 덧붙였다. 이 광고에서는 집안일로 고생하는 아내를 위한 선물이라며 진공청소기와 세탁기를 앞세워 '그까짓 청소쯤' '그까짓 빨래쯤'이라고 생각하던 남편들의 생각을 바꾸려고 시도했다. 청소기 선물을 받고 좋아할 아내의 모습을 상상하게 해서 남편의

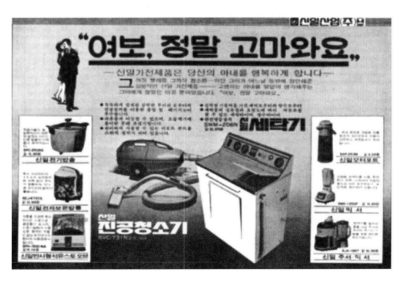

[그림 5-45] 신일 진공청소기 광고 '아내를 위한 선물' 편(매일경제, 1977. 12. 27.)

소비를 자극시켰다. 아내를 행복하게 하는 신일청소기라는 정보를 부각시키며, 남편이 아내에게 고마운 마음을 표시하라고 했다. 보디카피는 다음과 같다. "그까짓 빨래쯤 그까짓 청소쯤, 하던 그이가 어느 날 뜻밖에 장만해 준 실용적인 산일 가전제품. 고생하는 아내를 말없이 생각해 주는 그이에게 할 말은 이것뿐이었습니다. '여보, 정말 고마워요.'" 광고에서는 주부들의 일손을 덜어줄 가전제품이 세탁기와 진공청소기이기 때문에, 남편이 아내에게 최고의 선물을 해야 한다는 점을 부각시켰다.

그 당시에 청소기라고 하지 않고 '소제기'라는 흥미로운 이름을 쓴 제품도 나왔다. 금성사에서는 청소기 대신 소제기라는 이름의 청소 도구(모델명 V-6080)를 1979년 4월에 출시했다. 때나 먼지 같은 더러운 것을 말끔히 닦고 쓸어 깨끗하게 한다는 소제(掃除)라는 단어에 기구의 기(機) 자를 덧붙인 이름이었다. 진공소제기를 소개하고 판매하기 위한 목적에서 금성사에서 제작한 가로 21.1cm × 세로 30.1cm의 직사각 형태의 카탈로그 '강력한 흡입력'

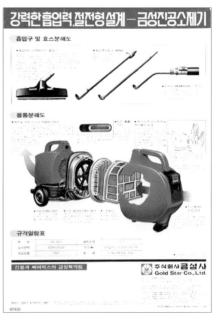

[그림 5-46] 금성 진공소제기 카탈로그 '강력한 흡입력' 편(1979)

편(1979)을 보자. 양면으로 인쇄된 카탈로그의 앞면에는 "GOLD STAR" 로고, 진공소제기로 청소하는 여자, 그리고 금성진공소제기라는 브랜드 이름을 제시했다. 뒷면에는 "강력한 흡입력 절전형 설계–금성진공소제기"라는 헤드라인 아래에 흡입구, 호스 분해도, 몸통 분해도, 규격 일람표, 가격, 금성사 관련 연락처 등을 상세히 소개했다.

1970년대 이후 여성의 소비 행동은 많은 변화를 했지만 기술도 계속 발전했다. 경제 성장을 바탕으로 일자리가 늘어났고 가난했던 나라가 '한강의 기적'을 이룩하며 국제적으로 주목받기 시작했다. 국내에 청소기가 도입되자 주부들은 다른 가전제품의 도입기 때와는 달리 깊은 관심을 나타냈다. 처음에 나온 청소기는 무게도 무겁고 부피도 컸으며 먼지를 빨아들이는 호스도 길고 두꺼웠다. 시간이 갈수록 가벼워졌고 청소할 때 걸리적거리지 않도록 개선돼 주부들이 청소를 편하게 할 수 있게 했다. 나중에는 한 손에 들고 다니며 간편하게 쓸 수 있는 청소기도 개발됐다. 광고에서는 청소기의 흡입력을 강조하면서도 시간이 흐를수록 집 청소의 개념에서 먼지와 세균 흡입의 강점을 부각시켰다.

2) 1980년대의 청소기 광고

1980년대 초반에는 전기 청소기가 대중화되지는 않았지만 에너지를 절약한다는 청소기가 등장했다. 전기가 필요 없어 당시 전기 이용료에 부담을 느끼던 주부들에게는 획기적인 제품이었다. 1980년대 초반의 청소기는 우리가 알고 있는 청소기라기보다 빗자루와 쓰레받기에 가까운 형태였다. 세청기업의 로타리청소기 광고 '에너지 절약' 편(경향신문, 1980. 2. 13.)에서는 전기가 필요 없는 청소기를 강조했다. 광고 헤드라인에서는 "에너지를 아끼는 시대!! 전기가 필요 없는 조용한 청소기 로타리"라고 하며 주부들의 관심을 유도하며, 전기를 쓰지 않고 소음이 없다는 기능을 제시했다. 전기를 쓰지 않는다는 장점만을 강조하며, 보디카피에서는 에너지 절약, 저렴한 가격, 무소음 같은 부가적 가치를 제시했다. 그리고 제품에 대한 지식이 없거나 가정에서만 쓴다고 생각하는 주부들에게 청소기의 대중성을 강조했다. 제품의 효율성과 에너지 절약이라는 장점을 소개하는 보디카피는 다음과 같다.

"에너지 절약시대가 왔읍니다. 본사가 독점 개발한 로타리청소기는 전기가 필요 없고 소음이 전혀 없는 생활필수품으로 선진 어느 나라 제품보다도 우수한 성능을 자랑하며 현실에 맞는 저렴한 가격으로 전국에 보급코저 합니다. (단체 및 대량납품에 적격임) 용도: 가정, 호텔, 아파트, 사무실, 접객업소 등 어느 곳에나 손쉽게 사용할 수 있는 경제적인 청소기입니다."

[그림 5-47] 로타리청소기 광고 '에너지 절약' 편(경향신문, 1980. 2. 13.)

일본 제품인 호키청소기의 잡지광고 '무소음' 편(1981)에서도 로타리청소기와 마찬가지로 배터리와 전기 에너지가 필요 없고 청소기가 움직여도 소음이 없다는 사실을 부각시켰다. 헤드라인에서는 "소리 없이 움직이는 호키 청소기"라고 하며, 무소음을 강조했다. 광고에 등장한 남편은 미소를 띤 채 청소하는 아내를 바라보며 음악을 듣고 있다. 그 정도로 소음이 나지 않는다는 뜻이다. 카피와 비주얼이 적절히 어우러지며 청소기의 무소음을 부각시켰다. 호키는 전기와 배터리가 필요 없는 혁신적인 수입품이라는 사실도 강조했다. 광고의 모든 요소를 '무소음'이란 메시지를 전달하는 데 집중했다. 보디카피는 다음과 같다. "가장 경제적인 청소기 '호키'는 전기/밧데리가 필요 없는 혁신적인 수입품입니다. 일본에서 만들어 전 세계적으로 애용되고 있는 청소기―호키는 10년 이상을 사용해도 고장이 없는 반영구적인 제품입니다."

[그림 5-48] 호키청소기 광고 '무소음' 편(1981)

한일전기의 한일 말끄미청소기 광고 '말끔하게' 편(경향신문, 1981. 2. 13.)에서도 1980년 초반의 시대상을 반영해 전기와 배터리가 필요 없다는 점을 강조했다. 1979년에 경제 불황이 시작돼 우리나라의 경제 사정은 매우 어려웠다. 이런 상황에서 고가의 가정용 전자제품을 사용하기는 일반 가정에서 어려운 일이었다. 따라서 1980년대 초반의 청소기 광고에서는 전기나 배터리가 필요 없는 저가의 아날로그 청소기를 알리는 데 치중했다. 한일 말끄미청소기 광고에서는 사용 장소와 용도를 부각시키고 전기와 배터리가 불필요하다는 점을 부각시켰다. 헤드라인에서는 "이제부터 집안 청소는 한일 말끄미에게 맡겨 주십시오. 말끔하게 청소해 드립니다. 전기 밧데리가 필요 없는 청소기 말끄미"라고 강조하며 주부들의 관심을 촉구했다. 보디카피는 다음과 같다.

"▶소음이 없고 먼지가 날리지 않기 때문에 환자나 갓난아기의 방도 안심하고 청소할 수 있습니다. ▶앞뒤로만 밀어주면 회전 부러시가 카펫트, 마루, 방의 먼지를 말끔히 치워드립니다. ▶전기나 밧데리가 필요 없어 번거롭지 않고 가볍기 때문에 어린이들도 쉽게 청소할 수 있으며, 책상, 소파, 계단 밑 등 구석의 청소도 쉽게 할 수 있는 경제적이고도 매우 편리한 청소기입니다." 광고의 마지막에 가서는 한일 말끄미의 사용처를 이렇게 소개했다. 일반 가정, 아파트, 사무실, 병원, 비행기, 버스, 호텔 및 숙박업소, 레스토랑, 유흥업소, 약국, 기숙사, 양장점, 양품점, 이발소에서 한일 말끄미를 사용해야 한다는 뜻이었다. 아기가 자는 동안에도 청소기를 돌릴 수 있을 정도로 소음이 없고 먼지도 날리지 않는다는 사실을 오른쪽의 3컷 이미지로 강조한 점도 흥미롭다. 청소기의 장점을 다양한 상황으로 표현해 주부들의 마음을 사로잡았다.

[그림 5-49] 한일 말끄미청소기 광고 '말끔하게' 편(경향신문, 1981. 2. 13.)

 신흥양행의 버다이(BIRDIE)청소기 광고 '랜턴 겸용' 편(동아일보, 1985. 5.
8.)에서는 청소기와 랜턴 겸용은 세계 최초라는 카피로 제품의 유일성을 표
현했다. 일본의 모터 제조회사인 마부치사의 수입 모터로 진공청소기를 만
들었다고 했다. 1980년 중순에 우리나라의 경제 불황이 풀리자 진공청소기
도 대중화됐다. 우리나라에서 만든 완제품은 아니었지만 충전식 배터리를
채택한 청소기로, 당시에 가사 노동이 많았던 주부들의 수고를 조금은 덜어
줬을 것이다. 보디카피는 다음과 같다. "언제 어디서나 누구든지 쉽게 사용
하는 충전식(랜턴 겸용) 진공청소기 BIRDIE. 가정에서 직장에서 대형 청소기
를 능가하는 코드가 필요 없고 고성능인 중형 진공청소기 BIRDIE! 세계 최대
의 모터 제조회사 일본 마부치사의 모터를 사용한 강력한 흡인력 BIRDIE. 충
전 후 연속 사용 시간 25분(종전 소형충전식은 15분 사용). 랜턴 사용 시간 (1회
충전 시) 7시간 사용. 청소기와 랜턴 겸용은 세계 최초의 것임."

[그림 5-50] 버다이청소기 광고 '랜턴 겸용' 편(동아일보, 1985. 5. 8.)

우리 기업에서 우리 기술을 이용해 개발한 진공청소기가 1985년에 드디어 상용화됐다. 우리나라 가전산업이 비약적으로 발전한 것이다. 현재의 진공청소기가 저마다의 브랜드 이름이 있듯이, 대우진공청소기는 회사명과 진공청소기를 제품명으로 조합했다. 진공청소기 시장에 경쟁사가 많지 않았고 진공청소기 시장에서 대우전자 제품이 독점적 위치에 있었다는 근거라고 할 수 있다.

대우전자의 대우 진공청소기 광고 '강력 모터' 편(매일경제, 1985. 9. 25.)에서는 "그 댁에는 없는 것, 꼭 필요한 것—대우 진공청소기"라는 헤드라인 아래 다음과 같은 보디카피를 덧붙였다. "평소에도 청소하기가 무척이나 까다로운 카펫, 소파, 장롱 밑, 창문 틈…… 더구나 먼지가 집안에 쌓이는 가을철부터는 진공청소기가 정말 요긴해집니다. 그 댁에 대우 진공청소기를 선물하십시오. 어떤 선물보다도 크게 환영받을 것입니다." 이와 같은 설명형 카피로 청소기의 우월성을 알렸다. 더욱이 "흡입력이 매우 높습니다"라는 카피를 써서 대우 진공청소기가 일반 모터보다 20% 더 강력한 수입 모터를 사용하기 때문에 미세먼지나 모래는 물론 틈새에 끼인 동전이나 단추까지도 쉽게 빨아들인다고 강조했다. 또한, 대우 진공청소기의 강력 모터가 효율이 높아 소비전력이 적고 청소를 빨리 끝내 그만큼 절약된다는 사실을 알리기 위해 "소비전력은 아주 적습니다"라는 카피를 썼다. 당시에 다른 광고의 헤드라인에는 보통 제품

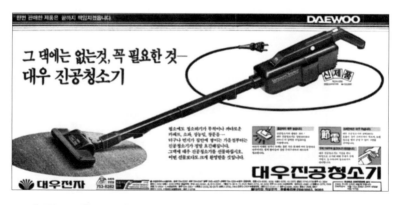

[그림 5-51] 대우 진공청소기 광고 '강력 모터' 편(매일경제, 1985. 9. 25.)

의 장점이나 혜택을 드러냈지만 이 광고에서는 제품의 혜택을 노골적으로 드
러내지 않고 진공청소기의 필요성을 강조하는 데 치중했다.

대우전자는 '그 댁에 꼭 필요한 것'이라는 주제에 따라 앞의 광고를 계승하
는 시리즈 광고를 전개했다. 신문의 소형 돌출광고(island ad) 형식으로 시리
즈 광고를 전개했는데, 후속광고에서는 앞의 광고에서 제시된 혜택들을 축약
시켰다. 대우전자의 첫 번째 돌출광고(경향신문, 1985. 9. 26.)의 카피를 보자.
"그 댁에 꼭 필요한 것. 깜찍하면서 강력한 대우 진공청소기. 흡인력이 높은
강력 모터. 크기에 비해 가벼운 설계. 들고 다니기 편리한 핸디타입. 높은 효
율로 소비전력 절감. 85 신제품 RCH-050. 권장소비자가격 53,000원." 대우
진공청소기의 제품 특성은 먼지를 종이팩으로 처리한다는 점이었다. 이전
의 청소기는 빨아들인 먼지들이 청소기의 작은 흡입 통에 들어가 통을 수시
로 비워 줘야 한다는 단점이 있었다. 그런 단점을 완벽하게 보완한 것이 종이
팩 먼지처리 방식인데, 쓰레기 배출양이 늘어 환경에 좋지는 않지만 청소기
의 먼지 통을 꺼내다 먼지를 흘리는 불상사를 방지한 청소기였다. 광고에서
는 '그 댁에 필요한 것'이라는 주제를 그대로 유지했다.

두 번째 돌출광고(동아일보, 1985. 12. 13.)에서는 "강력한 흡입력 산뜻한 먼
지 처리─대우 진공청소기"라는 헤드라인을 제시했다. 보디카피는 다음과 같
다. "12월의 신제품. 대우 진공청소기. 종이팩 사용으로 먼지처리 간편. 미세
한 먼지도 집진하는 3중 필터. 이동성이 뛰어난 첨단 디자인. RC-160P. 권장
소비자가격 95,000원." 광고 효과를 높이려면 "그 댁에 필요한 것"이라는 슬
로건을 쓰는 것이 바람직할 텐데 슬로건을 버린 이유는 청소기의 가격이 비
싸졌기 때문이었다. 12월의 신제품 가격은 이전에 비해 두 배가 늘어났기 때
문에 일반 가정에 부담으로 작용했을 것이다. '그 댁에 필요한 것'이 아닌 문
제의 해결에 가까운 소비자 혜택을 제시했다. 번거로울 수 있는 먼지 처리 기
능을 종이팩으로 대체했으니 편리하다는 사실과 청소기에 바퀴가 있어 이동
성이 뛰어난 제품이라고 강조했다. 주부의 호기심을 자극해 자연스럽게 제
품의 성능을 인식하게 했다.

[그림 5-52] 대우 진공청소기 광고(경향신문, 1985. 9. 26./동아일보, 1985. 12. 13.)

[그림 5-53] 대우 진공청소기 광고(경향신문, 1986. 9. 29./경향신문, 1986. 12. 26.)

세 번째 돌출광고(경향신문, 1986. 9. 29.)에서는 '신제품'이라는 점을 계속
부각시켰다. 헤드라인은 이렇다. "9월의 신제품. 국내 최초로 터보 브러쉬를
채택한 대우진공청소기." 이어지는 보디카피에서는 청소기의 성능을 상세히
설명했다. "언제나 강력한 흡인력을 유지하는 3중 특수필터 채용. 쓰레기를
청결하게 처리하는 2중 먼지봉투 채용. 3단 착탈식 연장관으로 손이 닿지 않
는 곳까지 깨끗이! RC-161AK. 권장소비자가격 135,000원." 네 번째 돌출광

고(동아일보, 1986. 10. 1.)도 계속 등장했다. "10월의 신제품. 국내 최초로 터보 브러쉬를 채택한 대우 진공청소기."라는 똑같은 헤드라인을 써서 광고를 했다. 지금의 청소기처럼 손잡이 부분에 연장관이 있어 좀 더 편리하게 쓸 수 있고 보관하고 사용하기가 편해졌다고 설명했다. 다섯 번째 돌출광고(경향신문, 1986. 12. 26.)에서는 어깨걸이가 있어 휴대하기 편하고 이동하기에 용이하다는 점을 강조했다. 카피는 다음과 같다. "12월의 신제품. 이동이 편리한 어깨걸이 채용. 대우 휴대용 진공청소기. 강력한 흡입력의 최신 모터 채용. 모든 먼지를 모아 주는 특수 재질의 먼지봉투. 특수 안전설계. RCS-140P. 권장소비자가격 85,000원."

대우 진공청소기는 1985년부터 1986년까지 시리즈 광고를 하면서도 청소기에 특별한 이름을 붙이지 않았다. 처음에는 경쟁사가 없어서 대우 진공청소기라는 이름을 그대로 붙여 써도 특별할 것이 없었다. 오히려 진공청소기라는 일반명사를 써도 주부들에게 명확히 다가갔을 터이고, 초창기에 대우 진공청소기를 구매한 주부들에게는 굳이 브랜드 이름이 필요 없었을 것이다. 시리즈 광고에서 주목할 만한 사실은 다른 신문과 다른 날짜에 게재한 광고 내용이 거의 유사하다는 점이다. '9월의 신제품'이나 '10월의 신제품'처럼, 한 달 간격인데도 신제품이 나왔다는 듯이 알렸으니 소비자를 기만할 가능성이 있는 표현이었지만 그 시절에는 별 문제가 없었다.

신주상사의 5분 청소기 광고 '빠른 효과' 편(동아일보, 1986. 10. 23.)에서는 근본적인 생활의 문제를 제기하며 해결책을 제시했다. 이 청소기는 전기 청소기가 아닌 펄프 청소기로, 빗자루로 쓸고 걸레로 닦지 않아도 한번에 청소할 수 있었다. 주부들이 부담을 느끼지 않을 가격이라 펄프 청소기를 쓰는 가정도 많았다. 빗자루나 걸레질을 하려면 허리를 많이 숙여야 해서 주부들은 허리나 무릎 통증이 있을 수 있다. 하지만 펄프 청소기는 일어서서 청소를 할 수 있고, 걸레를 빨거나 쓰레받기를 쓸 필요가 없어 주부들에게 도움이 됐을 것이다. "아직도 걸레, 빗자루와 씨름하십니까?"라는 의문형 헤드라인으로 시작되는 5분 청소기 광고의 카피를 보자.

"신주 '5분청소기'이보다 더 좋은 제품은 없다. 새로운 청소기구인 비젤라 (BIZELLA)와 자매품 솔링겐(SOLINGEN)에 사용된 강력 펄프의 흡착력은 밀어만 주시면 머리카락 한 올, 먼지 한 톨도 놓치지 않고 때와 함께 모두 흡착시킵니다. 특징. 주부들의 만성병인 요통과 관절통을 예방합니다. 색상이 다양하고, 모양이 아름답습니다. 기존 방법보다 5배 이상의 빠른 효과가 있습니다. 장기간 사용으로 실용적입니다. 전문 판매 사원 모집. 전문판매조직 보유자 우대. 차량(봉고) 소유자 우대. 남여 대학생 아르바이트 모집." 광고에서는 5분 청소기가 주부들의 만성적인 요통과 관절통을 예방한다고 했다. 집안일이 많아 시간이 부족하던 주부들에게 5배나 빠르다며 시간 절약을 강조했고, 장기간 사용할 수 있어 실용적이며, 제품이 튼튼해 잘 부러지지 않아 경제적이라는 정보도 제공했다. 1980년대의 가전제품은 비싸고 잔고장이 많았는데 그에 비해 5분청소기는 전기도 필요 없고 강력 펄프로 머리카락 한 올, 먼지 한 톨도 놓치지 않을 만큼 흡착력도 뛰어나며 기존 방법보다 5배나 빠르고 심지어 모양까지 아름답다는 특성을 부각시켰으니 다른 청소기보다 경쟁력 있는 상품처럼 느껴졌을 것이다.

[그림 5-54] 신주 5분청소기 광고 '빠른 효과' 편(동아일보, 1986. 10. 23.)

진공청소기는 1980년대에 본격적으로 시장 쟁탈전이 전개됐다. 삼미전자공업이 개발한 소형 진공청소기는 "흡입력이 강하면서도 무게가 0.9kg밖에 안 돼 가정용으로 적합"하고 "우리나라 가옥구조에 맞춰 모델을 특성화했고 소비전력이 90W 정도로 경제성이 높다는 장점"을 지녔다(매일경제, 1983. 11. 15.). 언론보도에서는 삼미전자공업사에서 개발한 소형진공청소기에 대해 자세히 설명하고 가격과 전화번호를 기재해 바로 구매하도록 유도했다. 또한, 대우전자는 그냥 청소기가 아닌 어깨걸이형 청소기를 개발해 이동이 자유롭고 휴대하기에 편리하다고 강조했다. 또 다른 언론보도를 보자. "진공청소기 대우전자. 어깨걸이형으로 흡입력이 강한 모터를 채용한 진공청소기. 기존 청소기보다 크기, 무게를 절반 이상 줄인 데 반해 흡입력은 대형 진공청소기와 비슷한 140Kw의 강력모터를 채용했다. 또한 어깨걸이 방식으로 이동이 자유롭고 휴대하기에 편리하도록 설계됐으며 빨아들인 먼지는 종이로 된 봉지 안에 모아지며 먼지봉투가 가득차면 안전장치가 작동, 모터의 과열을 사전에 방지해 준다. 소비자가격 8만 5천 원"(매일경제, 1986. 12. 23.). 기존 청소기에 비해 성능이 떨어지지 않고 작고 가볍지만 흡입력은 강력하다고 강조했다.

나아가 삼성전자는 조건이 까다로워 진출하지 못했던 유럽 시장에 진공청소기 3만 대를 영국의 대형 백화점 체인인 커리에 수출하는 데 성공했다. 더불어 삼성전자는 "스웨덴의 SEMCO 규격도 획득, 1987년 8월부터 스웨덴 프랑스 지역으로 시장을 다변화, 연내 10만 대 수출을 계획"했다(매일경제, 1987. 7. 10.). 청소기의 유럽 첫 수출은 청소기의 발전을 의미했으며 우리나라는 물론 외국에서도 기술을 인정받았다고 할 수 있다.

이후 진공청소기의 신제품 경쟁은 더욱 치열해졌다. 경제 성장을 이룩한 1970~1980년대에는 공장도 많이 설립되고 사람들의 일자리도 늘면서 물가 상승도 일어났고 소비문화가 바뀌면서 가전제품 수요가 급격히 증가했다. "진공청소기 등 가전제품의 과잉생산으로 재고가 쌓이자 할인 판매에 안간힘을 썼다"는 언론보도에서 확인할 수 있듯이(매일경제, 1988. 1. 14.), 소품종 대량생산으로 급격히 늘어난 수요 때문에 재고가 쌓여 할인판매 행사도 자주 열었다. 그럼에도 불구하고 1980년대의 가전 3사에서는 차별화를 시도한 신제품을 계속 내놓았다. "진공청소기 신제품 경쟁: 가전 3사 모델 다양화 치열한 판매전"이라는 제목의 당시의 언론보도 내용을 살펴보자.

"가정용품이 자동화 확산 추세를 보이는 가운데 진공청소기의 수요가 크게 늘었다. 관련 업계 및 상가에 따르면 지난 85년 금성사, 삼성전자, 대우전자 등 가전 3사가 진공청소기 시장에 본격적으로 참여한 이후 매년 70~1백%의 판매 신장률을 보여 올해는 50만 대 2백억 원 시장 규모를 형성할 전망이다. (……중략……) 금성사는 최근 2백와트짜리 영업장용을 비롯, 10개 모델을 시판하고 있는데 승용차용으로 소용량의 휴대용과 부품 케이스를 채용한 제품 등을 올해 안에 선보일 예정이다. 삼성전자도 올 판매목표를 15만 대로 잡고 오래된 먼지를 긁어서 제거하는 파워헤드와 원격조종이 가능한 리모컨을 채용한 제품 등 8개 모델을 시판했다. 대우전자도 터보브로시와 리모컨을 채용해 흡입력을 강화하고 사용에 편리한 청소기, 프레시를 겸한 자동차 전용 청소기 등 8개 모델을 내놓았다. 가전 3사가 신제품 출하 경쟁을 벌이는 가운데 전기, 정밀 등 중소 업체도 기존의 휴대용 이외에 전기식을 개발하거나 모델을 추가하는 등 시장 확보에 열을 올렸다. 또 최근 수입관세가 30%에서 20%로 인하됨에 따라 수입도 늘어날 것으로 보여 진공청소기의 시장 쟁탈전은 더욱 뜨거워질 전망이다"(매일경제, 1988. 7. 16.).

◇진공청소기등 家電제품의 과잉생산으로 재고가 쌓이자 할인판매에 안간힘을 쓰고있다.

[그림 5-55] 진공청소기 할인판매를 알린 언론보도(매일경제, 1988. 1. 14.)

[그림 5-56] 진공청소기 신제품 경쟁을 알린 언론보도(매일경제, 1988. 7. 16.)

삼성전자의 홈크린청소기 잡지광고 '모터가 2개' 편(1989. 1.)에서는 "왜, 모니터가 2개인가!"라는 헤드라인으로 주목을 끌었다. 리드카피에서는 "이것이 삼성 홈크린만의 국내 최초, 최첨단 기능. 국내 최대 170W 흡입력에 국내 최초로 모터가 2개"라고 강조하며 주부들의 관심을 끌었다. 보디카피에서는 왜 모니터가 2개이고 왜 좋은지에 대해 설명했다. 청소기의 강력한 흡입력과 국내 최초의 최첨단 기능까지 겸비했다는 메시지를 전달한 것이다. 광고 지면을 위아래로 분할해, 위에는 청소기의 전면과 헤드라인을 배치하고, 아래에는 사용법을 보여 주었다. 광고 지면을 두 개로 나눈 것은 다른 광고들과 구별된다. 지면을 둘로 나눠 헤드라인에서 질문하고 아래쪽에서는 질문에 답변하는 형식의 광고다. 청소기를 시연하고 있는 여성을 등장시킨 점도 주부를 위한 세심한 배려인데, 기업의 작은 배려가 주부들의 관심을 더 끌었을 것이다.

[그림 5-57] 삼성 홈크린청소기 광고 '모터가 2개' 편(1989. 1.)

삼성전자의 삼성 홈크린청소기 광고 '비상금' 편(1989. 6.)에서는 당시의 인기배우 최진실 씨가 모델로 나와 청소기의 장점을 알렸다. 이 광고에서는 남편의 비상금을 주제로 이야기를 풀어 나갔다. 모터가 하나 더 달렸다며 다른 제품과의 차별성을 강조했다. 이 청소기의 강력한 흡입력 때문에 벌레뿐만 아니라 남편의 비상금까지 발견할 수 있었다는 내용이다. 주부로 등장한 최진실 씨는 청소기를 쓰며 청소기의 다양한 기능을 설명하며, 청소기의 머리 부분과 밀대 부분이 360도로 돌아가니 벽이나 천장도 어려움 없이 청소할 수 있을 정도로 편리하다고 강조했다. 또한 청소기가 남성의 비상금인 돈을 액자 뒤에서 빨아들였다는 재미있는 설정으로 웃음을 자아냈다. 광고에서는 청소하며 느끼는 가족의 행복을 전했다. 신혼부부의 화목하고 단란한 가정에 청소기가 놓여 있으니, 마치 청소기를 구매하면 단란한 가정이 될 것 같다는 기대감을 불러일으켰다. 광고에서는 웃음을 억지로 유발하지 않고 일상에서 있을 법한 상황을 자연스럽게 풀어 나갔다. 의태어와 의성어를 적절히 써서 메시지를 효과적으로 전달했다. 카피는 다음과 같다. "남) 브러시에 모터가 하나 더 있어 힘이 센, 삼성 홈크린청소기. (여자가 팔소매를 걷으며 춤을 춘다) 최진실) 모터가 둘이니까 카펫 속 벌레까지 쏙쏙~ 빙글빙글 돌아 천정도 벽도. (벽에 걸린 액자 뒤에서 돈이 나온다) 남) 어? 내 비상금. 최진실) 어? 힘센 덕분에 수입 잡았네. 징글) 모터가 둘이라 힘이 센-삼성 홈크린청소기. 남Na) 삼성전자."

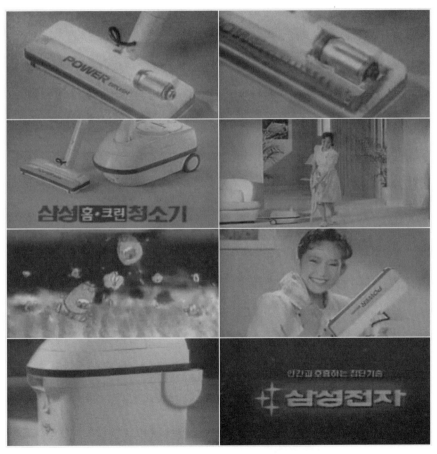

[그림 5-58] 삼성 홈크린청소기 광고 '비상금' 편(1989. 6.)

　　세진기업의 훼밀리 청소기 광고 '알뜰 주부의 필수품' 편(경향신문, 1989. 5. 25.)에서는 사랑하는 아내와 알뜰 주부의 필수품이 청소기라고 하면서 "아직도 엎드려서 바닥을 닦습니까?"라는 의문형 헤드라인을 썼다. 광고에서 1989년까지도 청소기가 널리 보급되지 못했고, 그때까지도 엎드려서 바닥을 닦는 주부들이 많았음을 확인할 수 있다. 훼밀리(family) 청소기는 전기청소기가 아닌 밀대형 걸레였다. 광고에서는 바닥 청소를 간단히 해결하는 우수한 성능을 설명하고, 서서 청소하는 대부분의 청소기 광고에서처럼 건강 보호에 도움이 된다고 했다. 별도 규격의 걸레포가 없어도 되고, 집에서 쓰는 면 수건을 쓸 수 있고, AS를 철저히 보장한다는 다섯 가지 특성을 제시한 것도 인상적이다. 가사 노동이 많은 아내를 위해 뭔가 해 주고 싶은 남편들에게 소구하는 광고였다. 광고를 보고 청소기를 구매한 남성은 스스로 아내를 위하는 남편이라고 생각했을 것 같다. 보디카피는 다음과 같다.

[그림 5-59] 훼밀리 청소기 광고 '알뜰 주부의 필수품' 편(경향신문, 1989. 5. 25.)

"사랑하는 아내 알뜰 주부의 필수품. 아직도 엎드려서 바닥을 닦습니까? 훼밀리 청소기는 힘들고 불편한 바닥청소를 간단히 해결해 주는 새로운 개념의 청소기입니다. 훼밀리 청소기로 맑고 깨끗한 가정을 꾸며 보세요. 특징 ① 엎드려서 일일이 닦아야 하는 힘들고 불편한 바닥 청소를 서서 간편하게 함으로 무릎군살, 허리디스크, 현기증을 예방. ② 성능이 우수함으로 미세한 먼지와 찌든 때까지도 말끔히 제거. ③ 별도의 규격 걸레 포 없이 가정용 면 타올을 사용함으로 경제적이고 가격이 저렴하여 구입이 용이. ④ ABS 최고품을 사용하여 견고하고 수명이 반영구적이며 디자인이 우아함으로 선물용으로도 적합. ⑤ 철저한 AS 보장."

헬스모코리아의 필터 · 퀸청소기 광고 '걸레질 불필요' 편(경향신문, 1989. 7. 28.)에서도 "걸레질이 전혀 필요 없는 완벽한 청소기–필터 · 퀸(FILTER QUEEN). 이런 청소기 보셨습니까?"라는 의문형 헤드라인을 썼다. 역시 걸레질이 전혀 필요 없다는 사실을 강조했다. 걸레질하는 이유는 청소기가 다 빨아들이지 못한 먼지를 닦기 위해서인데 필터 · 퀸청소기는 걸레질하지 않아도 깨끗이 청소된다고 했다. 흥미롭게도 캐릭터를 활용해 다른 청소기와 차별화하고, 보디카피에서도 일상생활의 문제점을 인상적으로 제시했다. 예컨대, 319의 강력한 흡입력이 커튼, 카펫, 소파의 색깔이 먼지 때문에 바래는 문제를 해결하고 카펫이나 소파의 색깔을 회복시킨다고 했다. 필터 · 퀸은 흡입한 먼지와 오염된 공기를 시속 250km의 속력으로 회전시켜 99.98% 정화된 공기만을 배출시킨다는 수치를 제시해 신뢰를 얻고자 했다. 보디카피를 보자.

"▶매일 쓸고 닦아도 잠시 뒤면 다시 뿌옇게 내려앉는 먼지, 골치 아프시지요? 밖에서 끊임없이 들어오는 먼지와 배기가스 그리고 전기청소기로 청소할 때마다 흩어져 날리는 미세한 먼지 등은 고민은 됐지만 달리 해결할 방법이 없었지요. 그러나 '주거 공간을 보다 청결하게'를 모토로 한 헬스 모의 필터 퀸이 실내에 있는 미세한 먼지, 바이러스, 박테리아, 가스 등 질병의 원인이 되는 이 모든 오염물을 단 한 번에 제거하여 걸레질이 전혀 필요 없이 완벽하게 청소해 드립니다. ▶커튼, 카펫, 소파 등의 색깔이 먼지에 의해 바래지는 않습니까? 우리의 실내는 눈에 보이지 않는 미세한 먼지, 진드기, 곰팡이, 박테리아 등으로 심각하게 오염되어 있어 새로 산 지 얼마 안 되는 커튼의 색깔이 바래지고 카펫이나 소파가 먼지에 덮여 색깔이 변해져 버리죠. 필터 퀸으로 한번 청소해 보십시오. 319의 강력한 흡입력으로 닿는 순간 카펫이나 소파의 색깔이 회복되고 촉감도 본래대로 돌아옵니다. ▶전기청소기로 청소하실 때 먼지 냄새 때문에 코를 막고 하신 적은 없습니까? 보통의 전기청소기로 청소를 하고 난 뒤라도 햇빛을 통해 보면 뿌연 먼지가 많이 보이고, 가구 위에 뽀얗게 먼지가 쌓여 있는 것을 경험하셨을 것입니다. 그러나 새로운 차원의 청소기 필터 퀸은 흡입한 먼지와 오염된 공기를 시속 250km의 속력으로 회전시켜 필터, 콘에 의해 99.98% 깨끗하게 정화된 공기만을 배출시키기 때문에 청소한 뒤에는 집안 공기까지 맑아집니다. ▶40평 아파트를 청소한 결과 먼지가 한 주머니나 나왔다면 믿으시겠습니까? 지금 귀댁에서 사용하고 계시는 보통의 전기청소기로 청소하고 난 뒤 필터 퀸으로 한 번 더 청소해 보십시오. 집 안 구석구석의 미세한 먼지, 공중에 떠다니는 오염된 공기, 카펫, 소파 등에 붙은 눈에 보이지 않는 먼지가 모여 한 주머니가 나옵니다. 믿어지지 않으시겠지요. 그러나 실제로 사용해 보신 분에 의해 입증된 사

[그림 5-60] 필터·퀸청소기 광고 '걸레질 불필요' 편(경향신문, 1989. 7. 28.)

실입니다. ▶깨끗한 공기와 함께 원하는 향기를 실내에 가득히—사용하신 분들은 모두 놀랍니다. 필터 퀸만의 특수향인 순수한 장미향, 유칼립터스향, 레몬향, 그리고 상큼한 솔잎향 등 원하시는 향기를 동시에 발산시켜 주어 온 실내를 은은한 향기로 가득하게 합니다.”

1980년대의 청소기 광고에서는 카피를 길게 써서 제품의 장점을 나열하는 공통점이 있다. “흡착력이 좋습니다” 또는 “청소가 깔끔하게 됩니다” 같은 혜택을 길게 나열했다. 청소기의 발달은 주부 생활에 많은 변화를 가져왔다. 가사 노동의 대부분을 하던 주부들은 아날로그 청소기를 사용할 때보다 힘이 훨씬 덜 들었고 시간이 현저히 줄었으며, 집안을 더 깨끗하게 청소할 수 있게 됐다. 진공청소기는 당시 여성의 고질병이던 관절염과 허리통증 같은 질병에서 벗어나게 하는 데도 기여했다. 무릎을 꿇거나 허리를 숙여야 했던 가사를 허리를 편 상태에서 서서 할 수 있기 때문이다.

3) 1990년대의 청소기 광고

지금은 진공청소기가 널리 보급됐지만 1990년대에는 상황이 달랐다. 1980년대 후반을 거쳐 1990년대에는 진공청소기가 가정에 도입됐다. 하지만 서양의 주택구조에 맞춘 진공청소기는 우리나라 주부들이 사용하기에 많이 불편했고, 1990년대 초에 국내 주택구조에 맞는 진공청소기가 개발되면서 진공청소기의 판매량이 급증했다. 이 시기의 광고에서는 남자들의 애처가 바람을 부각시키며 가전제품 구매를 권고했다. 광고에서는 “남편들도 빨래를 하자”, “잡혀 사는 게 편안한 겁니다” 같은 카피를 비롯해 남편이 “행복한 얼굴로 빨래하고 청소하고……” 아내의 일손을 도와준다는 남편 상을 자주 부각시켰다(경향신문, 1993. 3. 2.).

주거문화가 거실 중심으로 바뀌면서 진공청소기의 보급이 점차 확산됐다. 카펫과 소파를 쓰는 가정이 늘어나고 청소공간이 넓어지면서 진공청소기가 빗자루나 먼지떨이를 대신해 가정 필수품이 됐다. 진공청소기의 기능도 점차

[그림 5-61] 애처가 바람을 소개한 언론보도(경향신문 1993. 3. 2.)

다양해져 처음 선보일 때는 먼지를 단순히 흡입하는 데 머물렀지만, 1990년대에는 고흡입력, 저소음, 패션을 고려한 청소기가 속속 선보였다.

1990년대 초반에 시중에는 삼성 21개 모델, 금성 17개 모델, 대우 12개 모델 등 다양한 청소기가 판매됐다. 진공청소기 시장은 값도 3만 원대에서 19만 원대까지 다양했고 센서 기능을 도입한 신제품도 개발됐고, 주거 환경과 생활수준이 향상돼 매년 20% 이상 성장했다. 당시 언론에서는 1991년 현재 120만 대의 수요가 있을 것으로 예측하며, "최근에는 랜턴(휴대용 전등) 기능까지 있는 충전식 청소기도 나왔다. 진공청소기라고 해서 모든 것을 청소할 수 있는 만능이 아니라는 사실도 알아야 한다. 담배꽁초, 유리조각 등 큰 쓰레기는 호스를 막아 고장의 원인이 될 수도 있다."고 하며 청소기 사용법을 설명했다(경향신문, 1991. 2. 20.). 진공청소기 광고에서는 디자인 기능을 더 강조했고, 비주얼보다 카피에 중점을 두었다.

　1990년대 초반에는 한국형 가전제품이 인기를 끌었다. 한국형 가전제품이란 기존에 나와 있던 가전제품들을 우리나라의 생활양식과 기호에 맞춰 개발한 것을 의미한다. 대표적인 한국형 가전제품이 물걸레 청소기다. 기존의 진공청소기에 특수 소재의 물걸레를 부착하도록 고안된 전기청소기다. 기존의 제품은 카펫이나 다다미 등 외국의 집 구조에 알맞게 개발된 반면에, 이 청소기는 물걸레 기능을 추가해 온돌방이나 마루에서도 뛰어난 효과를 발휘했다.

[그림 5-62] 한국형 가전제품을 소개한 언론보도(매일경제, 1992. 4. 9.)

　1993년에는 가전제품 '애칭 붙이기 경쟁'이 많았다. '바로바로' '뚝배기' 같은 순수 우리말이 인기를 모았다. 전자제품의 성능과 이미지를 빗대 만든 애칭이 제품의 기능 못지않게 주부들의 관심을 끌었던 것이다. 가전제품회사들도 제품에 별도로 붙이는 애칭의 히트 여부에 따라 판매에 적지 않은 영향을 미칠 것으로 판단했다. 청소기에는 '바로바로'라는 애칭을 붙여 삼성전자의 청소기는 분리하지 않고 즉시 사용할 수 있다는 편리성을 강조했다. 실제로 냉장고와 청소기에 대한 소비자 인지도를 조사한 결과에서도 애칭을 붙여 판매에 효과를 봤다고 평가하는 경우가 많았다(동아일보, 1993. 8. 30.). 1990년대의 청소기 광고에서 여성 생활문화의 변천을 살펴보자.

신성모테크의 슈퍼크리너 청소기 광고 '초강력 흡입력' 편(한겨레, 1990. 3. 6.)에서는 "슈퍼 크리너? 정말 슈퍼청소기군!" 같은 감탄형 헤드라인을 써서 제품의 뛰어난 성능을 강조했다. 보디카피에서는 220W의 초강력 흡입력으로 미세한 먼지까지 청소해 공기 정화율을 높인다고 주장했다. 보디카피를 보자. "진공청소기의 생명은 모터, 산성 슈퍼크리너의 AMETEK 모터는 220W 초강력 흡입력을 자랑합니다. 카펫, 소파 등 큰 청소는 물론 구석구석의 미세한 먼지까지 깨끗이 청소하여 공기 정화율을 높입니다. 저소음 특수 설계되어 소음이 적고 조립식 디자인으로 가정이나 사무실, 어디서나 쓸 수 있어 경제적입니다." 저소음 특수 설계로 청소기의 소음 때문에 불편해하던 소비자의 관심을 유도했다. 청소기의 몸체를 해부해서 그 구조를 상세한 이미지로 제시한 점도 인상적이다.

[그림 5-63] 슈퍼크리너 청소기 광고 '초강력 흡입력' 편(한겨레, 1990. 3. 6.)

금성사의 금성 진공청소기 광고 '고성능' 편(동아일보, 1990. 6. 29.)에서는 "먼지는 물론 벌레까지 없애주는 청소기가 있다!"라는 감탄형 헤드라인을 써서 강력한 흡입력을 부각시켰다. 헤드라인에서 강력한 흡입력으로 벌레까지 없애 준다는 파격적인 제안을 바탕으로 기존의 청소기보다 훨씬 기술력이 좋아졌음을 강조했다. 오른쪽 아래 하단에는 이미지와 함께 청소기의 성능을 제시해 주부들이 쉽게 이해하도록 했다. 기존 3중 필터 청소기와는 달리 금성 진공청소기는 4중 필터를 사용해 고성능으로 진화했다는 것이다. 필터 바구니 또한 종이 필터가 아닌 특수 재질로 만들어 유해 입자를 잘 걸러낼 수 있다고 하면서 '필터 성능 및 유해 입자 비교표'도 함께 제시해 신뢰성을 높였다.

[그림 5-64] 금성 진공청소기 광고 '고성능' 편(동아일보, 1990. 6. 29.)

금성사의 금성 청소기 잡지광고 '여름철 신선풍류' 편(1991. 5.)을 보자. 국내 최초로 퍼지이론을 적용해 최적의 청소상태를 유지하는 퍼지청소기 V-964PF 모델을 알리는 광고였다. "청소기 지난 자리 온 집안이 말끔!"이라는 헤드라인에 이어지는 보디카피는 다음과 같다. "미루나무 매미울음 마당 가득 서늘~ 김선달 책 읽는 소리 집안 가득 낭랑~ 광센서 인공지능이 꼼꼼하게 청소한다! 인공지능이 청소한다…… 더욱 간편한 첨단기능……
V-964PF. 199,000원." 이 광고는 '여름철 신선풍류'라는 주제의 시리즈 광고
로 집행됐다. 광고에서는 시간이 지날수록 청소기가 발전했음을 알 수 있도
록 다른 제품에는 없는 인공지능을 등장시켜 주부들의 관심을 끌고 구매를
유도했다.

[그림 5-65] 금성 청소기 광고 '여름철 신선풍류' 편(1991. 5.)

　삼성전자의 삼성 프리볼트 청소기 광고 '전압 혁명' 편(경향신문, 1991. 8.
23.)에서는 "삼성 프리볼트 청소기"라는 브랜드 이름을 빨간색 헤드라인으로
표현해 "삼성의 첨단 기술력이 이룩한 청소기의 전압 혁명"이라고 주장했다.
광고 상단에 "전자제품은 삼성이 좋습니다"라는 슬로건을 써서 브랜드의 우
월성을 강조했다. 또한 헤드라인 옆에 '세계 최초'라고 표현해 삼성의 기술력
을 강조했다. 어떤 전압에도 자유롭다고 하며 지역마다 전압이 달라 불편함
을 느꼈던 주부들에게 파격적인 제안을 했다. 청소하는 상황마다 파워가 달
라지는 상황을 고려한 것이다. 전압이 자유롭다는 청소기의 장점을 전기 코
드가 자유롭게 움직이는 비주얼로 표현했다. 보디카피는 다음과 같다. "그동
안 지역마다 다른 전압 때문에 사용이 불편했던 청소기-삼성전자가 세계최

초로 110V, 220V 어떤 전압에서도 청소기가 스스로 알아서 조절하는 프리볼
트 청소기를 개발했습니다. 이제 전압걱정은 마시고 어디서나 자유롭게 사
용하십시오."

[그림 5-66] 삼성 프리볼트 청소기 광고 '전압 혁명' 편(경향신문, 1991. 8. 23.)

한국코웨이의 레인보우 진공물청소기 광고 '한국 상륙' 편(동아일보, 1992.
3. 25.)에서는 "세계 38번째로 한국 상륙－레인보우 진공물청소기"라는 헤드
라인을 써서 미국 직수입 완제품이라는 정보를 강조했다. 제품을 크게 보여
주고 진공청소 기능, 물청소 기능, 공기청정 기능이라는 레인보우만의 3가
지 기능을 부각시켰다. "99.99% 먼지 제거, 공기정화 효과－찝찝한 마음까지
깨끗이 청소하세요."라는 서브 헤드라인은 세 가지 기능을 설명하기에 충분
했다. 보디카피는 다음과 같다. "진공청소기로도 없애기 힘든 미세한 먼지.
그러나 물청소라면 깨끗이 없앨 수 있겠죠? 레인보우는 고성능 모터가 발생
시킨 원심력이 물의 표면적을 극대화시켜, 빨아들인 더러운 먼지는 물에 가
라앉히고 깨끗한 공기만 다시 실내로 내보내 공기정화 역할까지 합니다. '한
번 물에 젖은 먼지는 다시 떠다닐 수 없다'는 자연에서 얻은 아이디어로 미국
REXAIR사가 탄생시킨 레인보우 진공물청소기－카펫, 옷, 커튼, 유리창 등의
다목적 청소에서 다양한 액세서리, 클래식한 디자인, 이중 절연에 이르기까
지, 모든 면에서 만족스런 다용도 청소 시스템입니다."

[그림 5-67] 레인보우 진공물청소기 광고 '한국 상륙' 편(동아일보, 1992. 3. 25.)

금성사는 1992년에 기존의 한국형 물걸레 진공청소기보다 한 단계 발전한 회전식 한국형 물걸레 진공청소기를 개발해 판매를 시작했다. 기존의 물걸레 청소기는 흡입구 밑면에 직사각형의 걸레를 끼워 고정시켜 걸레의 한 면에 의해 바닥이 닦이도록 설계돼 있어 물걸레질은 잘 되도 걸레를 자주 갈아 끼워야 해서 불편했다(매일경제, 1992. 4. 9.). 금성사는 원통형 물걸레를 부착시켜 물걸레 자체가 돌아가면서 닦이도록 설계했고, 걸레를 자주 갈아 끼워야 하는 불편함을 개선했다.

저소음을 강조하는 청소기도 등장했다. 각종 소음 때문에 스트레스를 받는 현대인들에게 조용함은 쾌적한 생활환경에 필요한 기본 조건이었다. 청소기의 문제점이던 소음을 해결한 제품도 출시됐다. 따라서 청소기와 세탁기 같은 가전제품을 생산하는 회사를 중심으로 소리를 줄이는 저소음 마케팅 활동을 전개했다. LG전자는 기존제품에 비해 소음을 절반으로 줄인 청소기 '쉿'을 시판하며, 텔레비전을 보면서도 청소기를 돌릴 수 있을 만큼 조용하다고 광고했다.

삼성전자의 왕발이청소기 잠잠 광고 '산사' 편(1995. 6.)에서도 저소음을 강조했다. 광고가 시작되면 산사에 청소기 소리가 들리는 가운데 수도승이 명상에 잠겨 있다. 수도승이 염주 알 하나를 등 뒤로 던진다. 그러자 파리 한 마리가 맞아 죽는다. 다시 수도승은 명상에 잠기고 도량이 조용해진다. 카피는 이렇다. "정말 조용한 청소기-잠잠." 광고에서는 청소기 소리보다 파리의 웽 웽거리는 소리가 더 크다는 사실을 통해 저소음 문제를 해결했다는 사실을 재치 있게 표현했다. 이 광고는 1995 크레스타 국제광고제에서 본상인 '위너' 상을 수상했는데, 당시의 우리나라 광고 현실에 비춰 볼 때 놀라운 성과였다 (노웅근, 1995).

[그림 5-68] 삼성 왕발이청소기 잠잠 광고 '산사' 편(1995)

삼성전자의 왕발이청소기 잠잠 광고 '개성' 편(경향신문, 1995. 10. 11.)에서 는 "내 개성에 맞는 청소기를 찾았다!"라는 헤드라인을 써서 자신의 상황에 맞는 청소기를 맞춤으로 판매하고 있음을 알렸다. 서브 헤드라인은 이렇다. "초저소음, 초강력흡입력, 최대 물걸레형-가장 어울리는 청소기로 청소하세 요." 세 명의 여성이 등장해서 조용하고 강력하고 깔끔한 청소를 강조했다. 여성을 '조용한 여자', '화끈한 여자', '깔끔한 여자'로 나눠 청소기의 성능에 비유해서 표현함으로써 주부들에게 흥미를 유발했다. 청소기 콘셉트에 알맞 게 모델의 표정과 동작을 표현해 삼성 왕발이청소기 잠잠의 다양한 기술력과

[그림 5-69] 삼성 왕발이청소기 잠잠 광고 '개성' 편(경향신문, 1995. 10. 11.)

구성력을 강조했다.

　1990년대 중반에는 진공청소기에도 '신토불이(身土不二)' 바람이 불어 물걸레질을 할 수 있는 한국형 청소기가 인기를 끌었다. 먼지를 강력히 빨아들이고 물걸레질 기능이 추가된 진공청소기가 가전 매장마다 등장했다. 진공청소기는 흡입력과 소음량이 중요했는데, LG전자, 삼성전자, 대우전자라는 가전 3사는 먼지 흡입구에 면 걸레를 붙여 먼지를 빨아들이고 바닥을 닦는 한국형 제품을 판매했다(백우진, 1996). LG전자의 뉴동글이 면걸레 청소기 '쓸고닦고'는 먼지 흡입구에 부착된 면 걸레를 눌러 주는 장치를 달아 바닥을 깔끔히 닦는 기능이 있어 주부들의 인기를 끌었다.

　LG전자의 동글이청소기 광고 '달' 편(1997)에서는 영화배우 배용준 씨가 등장해 동글이와 달을 소재로 광고했다. 가전제품인 만큼 신혼부부도 등장했다. 배용준 씨는 청소기로 달을 끌어당기는 모습을 보여 준다. 하늘의 달도 끌어당길 만큼의 흡입력이 강력하다는 점을 강조하고 소음이 없다는 메시지를 전했다. 카피는 다음과 같다. "여자) 어휴~ 연애할 땐 달도 별도 따준다고 해놓고선, 쳇 이게 뭐야. 배용준) 엉? 음 이얏. 여자) 어머나, 우와 자기 세다. 남 Na) 동글이는 사랑만큼 강력하다. 노래) LG 동글이청소기, 쉿. 여자) 자기야 별도. 남 Na) 챔피언 정신-LG전자."

LG전자의 동글이 진공청소기는 산업디자인 차원에서도 주목을 받았다. 언론에 보도된 내용은 다음과 같다. "LG전자의 동글이 진공청소기는 저소음 구조 청소기의 단점으로 지적되던 큰 사이즈를 최소화하면서도 국내 최저 소음을 가능하게 했다. 제품의 몸체와 핸들 부위 색상은 별도로 처리해 기존 제품과 차별화를 꾀했다. 또 앞면의 핸들과 코드릴 손잡이를 일체화해 조형성을 높였으며 핸들 부위는 잡기 쉽게 계란 모양으로 디자인했다. 사용자 편의를 위해 배기필터 커버는 제품을 보관할 때 다리로 사용할 수 있도록 고려했다. 이 제품은 몸체 호스 디스플레이 파이프 후쿠의 색상을 공용화하여 원가와 생산성을 향상시켰고 우레탄과 ABS를 이중 사출로 처리해 조립 공수를 절감했다. 전제적으로 보면 청소기의 특성인 무겁다는 느낌이 없어 누구라도 쉽게 청소할 수 있게끔 하는 분위기를 낸다. 슬림형 디자인은 특히 신세대 가정주부에게 잘 어울린다"(매일경제, 1997. 7. 7.).

1990년대 후반에는 유머광고가 인기를 끌었다. 소비자들이 유머광고를 좋아해 유머광고는 수적으로 다른 장르를 크게 앞지를 정도로 제작 편수가 많았다(김종태, 1997). 유머광고의 홍수 속에서 대우전자의 대우 조용한청소기 싹싹이 광고 '한석봉' 편(1997)이 특히 주목을 끌었다. 대우 싹싹이 광고에서는 '흡인력이 세다'는 메시지를 과장법으로 전달했다. 방안이 어두워지자 한석봉은 글씨를 쓰고 어머니는 청소를 한다. 서로 솜씨 대결을 하는데 잠시 후에 석봉의 비명소리가 들려온다. 놀란 어머니가 불을 켜자 청소기에 빨려 들어간 석봉이 꺼내 달라고 외친다. 당시에는 청소기의 제품 특성이 서로 비슷해 차별적인 광고 메시지에 승부를 걸었다. 카피는 다음과 같다. "사야 아이구 아이구. 이게 뭐 이리 센 게 다 있노? 먼지, 소음. 대우 조용한청소기 싹싹이…… 대우 게 세네."

[그림 5-70] 대우 조용한청소기 싹싹이 광고 '한석봉' 편(1997)

대우전자의 대우 싹싹이 청소기 광고 '틈새까지' 편(1999. 1.)에서는 당시의 인기 배우 이태란 씨가 모델로 출연했다. 이 광고에서는 1,000개의 구슬을 흘려버린 광고 모델 이태란 씨가 다시 즐겁게 청소하는 모습을 통해 틈새까지 청소하는 대우 싹싹이 청소기의 성능을 알렸다. 구슬들을 싹 빨아들일 만큼의 강력한 흡입력을 가졌으며 자유자재로 움직일 수 있어 구석구석까지 청소할 수 있다고 주장하며 구매를 유도했다. 카피는 다음과 같다. "이태란) 1,000개의 구슬을…… 자막) 대우 싹싹이 청소기. 이태란) 틈새까지 자유자재로 싹싹. 자막) 0도 완전 수평. 이태란) 틈새까지 쏙쏙. 자막) 180도 자유자재. 이태란) 빈틈없이 청소한다. 자막) 한 개가 없네? 남 Na) 대우. 여 Na) 싹싹이 청소기-틈새까지."

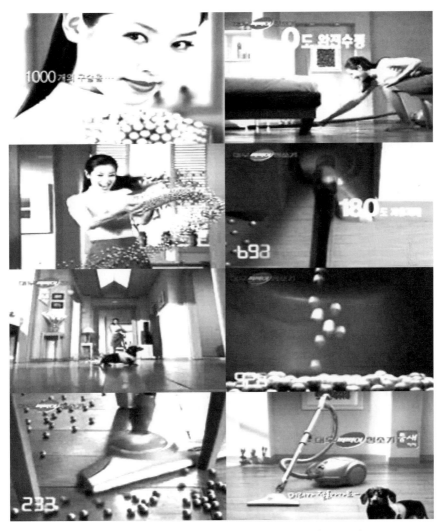

[그림 5-71] 대우 싹싹이 청소기 광고 '틈새까지' 편(1999. 1.)

1990년대의 청소기와 관련된 언론 보도와 광고를 살펴보았다. 광고 카피에서는 주로 청소기의 기능과 성능을 강조하며 자사 진공청소기의 특성과 다른 진공청소기와의 차별점을 부각시켰다. 보급률이 높지 않았던 1990년대 초반에는 먼지 흡입력에 대한 카피가 주를 이루었고, 1990년대 중반에는 '물청소'나 '저소음' 같은 흡입력 이외의 다른 기능을 설명하며 품질을 중시하던 주부들을 겨냥했다. 라이프스타일의 변화에 따라 취업 주부들도 증가했다. 가사 노동에 부담을 느낀 주부들은 가사 노동을 대신해 줄 가전제품을 선호했다. 주부들은 외국 제품과 차별화되고, 한국인의 의식주 생활에 필요한 한국적 기능을 가진 청소기를 개발하기를 기대했다(조경아, 1993).

생활 전반이 질적으로 향상됨에 따라 제품의 소비 행태도 대형화, 간편화, 다양화의 추세를 반영했고 가사 노동의 편리성을 강조했다. 이렇게 해서 개발된 것이 물청소와 관련된 진공청소기였다. 당시의 광고를 보면 '물청소', '물걸레', '물청소기', '물세탁'처럼 물과 관련된 카피가 많다. 물청소기는 스팀진공청소기의 시초가 아니었을까 싶다. 먼지만 빨아들이는 기능을 넘어 주부들이 허리를 펴고 물걸레질까지 할 수 있는 물청소까지 가능하자 주부들은 청소하기가 점점 쉬워졌다.

4) 2000년대의 청소기 광고

과학의 발전과 함께 제품과 서비스도 발전한다. 과거에는 집에서 살림만 하는 주부들이 많았지만 2000년대에 접어들어 가사에 필요한 가정용 전자제품이 자연스럽게 발달했다. 바쁜 시간을 쪼개 청소를 해야 했기에 청소기는 가정의 필수품으로 자리 잡았다. 모든 가전제품이 그렇듯 청소기도 필요에 따라 형태와 목적이 달라졌다. 처음에는 빗자루와 쓰레받기를 대신할 진공청소기가 나왔지만, 눈에 보이는 먼지만이 아닌 살균과 소독까지 할 수 있는 스팀청소기도 등장했다. 1인 가구나 청소할 시간이 부족한 맞벌이 가정이 늘면서 로봇청소기가 등장했고, 침대에 특화된 침구 청소기도 출시됐다.

청소기는 2000년대에 더욱 눈부시게 발전해 다양한 청소기가 등장했다. 주부들은 기호에 따라 다양한 제품을 선택할 수 있었다. 주부들은 어떤 청소기를 선호했을까? 가정용 청소기가 필수 가전제품으로 자리 잡자 2000년 이후부터 세계 각국에서 청소기를 개발했다. 우리나라에서도 새로운 기능의 청소기가 출시돼 주부들의 사랑을 받았는데, 특히 스팀진공청소기는 선풍적인 인기를 끌었다.

국내 진공청소기 시장은 연간 약 100만 대 시장이다. LG전자, 삼성전자, 대우 일렉트로닉스 같은 국내 가전사와 일렉트로룩스, 밀레, 아에게, 지멘스, 다이슨 같은 외국계 가전사에서 청소기를 생산했다. 국내 진공청소기의 보급대수는 2000년에 887만 대, 2002년에 1,201만 대, 2004년에 1,259만 대로 계속 늘었고, 2006년 이후에는 진공청소기의 보급 대수가 연평균 약 10.4%씩 증가했다. 2007년의 판매 순위는 엘지전자, 삼성전자, 일렉트로룩스 순이었다. 2003년에 최초의 로봇청소기가 출시된 이후 계속 로봇청소기 시장이 확대돼 왔다.

주부들이 청소기를 구매하는 첫 번째 기준은 성능이었다. 청소기의 기본 성능은 먼지를 잘 빨아들이는 흡입력이다. 흡입력이 좋을수록 더 쾌적한 환경을 만들기 때문이다. 두 번째는 가격이었다. 아무리 성능이 좋아도 가격이 비싸면 주부들은 구매를 주저했다. 주부들은 성능 대비 가격이 싼 제품에 관심을 가졌다. 세 번째는 소음이었다. 청소기를 돌리면 엄청난 소음이 발생하는데, 소음이 작은 청소기가 나오면서 주부들의 관심을 끌었다. 네 번째는 디자인이었다. 청소기에서 성능은 기본이고 디자인으로 선택의 폭이 넓어졌다. 미를 중시하는 주부들이 늘어나면서 청소기의 세련된 디자인이 더 중시됐다.

대우전자의 대우 컴팩트 청소기 광고 '늘어지는 청소기' 편(2000. 10.)에서는 "가라! 축~ 늘어지는 청소기"라는 헤드라인을 써서 주부들의 이목을 끌었다. 헤드라인에서는 얇고 긴 서체를 사용해 축 늘어지는 청소기를 부각시켰다. 축 늘어져 있는 청소기와 깔끔하게 정리된 청소기를 나열해 컴팩트 청소기의 장점이 한눈에 보이도록 했다. 과거에는 청소기 호스가 길어 청소할 때 계속 걸리거나 거추장스러웠다. 이런 불편함을 해소하기 위해 대우전자는 주부의 키에 맞게 길이를 조절할 수 있는 호스를 출시했다. 광고 지면의 왼쪽에는 과거의 불편한 청소기의 이미지를, 오른쪽에는 불편함을 해소하는 대우 컴팩트 청소기를 배치했다. 두 개의 청소기 밑에 "거추장스럽게 보관할 것인가?", "컴팩트하게 보관할 것인가?"라고 질문해 주부들의 답을 유도했다. 짧지만 강력한 카피와, 대조되는 기능을 가진 청소기 두 개의 이미지를 활용해 컴팩트 청소기의 이점을 더욱 강조했다.

이어서 "대우 컴팩트 청소기 틈새까지 쏙 탄생! 아코디언 호스가 보관까지 쏙! 자유자재 브러시가 틈새까지 쏙! 국내 최대 570W 흡입력! 국내 초경량의 컴팩트한 본채!"라는 보디카피를 써서 청소기의 혜택을 강조했다. 그때까지의 청소기는 선이 길고 커서 관리하기 어려웠다. 그래서 이 광고에서는 다른 청소기에 비해 컴팩트 청소기의 선이 짧고 작고 깔끔하다고 강조하며, 선이 길어 불만이던 주부들의 관심을 끌었다. 아래쪽에는 "틈새까지 쏙 탄생"이란 카피를 써서 틈새 구석구석 먼지를 빨아들인다는 정보를 제공했다. 수평수직 좌우 180도를 자유자재로 움직이는 브러시를 이용해 구석구석 청소한다는 장점을 주부들이 최대한 쉽게 이해할 수 있도록 했다.

[그림 5-72] 대우 컴팩트 청소기 광고 '늘어지는 청소기' 편(2000. 10.)

LG전자의 LG 싸이킹청소기 잡지광고 '미래형' 편(2001. 9.)에서는 불편했던 먼지봉투를 없애고 흡입력이 더욱 강해졌다고 설명하며, 기존의 일자형 손잡이가 아니라 소파 밑이나 침대 밑까지 꺾을 수 있어 구석구석 청소할 수 있다는 장점을 알렸다. "먼지봉투가 도대체 어디로 갔을까……"라는 생략형 헤드라인을 써서 주부들 스스로가 생각해 보도록 호기심을 유발했다. 청소기 안전모를 쓴 우주인이 로댕의 〈생각하는 사람〉처럼 사라진 먼지봉투에 대해 생각하는 듯이 표현한 비주얼도 인상적이다. "먼지봉투가 사라지면 청소 걱정이 사라진다" 같은 보디카피를 통해 청소기에 먼지봉투가 없을 때의 장점을 나열해 먼지봉투 때문에 불편했을 주부들의 마음을 사로잡았다.

기존의 직선 청소기는 소파 밑이나 식탁 아래쪽을 청소하기 불편했다는 점을 보완하기 위해 꺾이는 바를 만들었다. 기존의 청소기에서 불편한 점을 최대한 보완한 싸이킹청소기는 유머러스한 이미지와 호기심을 유발하는 카피로 소비자에게 다가갔다. 생략형 헤드라인의 오른쪽에 "무게는 가벼워지고

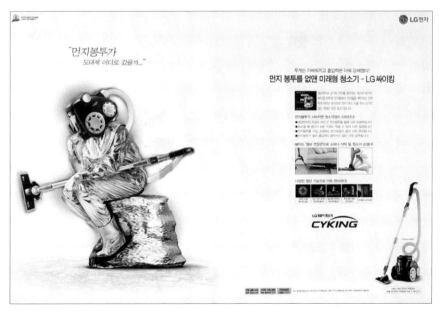

[그림 5-73] LG 싸이킹청소기 광고 '미래형' 편(2001. 9.)

흡입력은 더욱 강해졌다! 먼지봉투를 없앤 미래형 청소기—LG 싸이킹."이라는 카피로 미래형 청소기의 특성을 알렸다. 이전의 청소기는 먼지 통이 따로 없어 청소기 내부에 먼지봉투를 넣어야 했다. 먼지가 차면 새 봉투로 갈아 끼워야 해 먼지가 많이 날렸다. 먼지봉투 진공청소기는 쓸수록 봉투에 먼지가 차 구멍이 막히게 된다. 구멍이 막히면 공기가 통과하지 못해 흡입력도 약해지지만 원심 분리기식의 집진 장치가 있으면 구멍이 막히지 않아 흡입력이 떨어지지 않는다. 이런 문제를 해결한 LG 싸이킹청소기는 주부들에게 호평을 받았다.

2003년에는 스웨덴의 글로벌 가전사인 일렉트로룩스가 세계 최초로 트릴로바이트(Trilobite)라는 이름의 로봇청소기를 출시했다. 이에 따라 국내 진공청소기 시장에 일대 변혁이 일어났다. 청소기는 청소만 잘되면 그만이라는 인식에서 벗어나 로봇청소기는 각종 편의 기능을 제공하며 생활의 동반자로 자리매김하려 했다. 로봇이 스스로 청소하는 시대가 열린 것이다. 처음에는 사람을 대신해 로봇이 청소한다는 사실이 이목을 끌었지만, 200만 원대의 고가와 값에 비해 성능이 떨어져 많이 팔리지는 않았다. 기존의 청소기는 직접 사람이 움직여 청소했지만 로봇청소기는 저절로 청소를 하니, 시간이 부족한 맞벌이 부부, 혼자 사는 싱글 족, 몸이 불편한 어르신에게 편리한 제품이었다. 몸을 움직이지 않고 청소할 수 있을까라고 생각한 주부들에게 호기심을 유발하기에 충분한 청소기였다.

일렉트로룩스의 트릴로바이트 인쇄광고 '로봇청소기' 편(2003. 2.)을 보자. 이 광고에서는 트릴로바이트가 세계 최초임을 강조했다. "이제, 당신의 생활이 바뀝니다. 세계 최초 로봇 진공청소기 트릴로바이트(TRILOBITE)"라는 헤드라인에 청소기의 이미지를 제시했다. 세계 최초의 로봇 진공청소기라며 주부들에게 로봇청소기가 스스로 청소해 주니까 직접 청소해야 하는 번거로움 없이 생활이 더 편리해진다고 강조했다. 보디카피는 다음과 같다. "이제 트릴로바이트를 청소하고 싶은 곳에 놓아만 두세요. 공간을 스스로 탐지, 혼자 이동하며 원하는 곳 구석구석 깔끔히 청소해드립니다. 방안 전체가 청소

될 때까지 스스로 움직이는 트릴로바이트. 충전이 필요하면 스스로 충전하
고 모든 동작이 끝나면 충전기로 돌아가 자동으로 전원을 끕니다. 당신의 생
활이 달라집니다." 보디카피에서는 로봇청소기의 성능을 나열해 생활이 달
라진다는 메시지를 전했다.

[그림 5-74] 트릴로바이트 광고 '로봇청소기' 편(2003. 2.)

2003년에 LG전자에서 출시한 '로보킹' 로봇청소기는 국내 최초의 국산 로
봇청소기다. LG전자는 경쟁 제품인 일렉트로룩스의 트릴로바이트가 대당
228만 원에 팔리는 현실에 주목해 차별화된 프리미엄 마케팅 전략을 구사했
다. LG전자는 로보킹이 우리의 주거 환경에 최적화된 청소 기능이 있고 AS
가 외국 제품보다 낫다는 강점을 내세워 로봇청소기 시장에서 선두 탈환을
자신했다. 국내 가전제품회사들은 로봇청소기가 아직 상용화의 초기 단계이
고 가격이 200만 원을 웃돌 정도로 고가였고, 경제 불황까지 겹쳐 시장에서

의 수요가 미미하다는 이유로 신제품 출시와 마케팅에 소극적이었다. 주부들도 비싼 가격대에 주춤했다. 그렇지만 LG전자는 해외 청소기 브랜드와 경쟁하며 로봇청소기를 계속 발전시켰다.

우리나라의 1세대 로봇청소기인 LG전자의 로보킹은 청소기 전원을 리모컨으로 제어하고 초음파 센서로 추락 우려 지점과 장애물을 감지하면, 청소 동선을 효율적으로 계산하는 공간 계산 기능이 있었다. 그 밖에도 자동충전 기능과 예약 청소 기능 같은 혁신 기능을 선보여 프리미엄 브랜드 로봇청소기 부문에서 1위를 기록했다. 그러나 트릴로바이트 로봇청소기는 개당 228만 원으로 일반 가정집에서 쉽게 구입하기 어려웠다. 따라서 주요 백화점과 카드사의 VIP 회원에게만 배포되는 프리미엄 잡지 위주로 광고를 게재해 프리미엄 고객층을 적극 공략했다. 서울의 롯데백화점 본점, 신세계백화점 강남점, 현대백화점 압구정점 같은 고소득층이 몰리는 백화점이나 용평스키장에서 트릴로바이트 시연회나 경품 행사를 열어 적극적인 마케팅 활동을 펼쳤다. 편리했지만 가격이 너무 비싸 일반 가정집에 쉽게 보급되지는 못했다.

2000년대 중반에는 전국에 웰빙(well being) 열풍이 불어 소비자들은 건강에 좋은 것만 찾았다. 스페인 제품인 룩스(Lux) 웰빙청소기는 웰빙 트렌드를 반영해 집안의 먼지뿐만 아니라 진드기까지 빨아들여 집안을 쾌적하게 유지한다고 광고했다. 룩스코리아의 룩스 웰빙청소기 인쇄광고 '명상' 편(2004. 6.)의 헤드라인은 "내 몸의 웰빙 내 집의 웰빙"으로, 자신의 몸과 함께 집안도 웰빙하라는 의미를 자연스럽게 느끼게 했다. 넓고 깔끔한 집안에서 한 여성이 눈을 감고 명상을 하며 심신의 안정을 취하는 이미지로 웰빙청소기를 갖고 싶은 주부들의 욕구를 자극했다. 보디카피는 이렇다.

"유기농 야채 위주의 식단, 아침마다 하는 요가, 저녁엔 반신욕으로 몸과 마음의 평화를 얻는 당신―이제 당신의 집에도 웰빙이 필요합니다. 250W의 강력한 힘과 말소리보다 작은 수준의 정숙성, 미세먼지는 물론 진드기까지 빨아들이는 룩스청소기―룩스청소기가 건강한 웰빙 집안을 만들어 드립니다." 이처럼 보디카피에서도 웰빙 생활에 청소기가 어울린다고 표현했다. 홉입력은 강력하지만 말소리보다 작은 소음, 미세 먼지와 진드기까지 빨아들인다는 카피로 청소기의 성능을 강조했다. 이 청소기는 먼지만 빨아들이는 게 아니라 침대나 소파 같은 진드기가 많이 나오는 곳까지 청소할 수 있다고 했다. 유기농 식품과 요가로 마음의 평화를 얻지만 정작 마음의 안정 공간인 집에는 웰빙을 실현하지 않는 주부들에게 청소기를 통해 집안을 더욱 쾌적하다고 강조했다.

[그림 5-75] 룩스 웰빙청소기 광고 '명상' 편(2004. 6.)

선 없는 청소기도 등장했다. 기존의 청소기는 선이 짧거나 청소 공간이 넓으면 코드를 뺐다가 다시 꼽아야 하는 불편함이 있었다. 길게 늘여진 선에 걸릴 수도 있어 코드가 빠지지 않도록 살살 다루어야 했다. 이런 불편을 해소하기 위해 일렉트로룩스에서는 무선청소기를 선보였다. 일렉트로룩스의 에르고라피도 청소기 광고 '취향' 편(2006. 5.)의 헤드라인은 이렇다. "스타일리쉬한 에르고라피도 5컬러, 당신의 취향대로 고르세요! 초강력 코드리스 청소기, 에르고라피도." 미리 충전해서 쓰는 방식으로 코드를 이리저리 꼽지 않아도 되니까 선이 걸리적거리지 않았다. 청소기의 크기도 작아 무거운 청소기를 이리저리 끌고 다닐 필요가 없었고, 보이지 않는 공간도 구석구석 청소할 수 있었고, 먼지통도 간편하게 껴 넣을 수 있었다.

뿐만 아니라 작고 아담한 디자인과 다양한 색깔도 주부들의 미적 욕구를 충족시켰다. 주부들은 성능은 기본이고 보관하기 쉽고 미적으로 아름다운 청소기를 선호했다. 에르고라피도 광고에서는 2006년에 벌써 소비자의 취향에 알맞게 다섯 가지 색상을 제시해 선택의 폭을 넓혔다. 다양한 색상과 세련된 디자인이 주목할 만했다. 기존의 청소기 광고에서는 성능 위주로 광고했지만 이 광고에서는 다양한 색상과 디자인을 강조했다. 카피에서도 스타일에 따른 주부의 취향을 강조함으로써 스타일에 민감한 주부들에게 소구했다.

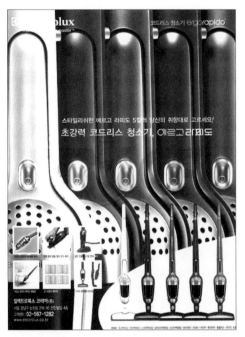

[그림 5-76] 에르고라피도 청소기 광고 '취향' 편(2006. 5.)

기술이 발달해 로봇청소기와 스팀청소기 같은 여러 청소기들이 출시됐지
만 주부들은 기본적인 청소기를 선호하기도 했다. 로봇청소기는 힘 쓸 필요
없이 알아서 청소해 주지만 원하는 곳까지 청소하기에는 무리가 있고, 스팀
청소기는 바닥에 물이 흥건해져 얼룩이 지고 닦지 않아도 되는 곳을 닦는 경
우도 있을 수 있다. 삼성전자는 주부들의 심리를 파악해 청소기의 핵심인 먼
지 제거에만 중점을 둔 청소기를 출시했다. 삼성전자의 스텔스청소기 광고
'남매' 편(2007. 2.)에서는 아이들이 부모님이 자고 있는 사이에 몰래 장난을
치며 놀다가 일을 저지르자, 소리 없이 청소해 청소기의 흡입력과 소음이 작
다는 점을 최대한 부각시켰다. 어린 남매가 안방에서 자고 있는 부모님을 보
고 난 후 방으로 들어와 언니에게 장난을 걸며 재미있게 놀았다. 세 남매가
베게 싸움을 하던 도중에 베게가 터지며 털이 사방으로 날리자 당황해한다.
첫째 아이가 스텔스청소기로 깨끗하게 털들을 청소하며 장난으로 이불까지
빨아들인다. 소리 없이 청소했다는 세 남매의 귀여운 장난을 그린 내용이었

[그림 5-77] 삼성 스텔스청소기 광고 '남매' 편(2007. 2.)

다. 광고 카피는 다음과 같다. "여 1) 밤새 아무 일도 없었습니다. Na) 쉿, 소리조차 남기지 마라. 여 1) 쉿!" 광고에서는 재미있는 상황을 연출해 청소기의 기본 성능인 흡입력과 소음 없는 청소기를 극적으로 보여 주었다. 마지막에 "쉿, 소리조차 남기지 마라"라는 카피로 청소기의 조용함을 더 돋보이게 했다. 한 번쯤 있을 법한 내용을 연출해 청소기의 성능을 어린이의 시선에서 구체적으로 표현했다.

LG전자의 LG 스팀싸이킹청소기 광고 '며느리' 편(2007. 5.)에서도 이전 청소기들과의 차이를 확연히 보여 주며 편리성을 강조했다. 시어머니가 큰 집의 바닥을 물걸레와 진공청소기로 번갈아 가며 닦자, 며느리는 떨어져 있는 먼지를 주워 시어머니를 약 올린다. 기죽은 시어머니가 두 가지 청소를 다 했다고 하자, 며느리는 알겠다는 듯이 스팀싸이킹청소기를 들고 나온다. 바닥에 떨어진 먼지를 흡입하고 흘린 커피 물을 스팀으로 동시에 닦는다. 마지막 컷에서는 먼지가 떨어지는 장면을 보여 주고, 며느리는 자신만만한 태도를 보인다. 카피는 다음과 같다. "여 2) 오~ 청소하셨어요? 아~ 이게 뭘까요. 여 1) 진공에다 스팀까지 다했는데. 여 2) 으흠 오케이~ 우리 집이 완벽해지려면 거침없이 싸이킹! 여1) 오~ Na) 진공과 스팀의 완벽한 조화—LG 스팀싸이킹. 여 1) 먼지가 똑 떨어지네. 여 2) 아시겠죠, 어머님?"

이 광고가 나올 무렵에 방송의 인기 시트콤이 인기였는데, 광고 모델은 시트콤의 캐릭터와 똑같은 상황을 연출하며 스팀싸이킹의 성능을 보여 주었다. 자칫하면 밋밋한 광고가 될 수 있었지만 시트콤과 연계해 재미있게 연출했다. 먼지가 흡입되고 더러운 자국을 닦는 장면으로 스팀싸이킹의 성능을 제시했고, 마지막 장면에서 자동 먼지 압축 기능을 보여 주고 먼지가 날리지 않고 쓰레기통으로 떨어지는 장면을 제시해 청소기를 더욱 부각시켰다. 과거에는 진공청소기를 돌리고 난 후 걸레나 밀대로 바닥을 닦았지만, 2000년대 후반에는 두 가지를 한꺼번에 결합시켜 동시에 먼지를 빨아들이며 닦을 수 있는 청소기가 인기였다. 스팀과 진공청소기가 결합된 제품이 처음 나오자 엄청난 인기를 끌었다. 두 가지 청소를 동시에 할 수 있었고 시간을 반으

[그림 5-78] LG 스팀싸이킹청소기 광고 '며느리' 편(2007. 5.)

로 줄일 수 있었기 때문이었다.

그동안 출시됐던 로봇청소기는 먼지 제거만 했을 뿐 모서리나 깊은 곳까지 구석구석 청소를 하지 못해 주부들이 불만스러워했다. 2000년대 후반에 로봇청소기는 스스로 감지하고 더 깔끔하게 청소할 수 있을 정도로 발전했다. 로봇청소기의 최대 강점인 자동 청소 기능 때문에 사람이 직접 청소기를 작동하는 방식은 점점 축소됐다. 삼성전자의 삼성 로봇청소기 탱고 광고 '의인화' 편(2009. 11.)에서는 아기 성대모사를 잘하던 개그맨 김태균 씨가 로봇청소기로 분장해 출연했다. 로봇청소기를 의인화시켜 청소하며 움직이는 장면을 생동감 있게 표현했다. "로봇청소기에 눈이 없다면 생각할 수 없는 일"이

라는 자막과 함께 청소기에 눈이 있기 때문에 앞을 보며 로봇 스스로 판단한
다고 했다. 중간에 자고 있는 아이의 모습이 나오면 로봇청소기의 센서가 작
동해 옆으로 물러서게 할 정도로, 스스로 감지하고 충전하는 똑똑한 청소기
라고 주장했다.

카피는 다음과 같다. "남 1) 삼성 로봇청소기 탱고, 혼자서도 잘 하는지 한
번 볼까요? 남 2) 꺾는 거죠! 또 꺾죠? 남 1) 우와, 간다. 남 2) 어~ 직진, 멈춰
서네요! 자막) 로봇청소기에 눈이 없다면 생각할 수도 없는 일. 남 2) 눈 달린
건 난생 처음 보죠, 이번엔 소파 밑. 남 1) 냠냠냠냠 먼지 맛있다. 남 2) 오~
깨끗해 쉿! 잠자는 거실의 아가죠. 남 1) 멈춰야 돼! Na) 로봇청소기에 눈이
없다면 생각할 수도 없는 일. 남 2) 충전까지! Na) 삼성 로봇청소기." 개그맨
이 아이 성대모사를 하며 로봇청소기의 움직임을 따라가는데, 모서리에서 잘
꺾고 직진과 멈춰야 할 때를 아는 청소기로 표현했다. 소파 밑에 들어가 청소
하다가 자고 있는 아이의 곁에서는 멈춰 돌아가고, 청소를 마치면 스스로 충
전대로 돌아가 충전하는 장면을 보여 주었다.

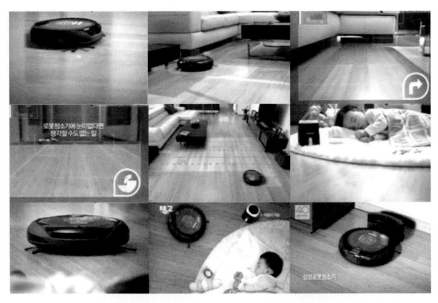

[그림 5-79] 삼성 로봇청소기 탱고 광고 '의인화' 편(2009. 11.)

로봇청소기가 등장한 다음부터 주부들은 청소하던 시간을 여유 시간으로 활용했다. 사람의 손길이 미치지 못하는 사각지대도 청소할 수 있게 되자 로봇청소기는 주부들의 인기를 끌었다. 이전에는 로봇청소기가 200만 원이 넘는 고가였지만 가격도 100만 원 이하로 내려가 구매하는 주부들이 많아 로봇청소기의 보급률도 점차 확대됐다. 청소기에는 다른 가전제품이 지니지 못한 지속성이 있다. 세탁기의 경우, 드럼세탁기가 대세가 되자 통돌이 세탁기는 간신히 명맥만 유지했지만, 청소기는 로봇청소기가 아무리 뛰어나도 진공청소기가 여전히 쓰이고 있으며 스팀청소기와 침구청소기도 진공청소기의 기능이 세분화됐을 뿐이다.

따라서 모든 청소기는 진공청소기를 바탕으로 만들어졌다고 할 수 있다. 사실 진공청소기만 제대로 써도 다른 청소기가 없어도 된다. 어떤 진공청소기를 선택하느냐에 따라 스팀 기능을 사용할 수도 있고, 걸레질도 할 수 있고 침구 청소도 가능하다. 그동안 과학이 발달함에 따라 청소기의 기능이 더욱 발전했으며 일상생활에서의 여유 시간도 늘어났다. 로봇청소기가 진화하면서 청소기 이용자도 점점 늘어났다.

5) 2010년대의 청소기 광고

청소기는 2010년대에 접어들어 눈부시게 발전했다. 주부들이 편리하게 쓸 수 있는 다양한 종류의 청소기들이 등장했고, 필요에 따라 다양한 청소기를 선택할 수 있게 됐다. 무겁고 쓰기 불편했던 최초의 청소기는 무선청소기를 거쳐 알아서 청소하는 로봇청소기로 진화했다. 로봇청소기도 처음에는 비싼 가격과 만족스럽지 못한 성능 때문에 주부들의 외면을 받았지만 LG전자와 삼성전자에서 적극적으로 기술 개발을 시도한 결과, 2010년대부터 로봇청소기 시장이 활짝 열렸다. 주부들도 가사 시간을 줄이기 위해 로봇청소기를 차츰 선호하게 됐다.

먼지를 흡입하는 진공청소기 형태의 로봇청소기를 기본으로 물걸레나 스팀 같은 다양한 종류의 로봇청소기들이 생산되자 주부들의 선택의 폭이 더 넓어졌다. 장애물을 피하는 정도가 고작이던 로봇청소기가 이제 인공지능(AI)을 탑재해 스스로 판단하고 청소한 곳을 기억하며 스마트폰과도 연동돼 집안을 볼 수 있는 홈뷰(home view) 기능까지 갖추게 됐다. 투인원(2 in 1) 기능으로 일반 청소와 물걸레 청소 모드를 선택할 수 있는 제품도 출시됐다. 그리고 청소할 때마다 벽, 장애물, 급경사면을 기억해 집안의 지도를 기억하고 가구 배치로 인해 공간의 위치가 바뀌어도 알아서 작동할 정도로 높은 수준의 인공지능을 갖추게 됐다. 로봇청소기의 기능이 이처럼 향상되자 주부들은 로봇청소기에 찬사를 보냈고, 당연히 로봇청소기의 판매량도 급증했다.

LG전자의 로보킹청소기 유튜브 광고 '먼지 실종' 편(2012)에서는 로보킹이 구석까지 완벽히 청소하는 코너 마스터라는 점을 알리기 위해 '코너의 악몽'이라는 재미있는 소재로 웃음을 유발하면서 주부들에게 제품의 기능을 각인시켰다. 원형 디자인으로 나오던 로봇청소기는 둥글고 각진 벽면이나 구석의 먼지를 제거하지 못했는데, 그 문제점을 개선한 청소기였다. 강력한 구석 청소력을 강조한 광고는 마치 공포 영화 같은 으스스한 분위기로 시작된다. 집은 이미 먼지들이 지배하는 먼지 천국이 되어 어디를 가나 먼지가 진을 치고 있다. 그 이유는 먼지들이 코너에 있으면 청소기가 자신들을 못 잡는 안전지대임을 알고 있었기 때문이었다.

로봇청소기가 청소를 시작하면 먼지들은 구석으로 몰려가 로봇청소기를 놀린다. 그때 "먼지들은 코너가 영원한 안식처라 믿고 있었다" 혹은 "그러나" 같은 카피와 함께 로봇청소기가 등장한다. 청소기가 등장하자 구석에 숨어 있던 먼지는 잠시도 버티지 못하고 바로 빨려 들어간다. 그 후 먼지들이 속속 사라지자 먼지 마을에 난리가 난다. 먼지 실종 수배도 하고 경찰 먼지들이 살인사건을 조사하지만 그 먼지들마저 로보킹에게 모두 빨려 들어간다. 마지막 남은 먼지마저 흡수당하고 마지막에 "코너는 더 이상 안전하지 않다"라는 카피와 섬뜩한 보라색의 배경화면에 '로보킹' 로봇청소기를 배치해 제품을 보여 주며 광고가 끝난다. 로봇청소기의 기능을 창의적인 아이디어로 구성

[그림 5-80] 로보킹청소기 광고 '먼지 실종' 편(2012)

했다. 구석구석 깔끔하게 청소한다는 메시지를 짧은 영화처럼 구성해 제품의 기능을 자연스럽게 인식하도록 했다.

삼성전자는 삼성 파워봇을 알리기 위해 베프의 폭풍고백, 장인어른의 폭풍고백, 아내의 폭풍고백, 팀원들의 폭풍고백, 딸내미의 폭풍고백 같은 '○○의 폭풍고백'이라는 캠페인(2015)을 전개했다. 먼저 '아내의 폭풍고백' 편을 보자. 남편이 아내를 도와 음식 준비를 하다가 TV에 정신이 팔린 남편이 설탕을 바닥에 붓는 사고를 친다. 아내는 남편이 사고를 쳤지만 "도와줘서 고마워, 고마워."라고 한다. 그 순간 "고마워, 고마워"라는 카피를 삼성 파워봇이 빨아들이며 "고맙다는 말 대신 폭풍흡입 파워봇"이라는 카피가 뜨며 광고가 끝난다. 남편의 사고는 파워봇이 깨끗하게 치울 자신이 있으므로 아내는 그냥 파워봇을 선물하면 된다는 메시지였다. 재치 있는 상황을 제시함으로써 주부들에게 웃음을 유발하고 삼성 파워봇의 기능을 자연스럽게 기억하게 했다.

이어지는 '베프의 고백' 편에서는 웨딩드레스를 입고 있는 친구를 응원하러 절친한 친구가 찾아오는 장면으로 광고가 시작된다. "평생 독신으로 산다더니 돌아오지 말고 잘 살아, 잘 살아." 친구는 결혼하는 친구에게 이 말을 건

[그림 5-81] 삼성 파워봇 광고 '아내의 폭풍고백' 편(2015)

넨다. 그때 삼성파워봇이 등장해 "잘 살아, 잘 살아"라는 카피를 흡입하고, "잘 살란 말 대신 폭풍흡입 파워봇"이라는 카피가 등장한다. 이는 결혼하는 친구에게 잘 살라는 말보다 로봇청소기를 선물하는 것이 더 큰 감동으로 다가간다는 뜻이다. 이 시리즈 광고에서는 카피의 움직임을 재치 있게 묘사해 로봇청소기가 글자를 흡입하는 듯이 연출했다. 소비자들에게 즐거움을 주며 로봇청소기의 성능까지 보여 준 일석이조의 카피였다.

LG전자의 LG 코드제로 A9 광고 'Ultimate Cleaning Weapon' 편(2017. 9.)을 보자. 광고 카피는 다음과 같다. "드디어…… 때가 됐다…… 미스터 A, 무엇이 필요하신가요? 제대로 된 게 필요해요, 마스터. 강력하고 한 번에 정리 가능한 걸로. 그렇다면 이게 좋겠군요. 가드는 물론, 히든 스워드로 한방에 처리 가능하죠. 반경 300미터를 쓸어버릴 폭탄도 준비되어 있습니다. 흐음…… 그럼 이 브리프 케이스는 어떠신가요? 이걸론 부족해요. 더 강력한 것이 필요합니다. 하하, 이미 알고 오셨군요. 미스터, 이쪽으로—현존 최강의 클래스를 보여드리겠습니다. 그 어떤 것보다 작고, 빠르고, 강력한 모터의 혁신! 이 혁신적 모터의 기술로 완성된 이 시대의 최강자. LG 코드제로 A9. 초고속 모터의 A9은 강력한 흡입력을 자랑하죠. 무엇보다 시간이 중요합니다. 걱정 마세요, 미스터A. 듀얼 배터리라 싱글보다 두 배 더 오래가니까요. 보관은 어떻

[그림 5-82] LG 코드제로 A9 광고 'Ultimate Cleaning Weapon' 편

게? 특별한 설치 없이 어디서나 충전과 보관이 가능합니다. 조작 편의성은? 원터치 컨트롤러가 미스터의 편안한 청소를 도울 겁니다. 좋아요. 이걸로 하죠. 그럼 이만…… 미스터 A, 즐거운 청소 되세요. LG 코드제로 A9."

LG전자의 LG 코드제로 R9ThinQ 광고 '청소의 시작' 편(2018)에서는 인공지능 로봇청소기의 세탁 기능을 강조했다. "LG 코드제로 R9이 인공지능 ThinQ를 만나면 청소는 어떻게 될까요?"라는 질문형 카피를 써서, 청소기에 인공지능을 탑재했다는 사실을 자연스럽게 알리며 군더더기 없이 깔끔한 화이트 톤으로 제품의 이름과 인공지능을 강조했다. 광고에서는 인공지능이 탑재된 로봇청소기의 장점과 코드제로의 다양한 장점에 대해 꾸밈없이 설명했다. 광고에서는 학습된 사물 이미지로 집안을 스캔하는 딥씽큐 기능, 밖에서 로봇청소기를 통해 집안의 상태를 볼 수 있는 홈뷰 기능, 집 영역을 나눠 원하는 영역만 지정해서 청소하는 인공지능 마이 존, 사람 목소리를 인지해 청소를 시작하고 끝내는 인공지능 음성인식 등을 로봇청소기를 쓰는 장면을 통해 소개했다. 로봇청소기의 기능을 설명하고 사람이 청소한 것 같다고 표

[그림 5-83] LG 코드제로 R9ThinQ 광고 '청소의 시작' 편(2018)

현했다. 로봇이라 깨끗하지 못할 것이라는 편견을 깨며 청소기의 스마트함과 청결성이 뛰어나다고 강조했다.

LG전자의 대표적인 무선청소기 코드제로 A9의 경쟁 브랜드는 삼성의 무선청소기 제트와 다이슨의 최신 무선청소기 V11이었다. 세 브랜드는 모두 무선청소기를 광고했지만 광고 기법과 메시지 전달 방법에서는 많은 차이가 있었다. 세 브랜드 중 영국의 다이슨청소기 광고 '다이슨 디지털 슬림(다이슨 V6) 유선만큼 강하다' 편(2015)과 LG전자의 'LG코드제로 청소를 바꾸는 청소기' 편(2015)을 비롯해 광고 경쟁을 시작했다. 삼성전자는 '삼성제트 건강한 청소의 시작 아이' 편(2019)으로 광고 경쟁에 뛰어들었다.

다이슨의 다이슨 V11컴플리트 광고 '흡입력' 편(2019)을 보자. "이것은 다이슨의 최신 청소기입니다. 새로운 V11 모터가 탑재돼 흡입력이 강력합니다. 배터리 절약형 트리거. 청소기 헤드 안에 있는 강력한 모터와 카본파이버 필라멘트 나일론 솔로 집안 전체를 구석구석 청소할 수 있습니다. 이것이 다이슨의 가장 강력하고 인텔리전트한 무선진공청소기입니다. 깊숙한 곳까지 쉽게 청소할 수 있습니다." 이어지는 광고인 '미세먼지' 편(2019)에서는 이런 카피를 썼다. "공기가 점점 나빠지면서 이제는 미세먼지까지 청소할 수 있는 청소기가 더 필요해졌습니다. 청소기를 사기 전 이 질문들을 꼭 해 보세요. 185 에어와트에 강력한 흡입력을 갖고 있나요. 정전기를 방지하는 카본 파이버 필라멘트. 미세먼지까지 잡아내나요? 사이클론이 79,000G를 만들어 미세한 입자를 잡아내나요? 강력한 흡입력이 변함없이 유지되나요? 125,000RPM으로 회전하는 강력한 디지털 모터가 탑재되어 있나요? 청소기가 바닥의 유형을 감지해 자동으로 흡입력을 조절할 수 있나요? 제품의 밀봉된 시스템이 미세먼지를 99.999% 잡아낼 수 있나요? 그리고 그 청소기에서 더 깨끗해진 공기를 내보내나요? 오직 다이슨만이 다이슨처럼 작동합니다."

다이슨의 다이슨 V11 200에어와트 광고 '흡입력' 편(2019)의 카피를 보자. "공기가 점점 나빠지면서 실내 미세먼지 청소가 중요해졌습니다. 청소기를 사기 전 이 질문들을 꼭 해 보세요. 다양한 특허기술로 이루어진 청소기인가요? 220에어와트를 만들어내는 강력한 디지털 모터가 탑재되어 있나요? 정전기를 방지하는 카본파이버 필라멘트가 바닥에 좁은 틈새 사이에 미세먼지를 잡아내나요? 눈에 안 보이는 미세먼지까지 쉽게 청소할 수 있나요? 사이클론이 79,000G를 만들어 변함없이 강력한 흡입력이 유지되면서 미세한 입

[그림 5-84] 다이슨 V11 200에어와트 광고 '흡입력' 편(2019. 10.)

자를 잡아내도록 도와주나요? 6단계 고성능 필터레이션이 탑재되어 0.3마이크론 크기의 초 미세먼지까지 잡아내나요? 그리고 그 청소기에서 더 깨끗해진 공기를 내보내나요? 오직 다이슨만이 다이슨처럼 작동합니다."

삼성전자의 삼성 제트청소기 시리즈 광고 '건강한 청소의 시작'을 살펴보자. '아이' 편(2019. 3.)의 카피는 다음과 같다. "내뿜는 미세먼지, 당신의 아이가 마시게 할 순 없으니까. 마침내 미세먼지 걱정 없는 삼성제트. 최대 200와트의 초강력 흡입력으로 미세먼지까지 빨아들이고. 99.999% 미세먼지 배출을 차단해 깨끗한 공기를 내보내니까. 건강한 청소의 시작—삼성 제트." 이어지는 '독보적 기술력' 편(2019)의 카피는 다음과 같다. "내뿜는 미세먼지, 당신의 아이가 마시게 할 순 없으니까. 마침내 미세먼지 걱정 없는 삼성제트. 최대 200와트의 초강력 흡입력으로 미세먼지까지 빨아들이고. 99.999% 미세먼지 배출을 차단해 깨끗한 공기를 내보내니까. 건강한 청소의 시작—삼성 제트."

삼성전자의 삼성 제트청소기 시리즈 광고 '건강한 청소의 시작' 중에서 '미세먼지 많은 날' 편(2019. 3.)의 카피는 다음과 같다. "미세먼지 시대, 이상적인 청소기의 조건. 강력한 흡입력과 미세먼지 차단력의 공존 삼성 제트. 27개 에어홀 제트 사이클론으로 해결하다. 초강력으로 미세먼지까지 빨아들이고 강력한 미세먼지 배출차단까지 동시에. 건강한 청소의 시작—삼성 제트." 모든 광고에서 깨끗한 청소의 완성은 깨끗한 청소기에서 시작된다고 하면서 필터, 사이클론, 먼지 통까지 물 세척으로 쉽고 깨끗하게 처리할 수 있다고 강조했다.

LG전자의 LG 코드제로 A9 광고 'Clean Homes' 편(2019. 8.)은 다큐멘터리처럼 광고를 만들었다. 카피는 다음과 같다. "지루해…… 지루해…… 따분해서 미치겠어! 새로운 의뢰 없어? 흠…… 좋아하진 않을 거야. 뭔데? 꽤 클리어한 케이스야. 평범한 거 싫어하잖아. 일단 한번 보자고. 여기 있어. 완벽해! 이게 평범하다고? 뭐해? 옷 안 입고! 어디 가는 건데? 클린 홈즈. 이곳이 의뢰인의 집이야. 의뢰인은 현재, 쉿! 증권 시세, 법률 자문서, 연간 항공권,

[그림 5-85] 삼성 제트청소기 광고 '미세먼지 많은 날' 편(2019. 3.)

커피 자국, 아기 손자국, 단모견. 뭘 그렇게 보는 거야? 별 문제 없어 보이는데? 남편은 펀드매니저, 아내는 변호사. 출장이 잦은 바쁜 직업이야. 게다가 8개월 된 아기와 털갈이가 심한 견종인 웰시코기를 키우고 있어. 나름대로 청소에 신경을 쓰는 타입이야. 다만 먼지 청소만 했겠지, 시간이 없었을 테니까. 물걸레 청소는 기껏해야 일주일에 한 번, 그마저도 쉽지 않았을 테고. 결국 깨끗하지 않다는 건가? 그렇지! 그럼 어떻게…… 아, 마침 문 밖에 도착했군. 코드제로 A9. A9? 지금 이 공간은 123m², A9의 헤드 폭은 260mm, 일반적으로 초속 0.35m로 움직일 때 18분이면 청소가 가능할 거야. 뭐해? 물걸레로 갈아 껴 봐!! 강력한 흡입과 물걸레 청소가 동시에 가능하기 때문에 보이지 않는 먼지와 오래된 얼룩도 문제없지. 더 중요한 건 물걸레가 마르지 않도록 수분을 약 28.8g을 자동으로 유지시켜 준다는 것. 환상적이야. 훗, 놀라긴 아직 일러. 흡입된 미세먼지를 99.999%까지 차단해 주니까. 휴~ 이제 다 끝난 건가? 무슨 소리야? 2층이 남았잖아. 2층까지 하라고? 걱정하지 마! 1,900mAh 용량의 배터리가 2개라 넓은 공간도 무리 없으니까. 마무리를 부탁하네. 수고해. 고맙기도 하지! 이제 끝났어, A9은 어떻게 할까? 서랍장 오른쪽을 봐. 혹시 자네, 이것까지 계산한 건가? 아시다시피! LG 코드제로 A9."

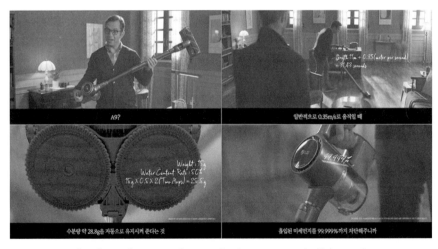

[그림 5-86] LG 코드제로 A9 광고 'Clean Homes' 편(2019. 8.)

다이슨 광고에서는 다이슨 무선청소기의 성능을 숫자로 알렸는데, 다이슨 V11의 뛰어난 성능을 알리는 데 좋은 방법일 수도 있지만, 실생활에서 잘 쓰지 않는 전문 용어가 너무 많아 주부들이 어떻게 받아들이지는 단정하기 어렵다. 삼성전자의 무선청소기 제트 광고에서는 제트의 성능을 직접 언급하

면서도 세세한 청소 기능과 달라진 기술과 청소기의 성능을 쉽게 풀어 설명
했다. 일상생활에서의 청소 상황을 직접 보여 주며 주부들의 관심사인 미세
먼지의 해결 문제도 제시해 공감을 유발했다. LG전자의 코드제로 A9 광고에
서는 미세먼지가 주부들의 관심사일 때는 미세먼지에 집중해서 A9의 장점과
생활문화를 연결하고, 무선청소기 중에서 LG 코드제로가 쉽게 연상되도록
했다.

2017년 이후 출시된 로봇청소기는 장애물 인식 능력이나 주행력과 흡입력
이 향상됐다. 가격비교 사이트인 '다나와 리서치'의 발표에 의하면 2015년부
터 2017년까지 로봇청소기 판매량이 꾸준히 상승했다. 특히, 2017년에는 판
매량이 2016년에 비해 두 배 가까이 치솟았다. 2017년 2월부터 2018년 1월
까지의 판매량 점유율은 LG전자가 31.3%로 1위를 차지했다. LG전자에서 가
장 많이 팔린 제품은 로보킹 R76이었고, 2위 샤오미(22.7%)와 3위 에브리봇
(9.2%)이 그 뒤를 이었다(신근호, 2018). 로봇청소기의 제품별 판매점유율은
스마트 로봇청소기가 19%로 1위에, 2위는 LG전자의 로보킹 R76(60만 원대),
3위는 LG전자의 로보킹 터보 + (70만 원대)로 나타났다. 로봇청소기 부가
기능의 판매량 점유율에서 1위는 52.5%의 리모컨 기능이, 2위는 자동충전
(25.6%) 기능이, 3위는 로봇청소기가 이상 정보를 사용자에게 알리는 스마트
진단(10.9%) 기능이, 4위는 스마트폰 앱을 통해 외부에서도 로봇청소기를 구
동할 수 있는 원격제어(8.4%) 기능이었다.

로봇청소기에 달린 카메라는 흔히 장애물을 인식하는 용도로 쓰이는데,
1개의 카메라를 탑재한 제품은 대부분 천장을 인식해 청소하지 않은 공간
을 구분했다. 2개를 탑재했다면 각각 상단과 하단을 비춰 공간을 계산해 이
동 거리와 경로를 계산했고, 3개의 카메라를 탑재했다면 전방까지 촬영해 스
마트폰을 통한 원격제어도 할 수 있었다. 2개의 카메라를 갖춘 로봇청소기가
절반이 넘었는데 LG전자가 시장에서 강세를 보였다.

가전제품 광고로 보는
주방문화의 변천

제**6**장
결론 및 논의

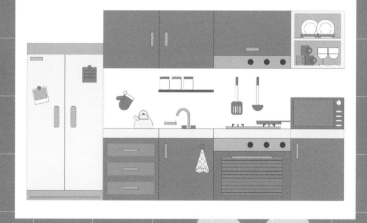

이 책에서는 1960년대, 1970년대, 1980년대, 1990년대, 2000년대, 2010년
대라는 10년 주기에 따라 가전제품 광고에 나타난 소비문화는 어떻게 변해
왔는지, 그리고 1960년대부터 현재까지 가전제품의 소비문화 메시지가 광고
물에 어떻게 반영돼 있는지 역사적 맥락에서 분석했다. 한국사회에서 오랫
동안 사회적 약자의 위치에 있던 여성의 생활문화에 주목하되, 특히 주방문
화의 변천에 대하여 미시사적 맥락에서 규명했다.

분석 대상으로 설정한 가전제품 광고물은 저장용 가전제품(냉장고, 김치냉
장고) 광고, 조리용 가전제품(밥솥, 밥통, 오븐, 그릴, 인덕션, 토스터, 에어프라이
어) 광고, 그리고 세척청소용 가전제품(세탁기, 청소기) 광고 같은 세 영역의
제품군이었다. 가전제품 광고물의 비주얼과 카피 메시지를 분석해, 가전제
품 광고가 주부들의 소비의식을 어떻게 고취하고 주방문화의 변천에 기여했
는지 규명하고, 우리나라 가전제품의 소비문화사를 다각도로 조명하였다.

1. 저장용 가전제품 광고의 변천

1) 냉장고와 광고

박정희 정부에서 시작된 경제개발의 성과가 1970년대부터 나타나 텔레비
전과 냉장고를 비롯한 가전제품의 사용이 증가했지만, 냉장고는 그중에서도
가장 구하기 어렵고 비싼 가전제품이었다. 1968년에 국내에 보급된 냉장고
는 5만여 대로 600가구당 1대 꼴이었다. 1970년대 초반에 냉장고가 가정에
비치하는 사치품으로 인식된 이후, 냉장고의 수요가 급증하고 가격도 대폭
상승하자 금성사, 동신전기, 대한전선, 동양정밀, 삼양전기 같은 가전제품회
사에서 다양한 신제품을 생산했다.

냉장고는 1970년대 중반부터 확산되다가 1970년대 후반에 들어서야 비로

소 가정 필수품으로 자리 잡았다. 초창기의 냉장고는 여름철에 김치 보관용으로 주로 사용돼 여름이 지나면 냉장고 전원을 꺼 놓는 주부들이 많았고, 주방 공간만 차지하는 장식품의 성격이 짙었다. 싱싱한 채소와 생선 따위를 즐기는 한국인의 식습관 때문에, 주부들이 식품을 냉장고에 오래 보관하거나 고기를 해동시켜 먹는 것을 선호하지 않았다는 사실도 냉장고의 확산을 가로막는 인식의 장벽이었다. 경작한 야채를 바로 수확해서 먹는 데 익숙했던 농민들도 냉장고가 반드시 필요하다고 생각하지는 않았다. 냉장고가 식재료를 보관하는 용도로 널리 쓰이기 시작한 데는 가공식품의 발달이라는 식품 환경의 변화도 영향을 미쳤다(함한희, 2002).

온도 조절부터 서리 제거까지 모든 기능을 자동화한 금성사의 '전자동 눈표냉장고'가 생산된 1977년에 비로소 냉장고가 조금씩 확산되기 시작했다. 그 전까지는 외부 온도가 변화거나 식품 양이 늘면 그에 맞춰 손으로 냉장고의 온도를 조절해야 했다. 금성사의 눈표냉장고가 시장의 선두 주자를 달리고 있을 때, 삼성전자는 서리가 없다는 삼성 하이콜드냉장고를 출시해 시장 점유율 2위에 올라섰다. 1970년대 후반에 가전제품 광고전이 치열하게 전개된 이후, 대한전선은 사라졌지만 삼성전자와 LG전자(옛 금성사)는 지금도 치열한 경쟁을 벌이고 있다. 가전 3사의 냉장고 광고 전쟁은 일상생활과 주방 문화의 변천에 상당한 영향을 미쳤다.

냉장고는 1980년대에 모든 가정의 필수품으로 자리 잡았다. 1980년대 초반의 냉장고는 묵직한 크기에 소음도 있었지만 기술력으로 결함을 해결했고, 2도어에서 3도어로 형태도 변했다. 금성사는 1982년에 냉동실, 냉장실, 야채실의 도어 형태를 따로 분리해 필요한 곳만 문을 여는 냉장고를 출시했다. 주방에서 찬장이 사라지자 냉장고의 기능은 남은 음식을 보관하는 용도로까지 자연스럽게 확장됐다. 주부들은 이때부터 소형 냉장고보다 대형 냉장고를 선호했고, 냉장고의 성능과 디자인도 주부들의 욕구에 맞춰 변화를 거듭했다.

1990년대에는 주부들이 대형 냉장고를 선호했다. 냉장고 내수시장을 둘러싸고 금성사, 대우전자, 삼성전자라는 가전 3사가 새로운 기능, 다양한 색상, 독특한 무늬, 미려한 디자인을 적용한 냉장고를 출시하고 치열한 판촉전을 벌였다. 시장에서는 균일 냉각과 초저온 같은 냉각 방식을 놓고 치열한 경쟁이 벌어졌다. 금성사는 냉장고 칸칸의 뒤쪽에 냉각구를 설치해 문을 자주 여닫거나 음식물을 가득 채워도 칸마다 온도차 없이 비슷하게 유지되는 냉장고를 내놓았다. 1999년부터는 가전 3사의 냉장고 광고 전쟁이 시작돼 국제통화기금(IMF)의 관리 체제에서도 전쟁이 계속되었다.

2000년대에 접어들어서는 30~40대 주부 대상에서 20대 후반에서 30대 중반의 여성을 대상으로 광고하는 사례가 늘었다. 광고에서는 냉장고 내부의 나노 항균 기술과 냉장 능력 또는 탈취 기능 같은 기술력 향상을 강조하고, 냉장실의 평균 습도를 50%대로 맞춰 빛이 냄새 분자를 분해하도록 청정광 탈취기를 적용해 탈취력을 강화했다. 2006년에 나온 삼성 지펠콰트로냉장고는 지펠의 독립냉각 기술을 확장해 기존의 양문형 냉장고를 4개의 룸으로 진화시키고 최적의 보관 기술을 적용했다.

2010년대에 냉장고는 편리함을 극대화한 제품 디자인으로 발전했다. LG전자가 2010년에 출시한 매직스페이스 디오스냉장고는 '냉장고 속의 미니 냉장고'로 불리는 신개념의 수납공간이 돋보였다. 도어 인 도어(DID, Door in Door) 방식의 이 제품은 냉장고 문 전체를 여닫을 필요가 없어 냉기 손실을 절반으로 줄였다. LG전자는 2013년에 양문형 정수기 냉장고를 선보였고, 삼성전자는 두 개의 냉장실을 탑재한 푸드쇼케이스 지펠냉장고 FS9000을 세계 최초로 선보였으며, 정수된 물을 탄산수로 바꿔 주는 삼성 지펠스파클링냉장고도 등장했다. 삼성전자에서 2014년에 선보인 '셰프컬렉션' 냉장고는 오른쪽 아래의 '참맛 냉동실'을 김치냉장고로 사용할 수 있었고, 와인색이나 하늘색의 컬러 냉장고도 등장해 '백색가전'이라는 말이 무색해졌다. 더 신선한 식품을 향한 끝없는 열망은 냉장고 광고에서 다양한 메시지로 표현되었다.

2) 김치냉장고와 광고

1980년대 이후 냉장고 시장에서 주목할 만한 사건은 김치냉장고의 등장이었다. 냉장고에 김치를 보관하던 습관이 바뀌고 김치를 김치냉장고에 따로 보관하는 시대가 열린 것이다. 김치는 김치냉장고에 보관해야 제 맛이라는 광고 카피는 김치냉장고의 소비 패턴에 영향을 미쳤고, 냉장고와 김치냉장고를 별도로 구매하는 구매 행태도 조금씩 달라졌다. 가전제품기업에서는 과학적인 기술력과 디자인까지 고려한 김치냉장고를 개발하기 위해 다각도로 노력했다.

금성사에서 1984년에 금성 김치냉장고를 출시하면서부터 우리나라에서 김치냉장고의 역사가 시작되었다. 식생활과 주거 환경이 달라지자 주부들은 김치를 별도로 저장하는 냉장고가 있었으면 좋겠다고 생각했다. 주부들의 욕구에 주목한 금성사는 1983년부터 제품 개발에 착수해, 1984년에 상자형 김치냉장고 GR-063 모델을 출시했다(권건호, 2018). 금성사 내부에서는 이 냉장고가 김치를 숙성하고 보관하는 데 알맞게 온도를 유지해 풍미와 청량감을 살렸다고 평가했다. 금성사의 금성 김치냉장고GR-063 모델의 신문광고 '탄생' 편(1984)에서는 "기술 금성이 주부님께 드리는 또 하나의 만족! 국내 최초 금성 김치냉장고 탄생"이라는 헤드라인을 써서 국내 최초로 김치냉장고가 탄생했음을 알렸다.

아파트라는 새로운 주거문화가 정착되기 시작한 1990년대에 접어들어 서울 강남의 주부들은 대형 냉장고와 1가정 2냉장고를 선호했다. 체험을 통한 입소문 마케팅이 시작되던 1995년에 만도기계(현 위니아만도)는 김치냉장고 시장에 파고들었다. 자동차와 건물의 냉방 시스템 분야에서 기술력을 인정받던 만도기계는 냉장고 시장에 진출하면서 새로운 틈새시장을 발굴했다. 냉장고의 보급률이 포화상태에 도달한 상황에서, 만도기계는 기존 시장에 후발 주자로 뛰어들기보다 새로운 틈새시장을 개척하는 전략을 선택했다.

금성사와 삼성전자는 1993년에 김치냉장고를 다시 출시했고, 발텍이란 회사에서도 열전반도체 냉각 기술을 적용한 김치전용 냉장고를 출시했지만 시장의 반응은 냉담했다. 그러다가 1995년 말에 김치냉장고가 화려하게 부활하며 본격적인 김치냉장고 시대를 열었다. 당시에 사업 다각화를 꾀하던 만도기계는 김치의 옛말인 딤채란 이름의 브랜드를 1995년 11월에 출시했다. 딤채는 출시하면서부터 폭발적인 인기를 얻고 공전의 히트 상품이 됐는데, 크기는 50~70리터로 작았고 제품 콘셉트도 12년 전의 금성 김치냉장고와 비슷했다. 업계에서 만도기계의 제품을 실질적인 효시로 인정한 이후, 김치냉장고도 가정마다 필요한 가전제품의 하나로 떠올랐다.

가전 3사에서도 김치냉장고를 생산하는 데 박차를 가했다. 가전 3사는 많은 냉장고를 만들었지만 김치만 단독으로 보관하는 냉장고는 생산하지 않았다. 딤채가 출시된 1995년 무렵은 주부들이 김치냉장고를 수용할 준비가 어느 정도는 돼 있었다. 1980년대 말부터 1990년대 초반에 걸쳐 분당, 일산, 평촌 신도시를 건설하는 과정에서 강남의 중산층 주부들 사이에서 딤채가 좋다는 입소문이 났다. 강남의 아파트 거주자나 신도시 거주자들이 충분한 실내 공간을 확보한 것도 김치냉장고를 들여놓기에 적합한 조건이었다. 나아가 1993년에 이마트 1호점을 개점한 이후부터 대형 할인마트가 늘어났는데 이 또한 김치냉장고가 확산되는 데 유리한 여건으로 작용했다.

LG전자는 2011년의 LG 디오스 김치냉장고 광고에서 에너지 소비효율을 강조했다. 김치냉장고의 에너지 절약 효과를 단순명쾌한 카피로 설명했다. 삼성전자는 2017년에 삼성김치플러스 김치냉장고를 알리면서 저(低) 염식 김치냉장고의 성능을 부각시켰다. 저 염식을 선호하는 사람들에게 저염 김치의 저장 기능을 강조한 김치냉장고 광고에서는 김치를 저염 모드에서 적절한 온도로 보관하고 지켜 주니까 김치 맛이 아삭하다는 메시지를 전달했다.

2. 조리용 가전제품 광고의 변천

1) 밥솥과 밥통 그리고 광고

일본의 조지루시(象印)사에서 밥도 짓고 보온도 하는 전기보온밥솥을 1965년에 개발함으로써 전기밥솥의 시대가 본격적으로 열렸다(심화영, 2008). 우리나라에서는 1965년에 금성사에서 전기밥솥을 출시했지만 주부들의 반응은 시큰둥했다. 전기밥솥에 지은 밥은 찰기가 없어 밥맛이 떨어진다는 이유로 처음에는 주부들로부터 외면을 받았다. 초기의 전기밥솥에는 밥 짓기 기능과 보온 기능이 구분되어 있었는데, 대원 전기밥솥에 밥을 지은 다음 아폴로전기밥통에 밥을 옮겨 담는 식이었다. 1970년대의 주부들은 일본의 '타이거' 밥솥이나 '내셔널' 밥솥 그리고 흰색 바탕에 꽃무늬가 수놓인 일본 '조지루시'의 보온밥통을 선호했다. 1970년대 초반에 금성사나 삼성전자의 제품도 있었지만 주부들은 전기밥솥과 전기프라이팬은 대원전기 제품을 선호했다.

제철의 시대라 불리던 1970년대에 정부에서는 스테인리스 제품을 사용하라고 권고했다. 1970년대 중반에는 전기밥솥의 단점을 보완한 압력밥솥이 등장했는데, 압력밥솥은 윤기 흐르는 부드러운 식감의 밥을 지을 수 있었다. 이 시기의 압력밥솥 광고에서는 전기밥솥 광고와는 다른 메시지로 접근했다. 1970년대의 밥솥 광고와 밥통 광고에서는 사회문화의 흐름을 반영하면서도 소비자의 욕구를 자극한 광고가 더 주목을 받았다. 1980년 이전까지는 저장과 보온이 가능한 전기보온밥통이 많았다.

1980년대에는 압력밥솥, 보온밥솥, 전기밥솥이 공존했다. 경제 발전에 따라 주부들이 경제활동에 참여하는 비율도 증가했고 독신 가정도 늘어났다. 주부들은 손이 많이 가고 시간이 오래 걸리는 가마솥보다 밥 짓는 시간이 짧고 편리한 압력밥솥이나 전기밥솥을 선호했다. 1980년대 초반에 주부들이 구매했던 전기밥솥은 우리나라 밥솥이 아닌 일본 조지루시의 코끼리표 밥솥인 경우가 많았다. 일본 여행을 다녀온 사람들이 코끼리표 밥솥을 사 오며 인기를 끌더니, 나중에는 이 밥솥을 사려고 일본 여행에 나설 정도로 주부들 사이에서 선풍적인 인기를 끌었다. 1980년대에는 가전제품회사에서 자사의 기술력을 높이기보다 일본 회사와 기술제휴를 해서 제품을 만들었고, 광고를 통해 일본 회사와 맺은 기술제휴를 자랑삼아 알리기도 했다. 시간이 흘러 새로 나온 전기밥솥이나 전기보온밥솥 광고를 보고 국산품을 소비하는 소비자들도 증가했다. 한국인은 '밥심'으로 산다는 말처럼, 밥솥과 밥통 광고는 한국인의 밥맛과 식문화에 중요한 영향을 미쳤다.

1990년대에는 주부들이 인테리어에 관심이 많아 밥솥과 밥통에도 심미적 요소를 강조해 다양한 색상의 디자인이 등장했다. 국산품 품질이 1980년대에 비해 좋아졌어도 주부들은 여전히 수입품을 선호했다. 심지어 삼성전자도 자사의 밥솥에 '코끼리표 밥솥' 상표를 그대로 붙여 판매했다. 삼성전자의 밥솥 기술력은 일본의 조자루시사를 능가했는데도 주부들은 코끼리표 밥솥에 대한 동경심을 쉽사리 바꾸지 않았다. 1990년대 중반에 압력솥과 전기밥솥을 결합한 전기압력밥솥이 세계 최초로 개발되자 주부들은 이때부터 전기압력밥솥으로 밥과 찜 요리를 했다. 1990년대 후반에는 전자유도가열(IH: Induction Heating) 방식을 채택한 압력밥솥이 출시되었다. 1990년대 후반까지도 코끼리표 밥솥이 유행했지만, 1998년에 성광전자의 쿠쿠홈시스가 출시되자 시장의 판도가 달라졌다. 쿠쿠홈시스가 일본에게 빼앗긴 국내 밥솥 시장을 탈환하자 국내 밥솥 시장도 활기를 띠었다. 부광, 풍년, 리홈 같은 20개가 넘는 밥솥 브랜드가 시장에 나왔다. 가스 위에 올려놓고 쓰던 압력밥솥이 전기압력밥솥으로 대체되자, 불을 조절할 필요 없이 버튼 조작만으로도 밥과 찜 요리를 할 수 있게 되었다.

집적회로(IC) 칩을 내장한 프리미엄 밥솥이 2000년대에 나왔는데, 처음에 전기압력밥솥으로 시작해 IH 압력밥솥을 거쳐 프리미엄 밥솥으로 발전한 것이다. LG 압력밥솥의 폭발 사고가 자주 발생하자 LG전자는 2000년대 초반에 광고 물량을 늘렸다. 2000년대 초반에는 여성의 고충을 반영한 광고를 하다가 차츰 남성이나 가족 모두가 광고에 등장했다. 여가 시간이 달라져 여성의 소비활동이 증가하자(김병근, 2013), 남자가 가사를 분담하거나 주도하는 모습이 광고에 등장했다. 나중에는 밥솥 광고에 남자 모델이 등장하는 것이 어색하지 않았다. LG전자의 리콜 실시 이후 전기압력밥솥 시장은 연간 5,000억 원의 규모로 커졌지만, 2000년대 후반에는 삼성전자나 LG전자 같은 대기업 브랜드가 시장에서 철수했고 대신에 기술력으로 무장한 중소기업들이 시장을 장악했다. 한국 밥솥에 대한 외국인의 수요가 늘자 영어를 비롯한 외국어 음성 기능이 탑재된 밥솥도 출시됐다. 전기밥솥은 밥 짓는 가전제품에서 멀티 쿠커(multi cooker)로 변모해 아시아와 유럽 지역에 수출하는 물량도 늘었다. 2000년대 중반을 넘어서면서 쿠첸과 리홈의 경쟁 구도가 형성됐다.

2010년에 접어들어 밥솥은 인간의 목소리를 인식해 밥솥 자체로 모든 과정을 제어할 수 있도록 개발되었다. 인간이 아닌 로봇이나 밥솥이 광고 모델로 등장하는 경우도 있었다. 2010년대에는 주부들이 좋아하는 스타들이 쿠쿠 압력밥솥의 광고 모델로 활동했다. 쿠쿠 압력밥솥은 2010년 이후 국내 시장점유율의 70%를 차지했고, 경쟁사인 쿠첸의 30%보다 점유율이 두 배 이상 높았다. 쿠쿠 광고의 특성은 일관성인데, 광고에서 친숙한 모델을 통해 메시지를 전달한 결과 밥솥의 대표 주자가 되었다. 밥솥의 발전에 따라 여성들이 더 여유를 가졌다는 사실이 주방문화의 변천에서 가장 중요한 특성이다.

2) 오븐, 그릴, 인덕션과 광고

1960년대 초반에 정부에서 쌀 소비를 줄이려고 혼·분식을 장려하자 밀가루 음식이 늘었고, 1980년대에는 주부들이 빵과 버터에 친숙해졌다. 주부들이 밀가루 음식을 만드는 데 적합한 가전제품을 선호하고 핵가족 시대가 되면서 어르신 중심에서 어린이 위주로 식단이 변하자, 오븐과 그릴 광고에서도 빵, 케이크, 과자를 손쉽게 만들어 보라고 권유했다. 오븐에 만족하던 주부들은 가스오븐레인지가 나오자 고성능의 전기오븐레인지를 선호했다. 전자레인지의 단점을 보완한 오븐레인지는 식재료의 겉과 속을 동시에 골고루 익히는 1970년대의 혁신 상품이었다.

린나이 가스오븐렌지는 1984년에 나온 금성 오븐전자레인지보다 먼저 나온 가전제품이었다. 린나이 가스오븐렌지에는 자동 온도조절 시스템이 채택되었다. 1980년대의 오븐은 편리한 주방기기였지만 주방에서 쓰기에 부피가 컸고 전기료도 비싸, 주부들은 선뜻 구매하기에 부담감을 느꼈다. 1980년대의 오븐과 그릴 광고에서는 당시의 생활문화를 오롯이 반영했다. 오븐과 그릴이 등장하자 주방 환경도 눈에 띄게 개선되었고 주부들이 음식을 준비하는 시간도 대폭 줄었다.

부피가 크고 전기료도 많이 나와 오븐 구매에 부담감을 느끼던 주부들도 1990년대에 가스오븐레인지가 등장하자 부담감을 덜 느꼈다. 가스레인지와 오븐이 결합돼 부피가 줄어든 가스오븐레인지는 전기오븐과 달리 가스를 썼기 때문이었다. 1990년대 초반의 광고에서는 가스오븐레인지의 성능과 가격 할인을 알렸지만, 1990년대 중·후반에는 디자인을 강조했다. 오븐만 판매하던 회사는 거의 사라졌고 모든 가전제품회사에서 가스오븐레인지를 생산했다. 가전제품의 대형화, 고급화, 고부가가치가 실현되자 가스오븐레인지는 그릴오븐, 광파오븐, 스팀오븐으로 발전했고, 인덕션은 불꽃 없는 전자조리기로 소개되었다. 전류로 가동되는 인덕션은 유해 가스가 없고 화재의 위험도 덜했지만 가스버너에 비해 조리 시간이 오래 걸렸다. 광고에서는 가스레인지의 단점을 부각시키고 화재의 위험이 없다는 안전성, 경제성, 편리성, 무공해성, 다양성을 인덕션의 장점으로 소개했지만, 당시에 20~30만 원의 고가라 많이 팔리지는 않았다.

2000년대 이후부터 오븐의 판매가 급증했고 보편화되었다. 처음 광고에서는 레인지와 결합된 형태인 오븐이 굽고 데울 수 있다는 점을 강조했지만, 나중에는 오븐의 디자인과 색상 그리고 실용성을 비롯해 발전된 기술을 강조했으며, 싱글족이 늘어난 2002년부터는 알뜰하고 효율적인 공간 활용을 강조했다(임영주, 2002). 오븐의 크기도 점차 작아지고 실용적인 방향으로 개선돼 전기오븐이 인기를 끌자 주부들의 소비문화도 달라졌다. 주부들이 불을 직접 때서 음식을 조리하지 않고 가스를 연료를 써서 음식을 조리하게 되자, 가족의 역할이나 집안의 풍경도 변화했다.

싱글족이 출현하고 '웰빙' 개념이 유행하자 오븐, 그릴, 인덕션에 대한 수요가 폭발적으로 증가했다. 전기와 가스 불에 석쇠를 놓고 굽는 방식인 그릴은 2000년대 초반부터 대단한 인기를 끌었다. 광고에서는 그릴에서 갓 구운 음식 사진을 배치하고 생활에 맛을 더해 주는 그릴이라고 강조했다. 2000년대 이전까지는 그릴이 음식을 데워 준다는 점을 알리는 데 치중했다면, 2000년대 이후로부터는 음식을 구워 주는 가전제품이라고 알렸다. 당시의 광고에서는 "그래! 그릴에다 나도, 오븐요리 한번 해보자"라는 카피가 자주 등장했다. 가스가 아닌 전기로 가열하는 전자레인지를 통칭하는 인덕션도 2000년대에 인기를 끌어, 히터에 직접 접촉하는 위험을 예방하고 안전성과 열효율을 개선했다는 광고를 많이 했다.

LG전자는 2016년에 인덕션을 처음으로 출시한 이후 곧바로 광고를 시작했다. LG전자의 LG디오스 키친패키지 텔레비전 광고 '불의 해석' 편(2016)에서는 원터치로 불 조절이 가능하고, 어떤 용기도 사용할 수 있다는 인덕션의 장점을 소개했다. 제품의 기능을 부각시키고 타사 제품과의 차별점을 소개하거나 소비자의 사용 경험을 통해 공감을 유발하려고 시도하지 않았다. 그 대신에 새로운 형태와 새로운 기술을 부각시켰다. 삼성전자의 삼성전기레인지올인덕션 유튜브 광고 '문제 해결' 편(2020)에서는 불길이 없어 음식이 빨리 끓지 않을 것이라고 인덕션에 대해 생각하는 소비자에게 실험을 통해 직접 확인하도록 하는 방법을 썼다. 이 시기의 광고에서는 가스레인지에서 인덕션으로 바꿀 때 주부들이 느끼는 고민을 실험을 통해 보여 주고 궁금증을 해결하는 문제 해결형의 표현 기법으로 주부들의 구매를 유도했다.

3) 토스터와 광고

 한국과 일본은 빵이 주식이 아니기 때문에 우리나라에서는 1970년대까지만 해도 토스터가 널리 사용되지 못했다. 다른 가전제품도 마찬가지지만 토스터는 주방문화의 변천을 가장 상징적으로 보여 주는 주방용품이다. 사회생활이 그만큼 바빠졌기에 빵을 굽는 토스터가 인기를 얻었다. 주부도 출근해야 했기에 아침 식탁에서 토스터로 빵 굽는 장면도 점점 일상화되었다. 경제활동에 참여하는 여성이 늘자 주방에도 빈자리가 생겨났다. 간편하게 빵을 넣고 기다리면 잘 구워진 빵이 나오니, 남편과 자녀들은 물론 직장에 나가는 주부들도 좋아할 수밖에 없었다.

 일본의 히다찌사와 내셔널사의 토스터가 1968년에 수입된 이후 토스터의 수요가 날로 늘어났다. 판매 경쟁이 치열하게 전개되자 불량품도 그만큼 늘어났다. 1970년대에 박정희 정부에서 혼·분식 장려 운동을 전개하며 외국산 토스터를 대량 수입하자, 이에 자극을 받은 금성사는 자동토스터 GT60A 모델을 개발했다. 짧은 시간에 빵이 구워지고 구워진 빵은 저절로 튀어 오르게 설계되었다. 빵 종류와 두께에 따라 더 굽거나 덜 굽는 조절 다이얼이 있었고, 식은 빵도 다시 구워 낼 수 있는 거의 반영구적인 제품이었다.

 경제 발전을 위해 단기간에 급격한 산업화가 진행된 우리나라에서 1980년대에도 토스터는 비교적 가격이 비싼 주방기기였다. 경제적 여유가 없던 중산층 가정에서 구매하기에는 조금 부담스러운 가격이었다. 토스터는 주부들의 아침 준비를 간편하게 만들었다. 아침에 바쁜 사람들은 토스터에서 빵이 자동으로 구워지는 '팝업식 토스터'나 식빵을 자동으로 잘라 주는 '샌드 토스터'를 간편하게 사용했다. 주부들은 점차 디자인이 뛰어난 토스터를 선호했다. 광고에서 토스터를 매력적인 디자인으로 표현하자 주방의 깜찍한 소품으로 차츰 자리매김했다. 주부들의 빵 굽는 수고를 덜어 준 토스터는 주부들의 관심을 끌기는 했지만, 밥의 가치를 중시하던 주부들 사이에서 쉽사리 확산되지는 못했다. 1980년대 후반에 접어들어서야 빵 문화가 본격적으로 자리 잡고 토스터의 가격도 낮아졌다. 아침식사로 토스터 한 조각을 먹는 것이 낭만이라고 주장한 광고도 등장했다.

토스터는 1990년대에도 냉장고나 밥솥처럼 필수 주방기기로 자리 잡지 못했고, 있으면 좋지만 없어도 그만인 부가적인 주방기기로 간주되었다. 그때까지도 빵은 주식이 아니었고 중산층 가정에서도 혼수품이 아닌 이상 적극적으로 구매하려 하지 않았다. 국산 토스터와 수입품의 가격이 두 배 이상 차이가 났고 안전성도 보장되지 않자, 주부들은 국산품으로 눈을 돌렸다. 금성사와 삼성전자의 토스터는 안전성 시험 항목에서 모두 통과해 국산품에 대한 신뢰를 높이는 데 기여했다. 1990년대 후반에 소비자들은 가격이 비싸더라도 취향에 맞는 수입품 토스터에 눈을 돌렸고(동아일보, 1999. 6. 30.), 수입품 소형가전은 필립스와 브라운이 양분했다. 안전성이 검증된 수입품이 증가하자 주부들은 수입품 토스터도 구매하기 시작했다.

2000년대에 실시간 소비 추세가 확산되자 빠르고 간편한 고품질 상품이 부상했다. 필립스 토스터의 "바삭바삭 소리까지 맛있는 아침의 비결" 같은 광고 카피는 실시간 소비를 상징한다. 광고에서는 아침 식사로 토스트를 먹는 상황을 제시하고 '바삭바삭'이란 의성어를 써서 이국적인 아침 식탁을 연상하게 했다. 빵을 먹는 식습관이 보편화된 2000년대 후반에는 토스터가 주방의 필수품으로 자리 잡았다. 2000년대 후반부터는 빵을 굽는 기능은 기본으로 인식되었고, 제품의 디자인 감각이 토스터를 선택하는 데 결정적인 영향을 미쳤다. 시간이 지날수록 디자인이 뛰어난 토스터가 가정에 널리 보급되었다. 모던한 디자인을 적용한 토스터는 부엌의 포인트를 살려 주는 소품 기능도 했다.

2010년대에도 토스터는 주부들의 인기를 끌어 모은 가전제품이었다. 그전까지는 토스터로 빵을 구우면 수분이 감소하고 식으면 딱딱해지고, 딱딱해진 빵은 다시 데워도 말랑말랑해지거나 부드러워지지 않는 단점이 있었다. 빵을 구울 때는 처음부터 바삭하게 굽지 않아야 식어도 부드러운 빵을 먹을 수 있었다. 이런 문제점을 해결하기 위해 해동과 재가열 기능을 추가한 토스터도 나왔고, 전자레인지의 기능까지 더한 토스터도 출시되었다. 이렇게 해서 토스터는 급하게 아침을 해결해야 하는 사람들의 필수 가전제품으로 완전히 자리 잡았다.

4) 에어프라이어와 광고

가족의 건강에 관심이 많은 주부들은 기름기 많은 음식을 피하려고 노력해왔다. 맛과 건강이라는 두 마리 토끼를 모두 잡기를 기대했던 주부들은 2010년대에 등장한 에어프라이어에 주목했다. 건강과 다이어트에 대한 관심이 늘면서 소비자들은 기름진 음식을 피하려고 기름을 쓰지 않고 튀기는 주방용품에 관심을 가졌다. 필립스는 2011년에 국내 최초로 에어프라이어를 출시했다. 필립스 에어프라이어의 광고 '기름 없이' 편(2011)에서는 기름진 음식이 몸에 해롭다고 생각하는 소비자 심리를 자극했다. 광고에서는 닭튀김, 돈가스, 새우튀김을 만들 때 기름 없이 튀길 수 있다는 점을 강조했다. 식재료의 기름 성분은 밖으로 배출하고 속은 촉촉하고 겉은 바삭바삭한 튀김 요리를 만들 수 있는 혁신 제품이 주부들의 관심을 끈 것이다.

에어프라이어가 출시되자 가족의 건강과 웰빙에 관심이 많은 주부들이 환호했다. 광고에서는 에어프라이어에 재료를 넣고 돌리면 생선요리, 채소, 닭튀김 같은 요리를 쉽게 할 수 있고, 건강식도 만들 수 있다는 메시지를 강조했다. 소셜 미디어에서 에어프라이어의 사용 후기가 확산되자 제품 판매량이 크게 늘었고 새로운 레시피도 개발되었다. 밥솥 크기의 에어프라이어에 음식물을 넣고 돌리기만 하면 모든 것이 끝나니까, 자취생이나 나홀로족도 에어프라이어에 환호했다. 혁신적인 가전제품인 에어프라이어는 우리나라의 식문화를 크게 변화시켰다(김민석, 2018).

기름에 튀기고 굽던 주부들의 습관은 에어프라이어가 나오면서부터 결정적으로 달라졌다. 누구나 간편하게 쓸 수 있는 에어프라이어는 주방을 주부의 공간만이 아닌 가족의 공통 공간으로 인식하게 하는 데도 기여했다. 소비자들은 에어프라이어의 광고를 보고 제품을 구매했지만, 입소문과 사용한 사람들의 후기를 보고 제품을 구매하는 경우도 많았다. 가격이 비싸더라도 필요한 물건이라면 망설이지 않고 구매하는 경우도 늘어났다. 주부들은 점점 성능이 진화되고 좋은 에어프라이어를 선호했다. 기름 없이 공기로 요리를 할 수 있다는 기술력은 주부들에게 특별한 매력으로 다가갈 수밖에 없었다.

필립스는 기술 개발을 계속해 2016년에 필립스 터보에어프라이어를 출시했다. 필립스 터보에어프라이어 유튜브 광고 '예열 없이 빠르게' 편(2016)에서는 터보 스타 기술로 완벽하게 새로워졌다는 사실을 강조했다. 예열 없이 빠르게 조리할 수 있고 번거로운 예열을 피할 수 있는 신제품이라며 주부들에게 사용해 보라고 권고했다. 이 밖의 여러 광고에서도 튀김 요리와는 별도로 찌고 데우는 장면을 보여 주며 에어프라이어를 다용도로 쓰라고 권유했다.

3. 세척청소용 가전제품 광고의 변천

1) 세탁기와 광고

세탁기는 한국인의 빨래 습관을 바꾸고 주부들의 일상생활을 혁명적으로 변화시켰다. 국내 최초의 국산 전기세탁기인 금성사의 백조세탁기가 1969년에 출시되어 여성의 육체적인 세탁 노동을 가전제품으로 대체하는 전환점이 되었다(김원진, 채승진, 2022). 금성사(옛 LG전자)는 일본의 히타치와 기술제휴를 맺고 1969년 5월에 국내 최초로 금성 백조세탁기 WP-181 모델을 생산했다. 세탁기는 고된 손빨래 노동에서 여성을 해방시킬 고마운 가전제품이었지만 세탁은 여자가 손으로 빨아야 때가 빠진다는 고정관념이 심해, 생산 초기에는 세탁기가 관심을 끌지 못했다. 수요가 없어 세탁기 생산을 일시적으로 중단했지만 1971년에 다시 생산을 재개했다.

1974년에 금성사 외에 대한전선이 무지개세탁기를, 한일전기가 비너스세탁기를, 신일산업이 백구세탁기를 생산했다. 1975년부터는 삼성전자에서도 세탁기를 생산했고 1976년부터는 '은하'라는 브랜드로 세탁기를 본격적으로 선보였다. 생산을 중단했던 금성사는 2년이 지난 1971년에 "빨래는 시간의 낭비입니다"라는 메시지로, 당시의 시대 분위기에서 파격적인 신문광고를 하면서 세탁기 생산을 재개했다. 1970년대의 세탁기 광고에서 헤드라인과 보디카피는 거의 세탁 기능을 설명하는 데 치중했다. 1970년 중반부터는 광고량이 점점 증가했고 신혼부부의 혼수품으로 인기를 끌었다. 1977년에는 세탁기의 완전 국산화가 이루어졌다.

한국사회가 급속히 발전한 1980년대에 접어들어 주부들은 소비자의 주권의식에 눈 뜨기 시작했다. 삼성전자의 삼성세탁기 광고 '일요일' 편(동아일보, 1981. 1. 16.)에서 알 수 있듯이, 1980년대까지도 남자가 빨래하면 안 된다는 사회적 편견이 있었다. 1982년에는 빨래가 끝나면 음악이 흘러나오는 멜로디 세탁기가, 1983년에는 상하좌우 회전하는 금성백조세탁기 레이디(Lady)가, 1987년에는 통이 도는 삼성전자의 삼성 히트세탁기가 인기를 끌었다. 삼성전자의 삼성세탁기 광고(1983)에서는 '시간 절반 물 절반'을 강조했고, 대우전자의 대우세탁기 광고 '구석구석' 편(1984)에서는 구석구석 빨아 주는 대우세탁기의 장점을 설명하며 손빨래 방식을 적용한 세탁기가 국내 최초로 등장했다는 사실을 강조했다. 당시의 광고에서는 빨래는 세탁기에 맡기고 우아하게 여유를 즐기라고 강조했다. 1989년에 금성사는 금성 OK세탁기를 출시하며 무인(無人) 세탁시대가 열렸다고 선포했다.

맞벌이가 늘고 여성의 사회 참여가 증가했던 1990년대에는 특성화된 세탁기가 본격적으로 출시되었다. 1990년대에는 주부들의 소비생활에 있어서 세탁기의 선택 기준이나 평가 준거가 해마다 달라져 세탁기 광고에서는 세탁기의 효율성과 편리함을 강조했다. 1991년의 금성 OK세탁기 광고에서는 인공지능의 효과를 강조하는 데서 나아가 생활의 여유를 제시했다. 대우 공기방울세탁기 광고에서는 세탁기 시장에 화제를 집중시키려 했고, 삼성전자 광고에서는 세탁기의 혁신을 강조하며 위생세탁의 시대를 강조했다. 아에게

(AEG) 세탁기 광고에서는 물 사용을 1/3 까지 줄였다며 물도 절약하자는 소비 기준을 제시했다. 1990년부터 1991년까지 가전회사에서 자사의 첨단 기술력을 바탕으로 퍼지나 인공지능을 강조했다면, 신토불이(身土不二) 바람이 불었던 1992년부터 1994년까지는 삶는 빨래에 주목해 '삶는' 또는 '손빨래' 같은 이름을 세탁기에 붙여 좋은 반응을 얻었다. 1995년에는 환경의 중요성이 부각되자 동양매직의 '폭포봉' 세탁기가 히트상품에 올랐고, 세탁기의 이름 짓기 열풍이 불어 불꽃 튀는 작명 경쟁이 벌어졌다. 1996년에는 가전 3사에서 시장의 우위를 차지하기 위해 세탁기 광고비를 늘리며 공기방울세탁기, 삶는 세탁기, 리듬세탁기에 대한 광고 전쟁을 치열하게 전개했다. 광고에서는 세탁기의 기능도 부각시켰지만, 세탁기로 빨래하는 남편의 모습을 보여주며 아내를 위해 생활 습관을 바꾸라고 촉구했다.

2000년대 이후에 IT산업이 발전하고 감성소비, 가치소비, 합리적 소비의 경향이 정착하자 세탁기는 빨래 이상의 기능을 하며 인테리어의 중요한 매개체로 자리 잡았다. 드럼세탁기는 2000년부터 주부들에게 주목받기 시작했다. LG전자는 유럽에서 인기 있던 드럼세탁기를 1998년에 국내 최초로 출시했지만 호응을 얻지는 못했다. 2000년대 초반에는 와권식 세탁기가 많았지만, 2003년부터 LG전자, 삼성전자, 대우일렉트로닉스라는 가전 3사는 시장의 주도권을 잡기 위해 드럼세탁기에 삶기 기능과 건조 기능을 추가해 치열한 기술 경쟁을 벌였다.

가전업계에서는 일명 통돌이로 통하던 와권식 세탁기에 비해 세탁 성능이 나쁘고 세탁 시간이 길다는 이유로 꺼려 하던 드럼세탁기의 시장을 넓혔다. 2003년부터 2006년까지는 국내 세탁기 시장의 춘추전국시대였다. 2000년대에 세탁기 제조사에 따른 디자인 등록 점유율은 삼성전자 39.34%, 대우일렉트로닉스 26.52%, LG전자 20.29%의 순이었다. 2000년대 중반의 세탁기 광고에서는 기능의 다양성을 알리는 데 치중했다면 2000년대 후반에는 소비자 혜택을 강조했다. 2007년의 세탁기 시장에서는 집 먼지와 진드기를 잡아준다는 세탁기 광고 경쟁이 치열하게 전개됐다. 와권식 세탁기의 판매량은 해마다 감소했고, 2009년에는 건조까지 할 수 있는 세련된 디자인의 세탁기가 출시되었다. 뿐만 아니라 싱글족이 증가해 1인 가구를 위한 세탁기도 등장했다. 세탁기 광고의 모델은 대체로 주부와 어린 자녀가 등장했지만 여성(beauty), 동물(beast), 아이(baby)라는 3B 모델도 등장해 소비자의 주목을 끌었다.

세탁기 기술은 2010년대에 접어들어 더 놀라운 속도로 발전했다. 우리나라 세탁기 역사에서 2010년대는 드럼세탁기의 경쟁기라고 할 수 있다. 드럼세탁기와 일반 세탁기를 비교했을 때 드럼세탁기가 성능이 탁월했지만, 드럼세탁기는 용량이 작아 일반 세탁기에 비해 쉽게 보급되지 못했다. 하지만 현대인의 생활양식이 급변하자 국내 가전제품회사에서는 대형 드럼세탁기를 출시했다. 삼성전자는 2010년에 백색가전의 통합 브랜드 전략에 따라 하우젠이란 브랜드 네이밍을 제시하고, 주부들의 생활공간인 집에서 문화적·기술적 가치가 접목된 리빙 인테리어의 중심이 되겠다는 브랜드 비전을 천명했다. 하우젠 버블 에코 드럼세탁기는 2010년에 출시 2개월 만에 3만 대를 판매했다. 삼성전자의 드럼세탁기는 유럽에서 호평을 받았고, 프랑스의 소비자 잡지(2013년 11월호)의 드럼세탁기 성능 평가 결과, 1위를 차지하기도 했다(동아일보, 2013. 11. 28.). LG전자는 2007년부터 2011년까지 4년 연속 시장점유율에 1위를 차지했다. 2019년에는 세탁기 출시 50주년을 기념하는 LG트롬 트윈워시 광고 '한국인의 세탁' 편(2019)을 다큐멘터리 형식으로 제작했다.

백조세탁기 이후 우리나라에서도 빨래터 세탁 시대가 저물었고, 세탁기는 일상생활의 혁명을 일으키는 데 결정적인 영향을 미쳤다. 여성은 빨래를 세탁기에 맡기고 노동시장에 진출하거나 가사 노동으로부터 자유로워지기 시작했고 여가 시간도 늘어났다. 일반 세탁기가 여성을 빨래라는 단순노동에서 해방시킨 기계라면, 드럼세탁기는 여성의 기대감을 담은 문명의 이기였다. LG전자와 삼성전자는 트롬과 하우젠이라는 드럼세탁기를 통해 주부들이 빨래 습관을 바꾸고자 했다. 여러 광고에서는 빨래를 지겨운 가사가 아닌 즐기는 가사로 생각하라는 메시지를 자주 전달했다. 이런 점에서 세탁기는 빨래만 대신한 게 아니라 여성의 역할에 대한 고정관념을 세탁하는 데도 결정적인 영향을 미쳤다고 할 수 있다.

2) 청소기와 광고

청소기는 전통적으로 손 걸레질을 해 오던 한국 문화에서 다소 낯선 가전제품이었다. 금성사(옛 LG전자)에서 국내 최초의 전기청소기를 1978년에 개발해, 청소기 대신 소제기(掃除機)라는 이름의 청소 도구(모델명 V-6080)를 1979년 4월에 출시했다. 주부들은 청소기가 출시되자 다른 가전제품이 등장했을 때와 달리 깊은 관심을 나타냈다. 초창기의 청소기는 무게도 무겁고 부피도 컸으며 먼지 빨아들이는 호스도 길고 두꺼웠다. 시간이 갈수록 청소기의 무게가 가벼워졌고 호스 길이도 청소할 때 걸리적거리지 않게 개선돼 단기간에 주부들의 마음을 얻었다.

1980년대 초반에도 전기 청소기가 대중화되지 못했지만 에너지 절약형 청소기가 등장했다. 전기 이용료에 부담을 느끼던 주부들은 환호했다. 1980년대 초반의 청소기는 지금과 달리 빗자루와 쓰레받기에 가까운 형태였다. 광고에서도 전기를 쓰지 않는다는 장점을 강조하며, 에너지 절약, 저렴한 가격, 무소음 같은 부가적 가치를 제시했다. 청소기에 대한 지식이 없거나 가정에서만 쓴다고 생각하는 주부들도 여전히 존재하던 1980년대에 진공청소기 경쟁이 본격적으로 전개됐다. 삼성전자는 1987년에 진공청소기 3만 대를 영국의 대형 백화점 체인인 커리에 수출하는 데 성공했다. 이후 가전 3사에서는 차별화를 시도한 신제품을 계속 내놓아 진공청소기의 신제품 경쟁이 치열하게 전개됐다. 1980년대의 청소기 광고에서는 "흡착력이 좋습니다" 또는 "청소가 깔끔하게 됩니다" 같은 소비자 혜택을 구체적으로 표현했다.

진공청소기가 가정에 도입되었지만 서양의 주택구조에 맞춘 진공청소기는 우리나라 주부들이 사용하기에는 불편함이 있었다. 1990년대 초반에 국내 주택구조에 맞는 진공청소기가 개발되자 진공청소기의 판매량이 급증했다. 주거문화가 거실 중심으로 바뀌면서 카펫과 소파를 쓰는 가정이 늘어나고 청소 공간이 넓어지자, 진공청소기가 빗자루나 먼지떨이를 대신해 가정 필수품이 되었다. 진공청소기의 기능도 점차 다양해져 처음에는 먼지를 빨아들이는 기능에 머물렀지만, 1990년대에 접어들어서는 고흡입력, 저소음, 패션을 고려한 청소기들이 속속 등장했다. 1990년대 초반에는 삼성 21개 모델, 금성 17개 모델, 대우 12개 모델 등 다양한 청소기가 판매됐다. 진공청소기의 값도 3만 원대에서 19만 원대까지 다양했고, 해마다 20% 이상씩 성장했다. 1993년에 가전제품 '애칭 붙이기'라는 경쟁의 바람이 불자, 삼성전자는 청소기에 '바로바로'라는 애칭을 붙여 바로 사용할 수 있다는 편리성을 강조했다. 1990년대 중반의 광고에서는 '물청소', '물걸레', '물청소기', '물세탁'처럼 물과 관련된 카피가 많았다. 1990년대 후반에는 디자인을 강조하는 청소기 광고가 많았다. 청소기의 기능은 기본이고 디자인 측면에서도 크기, 손잡이 모양, 호스 색상 등 세련된 디자인이 신세대 주부들의 인기를 끌었다. 생활 전반이 질적으로 향상되자 청소기 광고에서도 청소기의 대형화, 간편화, 다양화의 추세를 반영했고 가사 노동의 편리성을 강조했다.

2000년대에는 가전제품 영역에 획기적인 발전이 일어났다. 청소기의 발달과 함께 주부의 소비문화가 달라지자 진공청소기와 로봇청소기는 가정 필수품으로 자리 잡았다. 단지 흡입력 좋은 청소기만이 아니라, 편리하고 위생적인 청소기를 선호하는 쪽으로 시장이 재편되었다. 가정용 청소기가 필수 가전제품으로 자리 잡은 이후 스팀진공청소기는 선풍적인 인기를 끌었다. LG전자, 삼성전자, 대우일렉트로닉스 같은 국내 가전사와 일렉트로룩스, 밀레, 아에게, 지멘스, 다이슨 같은 외국계 가전사에서 청소기를 생산했다. 2003년에 최초의 로봇청소기가 출시된 이후 청소의 혁명을 불러일으켰다. LG전자에서 2003년에 출시한 '로보킹'은 국내 최초의 국산 로봇청소기다. 처음에는 값이 비쌌고 구석까지 청소하지 못해 주부들의 관심을 끌지 못했지만, 국내 가전제품회사들은 신기술을 적용한 로봇청소기를 2017년 이후 개발했다. 기존의 청소기는 선이 짧거나 청소 공간이 넓으면 코드를 뺐다가 다시 꽂아야 하는 불편함이 있었는데, 이런 불편을 해소하기 위해 일렉트로룩스에서는 무선 청소기를 선보였다. 로봇청소기가 등장하자 주부들은 청소 시간을 여유 시간으로 활용했다. 사람의 손길이 미치지 못하는 사각지대도 청소할 수 있게 되자, 로봇청소기는 주부들의 폭발적인 인기를 끌었다.

청소기는 2010년대에 눈부시게 발전했다. 청소기 종류가 늘어나자 주부들은 필요에 따라 선택할 수 있게 되었다. 무겁고 쓰기 불편하던 초기의 청소기는 무선청소기를 거쳐 알아서 청소하는 로봇청소기로 진화했다. 로봇청소기도 처음에는 가격이 비싸고 성능도 떨어져 주부들의 관심을 끌지 못했지만, LG전자와 삼성전자에서 신기술의 로봇청소기를 출시하자 로봇청소기 시장이 활짝 열렸고 주부들도 가사 시간을 줄이기 위해 로봇청소기를 선호했다. 2017년 이후 출시된 로봇청소기는 장애물 인식 능력이나 주행력과 흡입력이 향상되었다. 2015년부터 2017년까지 로봇청소기 판매량은 꾸준히 상승했다. 광고에서도 외국 브랜드를 견제하는 메시지를 전했다. 초반에는 수입품 청소기를 주로 알렸지만, 청소기 쓰는 집이 늘어나자 국내 브랜드를 알리는 청소기 광고도 늘어났다. 수입품보다 늦게 출시된 국내 청소기를 알리는 광고에서는 수입품보다 품질이 뛰어나다는 메시지로 주부들의 구매욕을 자극했다.

4. 종합적 논의

한국사회는 1960년대 이후 급격한 변화가 이루어졌다. 급격한 사회 변화는 가족 제도에도 영향을 미쳤고 가족 가치관도 변했다. 혈연 위주의 수직적 가치관에서 자유와 평등을 주장하는 수평적 가치관으로 변했다. 가치관의 변화는 친족관계, 부부관계, 부자관계는 물론 일상생활과 소비문화의 변천에도 영향을 미친다. 사회문화적 콘텐츠인 광고는 당대의 가치관을 반영하는데, 가전제품 광고는 주부들의 일상생활과 소비문화의 변화에 특히 결정적인 영향을 미쳤다. 박정희 정부는 1966년에 전자산업을 수출육성산업으로 지정해 재정 지원과 함께 면세 혜택을 주었기에 가전제품은 대중소비사회의 견인차 역할을 하며 발전했다.

1970년대에는 아파트가 서구적인 주거 양식으로 떠올랐다. 아파트는 부엌 구조를 '입식' 부엌으로 바꾸며 부엌의 개념을 변화시켰다. 1960년대까지의 주요 광고주가 제약회사였다면, 1970년대부터는 금성사와 삼성전자 같은 가전제품회사가 주요 광고주였다(신인섭, 서범석, 1998). 1970년대 초반에 아파트에 입식 주방이 급속히 보급되자 전기밥솥, 세탁기, 냉장고, 가스레인지, 믹서, 보온병, 커피포트, 토스터 같은 새로운 가전제품이 속속 등장했다(박해천, 2010). 여성의 사회 진출이 늘어나자 가사를 도울 수 있고 시간도 절약할 수 있는 가전제품에 대한 수요가 증가했다. 부엌을 장식하는 기구뿐만 아니라 식품의 소비 성향도 달라졌다. 언론에서는 육류, 분식류, 가공식품류, 마가린의 소비가 급증해 우리나라에도 양풍화(洋風化)의 생활이 왔다고 진단했다. 주부들은 자녀들이 좋아하는 소시지, 햄, 카레라이스, 돈가스를 식탁에 자주 올렸다(함한희, 송도영, 윤택림, 윤형숙, 2001).

1970년대까지 여성의 구매 결정권은 장보기 수준에 그쳤지만, 가정의 경제권이 점차 여성에게 넘어가면서 여성은 소비문화의 주역으로 떠올랐고, 광고를 보고 제품을 구매했던 주부들의 일상생활은 급격히 달라졌다(경향신문, 1970. 8. 20.). 1970년대에 새마을운동이 전개되는 와중에 세탁기가 본격적으로 보급되었다. 손빨래를 하던 과거에 비해 세탁기를 쓰는 가정이 늘어나자 정보 전달 위주의 광고도 많이 등장했다. 당시에는 사람들이 가마솥에서 지은 밥이 맛있다고 생각해 입식 부엌에서도 밥솥이 외면을 받았다. 그래서 기존에 없던 새로운 형태의 밥솥인 전기밥솥이 등장했고 대부분의 광고에서는 밥맛이 좋다고 설명했다(박진희, 2021). 여성의 사회 진출이 증가했지만 그때까지도 가사 노동은 여전히 여성의 몫이었다. 빨래는 여자가 손으로 해야 한다는 당시의 고정관념 때문에 일터에서 돌아온 여성도 가사 노동을 피할 수 없었다.

경제 성장을 이룩한 1970~1980년대에는 일자리가 증가하고 소비문화가 바뀌자 가전제품의 수요가 급증했다. 한국사회가 급속히 발전한 1980년대에는 주부들이 소비자의 주권 의식에 눈 뜨기 시작했다. 1980년대에는 남편의 가사 노동 분담이 현대생활에 필요하다는 담론이 주목을 끌었다. 한국방송공사에서 실시한 '국민생활시간조사'의 결과에서는 도시 가정주부의 가사 노동 시간이 1990년대까지도 크게 달라지지 않았지만, 시간의 활용이라는 측면에서는 많은 차이가 있었다. 기존의 의생활 관련 노동 시간이 점차 줄었고 가족 관리 시간은 증가했다. 주부들은 식생활 관리에 가장 많은 시간을 썼다. "아내는 절 위해 차를 바꾸자고 했고, 저는 아내를 위해 부엌을 바꿨습니다. 소중한 아내의 행복을 위해……." 이처럼 광고에서는 서구의 남편들처럼 부엌일에도 적극적으로 참여하는 현대적인 남편이 되라는 담론을 제시했다. 언론에서도 "마이컴 조작 안방서 요리"라는 제목으로 버튼 하나만으로도 밥을 짓는 부엌 자동화기기를 소개하는 기사를 자주 내보냈다.

1980년대에 경제활동에 참여하는 여성들이 늘어나자, 가사를 돌볼 시간이 줄어든 여성들이 가전제품에 더 관심을 가졌다. 해외에서 귀국하는 사람들은 자신이 사용할 물건을 비롯해 주변에서 부탁받은 전자제품을 사 오는 일이 흔했다. 특히, 일본 가전제품은 가장 인기가 있었다. 이러한 언론 보도를 보고 국가적 수치라고 판단한 전두환 정부에서는 전기밥솥의 기술 개발을 위해 인력과 예산을 지원하기도 했다. 1988년의 서울올림픽 개최를 앞두고 경제적 풍요 속에서 과잉소비, 충동소비, 과시소비라는 소비문화의 특성이 나타났고, 계층 간의 위화감 속에서 다양한 소비 행태가 나타났다. 급속한 경제 성장으로 여성의 사회 진출이 활발해져 전통적인 밥 짓기가 어려워지자 전기밥솥이 생활필수품으로 자리 잡기 시작했다. 여자들만의 음식 조리 공간으로 인식되던 부엌은 남자는 물론 가족 모두가 함께 요리하는 공간으로 변했다.

1990년대 초반에는 한국형 가전제품이 인기를 끌었다. 한국형 가전제품이란 기존에 나와 있던 가전제품을 우리나라의 생활양식과 기호에 맞춰 개발한 것을 의미한다. 한국형 가전제품을 대표하는 것이 물걸레 청소기였다. 기존의 청소기들은 외국인의 생활환경에 알맞게 개발되었지만, 물걸레 청소기는 걸레 기능을 추가해 온돌방이나 마루에서도 뛰어난 효과를 발휘했다. 또한, 오븐을 겸한 가스레인지가 초현대식 주방의 필수품으로 떠오른 때도 1990년 대였고, 실용성은 다소 떨어져도 현대적인 느낌의 부엌 가구가 장식된 부엌을 '시스템키친'이라 부르기 시작했던 때도 1990년대 무렵이었다. 주방이란 단어가 지닌 느낌보다 한층 세련되게 들리는 시스템키친은 신축 아파트나 주택의 부엌을 상품처럼 느껴지도록 했다.

1990년대에 접어들어 세탁기는 여성의 노동시장 진출과 여가 생활에 영향을 미치며, 주부들의 소비문화를 변화시켰다. 가사 노동에 부담을 느낀 주부들은 가사 노동을 대신해 줄 가전제품을 선호했다. 1993년에는 가전제품 '애칭 붙이기 경쟁'이 많았다. '바로바로', '뚝배기' 같은 순수 우리말이 인기를 모았다. 전자제품의 성능과 이미지를 빗대 만든 애칭이 제품의 기능 못지않게 주부들의 관심을 끌었다. 삼성전자의 청소기에는 '바로바로'라는 애칭을 붙여 즉시 쓸 수 있다는 편리성을 강조했다. 1990년대 중반에 미니 바람이 불자 '나홀로 상품' 같은 깜찍한 소형 가전제품이 인기를 끌었다. 생산업계의 기술 발전과 주거생활의 변화가 소형제품의 확산에 영향을 미쳤다. 신세대를 중심으로 개성 중시 경향이 짙어지며 핵가족 사회로 진입했고, 기업에서는 소형화 제품을 틈새시장의 전략 상품으로 내세웠다(김대수, 1996). 1990년대 후반에는 신혼부부의 혼수품과 집들이 선물로 냉장고, TV, 세탁기, 토스터 같은 소형 가전제품이 인기를 끌었다. 가전제품은 개인이 쓴다는 뜻에서 개전(個電)이라고 했다. 소형 상품이 잘 팔렸고 독신자가 즐겨 찾는 나홀로 상품도 크게 인기를 끌었다.

2000년대에 접어들어 실시간(real time) 소비 추세가 증가하자, 가사에 필요한 가전제품도 더욱 폭넓게 확산됐다. 바쁜 시간을 쪼개 청소를 해야 했기에 청소기는 가정의 필수품으로 자리 잡았다. 모든 가전제품이 그러하듯 저장용 가전제품(냉장고, 김치냉장고), 조리용 가전제품(밥솥, 밥통, 오븐, 그릴, 인덕션, 토스터, 에어프라이어), 그리고 세척청소용 가전제품(세탁기, 청소기)도 필요에 따라 형태와 목적이 달라졌다. 2000년대 중반에 전국적으로 웰빙(well being) 열풍이 불자, 소비자들은 건강에 관련된 소비 행동을 중시하기 시작했다. 스페인 제품인 룩스(Lux) 웰빙청소기는 웰빙 트렌드를 반영해 집안의 먼지뿐만 아니라 진드기까지 빨아들여 집안을 쾌적하게 유지한다고 광고했다. "내 몸의 웰빙 내 집의 웰빙" 같은 카피를 써서 자신의 몸과 집을 함께 웰빙하라는 의미를 자연스럽게 느끼도록 했다.

2010년대의 소비자들은 기존의 실속 지향을 중지하고 가치 지향의 차별적인 소비 성향을 나타냈다(이예현, 2010). 나빴던 국내 경기가 2010년에 회복되자 주부들은 차별적 가치를 중시하기 시작했다. 예컨대, 1990년대에는 간편한 토스터가, 2000년대에는 두 가지 기능이 결합된 토스터가 인기를 끌었다면, 2010년부터는 드롱기나 러셀홉스 같은 디자인이 뛰어난 제품을 선호했다. 주부들은 제품의 기능은 기본으로 생각했고 가전제품의 디자인을 중시했다. 저장용 가전제품, 조리용 가전제품, 그리고 세척청소용 가전제품의 발달은 주부들에게 더 편리한 생활이라는 꿈을 실현시키기에 충분했다. 예컨대, 200만 원이 넘는 고가에서 100만 원 이하로 값이 내려간 로봇청소기가 널리 보급되자, 주부들은 아날로그 청소기를 사용할 때보다 힘이 훨씬 덜 들었고 청소 시간이 현저히 줄었으며, 집안을 더 깨끗하게 청소할 수 있게 되었다. 세탁기도 드럼세탁기가 대세가 되었다. 에어프라이어를 비롯한 조리용 가전제품 광고에서는 건강에 더 좋은 음식을 더 편리하게 만들자는 메시지로 주부들의 마음을 들뜨게 했다.

이상에서 저장용 가전제품 광고, 조리용 가전제품 광고, 그리고 세척청소용 가전제품 광고를 통해 가전제품 광고가 우리나라 주방문화의 변천에 미친 영향을 다양한 맥락에서 논의하였다. 1960년대 이후의 가전제품 광고물을 분석해 그 시대를 살아온 주부들의 소비 경험을 복원한 이 책은 다음과 같은 두 가지 의의가 있다는 점에서 기존 연구와 차별화된다.

첫째, 가전제품 광고에 나타난 주방문화의 변천을 고찰한 이 책은 한국인의 생활문화사를 미시사적 맥락에서 복원했다는 의의가 있다. 1960년대 이후 근대화, 산업화, 정보화 과정을 거치며 발전해 온 한국사회에서 가전제품은 여성의 생활문화와 소비문화에 두루 영향을 미쳤다. 저장용 가전제품, 조리용 가전제품, 세척청소용 가전제품을 사용하면서부터 주부들은 가사 노동에서 벗어났다. 껌, 라면, 콜라, 미니스커트 같은 상품이 소비문화에 미친 영향과는 비교할 수 없을 정도로, 가전제품이 소비문화의 변천에 미친 영향은 강력했다. 2020년대에 햄버거나 청바지를 소비하는 양상은 1970년대의 소비 패턴과 크게 다르지 않지만, 저장용 가전제품, 조리용 가전제품, 세척청소용 가전제품을 소비하는 양상은 1970년대의 소비 패턴과는 확연히 다르다. 이 책에서는 가전제품 광고를 통해 우리나라 주방문화와 소비문화의 변천을 세세히 엿볼 수 있다. 따라서 이 책은 우리나라의 소비문화연구에 새로운 통찰력을 제시할 것이다.

둘째, 이 책은 한국의 대가족 제도가 가전제품의 소비에 따라 어떻게 서서히 무너져 가는지 광고 사료를 바탕으로 제시했다는 의의가 있다. 이 책에서 언급한 가전제품이란 용어도 문제적이다. 1960년대의 가족 단위 소비를 거쳐 2000년대에는 개인 수준의 소비로 바뀌는 과정에서(박명희 외, 2006), 가전제품은 소비의 단위를 바꾸는 결정적 요인으로 작용했다. 가전제품이란 가정용 전기전자 제품이란 뜻인데, 이제는 모든 전기전자 기기가 일상의 생활용품으로 자리 잡았기에, 엄밀한 의미에서 가전제품이란 용어를 쓰기도 어렵게 되었다. 한국의 가족 제도가 대가족 제도에서 1970년대 이후의 핵가족 제도를 거쳐 2020년대에는 '가족의 해체'라는 말이 나올 정도로 변했는데, 가전제품의 변천은 가족 제도의 변천 경로와도 궤를 같이했다. 따라서 이 책에서 제시한 내용은 소비 주체로서의 가족 제도가 한국에서 어떻게 달라져 왔는지 생생한 증거를 바탕으로 설명했다고 할 수 있다.

참고문헌

강명구(1995). 대중소비문화와 정보 테크놀러지의 사용과 소비. 언론과 사회, 10, pp. 5-31.

강순주(2005). 부엌 공간 사용 행태로 본 주거문화의 변화. 한국가정관리학회지, 23(3), pp. 17-24.

강준만(2007). 한국대중매체사. 서울: 인물과사상사.

계선자, 김태은(1998). 도시주부의 과시소비성향과 영향요인에 관한 연구. 가족자원경영과 정책, 2(1), pp. 33-46.

고경필(1992). 주거공간의 지속과 변용에 관한 연구: 개화기에서 현재까지의 도시 단독주택을 중심으로. 진주산업대논문집, 32, pp. 199-210.

곤와지로, 김려실 역(2000). "고현학이란 무엇인가." 현대문학의 연구, 15. 한국문학연구학회, pp. 261-271.

곽차섭(1999). 미시사: 줌렌즈로 당겨본 역사. 역사비평, 46, pp. 69-85.

권중록 역(2005). "지식 형태로서의 역사." 커뮤니케이션의 역사연구 방법(James D. Startt & David Sloan 공저). 서울: 커뮤니케이션북스, pp. 13-26.

김대년, 서귀숙, 신화경, 오혜경, 최경실(1999). 한국 주택 가사작업공간의 관련 용어 변화와 그 의미에 관한 연구: 부엌을 중심으로. 한국가정관리학회지, 17(3), pp. 117-130.

김문환 역(1991). 상품미학비판(Wolfgang F. Haug 저). 서울: 이론과 실천.

김민정, 김성숙(2005). 소비문화와 트렌드. 서울: 태일사, pp. 17-175.

김민환, 김광수(2001). "한국 방송광고의 발달사." 한국 방송광고의 역사와 문화. 서울: 한국방송광고공사, pp. 19-147.

김병희(2008). 1920−1930년대 영화광고와 보도기사에 나타난 영화 마케팅 메시지 분석: 근대광고의 미시사. 광고연구, 79, pp. 33-61.

김병희(2011). "한국 텔레비전 방송광고 50년의 흐름과 특성." 김병희, 김영희, 마동훈, 백미숙, 원용진, 윤상길, 최이숙, 한진만(2011). 한국 텔레비전 방송 50년. 서울: 커뮤니케이션북스, pp. 313-369.

김병희(2014). 광고로 보는 근대문화사. 경기: 살림출판사.

김병희(2015). 텔레비전 수상기 광고를 통해 본 소비문화의 변천: 1962−2012. 광고연구, 105, pp. 164-203.

김병희(2016). 광고로 보는 미디어 테크놀로지의 소비문화사. 서울: 서울경제경영.

김병희(2017a). 구보 씨가 살아온 한국 사회: 해방 이후 한국의 풍경 1(살림지식총서 558). 서울: 살림출판사.

김병희(2017b). 정부광고로 보는 일상생활사: 해방 이후 한국의 풍경 2(살림지식총서 559). 서울: 살림출판사.

김병희(2017c). 정부광고의 국민계몽 캠페인: 해방 이후 한국의 풍경 3(살림지식총서 560). 서울: 살림출판사.

김병희(2021). 디지털 시대의 광고 마케팅 기상도. 서울: 학지사

김병희, 신인섭(2007). 미시사적 관점에서 본 근대광고의 근대성 메시지 분석. 광고학연구, 18(3), pp. 97-129.

김봉철(2002). 구한말 '세창양행' 광고의 경제ㆍ문화사적 의미. 광고학연구, 13(5), pp. 117-135.

김영찬, 김종희(2012). 1960년대 후반 여성지를 통해 본 근대적 패션과 소비문화에 관한 연구. 커뮤니케이션이론, 8(2), pp. 154-196.

김영희(2009). 한국사회의 미디어 출현과 수용: 1880−1980. 서울: 커뮤니케이션북스.

김원진, 채승진(2002). 세탁기 기본형 형성과 디자인 발전에 관한 연구. 디자인학연구, 15(4), pp. 369-378.

김유나(2020). "빅데이터와 광고." 김현정, 최익성, 김미경, 김유나, 박현, 김신엽, 김지윤, 유인하, 이성미, 신일기, 오창일(2020). 스마트 광고 기술을 넘어서(한국광고학회 광고지성총서 8). 서울: 학지사, pp. 111-141.

김유나(2021). 브랜드 유니버스 전략. 서울: 학지사.

김은정, 추선형(2010). 시대 변화에 따른 주방공간의 색채 특성 분석: 1970년~1990년대 잡지 광고 이미지를 중심으로. 한국색채학회논문집, 24(2), pp. 15-28.

김정옥(1991). 가사노동에 관한 재고찰. 여성문제연구, 19, pp. 7-37.

김진송(1999). 서울에 딴스홀을 허하라. 서울: 현실문화연구.

김태수(2006). 꼿 가치 피어 매혹케 하라: 신문광고로 본 근대의 풍경. 서울: 황소자리.

김한상(Kim, 2015). 테크노피아: 1980년대 자동화 담론과 새로운 이동 체계. Critical Review of History, 113, pp. 234-259.

김현정(2020). "변화하는 광고." 김현정, 최익성, 김미경, 김유나, 박현, 김신엽, 김지윤, 유인하, 이성미, 신일기, 오창일(2020). 스마트 광고 기술을 넘어서(한국광고학회 광고지성총서 8). 서울: 학지사, pp. 17-51.

나무위키(2021. 5. 4.). "압력솥." 나무위키.

나무위키(2021. 6. 19.). "전기밥솥." 나무위키.

나미수(2001). 홈컴퓨터의 소비를 통해 본 젠더와 테크놀로지에 관한 연구. 한국언론학보, 46(1), pp. 72-115.

남은영(2010). 한국 중산층의 소비문화: 문화자본과 사회자본의 함의를 중심으로. 한국사회학, 44(4), pp. 126-161.

네이버 지식백과(2022). "세탁기", "IH압력밥솥(유도가열 방식)", "오븐", "인덕션."

두경자(1999). 식생활 영역 가사노동 사회화 수준의 변화: 1980년대와 1990년대를 중심으로. 상명대학교 사회과학연구, 12, pp. 1-14.

마정미(2004). 광고로 읽는 한국 사회문화사. 서울: 개마고원.

마정미(2021). "광고의 역사와 변천"(pp. 49-87). 김병희, 마정미, 김봉철, 김영찬, 유

현재, 유승엽, 최세정, 송기인, 소현진, 유승철, 남고은, 김여정, 한규훈, 정윤재, 윤태일, 정승혜(2021). 디지털 시대의 광고학신론. 서울: 학지사.

목수현(1993). "근대광고 50년: 자본주의의 식욕과 배탈." 목수현 외(1993). 광고의 신화 욕망 이미지. 서울: 현실문화연구.

문영숙, 김병희(2015). 소비자 인사이트: 심리타점의 발견과 적용. 서울: 커뮤니케이션북스.

박명희, 송인숙, 손상희, 이성림, 박미혜, 정주원(2006). 생각하는 소비문화. 서울: 교문사, pp. 35-195.

박성훈, 장안식, 이재경(2009). 한국의 사회변동과 범죄 추세: 1966-2007. 사회연구, 18(2), pp. 45-72.

박영준(2005). 1890년대 신문광고 언어 연구: 독립신문을 중심으로. 한국어학, 27, pp. 125-162.

배영달 역(1999). 사물의 체계(Jean Baudrillard 저). 서울: 백의.

백승종 외 공역(2001). 미시사와 거시사(Jurgen Schlumbohm 저). 서울: 궁리.

서범석, 원용진, 강태완, 마정미(2004). 근대 인쇄광고를 통해 본 근대적 주체 형성에 관한 연구: 개화기-1930년대까지 몸을 구성하는 상품광고를 중심으로. 광고학연구, 15(1), pp. 227-266.

서영택(2021). "지속가능한 소비와 광고의 공적 커뮤니케이션 기능"(pp. 3-24). 강한나, 김현진, 민병운, 박한나, 서영택, 유창조, 이정규, 이희복, 조재영, 최태랑(2021). 코로나19 이후 지속가능한 소비와 광고. 서울: 정독.

성영신, 박은아, 정수정(2014). 미래 소비자, 무엇을 어떻게 연구할 것인가?. 광고학연구, 25(8), pp. 133-154.

손경애, 정광호, 신진, 김병희, 이재완, 이성상, 손영곤, 조규진(2016). 2015 국민의식조사 격동의 한국사회 심층진단. 서울: 미래한국재단.

신인섭(1986). 한국광고사. 서울: 나남출판.

신인섭, 서범석(1998). 한국광고사(개정판). 서울: 나남출판.

양유진(2017). 90년대 한국 중산층 가정의 디자인 문화에 관한 연구. 건국대학교 대학원 박사학위논문.

오미현, 김종서(2018). 식문화에 따른 한국부엌의 현대적 관점 분석: 한국, 독일, 이탈리아의 주방가구 비교중심. 기초조형학연구, 19(4), pp. 258-268.

Oh, C. (2015). "90년대 한국형 가전제품의 풍경: 중산층 시대의 디자인 문화 1989-1997." KCDF, pp. 35-60.

원용진(2010). 새로 쓴 대중문화의 패러다임. 서울: 한나래.

위키백과(2022). "김치냉장고." 위키백과.

윤택림(2004). 해방 이후 한국 부엌의 변화와 여성의 일: 서울지역을 중심으로. 가족과 문화, 16(3), pp. 3-41.

이상길(2005). 새로운 커뮤니케이션사를 위하여: 연구방법론에 관한 성찰을 중심으로. 커뮤니케이션이론, 1(2), pp. 106-161.

이상록(2013). 1970년대 소비억제정책과 소비문화의 일상정치학. 역사문제연구, 29, pp. 137-182.

이상신 역(1987). 역사의 이론과 역사(Benedetto Croce 저). 서울: 삼영사.

이수범(2004). N세대 소비문화에 대한 문화기술적 연구. 광고학연구, 15(3), pp. 71-90.

이예현(2010). "2010년 소비 트렌드 리뷰 및 향후 전망." 오리콤 Brand Report.

이준영, 노영준(2014). 남성 팬덤 소비문화에 관한 참여관찰 연구. 소비자정책교육연구, 10(4), pp. 163-188.

이채은, 오창섭(2016). 1970-1990년대 밥솥 디자인에 영향을 끼친 사회·문화적 요인 연구. Archives of Design Research, 29(3), pp. 201-215.

임승희(2014). 라이프스타일에 따른 여성의 소비문화 비교 연구: 여성의 미디어 이용 행동 비교를 중심으로. 상품학연구, 32(6), pp. 73-82.

정숙경 역(2000). 소비문화와 현대성(Don Slater 저). 서울: 문예출판사.

조경아(1993). 가사노동의 대체 도구로써 한국형 가전제품에 대한 연구: 세탁기, 냉장고, 청소기를 중심으로. 이화여자대학교 산업미술대학원 석사학위논문.

조혜영, 조현신(2012). 페미니즘 시각에서 본 1970년대 이전 한국 부엌의 공간 변화. 기초조형학연구, 13(1), pp. 461-474.

채완(2003). 개화기 광고문의 표현 기법. 한국어의미학, 12, pp. 51-78.

최윤경(2003). 주택평면에 나타난 여성의 사회공간적 지위에 관한 연구. 대한건축학회 논문집 계획계, 19(1), pp. 81-88.

최재호, 김동원, 강문형, 최승훈 공역(2000). "이름과 시합: 불평등교환과 역사책 시장." 곽차섭 편. 미시사란 무엇인가(Carlo Ginzburg & Carlo Poni 공저). 서울: 푸른역사, pp. 41-56.

최정아(2015). 요시모토 바나나 '키친'론: 부엌이 상징하는 사랑과 성공적인 애도의 과정. 외국문학연구, 59, pp. 415-440.

한국여성개발원(1985). 여성백서. 서울: 한국여성개발원.

한은경(1997). 개항기 신문광고에 나타난 특성 및 시대상: 황성신문을 중심으로. 광고연구, 36, pp. 139-180.

함인희, 이동원, 박선웅(2001). 중산층의 정체성과 소비문화. 서울: 집문당.

함한희(2002). 부엌의 현대화 과정에서 나타나는 문화적 선택들. 정신문화연구, 25(1), pp. 65-84.

함한희(2005). 부엌의 문화사. 서울: 살림출판사.

함한희, 송도영, 윤택림, 윤형숙(2001). 서울 20세기 생활·문화 변천사. 서울: 서울시정개발연구원.

허승제(2008). 글로벌 가전제품 구매에 영향을 주는 요인 분석: 가정용 진공청소기를 중심으로. 경희대학교 경영대학원 석사학위논문.

허영란(1998). "신문광고에 비친 조선의 근대". 우리는 지난 100년 어떻게 살았을까 1. 서울: 역사비평사.

Baudrillard, J. (1986/1988). *America*. New York: Verso.

Davis, F. D. (1989). "Perceived Usefulness, Perceived Ease of Use, and User Acceptance of Information Technology." *MIS Quarterly, 13*(3), pp. 319-340.

de Mooij, M. (2004). *Consumer Behavior and Culture: Consequences for Global Marketing and Advertising*. Thousand Oaks, CA: Sage, pp. 1-22.

Geertz, C. (1973). "Thick Description: Toward an Interpretive Culture." In *The*

Interpretation of Cultures. NY: Basic Books.

Lee, C., & Oh, C. (2016). "A Study on the Social and Cultural Factors influencing Rice Cooker Designs from the 1970s to the 1990s." *Archives of Design Research, 29*(3), pp. 201-215.

Lewis-Beck, M. S., Bryman, A., & Liao, T. F. (2004). *The Sage Encyclopedia of Social Science Research Methods.* Newbury Park, CA: Sage.

Medhurst, M. J. (1990). "Human Values and the Culture of Technology." In Martin J. Medhurst, Alberto Gonzalez, & Tarla Rai Peterson (Eds.). *Communication and the Culture of Technology.* Pullman, Washington: Washington State University Press.

Morse, J., & Field, P. (1995). *Qualitative Research Methods for Health Professionals* (2nd ed.). London: Chapman & Hall.

Parenti, M. (1986). *Inventing Reality: The Politics of the Mass Media.* St. Martin's Press.

Rogers, E. M. (1962/2003). *Diffusion of Innovations* (5th ed.). New York, NY: Free Press. 김영석, 강내원, 박현구 공역(2005). 개혁의 확산. 서울: 커뮤니케이션북스.

Rosenberg, B., & White, D. M. (Eds.) (1957). *Mass Culture: The Popular Arts in America.* Glencoe, IL: Fress Press and Falcon's Wing Press.

Tom, G., & Eves, A. (1999). "The Use of Rhetorical Device in Advertising." *Journal of Advertising Research, 39*(4), pp. 39-43.

Westrum, R. (1991). *Technologies and Society: The Shaping of People and Things.* Belmont, CA: Wadsworth Publishing Company.

Williams, R. (1974). *Television: Technology and Cultural Form.* 박효숙 역(1996). 텔레비전론. 서울: 현대미학사.

경향신문(1970. 8. 20.). "줄어드는 부엌 시간 변해가는 주부들의 하루." 경향신문.

경향신문(1980. 10. 21.). "식생활 패턴이 변화했다." 경향신문.

경향신문(1991. 2. 20.). "진공청소기: 센서 기능 갖춘 신모델 인기, 수요 매년 늘어 올

120만 대 예상." 경향신문.

경향신문(2011. 3. 23.). "LG전자, 국내 세탁기 시장 점유율 44% 웃돌아." 경향신문.

권건호(2018. 9. 26.). "35살 김치냉장고 필수가전 등극: 연간 100만 대 판매." 전자신문.

김대수(1996. 4. 16.). "작고 깜찍한 나홀로 상품 인기." 매일경제.

김민석(2018. 9. 14.). "부모님댁에 에어프라이어 놔드려야겠어요." 서울신문.

김병근(2013. 3. 4.). "전기밥솥시장 라이벌: 기술 · 마케팅 저력 '쿠쿠' 대 고가제품 · M&A 우위 '리홈'." 한국경제.

김윤경(2013. 4. 22.). "에어프라이어 돌풍, 기름 아닌 공기로 튀기는 시대왔다." IT조선.

김종태(1997. 11. 6.). "힘든 세상, 웃기는 광고 주가 상승." 한겨레.

김현예(2008. 8. 14.). "디지털 가전: 세탁기의 변화." 한국경제.

노웅근(1995. 9. 2.). "삼성 청소기CF 국제광고제 본상." 경향신문.

동아일보(1970. 3. 10.). "가정 전열기구 값비싼 이기." 동아일보.

동아일보(1982. 1. 16.). "빨래 끝나면 음악 흘러나와." 동아일보.

동아일보(1993. 8. 30.). "가전품 애칭 붙이기 경쟁." 동아일보.

동아일보(2013. 11. 28.). "삼성전자 버블 드럼세탁기, 프랑스 소비자평가 1위." 동아일보.

매일경제(1970. 5. 21.). "자동토스터." 매일경제.

매일경제(1977. 9. 5.). "신일산업, 대형 진공청소기 10월부터 시판 개시." 매일경제.

매일경제(1983. 11. 15.). "새 상품: 소형진공 청소기." 매일경제.

매일경제(1986. 12. 23.). "진공청소기 대우전자." 매일경제.

매일경제(1987. 7. 10.). "진공청소기 유럽에 첫 수출: 삼성전자 영국 커리사에 3만 대." 매일경제.

매일경제(1988. 1. 14.). "진공청소기 등 가전제품의 과잉생산으로." 매일경제.

매일경제(1988. 7. 16.). "진공청소기 신제품 경쟁: 가전 3사 모델 다양화 치열한 판매전." 매일경제.

매일경제(1992. 4. 9.). "한국형 가전제품 각광." 매일경제.

매일경제(1997. 7. 7.). "LG전자 동글이 진공청소기." 매일경제.

매일경제(2018. 12. 19.). "에어프라이어 전기료 폭탄의 주범? 매일 써도 3,700원 더 나와: 소비전력 많지만 요금에 미치는 영향 미미." 매일경제.

박정언(2010. 3. 5.). "뚜껑 탈착, 미니 밥솥: 쿠쿠 대박." 중앙일보.

백우진(1996. 3. 25.). "진공청소기도 신토불이: 물걸레질 가능한 한국형 인기." 동아일보.

심화영(2008. 11. 9.). "밥솥의 변천사." 디지털타임즈.

유선주(2018. 10. 26.). "응답하라 코끼리표 밥솥: 추억의 밥솥사." 한겨레.

유영규(2013. 7. 26.). "강남 아줌마들은 왜 스메그에 열광하나." 서울신문.

이성희(2015. 4. 2.). "쉰 살 한국 냉장고: 빙고(氷庫)에 맛의 예술을 담다." 경향신문.

이승훈(2004. 6. 9.). "제발 압력밥솥 리콜 받으세요: LG전자, 100% 리콜 위해 신문·TV광고 통해 알리기로." 오마이뉴스.

이진성(2014. 9. 2.). "밥솥 하나로 만들어낸 문화: 아시아 넘어 유럽도 잡았다." 이코노믹리뷰.

이혜림(2012. 11. 11.). "최초의 김치냉장고? 딤채 아녜요." 아주경제.

임영주(2002. 8. 15.). "단순+세련 싱글족 가전 성공시대." 경향신문.

조재길(2008. 3. 6.). "동양매직 매직스팀오븐: 주방가전 선두 '주부마음' 제품에 반영." 한국경제.

중앙일보(1988. 3. 21.). "외국보다 비싼 생필품, 1백여 품목 가격조사." 중앙일보.

중앙일보(2006. 3. 28.). "작아도 실속 있죠: 전기오븐 인기." 중앙일보.

채윤정(2005. 12. 2.). "드럼세탁기, 성능 논란에도 불티." 디지털타임스.

케이벤치(2013. 7. 3.). "LG트롬, 식스모션 터보샷으로 시장 지배력 강화." 케이벤치.

파이낸셜 뉴스(2010. 7. 20.). "하우젠 버블 에코 드럼세탁기, 3만 대 판매 돌파." 파이낸셜 뉴스.

한국경제(2005. 3. 23.). "브랜드가 경쟁력: 동양매직-매직…… 주방가전 앞선 기술력." 한국경제.

한정원(2005. 12. 31.). "삼성 은나노세탁기 광고 중단." 한국경제TV.

IT조선(2015. 5. 13.). "먼지청소를 넘어 세균청소까지: 100년에 걸친 청소기 변천사." IT조선.

광고고전(2016. 11. 20.). "삼성 지펠 김남주 CF 추억의 광고." https://www.youtube. com/watch?v=Kx5RJ88UNfA

국가기록원(2022). "가전제품." https://theme.archives.go.kr//next/photo/ homeAppliances.do

박진희(2021). "한국문화사: 주거 설비의 변화와 가정용 기기의 확산." 국사편찬위 원회 우리역사넷. http://contents.history.go.kr/front/km/view.do?levelId= km_004_0060_0030_0040

박해천(2010. 4. 6.). "꽃무늬 주방가전, 1970년대: 입식 부엌과 플라스틱 가전의 등 장." 네이버 지식백과. https://terms.naver.com/entry.naver?docId=3569043&c id=58795&categoryId=58795

삼성 뉴스룸(2010. 9. 16.). "하이콜드부터 지펠까지, 삼성전자 냉장고의 발자취." https://news.samsung.com/kr/467

삼성전자 뉴스룸(2016. 11. 29.). "가사 노동 줄여준 기특한 발명품 세탁기, 어떻 게 진화했을까?" 삼성전자 뉴스룸. https://news.samsung.com/kr/%EC% 9D%B8%EA%B0%84%EC%9D%98-%EA%B0%80%EC%82%AC-%EB%85%B8% EB%8F%99%EC%9D%84-%EC%A4%84%EC%97%AC%EC%A4%80-%EA%B8%B0 %ED%8A%B9%ED%95%9C-%EB%B0%9C%EB%AA%85%ED%92%88%EC%84%B8 %ED%83%81%EA%B8%B0-%EC%9D%B4

신근호(2018. 2. 9.). "로봇청소기 돌풍: 프리미엄은 LG, 가성비는 샤오미." 다나와. http://dpg.danawa.com/news/view?boardSeq=63&listSeq=3548767&past=Y

썩은자반(2007. 10. 24.). "대한전선 원투제로(1 · 2 · 0) 냉장고 광고(1974). https:// m.blog.naver.com/PostView.nhn?blogId=hipard&logNo=70023388584&prox yReferer=https:%2F%2Fwww.google.co.kr%2F

썩은자반(2018. 2. 17.). "1970년대 실제 방영된 TVCF 광고 모음." https://blog.naver. com/hipard/221210418200

켄사쿠 아이디어팩토리(2009. 9. 20.). "평범한 토스터기는 가라! 색다른 토스터기들." https://kensaku.tistory.com/200

한국가스연맹(2022). "가스 사용의 역사." 한국가스연맹 홈페이지. http://www.kgu. or.kr/dict/info4

행정안전부 국가기록원(2022). "가전제품." http://theme.archives.go.kr/next/photo/ homeAppliances.do

황인춘(2011). "한국의 생활 디자인: 한샘 시스템키친, 1970." http://blog.daum.net/ goldstarhic/1352

Happist(2009. 3. 17.). "하우젠 김치냉장고, 딤채를 제치다." https://happist.com/93 97/%ED%95%98%EC%9A%B0%EC%A0%A0-%EA%B9%80%EC%B9%98%EB% 83%89%EC%9E%A5%EA%B3%A0-%EB%94%A4%EC%B1%84%EB%A5%BC- %EC%A0%9C%EC%B9%98%EB%8B%A4

LG 홈페이지(2021). "역사: 혁신과 도전의 역사를 소개합니다." https://www.lg.co. kr/about/history/1?currentPage=3&year_sch=1960

찾아보기

저자 소개

김병희(Kim Byoung Hee)

현재 서원대학교 광고홍보학과 교수다. 서울대학교를 졸업하고 한양대학교 광고홍
보학과에서 광고학박사를 받았다. 한국광고학회 제24대 회장, 한국PR학회 제15대 회
장, 정부광고자문위원회 초대 위원장, 서울브랜드위원회 제4대 위원장으로 봉사했
다. 그동안 『광고가 예술을 만났을 때 아트버타이징』(학지사, 2021), 『광고로 보는
미디어 테크놀로지의 소비문화사』(서울경제경영, 2016), 『광고로 보는 근대문화사』
(살림출판사, 2014)를 비롯한 60여 권의 저서를 출간했다. 또한 「온라인 포털의 신문
광고에 대한 인식은 광고효과에 어떻게 영향을 미치는가?: 설득지식 모델과 인게이
지먼트의 역할을 중심으로」(2021), 「Analysis of the Interrelationships among Uses
Motivation of Social Media, Social Presence, and Consumer Attitudes in Strategic
Communications」(2019), 「텔레비전 수상기 광고를 통해 본 소비문화의 변천: 1962–
2012」(2015)를 비롯한 110여 편의 논문을 국내외 주요 학술지에 발표했다. 한국갤럽
학술상 대상(2011), 제1회 제일기획학술상 저술 부문 대상(2012), 교육부 · 한국연구
재단의 우수 연구자 50인(2017) 등을 수상했고, 정부의 정책 소통에 기여한 공로를 인
정받아 대통령 표창(2019)을 받았다.
(이메일: kimthomas@hanmail.net)

가전제품 광고로 보는 주방문화의 변천
Identifying the Transition of Kitchen Culture through Home Appliance Advertising

2022년 4월 22일 1판 1쇄 인쇄
2022년 4월 28일 1판 1쇄 발행

지은이 • 김병희

펴낸이 • 김진환

펴낸곳 • ㈜**학지사**

04031 서울특별시 마포구 양화로 15길 20 마인드월드빌딩

대표전화 • 02-330-5114   팩스 • 02-324-2345

등록번호 • 제313-2006-000265호

홈페이지 • http://www.hakjisa.co.kr

페이스북 • https://www.facebook.com/hakjisabook

ISBN 978-89-997-2662-0 03320

정가 23,000원

출판 · 교육 · 미디어기업 **학지사**

간호보건의학출판 **학지사메디컬** www.hakjisamd.co.kr
심리검사연구소 **인싸이트** www.inpsyt.co.kr
학술논문서비스 **뉴논문** www.newnonmun.com
교육연수원 **카운피아** www.counpia.com